山东大学儒学高等研究院教授自选集

儒学的现代化路径

徐庆文 著

山东大学出版社
SHANDONG UNIVERSITY PRESS
·济南·

图书在版编目(CIP)数据

儒学的现代化路径/徐庆文著. —济南:山东大学出版社,2023. 3
(山东大学儒学高等研究院教授自选集)
ISBN 978-7-5607-7636-1

Ⅰ.①儒... Ⅱ.①徐... Ⅲ.①儒学-文集 Ⅳ.①B222.05-53

中国版本图书馆 CIP 数据核字(2022)第 188745 号

责任编辑 李 淼
封面设计 王秋忆

儒学的现代化路径
RUXUE DE XIANDAIHUA LUJING

出版发行 山东大学出版社
社　　址 山东省济南市山大南路 20 号
邮政编码 250100
发行热线 (0531)88363008
经　　销 新华书店
印　　刷 山东新华印务有限公司
规　　格 880 毫米×1230 毫米 1/32
　　　　 17.875 印张 498 千字
版　　次 2023 年 3 月第 1 版
印　　次 2023 年 3 月第 1 次印刷
定　　价 82.00 元

总　序

山东大学素以文史见长，人文学科为山东大学学术地位和学术声誉的铸就做出了极为重要的贡献。而在目前山东大学的人文学科集群中，2012 年重组的儒学高等研究院当之无愧地位于第一方阵，是打造“山大学派”的一支生力军。山东大学儒学高等研究院已成为目前国内规模最大、实力突出的国学研究机构。而儒学高等研究院的前身和主体是 2002 年成立的文史哲研究院。如此说来，儒学高等研究院已然走过了 20 年的岁月，恰如一个刚刚走出懵懂、朝气蓬勃的青年。

在这 20 年的生命历程中，儒学高等研究院锻造形成了鲜明的学术特色，即以中国古典学术为重心，以古文、古史、古哲、古籍为主攻方向。本院学者在中国古典学术领域精耕细作，取得了一批具有时代高度的标志性成果，受到学术界广泛赞誉。这一学术特色使儒学高等研究院积极融入了当代学术主流。20 世纪 90 年代以降，中国人文学术发展的大趋势是从西方化向本土化转型，而古典学术是实现本土化的一项重要资源。儒学高等研究院顺应时势，合理谋划，全力推进，因此成为近 20 年来中国古典学术研究复兴与前行的重要参与者和推动者。

儒学高等研究院的另一特色是横跨中文、历史、哲学、社会学(民俗学)四个一级学科,并致力于打破学科壁垒,在合理分工的基础上力求多学科协同融合。儒学高等研究院倡导和推行的儒学研究实质上是广义的国学,不以目前通行的单一学科为限。在这种开放多元的学术空间中,本院学者完全依据自身的兴趣和能力进行自主探索、自由创造,做到术业有专攻。目前,本院在史学理论、文献学、民俗学、先秦两汉文学、杜甫研究等若干领域创获最丰,居于海内外领先地位。今后的工作重点是在学科协同和学科整合上做进一步探索尝试,通过以问题为轴心的合作研究产生新的学术优势和学术生长点。

在20年的发展中,儒学高等研究院一方面继承前辈山大学者朴实厚重、精勤谨严的学风,一方面力图贯彻汉宋并重、考据与义理并重、沉潜与高明并重、传世文献与出土文献并重、国学与西学并重、历史与现实并重、基础研究与开发应用并重、个人兴趣与团队合作并重、埋头做大学问与形成大影响并重的科研方针,致力于塑造一种健康、合理、平衡的新学风。本院学者中,既有人沉潜于古籍文献的整理考释,也有人从事理论体系的创构发明,他们能够得到同等的尊重和支持。古典学术研究的学派或机构具有自身特色或专长无可厚非,但必须克服偏颇和极端倾向,摒弃自大排他心态。唯有兼顾各种风格、路向的平衡,才能更好地契合学术发展规律,更大限度地释放学术创造力。

当下，古典学术研究正面临五四以来百年未有的历史机缘。中央高度重视中华优秀传统文化的创造性转化、创新性发展，注重发挥传统文化在提升国家文化软实力、推动世界文明交流互鉴、为社会治理提供历史智慧等方面的独特功用。儒学高等研究院将顺势而为，与时俱进，将现有的学术优势与国家重大需求相对接，在古典文献整理研究、儒家思想理论阐释、传统文化精华推广普及等领域齐头并进，努力为古典学术研究的全面繁荣做出新的贡献。

2005 年的"山东大学文史哲研究院专刊"第一辑出版说明中曾提出："'兴灭业，继绝学，铸新知'，是本院基本的科研方针；重点扶持高精尖科研项目，优先资助相关成果的出版，是本院工作的重中之重。"这是当年我们这项学术事业"筚路蓝缕，以启山林"时的初心。而今机构名称虽已更易，但初心不变。"山东大学儒学高等研究院教授自选集"即是这一事业的赓续和拓延。这套书是本院 33 位专家学者历年学术成果的集中盘点和展示，有的甚至是毕生心血之结晶。这同时也是对文史哲研究院成立 20 周年暨儒学高等研究院重组 10 周年的一个纪念。期待学界同行的检阅和批评。

山东大学儒学高等研究院
教授自选集编辑委员会
2022 年 10 月

自 序

任何思想的发展，都与时代紧密关涉。儒家思想作为传统中国的主流思想，也是随着时代的发展，呈现出不同的特色。《韩非子》指出，“故孔、墨之后，儒分为八，墨离为三，取舍相反不同，而皆自谓真孔、墨”，说的是儒家学派的分化，其实也映衬出儒学所代表的不同时代的特点。事实上，儒学在历史各个朝代中呈现出不同的面貌，两汉经学、宋明理学等彰显了儒学的不同时代特色。刘师培谈到清代学术时认为，“清代之学迥与明殊。明儒之学用以应事，清儒之学用以保身。明儒直而愚，清儒智而谲。明儒尊而乔，清儒弃而湿”①，同样说明了清代之儒学与明代具有明显区别。

近代以来，随着西方文化的传入，传统儒家思想由国家意识形态独尊地位变成无所依附的“游魂”；作为儒家思想核心内容的经学也解体。儒家思想在现代社会中如何生存、延续和发展，就成为困扰学人的问题。儒家文化与社会发展不相适应

---

① 刘师培:《清儒得失论——刘师培论学杂稿》，中国人民大学出版社 2004 年版，第 259 页。

的状况,始逐步明显起来。一方面,激进的知识分子对儒家文化的谴责与批评日益尖锐,直至诱发了20世纪初期的新文化运动;另一方面,与强烈的反孔批儒思潮相对抗,一些传统的知识分子,则固守儒家的价值体系,致力于儒学受挫后的重振与复兴。于是,在20世纪上半期,围绕着中国文化建设问题,激进主义与保守主义展开了激烈的论争,批孔与尊孔成了20世纪前半期思想发展的双重变奏。随着论争的不断展开,知识分子们的思想也逐渐成熟,激进主义演化成为自由主义西化派和唯物史观派,保守主义形成了现代新儒家流派一家独大的局面。这样,双重变奏演化成三大思潮论争,他们从各自的立场设计出中国文化建设的方案。自由主义西化派主张中国文化的出路在于西化,中国传统文化已经不适应现代生活,不可能成为现代生活的价值源泉,中国要想实现现代化,就必须抛弃传统,实行西化或全盘西化。在论证中国文化的出路时,自由主义西化派借助于西方的科学的、逻辑的、实证的方法,对传统文化特别是儒学进行了清理和抨击。唯物史观派以马克思主义为武器,分析、批判、继承中国传统文化,提出对传统文化要"剔除其封建性糟粕,吸收其民主性精华"的原则。现代新儒家试图运用西方哲学来诠释传统的儒家思想,开辟了儒家思想的哲学化路径。这一致思取向萦绕着20世纪的中国学人,并且影响着整个近现代儒学的发展,成为近代以来儒学发展中最具有影响力的文化发展力量。三大思潮关于儒家思想发展的论争,构成了儒学的现代化路径。

本书是笔者多年来对于儒学的现代化路径进行的探讨。“经典新诠”部分是经学解体后，儒家经典在现代话语体系下的重新解读，也是儒学现代化路径的一种探讨。其中既包括对儒学有关概念的解读，也包括经典的演变，还包括对儒家有关文本的解释。“儒学的现代化探索”主要集中反映了经学解体后，儒学走向现代化的各种路径，特别是自由主义西化派、唯物史观派和现代新儒家三大思潮对儒学的态度，以及当代儒学发展的趋势、特点等。“现代新儒家”部分将儒学的现代化路径作为一个个例，探讨儒家思想哲学化路径的内在理路及其思想脉络。儒家思想的哲学化既是时代的选择，也是学人的自觉。西方文化的引入，从某种程度上催化了传统儒学的解体。解体后的儒学怎样生存、延续和发展，就是中国文化发展中最直接面对的课题。儒家思想在新形势下如果抛开西方文化于不顾，显然就会被完全归入旧文化之中而被抛弃。所以，儒家思想必须在新形势下寻找生存、延续和发展的可能，也就必须与西方文化对接。这是时代的使命和学人的责任。儒家思想的哲学化正是在这样的大背景中凸显出来的，现代新儒家正是儒家思想哲学化的典型代表，也是儒学现代化的一个高峰。

徐庆文

2022 年 7 月

目　录

经典新诠

儒学的现代化探索

现代新儒家

经典新诠

经学解体与儒学的现代转换*

经学作为训解和阐述儒学经典的学问,与儒学存在着互为表里的关系。由孔子开创的儒家学说,自西汉武帝时期被一家独尊之后,其地位虽然在两千多年的中国历史上因某些原因而有过升降,其独享或分享统治阶级意识形态的“话语霸权”地位却并没有多少改变。经学也在经师们的研习和诠释下变得博大、浩瀚、精深。

在传统社会中,经学的地位没有任何人怀疑。“在漫长的中国封建社会里,经学由于统治阶级的反复提倡,经典就具有了宰制万态、牢笼百家的功用。举凡治国的道理、社会的准则、教育的内容、做人的规矩、知识的获得等等,都可以通过研读经书的活动得到‘权威’的答复”,正因为如此,“在中国两千多年的封建社会里,经学具有崇高无上的地位,它对中国古代的政治、经济、文化等各个领域都产生了极为重大的影响”。[①] 经学在传统社会的显赫地位也使其成为一个庞大的、举足轻重的独立学科。“自汉武帝设置‘五经博士’,《诗》、《书》、《礼》、

---

* 本文原载于《山东社会科学》2010 年第 2 期。收入本书时有改动,以下各篇同,不再一一注明。

① 许道勋、徐洪兴:《中国经学史》,上海人民出版社 2006 年版,第 410、411 页。

《易》、《春秋》成为政府法定‘经典’。”[①]自隋唐开设科举考试制度后，即有“九经”[②]设科取士的说法，经实际上起到了科举制度的课本的作用。所以，经学对于士的重要性就可想而知了。宋代，朱熹将《大学》《中庸》从《礼记》中独立出来，与《论语》《孟子》组成“四书”，并加注释。“四书”“五经”又受到重视。元朝仁宗延祐年间(1314—1320)恢复科举考试，正式规定以“四书”“五经”取士。朱熹注释的“四书”“五经”成了法定的科举考试的课本。

在这样一种机制下，经的范围扩大，由七经、九经至十二经、十三经，经的内容变得庞杂。由之，读经、研经也构成了极重要的一门学问，成为士人进仕的必经之路。于是，经成为士的谋生工具和进取法宝。士的存活、兴旺发达与读经、研经的功夫深浅有了直接的关系。士想要生活好，就要读经、研经，通过科举改变命运。读经、研经成为士人的追求和事业。

社会是一个复杂的系统。在科举制度盛行的传统社会，士通过科举入仕多少带有士人们的理想化情感，而实际上，并非每个读经、研经的士均有机会进入仕途。科举制度经过长期的发展及运作后，成了一套复杂的官僚选拔系统。其中的机制、技巧并非完全按照士人掌握经学知识的多少和研习经学的深浅来运作。加之，当经学研究到一定程度后，经学内部的微言大义已经成为人文学科的观点争论，无法做出正确与错误的简

---

① 许道勋、徐洪兴：《中国经学史》，上海人民出版社2006年版，第65页。

② 被汉人尊为经的《论语》《孝经》不在“九经”之列，但《论语》和《孝经》属“明经”，为各科所必须“兼通”的，因此它们实际上也是经。后人有所谓“兼经”之目，即是指《论语》和《孝经》。

单判断。因此,仅从科举考试的试卷中,判定考生的水平高低就难免有失公允。主考官对经的观点和对文章格式的喜好直接影响着考生的录取,而一些经学造诣很高的考生,可能由于与考官的观点不一致甚至相反,而不被录用。于是,在科举考试中,一部分人的失败并非因其不努力和对经学理解不深所造成,而是他们对经的理解不能投考官之所好。失意、失落的士人便有了怀才不遇之感。然而,这些并不能影响士人们对经学的热爱。科举落选的士人大部分选择了教师的职业——无论是庠序的还是私塾的。为了证明自己的才能,他们把自己对经学的理解、体悟全部传授给了弟子,让自己的弟子们延续自己对经学的解读。这样代代相传,加上已经入仕的士人们对经学的敬畏和推崇,就构成了浩浩荡荡的经学传承主体,这些主体也拥有了儒学的话语权。

应该承认,在这样一种机制下,由"士"入"仕"的官员们及由"士"落"师"的先生们成为儒学话语权的主体,是不会受到质疑的。无论是"仕"还是"师",他们自小饱受经学浸润①,使其完全有资格、有能力"言说"儒学;而他们对儒学的"言说",又成为士们学习的典范。在这相得益彰的过程中,士的队伍更加壮大,经学的内容亦愈发博大精深。当然,士人们对经学的

① 古代读书人一般从五岁至十五岁为十年诵读期,内容为小学、四书、五经、《周礼》、《太极通书·西铭篇》、《纲目》、古文、古诗、各家歌诀;自十五岁至二十五岁为十年讲贯,内容为四书、五经、《周礼》、性理、《纲目》、本朝事实、本朝典礼、本朝律令、《文献通考》、《大学衍义》、天文书、地理书、水利农田书、兵法书、古文、古诗;自二十五岁至三十五岁为十年涉猎,内容为四书、五经、《周礼》、诸儒语录、二十一史、本朝实录及典礼律令诸书、诸家经济类书、诸家天文、诸家地理、诸家水利农田书、诸家兵法、诸家古文、诸家诗。

理解也出现过许多分歧。例如,汉代的今文经学和古文经学之争、清代的汉学和宋学之争等,但这些均属于经学内部的纷争。争论的各方虽言之凿凿,互相指责对方信奉的经学的真伪,但他们掌握经学话语权的地位当毋庸置疑。这些承载儒学话语权主体的成员,几乎是毕生都在读经、研经。

中国古代的教育机制,培育了士人群体中两个突出的特点。一是对经学的兴趣不断增加,甚至达到信仰的程度。对经学的耳濡目染、长期浸润,培养了士人们对经的兴趣。不可否认,古代士人们开始读经并不一定是因为兴趣,部分是被强迫的,部分是无奈的。毕竟,经是与他们的命运紧密相连的,至少在他们开始读经时是这样认为的。他们开始读经时对仕途充满信心,而不断读研经书,也使他们对经有了新的认识,从开始的被迫到后来的刮目相看。当他们独立思考的意识逐渐增强时,有了对经的体悟,也有了对经的器重。他们由对经初读的讨厌到部分的认可,再到感叹经的博大精深,最后变得顶礼膜拜了。于是,士人们对经的兴趣增加了,这种兴趣甚至演变成为一种信仰,构成士人们生活和奋斗的精神支柱。刚健有为、自强不息的进取精神,父慈子孝的家庭伦理关系,以牺牲个人利益换取整体利益乃至国家利益的处事原则等成了古代士人们生活的真实写照。“先天下之忧而忧,后天下之乐而乐”“位卑未敢忘忧国”的忧患理念,“天下兴亡,匹夫有责”的责任意识,“有容乃大”的宽容精神等无不是长期浸润儒家经书,受儒家思想影响的结果。二是经学大师的不断出现。由于古代士人毕生都在研读经学(入仕之士每年也要学习经学),所以他们对经学的熟习程度和领悟经学理论的深度也就逐渐增强,久而久之,一大批经学大师级人物就培养出来了。更何况古代朝廷均设有专门研习经学的机构[①]，培养儒学专门人才。研习经学的机构往往负责辅佐朝廷官员学习经学的任务，甚至负责辅佐皇帝读经的任务，因此，专门研习经学机构的人员不能有丝毫的马虎，必须由全国上乘的经学人员来担任。这样，经学大师级人物就不断出现。从西汉设五经博士起，到晚清结束，历朝历代均出现许多经师。贾谊、董仲舒、穀梁赤、郑玄、孔颖达、朱熹、陆九渊、王阳明、章学诚、崔述、刘逢禄、皮锡瑞等，无不是饱学之士，他们对经学的诠释，成为儒学命脉延续的重要内容。

然而，从鸦片战争外敌入侵开始，经洋务运动、戊戌变法，再到清帝退位，儒学一步步退出了历史的前台，由一家独尊的地位变成无所依附的“游魂”。与之相对应，经学也经历了晚清的汉宋之争、今古文之争、经子之争，更由于西方文化的进入，逐渐走向解体。自19世纪中叶以还，儒学遭遇了西方近代文化的强烈冲击，儒家的知识体系和政治制度受到了巨大挑战。1899年清廷下诏废八股、诗赋，与之相对应的是各地书院渐改为学堂。1901年清政府发布《兴学诏书》，正式要求全国广设学堂，至1905年传统“儒学”(学校)已无形中取消。1905年，清政府正式决定废止科举，规定所有学校除保留经学、修身之外，皆教授自然科学。经学的地位由原来的法定经典降到修身之学。而在西学实用学科的冲击下，修身之学成了可有可无的学科了。1912年颁发的《普通教育暂行办法》中明确地写着

① 两汉时期，设五经博士，负责辅导京师太学读经；西晋时期，国家置经学博士19人，并特设国子学，置国子祭酒1人，国子博士1人，助教15人；东晋设太学博士；隋唐以后设国子监，专门负责全国经学教育，直到晚清设学部。

这样的条款:“小学读经科,一律废止”,“凡各种教科书,务合共和民国宗旨。清学部颁行之教科书,一律禁用”。1912 年 7 月 10 日召开的全国临时教育会议上,作为教育总长的蔡元培进一步指出“普通教育,废止读经;大学校废经科。而以经科分入文科之哲学、史学、文学之门”①。至此,存在了两千余年的经学被分散到文、史、哲学科,曾经是最重要学科的经学已经不能再以学科的面目出现,传统经学终结了。

20 世纪,儒学步入了解体、离散、飘零的历程,走过风风雨雨,其地位起起落落。儒学经历了大浪淘沙式的涤荡后,在 20 世纪最后 20 年又枯木逢春,老枝抽新芽。然而,人们又惊奇地发现,由于经学的解体,儒学的发展出现了至少三方面的困扰因素,即经学学科地位的边缘化、儒学话语权的失范、儒学诠释的泛滥。

其一,传统教育机制的消解使经学作为学科被边缘化,儒学存在方式被迫改变。

这一过程其实发生在 20 世纪初期的经学被分解到文、史、哲学科中,虽然北洋政府、民国政府等试图恢复读经及儒学的意识形态的话语霸权地位,但五四运动及新启蒙运动,使经学远离了知识分子的知识领域,也彻底改变了传统社会中经学的存在方式。在传统教育机制中,经学对于士人们来说,不仅是知识,而且是兴趣、是信念、是信仰。士人们的行为方式、思维习惯、做人做事的准则等都以儒学为典范。可以说,儒学是士人们的精神支柱,是他们生命中的重要组成部分,是他们生活

① 蔡元培:《全国临时教育会议开会词》,高平叔编:《蔡元培全集》第 2 卷,中华书局 1984 年版,第 264 页。

的信念。传统教育体制被打破后,儒学的存在方式被迫改变,经学作为一种知识分散到中文、历史、哲学之中,知识分子已经不再将其作为自己的信仰,也不会按照儒学的标准去做人,充其量把儒学看作是一种过时的道德说教。尽管在多元文化的社会中,也有人试图建立儒家信仰体系,弘扬光大儒学,甚至有人提出建立儒教引导人们去信仰,但从总体上说,儒学作为一种知识的存在方式已经在中国知识分子心中形成共识。与之相对应的是经学的延续问题。在世代相传的传统社会中,读经、研经不仅是士人们的首要选择,也是士人们的唯一选择。唯其如此,儒家经典的繁荣昌盛也成为自然而然和理所当然之事。然而经学的解体,使其从士人们首选的学科沦落为一门学科的分支。在今天,数理化、文史哲等学科越分越细的状况下,承载经学的思想史、中国哲学学科中经的领域变得越来越小,也越来越边缘化。这一结果也直接影响读经、研经的人员。他们必须先经过小学、中学、大学的奋斗后,到了研究生,才有选择思想史、中国哲学领域的环境,才能转入经学研究的专门领域。但转入经学研究后,还必须要同时学习其他知识(外语、政治、计算机等等)。同时,现代社会科技的发达、电子产品的光怪陆离、就业形势的变化等,对学子们的诱惑和冲击,使他们很难坐下冷板凳专心致力于学问,与古人比,他们所学的经学知识受到了非常大的局限。加之,一些研习经学的学子本身对经学的兴趣不大,只不过是想借研习经学解决饭碗问题。于是,在现在不断扩招研究生的教育体制面前,研习经学的人越来越多了,而他们经学的造诣却不见有多少提高。在这样的教育机制下,很难出现像朱熹、王阳明之类的经师,甚至像 20 世纪的熊十力、冯友兰、牟宗三这样的学者也难出现了。依靠经师传承经学的途径真正遇到了麻烦。

其二,经师的消失带来儒学话语权的失范。

经学的发展历程已经证明,儒学话语权的获得并不是一朝一夕的事情,也不是仅凭感性认识就能获得的,而是要经过扎扎实实读经、研经的过程。儒学话语权的取得必须具备懂得经的真正含义、熟透经的深层义理以及通俗的解经表述三个基本条件。在传统社会,经师承担着这一重任,他们是经过毕生的经学浸润后,有了对经学的深刻体悟后凸显出来的,他们对儒学经典的言说是相当准确和精当的。而经学解体后,经被冲击得七零八落,读经已经很难读全。蔡元培先生曾指出:"为大学国文系的学生讲一点《诗经》,为史学系的学生讲一点《书经》与《春秋》,为哲学系的学生讲一点《论语》《孟子》《易传》与《礼记》,是可以赞成的。为中学生选几篇经传的文章,编入文言文读本,也是可以赞成的。若要小学生也读一点经,我觉得不妥当,认为无益而有损。"①这段话已经成为今天经学学习的一个真实写照。更何况在今天实用的社会中,经已经显得那么无用,已经成为一门可有可无的冷学科。与之相关联的是经师已经成为历史,现代社会出现经师的机会已经非常渺茫了。经师的作古意味着解读经学的专业人员的消失,随之而来的是儒学话语权的失范。许多人都评论儒学,然而,有些人对儒学的言说似是而非,甚至评论儒学的硬伤、说外行话的现象时有发生。20 世纪 80 年代后,儒学热不断升温,言说儒学的话语也异常热闹,然而,这些言说儒学的话语中,以偏概全者有之,一知半解者有之,胡说瞎说者有之。谁都能对儒学进行言说,

---

① 《蔡元培全集》第 2 卷,浙江教育出版社 1997 年版,第 16 页。

但是,真正能说到儒学的精当,言说得让人信服的又不多,儒学热有一种虚假繁荣之疑。在这种言说儒学热浪中,一些专业研究人员出于对经学常识的维护,指出一些人对儒学言说的错误,又受到更多的"护儒者"的反击,反倒弄得自己成了外行,大有"秀才遇到兵"的尴尬,出现了懂得儒学的皮毛者代替经师取得儒学话语权的局面。于是,儒学特别是经学不是被弘扬光大,而是被现代人的知识匮乏、学问浅薄给糟践了。

其三,文化多元化与儒学诠释的泛滥。

文化多元化是 20 世纪 90 年代后中国主动融入全球一体化发展的一个自主的选择。全球一体化体现在文化上并非一种文化模式,而是多元文化的共生共存。儒学作为中华民族传统文化的代表也将纳入多元文化共存之中,然而,儒学是传统农业社会的主流意识形态,毕竟与现代化隔了一层。在现代化进程中,经学解体了,儒学也从主导意识形态话语的地位变成无所依附的"游魂"。但这不代表儒学的消亡。实践证明,曾经孕育中华民族文化的儒学与这个民族根本无法割舍。于是,经学解体后儒学如何发展,成为知识分子关注的重点。由此出现了许多复兴儒学的途径。首先,一些学者尝试用现代(西方)思想重新诠释儒学,使儒学实现现代转换,从而达到一种再生的目的。这成为 20 世纪以来中国知识分子努力的方向。五四运动后现代新儒家群体的崛起从某种程度上来说就代表了这种致思取向。无疑,这是对儒学在现代社会的发展所持的一种积极的态度,应该值得首肯。20 世纪 90 年代以来,受到西方当代诠释学(Hermeneutics)的影响,一批具有中国传统文化背景的学者也开始思考、研究中国古代经典中存在的诠释学现象,并力图通过此种研究来构建一种有别于西方诠释学的中国经典诠释学。创造诠释学、本体诠释学、儒学诠释学、中国解释学等应时而生。① 经典诠释学的建构必须依靠对西方诠释学理论的了解和吸纳，更需要对传统经学的诠释实践和诠释经验的梳理、分析、归纳和转换。毋庸置疑，学者们在西方解释学的观照下，以在西方哲学方面的严格的训练和坚实的素养，以及对中国传统哲学的精神和特质的深入体悟和把握为基础，对中国思想传统中的诠释问题做出发人深省的思考和富有洞见的探索。但也不容否认，一些学者对中国哲学的基本精神和思想特质缺乏同情的理解和深刻的体认，而完全套用西方诠释学的方法和框架来比附、阐释中国经学传统。由于一些学者尤其是年轻一代的研究者，他们在现代教育体制中，所受与传统经学密切相关的文字、音韵、小学、训诂等国学方面的基本功的训练甚少，对"四书""五经"等基本典籍的熟悉、通晓和理解、体悟存在很大程度的缺憾和疏离，更加大了在理论研究上对西学的依赖。"由于中西诠释问题的文化语境、历史形态、理论基点、问题向度等毕竟大相径庭，如果在借鉴西方诠释理论方面不能把握好恰当的分寸和尺度，不能充分考虑中国哲学理念的独特个性和中国诠释问题的不同境遇，而把中国诠释史完全解释为西方诠释理论的翻版。"②其次，一些学者试图从儒学与当代社会的发展关系入手，论证儒学对于当代社会的作用。儒学对于解决世界范围内经济、政治、文化乃至信仰的差异所导致的摩擦、冲突发生等问题提供了丰富的文化资源。儒学主张的

---

① 创造诠释学以傅伟勋为代表，本体诠释学以成中英为代表，儒学诠释学以黄俊杰为代表，中国解释学以汤一介为代表。

② 魏长宝：《经典诠释学与中国哲学研究的范式问题》，《哲学动态》2003 年第 1 期。

人与自然有机统一的天人观为重新思考人与自然的关系提供了某种参考;“和而不同”方法论对于处理国与国之间、不同文明实体之间的关系具有指导意义;“民胞物与”思想对我们处理人与物关系具有重要的启发作用;儒家的“仁者爱人”的仁爱观、“有教无类”的教育观、“己所不欲,勿施于人”忠恕之道以及“和为贵”的中和思想等,对于化解全球化所导致的负面问题,建立和谐的国际关系,实现人类的共生共荣具有重要的参考价值等等,在学术界已经得到广泛的认同。然而,正是在这一背景下,也有人抛开经学的主旨,把一些似是而非的东西牵强附会到儒学之中,仿佛儒学是解决社会所有问题的灵丹妙药,供人们取之不尽。于是,在国学热浪潮中,《易经》成了看风水、预测未来的学问,并以科学标榜;《论语》被诠释成怎样与不同的人进行沟通的人际关系的学问;《中庸》被戏说成官场厚黑学……与之相对应的是儒学经典的走俏,但不是经学典籍的走俏,而是《〈论语〉与现代管理》《〈论语〉与领导艺术》之类书籍的走俏。

看来,经学学科地位的提升、儒学话语权的重建、儒学在当代社会中的合理性解构重构成为儒学复兴的当务之急。

20世纪最后20年,伴随着多元文化的展开,被拒斥、排斥、批判了60余年的儒学又热了起来。特别是20世纪90年代,儒学作为国学的一部分热度升温。经学典籍乃至有关儒学的书籍热销,读经的呼声响起,民间书院的重建,儒学研究机构的成立等等,这一切,无不预示着知识分子对传统儒学难以割舍的情结,也标志着知识分子弘扬光大儒学的信心与决心,更成为知识分子凭此夺回儒学话语权的努力,这无论如何也是应该肯定、提倡并发扬的。然而时过境迁,当经学不再承载知识分子命运的重任时,在一切均以实用来衡量的当代社会中,知识分子能否将毕生的精力置于钻研“最无用”的经学之中,已经成为儒学发展的最关键问题。须知,经师的培养、儒学话语权的失而复得等,要具有扎实的经学基本功和专业训练,而这一过程没有几十年的沉寂、努力是不可能实现的。如果知识分子耐不住寂寞,徘徊于现实社会的名利场中,又去办书院,又去读经,无异于作秀,其结果令人不齿、不屑,那样的经不读也罢,那样的书院不办也好。

从注释性经学到观念性哲学*

——20 世纪《论语》诠释特点及其走向

20 世纪是整个中华民族多灾多难的世纪。与之相对应，作为民族文化根基的儒学，其发展也是异常复杂、曲折。《论语》是儒学最具代表性的经典。20 世纪，学者对于《论语》的诠释，也在中西、古今争论中呈现出繁杂、多变的趋势。

20 世纪《论语》诠释的研究，应该是一个新课题，也属于比较难的问题。20 世纪儒学成为学界乃至整个社会关注的焦点，《论语》作为儒学的重要经典也成为各路学人解读的重点。各种解读纷繁多样，参差不齐，难以把握。但是，正因为 20 世纪《论语》诠释的多元、繁杂，使《论语》诠释走出了传统经学视野，进入现代哲学视域，形成了解读《论语》的新思路。透过 20 世纪《论语》诠释的研究，可以把脉儒学在这个世纪的复杂历程，进而窥探儒家经典在现代社会中呈现出的种种问题，以期在以后发展中得到匡正。

---

* 本文原载于《齐鲁学刊》2015 年第 1 期。

一

1912年1月19日，中华民国临时政府教育部颁布了《普通教育暂行办法》，规定“小学读经科一律废止”，“清学部颁行之教科书一律禁用”。[①] 这意味着，从1905年废除科举考试制度后岌岌可危的古代经学彻底成为历史。

本来，经学解体标志着作为儒家思想最具代表性的经典——《论语》就应该成为过往，新时代的知识分子不会对《论语》给予过多的关注。事实恰恰相反，经学解体后，带有浓重古代“士”情节的知识分子以及现代知识分子仍然对《论语》表现出了极高的关注度。许多知识分子倾注相当大的精力研读《论语》、诠释《论语》，所不同的只是诠释《论语》的方法相左。旧知识分子（带有浓重古代“士”情节的知识分子）沉迷于以经解经式的方法；具有现代意识的知识分子则融合西学，采用西学学科分治式的方法诠释《论语》。正因为如此，20世纪《论语》诠释呈现了一种热度不减反增的场面，研究《论语》的文章比比皆是，对《论语》全文诠释的成果也纷纷面世。在20世纪众多的《论语》诠释成果中，我们仍然看到新、古两种诠释体例。

第一，以经解经式的古式《论语》诠释。

所谓“古式《论语》诠释”，是指严格遵循历代《论语》的家法，详采各家之说，或注重字句训释，或专究名物制度，或调和

---

① 《普通教育暂行办法》，《教育杂志》第3卷第10期，1912年。

今古文、汉宋各说，对《论语》文本进行以经解经式的诠释。20世纪开始后，中国古代社会虽然终结，传统经学已然解体，然而，从古代社会走过来的知识分子（士）或向往古代社会的知识分子仍然有许多，他们在学术研究中仍然倾向传统的经学，依旧沿用传统的以经解经式的《论语》诠释方式。如章太炎的《广论语骈枝》、徐天璋的《论语实测》、简朝亮的《论语集注补正述疏》、唐文治的《论语大义定本》、陈汉章的《论语征知录》、程树德的《论语集释》、杨树达的《论语疏证》等，代表当属程树德的《论语集释》、杨树达的《论语疏证》。

《论语集释》广引经史子集及类书碑志达680余种，在学术上力求超越门派之见，将各家之说分门别类采辑，内容分十类：一是考异，即考释经文异同；二是音读，注字音，正句读；三是考证、考释名物制度；四是集解，释何晏《论语集解》，并将邢昺《论语疏》的许多解释附入其中；五是唐以前各家对《论语》的注释，以皇侃的《论语义疏》为主；六是集注，选取宋以后各家之注，其中以朱熹《论语注》为主；七是别解，搜罗《集注》以外新说；八是余论，主要辑入清代儒学所阐发的义理之说，并附入补集注但不宜考证的内容；九是发明，采录陆、王一派的义理之说；十是按语，如程树德对《论语集释》相关内容的说明和评判。《论语集释》属于典型的以经解经的古代治经方式，综合众长，广博注解，却已见疏少。然而，即使收罗如此广博，仍然不能令人满意。《论语集释》"异说纷陈，使读者如入大海，汗漫不知所归趋"，"搜罗广而别择不精"。[1] 这应该是古式《论

---

① 钱穆：《论语新解·序》，生活·读书·新知三联书店2012年版，第1、2页。

语》诠释的特点。杨树达的《论语疏证》“首取《论语》本书之文前后互证,次取群经诸子及四史为证”,“训说大致以朱子《集注》为主,其后儒胜义长于朱说者,则取后儒之说”。此书以经、史、子为证,尤其是“把三国以前所有征引《论语》或者和《论语》有关的材料都依据《论语》原文疏列”。① 此书互证之方法仍然归之为“古”注。

第二,学科分治下的新式《论语》诠释。

所谓“新式《论语》诠释”,是指经学解体后,按照西方学科划分对《论语》进行的诠释。经学解体后,中国教育体制引入西方教育模式,将人文学科划分为中文、历史、哲学等学科,传统经学大体上被分解到文、史、哲三个学科当中。蔡元培曾指出:“为大学国文系的学生讲一点《诗经》,为史学系的学生讲一点《书经》与《春秋》,为哲学系的学生讲一点《论语》《孟子》《易传》与《礼记》,是可以赞成的。为中学生选几篇经传的文章,编入文言文读本,也是可以赞成的。若要小学生也读一点经,我觉得不妥当,认为无益而有损。”②这段话已经成为自新文化运动以后经学学科存在状态的一个真实写照。在新教育机制下,《论语》诠释也按照文、史、哲三个学科分列进行,呈现出三种不同的诠释风格。

其一,文学式的《论语》诠释。③ 文学式的《论语》诠释主

---

① 参见杨伯峻译注:《论语译注 · 导言》,中华书局 1980 年版,第 33 页。

② 《蔡元培全集》第 2 卷,浙江教育出版社 1997 年版,第 16 页。

③ 文学式的《论语》诠释内容应该包括许多,如《论语》的语言风格、《论语》的文学特性、《论语》的文艺美学等。笔者为了与史学式诠释方式、哲学式诠释方式对应,只将文学式的《论语》诠释限定在音韵、训诂、文字、章训等内容。

要是以音韵、训诂、文字、章训等训释为主。这类诠释《论语》的成果颇多,如毛子水的《论语今注今译》,杨伯峻的《论语译注》,王熙元的《论语通释》,唐满先的《论语今译》,钱逊的《论语浅解》,等等。其中,杨伯峻的《论语译注》影响最大。

杨伯峻称:“在撰述‘译注’之先,曾经对《论语》的每一字、每一词作过研究。”杨氏首先对《论语》通行的文字加以订正,再进行通译,通译“在尽可能不走失原意并保持原来风格下力求流畅明白”。在注释中,杨氏特别注重“字音词义、语法规律、修辞方式、历史知识、地理沿革、名物制度和风俗习惯的考证等等”,并称“本书虽然不纠缠于考证,但一切结论都是从细致深入的考证中提炼出来的”,其目的是“帮助一般读者比较容易而正确地读懂《论语》,并给有志深入研究的人提供若干线索”。①《论语通释》对每章每节的分合、错简、衍文、脱字进行考订,并从题旨、释词、译义、析微四个层面解释各章。由此可见,文学式的诠释注重的是文本的音韵、训诂、词义等,更确切一点说应该是字词式诠释。

其二,史学式的《论语》诠释。史学式诠释的重点不在于《论语》文本的字、词、义,而重点在揭示文本的思想及其在思想史中的意义。钱穆的《论语新解》,陈大齐的《论语臆解》,龚乐群的《论语疑考》,乔一凡的《论语通译》,严灵峰的《论语章名新编》等均可归结于此类。其中,影响最大的当是《论语新解》。

钱穆在《论语新解》的“序”中指出,“本书取名新解,非谓能自创新意,掩盖前儒。实亦备采众说,折中求是,而特以时代

---

① 杨伯峻译注:《论语译注 · 例言》,中华书局 1980 年版,第 34、35 页。

之语言观念加以申述而已”。所以,钱氏作《新解》的目的在于“求其为一部人人可读之注”。怎样才能做到人人可读?钱氏认为应该“直明《论语》本义”。在钱氏看来,“直明《论语》本义”包含两个方面:一是“异说既多,贵能折中”,二是“用今代之语言观念阐释二千五百年前孔子之遗训而能得其近是,使古今人相悦而解”。[①] 由此可以窥见史学式诠释《论语》的特点。正是基于对《论语》思想的挖掘,《论语臆解》仅选取《论语》的小部分篇章进行解读,而选取的小部分篇章也多非整章,仅为章中的数句或一句,凡不是孔子发表的言论或主张,不涉及孔子治学立说态度的言论概不诠释。《论语章名新编》则对各章重新进行分类,将主题相近的章重新组合,使《论语》的思想性更加鲜明。

其三,观念性的《论语》诠释。观念性的诠释近似于《论语》的哲学化,是对《论语》主要观念进行时代性诠释或发挥,以期使古代《论语》观念活转于当下,进而证明其价值资源依然可以应用于当代。在20世纪《论语》诠释中,大部分学者将观念性的诠释作为解读《论语》的最终目的,所以,这一形式的《论语》诠释成果最多,也最杂,显得鱼目混珠,良莠不齐。大体上可以归结为三大类:一类是借助于对《论语》的诠释表述作者本人对儒家思想的理解和态度,典型代表是康有为的《论语注》[②]、赵纪彬的《论语新探》和李泽厚的《论语今读》。《论语注》虽标明旨在阐发孔子“仁”的观念,却赋“仁”以“博爱”

---

① 钱穆:《论语新解·序》,生活·读书·新知三联书店2012年版,第2、3页。

② 康有为的《论语注》是典型的以经解经的古代治经方式,但其注完全超出以经解经的范围,是借古注表达时代意义,故没有将其归类到古式诠释,而归之于观念类的诠释。

的含义，并将《论语》与《春秋》相沟通，阐发“公羊三世”说，以“渐进”实现“大同”“太平”的理想，为维新派的改良主义作论证。赵纪彬的《论语新探》运用扎实的考据学功夫“透过《论语》一书，对于春秋时期社会性质问题，给以探索；进而对于古代前期儒家的阶级基础、思想体系及历史地位问题，略为阐明”[①]。李泽厚的《论语今读》通过对《论语》的解构和建构，论证“天地国亲师”可以成为中国人对宇宙自然、家园乡土、父母、兄弟、夫妻、师长朋友、文化传统的某种道德和超道德的情感认同和精神皈依。[②] 也就是通过再读《论语》，发现儒家的“情感本体”。二类是试图通过诠释挖掘《论语》的现代价值。如《论语义理疏解》以人生的理想、存在的命限、德性的实践等部分发明儒学传统的义理体系，注入切身体会。八九十年代，许多研究《论语》的成果都是“从《论语》看”，如《从〈论语〉看孔子的语言教育论》[③]、《从〈论语〉看孔子的经济思想》[④]、《从〈论语〉看孔子的政治思想构架》[⑤]、《从〈论语〉看孔子的心理卫生思想》[⑥]，等等，都是从《论语》中阐发儒家的政治、经济、教

---

① 赵纪彬：《论语新探·绪论》，人民出版社1976年版，第2页。

② 参见李泽厚：《论语今读·前言》，安徽文艺出版社1998年版，第9页。

③ 参见殷孟伦：《从〈论语〉看孔子的语言教育论》，《文史哲》1980年第3期。

④ 参见杨树增、侯宪林：《从〈论语〉看孔子的经济思想》，《河北学刊》1986年第1期。

⑤ 参见王四达：《从〈论语〉看孔子的政治思想构架——兼论孔子的“一贯之道”》，《华侨大学学报》（哲学社会科学版）1993年第2期。

⑥ 参见李国榕、吴黛舒：《从〈论语〉看孔子的心理卫生思想》，《齐鲁学刊》1996年第3期。

育等思想。三类是对《论语》观念的时代发挥，将《论语》的观念用现代的话语或放在现代的情境中进行解读，即用现代生活的具体事例诠释《论语》的观念。南怀瑾的《论语别裁》属于这一类的典型代表。南怀瑾儒释道兼修，出佛入道明儒皆能自如，用现代社会的理念解读《论语》总能大体符合《论语》本义。然而，这一类的《论语》诠释中，不少成果牵强附会，生搬硬套，甚至在没有理解文本意义的情况下进行臆解，将严谨的《论语》文本解释成不伦不类的典籍。因此，这类《论语》诠释备受学人诟病。

二

如果单从成果的数量来看，20 世纪《论语》诠释应该是最多的。百年时间，诠释《论语》的文章、书目数不胜数。但是，这众多的《论语》诠释成果中，真正有质量、能够成为经典的成果又有多少呢？事实上，《论语》诠释成果的不断出现，本身就映衬着对其他《论语》诠释的不满。那么，20 世纪《论语》诠释的问题到底出现在哪里呢？

应该承认，传统经学解体，中国社会步入现代，教育体制西方化，这一切使得传统经学式的教育模式逐渐远去，成为历史。而经学也在现代社会变成了无所依附的“游魂”，被分解到了现代教育体制中的人文学科中。随着现代社会的深入发展，以经解经的古代治经方式离现代人渐行渐远，被现代学人归入历史中。与之相对应，现代学人的教育背景决定了他们新式《论语》诠释的选择。经过近一个世纪的运行，这种新式《论语》诠释模式已经成型，并将《论语》诠释分融于文、史、哲领域。然而，《论语》诠释在分融过程中，却出现了不同学科的学者在对《论语》进行诠释时，往往偏执于自己的学科，形成了各自独立而拒斥其他学科的趋势。今天我们的经典诠释，构成了文、史、哲三个学科鼎立之势，而且三个学科之间互盲互斥。这是20世纪以来《论语》诠释不能令学人满意的关键所在。

文学式的《论语》诠释解决的是《论语》"是什么"的问题，学者们偏重于诠释《论语》的字音、词义、语法规律、修辞方式、名物制度、风俗习惯等。在这种语境中，对《论语》的诠释最重要的是将《论语》逐字逐句弄懂弄通。简洁、清楚、明白、精准、保真是这种诠释方式的目的，至于《论语》里的思想，甚至义理等，往往不被诠释者认同，抑或被他们认为是《论语》的衍生物，甚至讥讽将《论语》观念化诠释的行为是臆解、胡说。由于现代教育背景下成长起来的现代人对于古代经典比较陌生，他们接触古代经典往往从初级经典的字词开始，因而，文学式的《论语》诠释大受现代人的欢迎。但是，这种方式只是《论语》诠释的开始。诠释《论语》如果仅仅停留于此层面上，是没有任何意义的，只会让人感觉到《论语》是一部冷冰冰的文学作品。

史学式的诠释重在解决《论语》里蕴含的思想，也就是《论语》"为什么"的问题。① 在诠释过程中，学者们偏重于对《论语》进行思想考证。在诠释《论语》文本时，会对孔子生平事迹、思想体系、学派特点等进行详细考证，并且会对《论语》中

① 《论语》"为什么"的问题，是指《论语》中孔子为何这样说，这样说包含着什么样的思想。

“子曰”的每一句话进行考订，做出一个符合孔子时代的合理解释。史学式的诠释重点是挖掘孔子的思想，进一步指出《论语》里孔子为什么这样讲。在史学式诠释的视野里，对于《论语》字、词的诠释属于细枝末节，不但抓不住《论语》的中心，而且容易将《论语》文本解析得支离破碎；而观念化的诠释则偏离了《论语》的主题，属于《论语》诠释的歧出。为了《论语》诠释的深入，史学式诠释的学者甚至整理历代经学资料，出入各注，去芜存精。

观念化的诠释重在发挥《论语》的当代价值，解决“怎么办”的问题。这种诠释直指《论语》的“天”“道”“仁”“礼”等核心观念，对其进行现代性的梳理和挖掘，使这些儒家思想在现代社会发展中发挥重要作用。因此，在观念化诠释的视野里，文学式的诠释显得琐碎和支离，抓不到《论语》的核心，是《论语》诠释的枝节，甚至可以忽略不计；而史学式诠释虽然阐明《论语》的思想，但没有进一步将这些思想的现代价值体现出来，工作没有做完。只有将《论语》的思想观念化，才能够为现代社会所用。于是，20 世纪后期的《论语》诠释中，出现了许许多多近似于“戏说”式的《论语》解读。有一些学者，甚至谈不上学者的人也诠释起《论语》来，有人在没有理解文本意义的情况下进行臆解，将严谨的《论语》文本解释成不伦不类的典籍。

20 世纪后半期，《论语》诠释的学科属性越来越明显，文学、史学、哲学领域的学者对于所从事的学科表现出了高度的自信与自尊，而对于不属于自己学科领域的《论语》解读则表现出不了解、不认同，甚至不屑的态度，使《论语》诠释越来越禁锢于学科的藩篱中。

三

事实上，对于学科分治下的《论语》诠释所产生的弊病，学界早有清醒的认识。如果说20世纪前半期的读经[①]带有浓重的尊孔、恢复旧学意味的话，那么，20世纪后半期的读经[②]显然是对古代经学被分解到文、史、哲学科的反动。学者及其所带领的学生重新诵读儒家经典，大有突破学科界限，重回经学的势头。与之相呼应，经学地位也在20世纪90年代的“国学热”中不断提高，“经学在传统四部之学中居于核心的支配地位，要对传统文化的本质有更加深入的理解，无法绕开经学”[③]；“在国学里面它有一个主流，这个主流是儒学；儒学有一个核心，这个核心是经学”[④]。更进一步，学者们又把经学抬高到中国文化的源头地位，“经学是中国文化的源头，而中国过去的一百多年中，解决了救亡图存的问题，而今天的中国要文化自

---

① 20世纪前半期曾多次掀起读经高潮，如民国初期的孔教运动的读经、国民政府提倡的读经、伪满倡导的读经等。

② 20世纪后半期的读经主要指八九十年代，一些学者自发组成的回到经典的读经活动，这些读经活动有声有色，对于接续儒学起到基础性作用。

③ 《年度国学2009》年度报告编写组：《多样化推进——〈年度国学2009〉之经学报告》，《光明日报》2010年1月11日。

④ 李学勤：《国学的主流是儒学，儒学的核心是经学》，《中华读书报》2010年8月10日。

立，必须回到中国文化的根，即经学上来”①。有学者呼吁“经学应该成为独立的学科”②，并将其纳入国民教育序列之中。

然而，传统社会已经转换到现代社会，再回归传统经学的困难程度可想而知。传统一旦被打破，若想再恢复传统，就不是短时间内能够做到的，要经过几代、几十代人的努力。既然如此，目前《论语》诠释就只能在学科分治的情势下向前推进了。怎样推进？笔者认为，现代学人应该转换视野，不要再纠缠于恢复经学传统诠释《论语》，而是由经学视野转换为文学、史学、哲学逻辑递进式的视野，这或许不失为现代语境中《论语》诠释的一条路径。

将文学式的诠释、史学式的诠释、哲学式的诠释作为逻辑递进关系，就有了各个诠释视野的层位性。文学式的诠释作为第一层面，也是最基础的层面，是后两个层面的基础。只有将这个层面的基础打好，才有资格进入第二个层面——史学层面。史学层面是文学层面的进一步展开，是《论语》及儒家思想的共时性解读，是在文学式诠释的基础上对《论语》内涵的拓展。由文学式的诠释进入史学式的诠释是一种自然的晋级。当文学层面的基础打牢后，不能仅醉心于此层面，自然要进入史学层面。当史学层面的诠释达到高深造诣后，就要进入哲学性诠释。哲学层面的诠释是对文学层面、史学层面诠释的超越，是在二者基础上对《论语》语义进行时代性的升华，是对《论语》的义理进行的时代解读和对《论语》价值的时代揭示。

---

① 余敦康、姜广辉、梁涛：《儒家经学的历史作用》，《中华读书报》2009年3月4日。

② 彭林：《经学应该成为独立的学科》，《光明日报》2011年1月18日。

哲学层面对于文学层面、史学层面的超越绝不是对二者的忽略，而是建立在二者的基础上所进行的提升，是将《论语》诠释上升到更深层的理论高度和时代广度。实际上，经学视野里的《论语》诠释，也不同程度地存在训诂、思想、观念等层次的解读，只是在整个经学诠释中将这些层次融合一体，层次并不鲜明罢了。现代学科分治情势下的《论语》诠释，由文学层面到史学层面再到哲学层面，《论语》的解读也由文字、思想上升到观念、理论，这种诠释应该达到与传统经学以经解经一样的目的。

必须注意的是，将《论语》诠释进行文、史、哲三个层面的逻辑递进关系式的划分，并不是说三个层面有高低之分，而是为了在现代学科分治情势下，更有利于对《论语》进行全面、系统的解读以及时代性的提升。现代学科分治情势下，只有对经典进行文学式的诠释，才能准确把握经典中的正确含义；只有对经典进行史学式梳理，才能理顺经典的思想脉络；只有对经典进行哲学式提升，才能挖掘出经典的时代价值，继承和发扬优秀传统文化。因此，对于当代学者来说，如果要对《论语》进行诠释，应该文学式、史学式、哲学式诠释全面掌握。诚然，由文学、史学到哲学递进式诠释《论语》，也面临着许多困难。最大的困难有两个：一是学科分治下学者往往容易沉醉于自己学科内的成就，而难以突破。毕竟，跨学科是要有相当大的勇气和长期的沉潜务学功夫。二是要做到从文学至史学再到哲学，需要学者几十年甚至一生的冷板凳功夫，才能培育出扎实的儒学根基和哲学素养。因此，在喧嚣、浮躁的当代，静下心来专注儒家思想的研究、探讨，仍然是致力于儒学复兴的学人应该做的工作。

升“书”还是回“经”:清代《大学》《中庸》归属与儒学价值取向*

《汉书·艺文志》描述儒学为:“盖出于司徒之官,助人君顺阴阳明教化者也。游文于六经之中,留意于仁义之际,祖述尧舜,宪章文武,宗师仲尼,以重其言,于道最为高。”这段话被学者认为是对儒者的经典概括,道出了六经对于儒者的重要程度。自汉武帝设五经博士以来,“经”一直是儒家思想的唯一载体和支撑,经的社会作用无可比拟,“经典就具有了宰制万态、牢笼百家的功用。举凡治国的道理、社会的准则、教育的内容、做人的规矩、知识的获得等等,都可以通过研读经书的活动得到‘权威’的答复”①。正因为如此,儒家经典也由五经扩展到九经、十二经、十三经。儒家经典的庞杂及笼统也被指责为“博而寡要”②。唐代韩愈的道统说是儒家思想的聚焦,宋代二

---

* 本文原载于赵卫东、许东主编:《中国古典学》第2辑,山东大学出版社2021年版。

① 许道勋、徐洪兴:《中国经学史》,上海人民出版社2006年版,第410页。

② 司马迁《史记·太史公自序》载:“儒者博而寡要,劳而少功,是以其事难尽从”,“夫儒者以六艺为法,六艺经传以千万数,累世不能通其学,当年不能究其礼,故曰‘博而寡要,劳而少功’”。由此可知,儒家经典在汉代就已经繁杂。

程开始,到朱熹完成的理学是继韩愈之后儒家思想的进一步聚焦。其中,儒家经典的变化是程朱聚焦儒家思想的最重要步骤。朱熹将《大学》《中庸》从《礼记》中提出,将《孟子》从“子”学中提出,组成了“四书”,并赋予“四书”以儒家经典最重要位置,抬“书”抑“经”,使“书”承载儒家义理,并占据儒学经典的核心地位。这种局面一直持续到明代。清代,出现的《大学》《中庸》重返《礼记》运动,引起了《大学》《中庸》的归属之争,同时也影响着整个儒学的价值取向。

一、“书”的设立与儒家经典结构的改变

儒家思想被西汉定为国家意识形态获得独尊地位后,一直到唐代,“五经”都是儒家思想的绝对经典,也是儒家思想的核心内容。这一情况自韩愈提出儒家道统说发生了改变。

韩愈直接将汉代的经学扫除在儒家道统之外,认为“尧以是传之舜,舜以是传之禹,禹以是传之汤,汤以是传之文武周公,文武周公传之孔子,孔子传之孟轲。轲之死,不得其传焉”①。这一谱系传承不但不是以五经为基准,恰恰将汉代以五经为基准的儒家思想排除在外。这一道统到底以什么为基准?宋儒做了进一步明确。程颐首先将《孟子》与《论语》并列,认为“学者当以《论语》《孟子》为本。《论语》《孟子》既治,则六经可不治而明矣。读书者当观圣人所以作经之意,与圣人

① 韩愈撰,马其昶校注:《韩昌黎文集校注》第一卷,上海古籍出版社1986年版,第18页。

所以用心，与圣人所以至圣人，而吾之所以未至者，所以未得者。句句而求之，昼诵而味之，中夜而思之，平其心，易其气，阙其疑，则圣人之意见矣”①。《论语》虽然不在“五经”之列，但《论语》和《孝经》属“明经”，为各科所必须“兼通”者，因此它们实际上也是经。将《论语》与《孟子》并列，且视为“六经”之本，实际上是在“六经”之上又加上了一个“本”。在汉代的经学排序中，“六经”（实际上是“五经”）只有顺序之别，而没有本末之分。这就标志着儒学的一个新的价值取向，即向《论语》《孟子》看齐。

朱熹又将《大学》《中庸》与《论语》《孟子》合为“四书”，认为“《大学》一篇乃入德之门户，学者当先讲习，知得为学次第规模，乃可读《语》《孟》《中庸》。先见义理根原体用之大略，然后徐考诸经以极其趣，庶几有得。盖诸经条制不同，功夫浩博，若不先读《大学》《论》《孟》《中庸》，令胸中开明自有主宰，未易可遽求也”②。朱熹倾注大量精力，为“四书”作注，认为“四书”中《大学》是纲领，《论语》《孟子》是根本，《中庸》传授心法，是理学的精髓。《四书章句集注》就是他重塑孔孟形象、发挥儒家精神、宣传理学道义的经典，同时，也使“五经”成为“四书”的注解。

“四书”的提出标志着儒学从汉学转入义理之学。汉儒讲求的是“经”本身，将“经”视为常道，“经”之外没有义理。所

---

① 程颢、程颐：《河南程氏遗书》卷第二十五《伊川先生语十一》，王孝鱼点校：《二程集》第1册，中华书局2004年版，第322页。

② 朱熹撰：《晦庵先生朱文公文集》卷二十六《与陈丞相别纸》，朱杰人、严佐之、刘永翔主编：《朱子全书》第21册，上海古籍出版社、安徽教育出版社2010年版，第1180页。

以汉儒不去推求圣人之心,而是讲求具体的圣人之法,以之通经致用。宋儒一反汉儒经外无道的思路,认为经本身不是常道,圣人借经以明道,道在经之上,所以必先明义理之道,才能够治经。因此,二程强调“古之学者,皆有传授。如圣人作经,本欲明道。今人若不先明义理,不可治经,盖不得传授之意云尔”①。朱熹也强调“四子,六经之阶梯”②。这样,宋儒就在经之上又加入了一个书,而且书的出现,从某种意义上说为儒学创造了一个新的义理系统,使儒学由通经致用外求转向心性义理的求圣成贤方向。这一变化,也打破了“五经”是儒学唯一载体和支撑的内部结构,使“四书”超越了“五经”升格为儒家经典的核心。《孟子》从“子”升“书”,《大学》《中庸》从“经”升“书”等都是儒家经典地位的一个显著提升。

宋儒将“四书”凌于“五经”之上的做法在元代得到了官方的进一步认可。元代不仅将“四书”凌驾于“经”之上,而且将《大学》《中庸》从《礼记》中剥离出来,使《大学》《中庸》由原来在《礼记》中的“言礼”的内容改换成了担载儒家核心义理的重任。《大学》《中庸》也由“经”升“书”,实现了从身份到地位的彻底转换。与之相对应的是,《礼记》已经容纳不了《大学》《中庸》,吴澄在《礼记纂言·序》中说:“《大学》《中庸》,程子、朱子既表章之,《论语》《孟子》并而为四书,固不容复厕之礼篇。”陈澔《礼记集说·序》称:“《仪礼》十七篇,《戴记》四十九篇,

---

① 程颢、程颐:《河南程氏遗书》卷第二上《二先生语二上》,王孝鱼点校:《二程集》第1册,中华书局2004年版,第13页。

② 黎靖德编,郑明等校点:《朱子语类》卷一百五,朱杰人、严佐之、刘永翔主编:《朱子全书》第17册,上海古籍出版社、安徽教育出版社2010年版,第3450页。

先儒表章《学》《庸》,遂为千万世道之渊源。其四十七篇之文虽纯驳不同,然义之浅深同异,诚未易言也。"①陈澔之后,元明两代的《礼记》注本或礼书重编本等均不载《大学》《中庸》,俨然成为惯例,多仿照陈澔《礼记集说》,只存篇目。

诚然,将《大学》《中庸》从《礼记》中提升到"书",也受到当时学者的质疑。如祝允明(1460—1527)认为:"愚谓《大学》、《中庸》终是《礼记》之一篇,孟子之言羽翼孔氏,然终是子部儒家之一编耳,古人多有删驳,国初亦尝欲废罢,故愚以为宜以《学》、《庸》还之礼家,《论语》并引《孝经》同升以为一经。"②郝敬(1558—1639)也指出:"先儒以《大学》《中庸》两篇为道学之要,别为二书。夫礼与道,非二物也。道者,礼之匡郭,道无垠埒,礼有范围,故德莫大于仁,而教莫先于礼。圣教约礼为要,复礼为仁,礼仪三百,威仪三千,致中和,天地位,万物育,此道之至极而礼之大全也,故曰'即事之治谓之礼'。冠昏丧祭,礼之小数耳。子曰:'民可使由之,不可使知之。'世儒见不越凡民,执小数,遗大体,守糟粕而忘菁华,如《曲礼》《王制》《玉藻》《杂记》则以为礼,如《大学》《中庸》则以为道,过为分疏,支离割裂,非先圣所以教人博文约礼之意。自二篇孤行,则道为空虚而无实地;四十七篇别列,则礼似枯瘁而无根柢,所当亟还旧观者也。"③然而,朱熹的《四书集注》被朝廷

---

① 陈澔注,万久富整理:《礼记集说·序》,中国书店 1994 年版。

② 祝允明:《怀星堂集》卷十一《议论》,商务印书馆 1934 年版,第 11 页。

③ 郝敬:《礼记集解》,《四库全书存目丛书·经部》第 91 册,齐鲁书社 1997 年版,第 641 页。

推崇并采用①,对于“四书”的批评就成为末流,显得微不足道了。《四书章句集注》在宋至明之间成为儒学发展的主流,而且经过宋、元、明的儒学大师们进一步倡扬,得以固化,朱熹也成为儒学发展的里程碑式的人物。

二、清代《大学》《中庸》重返《礼记》

儒学以“四书”为核心的局面一直持续到清代。经过几代人对以“四书”为核心的理学的张扬,到明末儒学逐渐演变成为“阳明心学”。从某种意义上说,宋明理学在抬高“四书”地位的同时,将儒学的价值取向转向个体内部,转向人心,使儒学成为人的“心性”之学,而对于经世的作用相对弱化。于是,明末阳明后学受到当时士人的批判,指责其“袖手空谈心性”,“迂远不切实际”。有些人将明代的灭亡归咎于明末王学,“阳明一出,而尽变天下之学术,尽坏天下之人心,卒以酿乱亡之祸”②;甚至在康熙年间“海内士大夫,以宗阳明为耻”③。加之,清代满人入关,继续倡导宋明理学,汉人反清,捎带着也反清人提倡的宋明理学。于是,从清代开始,反宋明理学兴汉学

① 南宋宁宗嘉定五年(1212),朝廷将《论语集注》和《孟子集注》列入学官,作为法定的教科书。理宗于宝庆三年(1227)下诏盛赞《四书集注》“有补治道”。

② 张烈:《读史质疑》,徐世昌等编纂:《清儒学案》(一),中华书局2008年版,第893页。

③ 程晋芳:《正学论三》,《勉行堂文集》卷一,转引自钱穆:《中国近三百年学术史》,商务印书馆1997年版,第290页。

的潮流在士人中间兴起。

反理学兴汉学，首先要做的就是解散理学得以确立的“四书”经典体系，恢复“五经”体例。王船山在《礼记章句》中一改元代以来《礼记》中只存《大学》《中庸》篇目的传统，将《大学》《中庸》录入《礼记》之中，并指出：“凡此二篇，今既专行，为学者之通习，而必归之于《记》中者，盖欲使五经之各为全书，以见圣道之大，抑以知凡戴氏所纂四十九篇，皆《大学》《中庸》大用之所流行，而不可以精粗异视也。”①王船山将《大学》《中庸》回归《礼记》，目的是“使五经之各为全书”，以体圣道之大。这在当时并非王船山个人观点。徐世沐梳理《礼记》时也主张“是书合《曲礼》《檀弓》《杂记》各为一篇，删古本上下之目，《大学》《中庸》二篇则仍从古本全录，以成完书。每篇之首，各注其大意，每篇之末，各评其得失”②。这说明，清初很多士人为了使《礼记》篇目全面，已经突破元代以来《礼记》中只录《大学》《中庸》篇目，不录文章内容的通行做法。

如果说王船山、徐世沐等人是从版本学考虑将《大学》《中庸》内容重归《礼记》的话，那么清初另一位有重要影响的士人黄宗炎则从《大学》《中庸》的内容上主张重归《礼记》。他认为：“割《礼传》之《大学》《中庸》而孤行之，盖由视礼为粗迹，而别求性与天道不可闻之微，以为上达，至使‘慎独’‘未发’纷纷聚讼，岂知‘一日克己复礼，天下归仁’恐非粗迹所臻者！《大学》之修、齐、治、平，《中庸》直至、参赞、位育无声无臭，亦

---

①　王夫之：《礼记章句》，《船山全书》第4册，岳麓书社1996年版，第1246页。

②　徐世沐《礼记惜阴录》，该书不传，此言为《四库全书总目提要》描述该书的特色。

只形容礼之至极尔。今欲割去本原，别寻妙玄，几何其不入于释氏也！”①黄宗炎直接指出《大学》《中庸》说的是礼，而不是儒家思想的纲领、心法，所谓的三纲八目、参赞化育等说的是礼达到极致所呈现的状态，也就是礼的作用。这种说法直接否定了“四书”体系成立的基础。

黄宗羲虽然是很有影响的思想家，他的观点尽管代表着一部分士人的主张，但毕竟左右不了清初的整个学界。一直到乾隆前期，官方编纂的《礼记》仍然沿用陈澔《礼记集说》的做法。如乾隆朝由张廷玉等奉敕编的《日讲礼记解义》，仍然谨守惯例。但是，成书于乾隆十三年（1748）的《钦定礼记义疏》（李绂领纂，全祖望、吴廷华、惠士奇参与）却将《大学》《中庸》重归《礼记》，《大学》《中庸》皆用古本原文，正文之后依序排列郑注、孔疏、朱子《章句》。其《凡例》说：“《中庸》《大学》二篇，自宋大儒编为四书，其后俗本《礼记》遂有止载其目而不列其文者，兹仍曲台之旧，以尊全经，以存古本，兼辑朱注，以示准绳，而《正义》等条，概置勿用。”（《钦定礼记义疏·凡例》）这是自元代陈澔《礼记集说》四百余年后，官方的《礼记》注本首次恢复《大学》《中庸》，其目的非常明确，尊重《礼记》一书的完整性，保存古本的形态，特别增设《大学》《中庸》与其他 47 篇不同的体例。“其《中庸》《大学》二篇，陈澔《集说》以朱子编入四书，遂删除不载，殊为妄削古经，今仍录全文，以存旧本。惟章句改从朱子，不立异同，以消门户之争。盖言各有当，义各有取，不拘守于一端，而后见衡鉴之至精也。”②此书面世，意义重

---

① 黄宗炎：《周易象辞》，商务印书馆 1934 年版，第 46 页。
② 《四库全书总目提要》，中华书局 1965 年影印本，第 172 页。

大。在宋明理学被朝廷奉为圭臬的乾隆朝,钦定的《礼记》又将《大学》《中庸》内容归还《礼记》,这无疑为民间如火如荼的汉学提供了官方依据。许多士人借此扩大汉学的影响,攻击宋明理学推崇的“四书”。扬州学派代表人物汪中就力主《大学》言“礼”,“《大学》其文平正无疵,与《坊记》《表记》《缁衣》伯仲,为七十子后学者所记,于孔氏为支流余裔。师师相传……诚知其为儒家之绪言,记礼者之通论,孔门设教,初未尝以为至德要道”①。梁章钜直接指出“四书”不应该存在,“朱子之《章句集注》,积平生之力为之,垂没之日,犹改定《大学·诚意章》注,凡以明圣学也。元延祐中用以取士,而阐明理道之书遂渐为弋取功名之路,至《大全》出而捷径开,八比盛而俗学炽,驯至高头讲章行,非惟孔、曾、思、孟之本旨亡,并朱子之四书亦亡矣!”②

官方对《大学》《中庸》回归《礼记》的认可,加剧了宋学汉学的分化,使儒学内部的汉宋之争趋于白热化。这之后,汉学日益兴盛,《大学》《中庸》既在朝廷提倡的理学的“四书”中,又回到“五经”的《礼记》中间。由于汉学在乾嘉时期的凸显,让《大学》《中庸》回归《礼记》已经成为当时的士人中间的流行做法。“《大学》《中庸》重返《礼记》的运动,产生于古学兴起的雍正、乾隆时代,回归原典,尊经崇古是当时的潮流。”③升到“四书”的《大学》《中庸》又在四百余年之后回到“经”。

---

① 汪中著,田汉云点校:《新编汪中集》,广陵书社2005年版,第381页。

② 梁章钜:《退庵随笔》,(台北)文海出版社1969年版,第802页。

③ 石立善:《〈大学〉、〈中庸〉重返〈礼记〉的历程及其经典地位的下降》,《国学学刊》2012年第3期。

三、“书”“经”之间与儒学的价值取向

本来,《大学》《中庸》升“书”还是回“经”,只是个古典文献内容的归属问题,不值得小题大做。但是,升“书”还是回“经”却映衬出儒学发展的不同的价值取向,而这种不同的价值取向所带来的直接后果,就是传统经学的解体。从这个意义上说,升“书”还是回“经”绝不仅仅只是一个文献问题,它关乎儒学的存亡。

升“书”代表着宋学道统,将儒学看作文化自身的“天道”“性命”之学,进一步将儒学带向了人心所向,使儒学真正成为“为己之学”。回“经”代表着汉学传统,将儒家经典视为做人做事的规范、标准,视为上天的旨意,供人们信奉。因此,升“书”还是回“经”实质上代表着儒学发展的汉学传统与宋学传统。历史上,汉学占据了汉唐时期的统治地位,宋明兴起的理学取代了汉学的地位。在明代以前,汉学与宋学并没有真正意义上的交集,可以说汉学、宋学“各领风骚”。然而,到了清代,诸种因素促成了汉学、宋学交集争锋,兴汉学与尊宋学构成了朝野上下的两种取向。清廷对理学的抬升与倡扬不比任何一个朝代差,康熙“夙好程朱,深谈性理”,并亲自主持刊定《性理大全》,将朱熹配祀十哲之列。朝野上下风行程朱理学,“康熙中叶以后,为程、朱极盛之时,朝廷之意指,士大夫之趋向,皆定于一尊”①。而民间汉学的学风如日中天,与理学形成对峙之势,甚至朝廷大臣中也兴

① 徐世昌等编纂,沈芝盈、梁运华点校:《清儒学案》(三),中华书局2008年版,第2171页。

起汉学之风。乾隆皇帝曾专门下旨训诫诸臣:“盖近来留意词章之学者,尚不乏人,而究心理学者盖鲜。……有宋周、程、张、朱子于天人性命大本大原之所在,与夫用功节目之详,得孔孟之心传,而于理欲、公私、义利之界,辨之至明。循之则为君子,悖之则为小人。为国家者,由之则治,失之则乱,实有裨于化民成俗、修己治人之要,所谓入圣之阶梯,求道之涂辙也。……朕愿诸臣研精宋儒之书,明体达用,以为启沃之资;治心修身,以端教化之本。”①即使这样,也没能阻止汉学在士人及朝廷大臣之间的兴盛。汉学家从音韵学、文字学入手,通过文字、音韵来判断和了解古书的内容和涵义,即以语言文字学为治经的途径。“凡古儒所误解者,无不旁征曲喻,而其本义之所在,使古圣贤见之,必解颐曰:‘吾言固如是。’数千年误解之,今得明矣!”②他们重视客观资料,不以主观想象轻下判断,考订问题用形式逻辑的归纳法,把同类材料罗列一起,旁征博引,然后得出结论,只讲证据不讲道理,逐渐发展成了脱离实际、厚古薄今、舍本求末、烦琐细碎等的单纯的考据学问。汉学越深入,其学说越繁杂,也越偏离现实。

汉学宋学之争直接带来了今古文之争。这看似与《大学》《中庸》升“书”还是回“经”毫无关系,其实正是由于《大学》《中庸》回“经”的合法化(《钦定礼记义疏》收录《大学》《中庸》内容,由此引起的《大学》《中庸》重返《礼记》运动),加剧了汉学的升温,使汉学与宋学势均力敌。汉学对解经的繁杂、

① 《清实录·高宗实录》卷一百二十八,中华书局 2008 年版,第 9801 页。

② 阮元撰,邓经元点校:《揅经室集》,中华书局 1993 年版,第 120 页。

琐碎与深奥,把经解读至支离破碎,于是质疑之声泛起。“泥古”“不论是非”“离经叛道”“异端邪说”“鸩酒毒脯,烈肠洞胃”等批评之声不绝于耳,于是,今文经学作为乾嘉学派的反动乘势而起。今文经学主张经学的微言大义,认为儒学的经典集中于《春秋》,特别是《公羊春秋》发扬了孔子的大义。康有为以今文经学为核心,重新构造了儒学的道统,指出儒学并不是孔子延续夏、商、周三代而创造,而是孔子为改制依托三代创造。孔子创造的六经没有延续下来,传承下来的是汉代刘歆的伪经。这无疑是“思想界之一大飓风”,如“火山大喷火”“大地震”。从某种意义上说,康有为将今文经学发挥到了极致。古文经学在今文经学兴起之时已经显有颓势。但晚清,古文学家又开始对今文经学发难。章太炎专门研究今文经学奉为圭臬的《春秋》,指出孔子并非受天命而作《春秋》,只是修《春秋》。与章太炎观点类似,刘师培也不同意将《春秋》视为孔子的“政治蓝本”,认为,今文家的最大错误是没有将《春秋》作为“史书”来对待,这样,《春秋》之“史”的意义终于被康有为阉割殆尽。章太炎、刘师培等古文大师对于《春秋》等儒家经典的考证,否定了《公羊春秋》在儒家经典中的地位,动摇了今文经学所建立的理论基础。汉宋之争没有完全消弭的情况下,今古文的争论又甚嚣尘上。儒学内部的纷争已经乱象丛生,这种内部的争斗削弱了儒家经典的地位,使儒家思想从内部出现了危机。

儒学内部的争论,降低了儒学的影响力,“伴随着汉学的衰落,是宋学复振的呼声、今文经学的崛起和诸子学的兴盛”①。

---

① 景海峰:《清末经学的解体和儒学形态的现代转换》,《孔子研究》2000年第3期。

晚清，诸子学的兴起形成了与儒学抗衡之势，进一步加剧了儒学的解体。诸子学在儒学独尊后，成为经学的辅助，以子解经几乎成为学者治学的方法。清初人士尤为重视子学，顾炎武说："子书自孟荀之外如老、庄、管、商、申、韩，皆成一家言。"[①]晚清章太炎更是抬高诸子拉低儒学，使儒学回到诸子学地位，指出儒学只是诸子学中的显学，孔子与墨子、老子等没有高下之分。章太炎对先秦诸子，尤其是儒、道、墨、法各家学说都有深入研究，于校勘训诂中整理出一种有条理系统的诸子学。作为既是经学家，又是子学名家的章太炎，在研究方法和发掘思想内容方面常常能做到出入之间，融会贯通。在《儒墨》《儒道》《儒法》《儒侠》《儒兵》以及《诸子学略说》《国故论衡》《国学概论》等著述中，章太炎通过对儒家与墨家、道家、法家、兵家等其他诸子的比较，较为系统地梳理了先秦思想史。章太炎非常强调儒家是先秦诸子之一，并发现儒家与其他诸子在源流上相互渗透，在义理方面也有相通之处。章太炎认为，先秦诸子学中，道、儒两家所见独到，这两家本是同源，后来才分离的。儒道两家中，道家才是南面之术的倡导者，"老聃为柱下史，多识故事，约《金版》《六韬》之旨，著五千言，以为后世阴谋者法。其治天下同，其术甚异于儒者矣……且夫儒家之术，盗之不过为新莽；而盗道家之术者，则不失为田常、汉高祖"[②]。不仅儒道同源，儒墨也同源。墨子也说"法禹"，《淮南子·要略》说："墨子学儒者之业，受孔子之术。"《墨子·节葬》载："吾上祖述

---

① 顾炎武著，黄汝成集释，栾保群、吕宗力校点：《日知录集释》，上海古籍出版社 2006 年版，第 1083 页。

② 章太炎：《儒道》，梁涛：《〈訄书〉评注》，陕西人民出版社 2003 年版，第 51—52 页。

尧舜禹汤文武之道。”墨子的“兼爱”与宋明儒的“理一分殊”有相通之处。墨子的“非乐”“短丧”使人们情感得不到表达,与儒家分道扬镳,并为孟子、荀子所批评。儒家与法家的关系更加密切,儒家离不开法家,法家也从儒家吸取养分。法家的严刑峻法与儒家的道德说教目的都是维护社会的治理,只是手段不一样。儒家与法家一样主张专制,“是故孔子有‘不可以政假人’之论。而孟子对梁惠王之言,先及弑君。惟孟子不主用术,主用仁义以消弭乱原,此其与术家不同处耳”①。通过比较,章太炎还分析出其他诸子学在某些方面并不落后儒学,如其谓在政治主张方面,道家的范围比儒家大;老、庄的名利观轻于孔子;在哲理论述方面,道家高于儒家;等等。经章太炎抬子压儒式的考证,儒家经典两千余年累积起来的神圣光环被剥落殆尽,儒学跌落回先秦诸子之一派,与道、墨、法等家没有什么特殊不同了。如果从儒学的发展史上反思经学的解体的话,可以说正是经学内部出现了不同的价值取向,才为诸子学乃至西学提供了与儒学对垒的缝隙。而经学内部的分歧,也正是由类似《大学》《中庸》升“书”还是回“经”这样对于经典的不同解读引发的。

总之,《大学》《中庸》升“书”还是回“经”,代表着儒学发展的两种不同的价值取向,直接影响着经学的解体与儒学发展方向。

---

① 《章太炎国学讲义》,海潮出版社 2007 年版,第 207—208 页。

试论儒家以“天”说“诚”的理论意义*

“诚”的本义是信，指人的言谈、处事真实无妄或诚实无欺。“诚”是儒家的重要哲学范畴。《中庸》认为，“诚者，天之道也；诚之者，人之道也。诚者不勉而中，不思而得，从容中道，圣人也。诚之者，择善而固执之者也”。《孟子》也指出“诚者，天之道也，思诚者，人之道也”。《中庸》和《孟子》均以“天”说“诚”，将“诚”既作为“天之道”，又释为“圣人之境”，认为“人之道”通过“思诚”“至诚”的克己自律的修养而达到天人合一的“诚”之道德境界。因之，儒家的以“天”说“诚”被赋予了本体论意义和认识论意义。

一

儒家思想中为何要以“天”说“诚”？这就必须要弄通儒家的“天”。

冯友兰先生曾经说过，在中国文字中，“天”之一词至少有

---

* 本文原载于张树骅、宋焕新主编：《儒学与实学及其现代价值》，齐鲁书社 2007 年版。

五种意义：一个是物质之天，指日常生活中与地相对的天空；一个是主宰之天或意志之天，指宗教中有人格、有意志的“至上神”；一个是命运之天，指运气；一个自然之天；一个是义理之天或道德之天，指宇宙的道德法则。[①] 这里，冯友兰主要说的是儒家的“天”。杨伯峻先生也指出《论语》中的“天”有三个意义：一是自然之天，一是主宰或命运之天，一是义理之天。[②] 由此，我们可以看出儒家的“天”，除了物质的天外，还有主宰之天和义理之天。主宰之天是指在天人相通的境遇下，由天主宰人的行为。义理之天的天理，本是社会的道德法则，所以升之为天者，意在强调其神圣性、应然性，或者是视为客观的、本然的。相对于物质之天而言，“主宰之天”和“义理之天”与人的关系更加密切，对人的行为所起的作用也更大。

儒家思想究竟为何要将“天”加上主宰或道德的内容？这与先秦天论的内在理路是一脉相承的。在先秦的儒家中，道德必须借助于天。也就是说，儒家思想是以天作为道德的终极源头。远古的人们意识到，人的生活有许多异己的力量，个人对这种力量无法把握，于是，就将这种力量归之于“天”，认为人的命运由“大”来掌控和主宰。既然“天”掌控和主宰人的命运，那么人类的秩序、规则甚至是道德也应由天出。“儒家的一个大创造，便是将这种社会的规则和义理归之于天，创造了义理的天；或者说，他们本着从社会性看人的习惯，也从社会性去看天帝，认为它是社会原则的化身。……所以，约略地说，儒

① 参见冯友兰：《中国哲学史新编》（上），人民出版社 1998 年版，第 103 页。

② 参见杨伯峻：《试论孔子》，《论语译注》，中华书局 1980 年版，第 10 页。

家的所谓的'天',可以说是他们对'社会'或'社会力'的一种古典表述,是被赋予了神圣外观的社会秩序。"①在儒家的创始人孔子那里,"天"作为义理之"天"和主宰之"天"已经相当明显。当子路对孔子见南子"不悦"时,孔子对天发誓:"予所否者,天厌之!天厌之!"(《论语·雍也》)当孔子及弟子在匡被围或被桓魋谋害时,孔子把生死归之于"天",认为"天之将丧斯文也,后死者不得与于斯文也;天之未丧斯文也,匡人其如予何?"(《论语·子罕》)"天生德于予,桓魋其如予何?"(《论语·述而》)对于子路的弄虚作假,违犯礼节则骂其"欺天乎"(《论语·子罕》)。在不得意而又引起学生不满时,孔子发出"知我者其天乎"(《论语·子罕》)的感叹。当然,孔子这样称"天",更多的是一种借天自慰或发泄感情,并不一定认为"天"真的有意志,"天"真的主宰人类。但是,意志之"天"和主宰之"天"却在儒家思想中得到延续和扩大。孟子认为尧与舜的接替是"天不言,以行与事示之"(《孟子·万章上》)。董仲舒更是用"天"来解释政权的交替,建立起天人感应的思想体系。宋明时期用"天理"诠释"天",把"天理"作为人生修养的终极归宿和至上目标。

二

儒家将"天"诠释成主宰之天或道德之天,那么"天"和

---

① 庞朴:《天人之学述论》,《庞朴文集》第一卷,山东大学出版社2005年版,第364—365页。

“人”究竟怎样发生关系呢？也就是说，“天”怎样主宰或通过什么样的途径让人们服从“义理”？儒家认为，天是与人相通的。郭店楚简的《性自命出》中明确了这种天人关系。“性自命出，命自天降。道始于情，情生于性”，直接将人的性、命与天联系在一起，说明人性形成的直接原因是“天”，是“命”。《中庸》的开篇之句“天命之谓性，率性之谓道，修道之谓教”，更是指出天命就是人性，人性其实就是天命所赋予的人的本性，人只要遵循上天赋予人的秉性，就能成就天道。孟子也讲“尽其心者，知其性也；知其性，则知天矣”（《孟子·尽心上》）。也是说人的心、性和天是相通的，尽己之心能够透显人性，通透人性能够明晓天理。

在这里，儒家的思想遇到了一个问题：天、人怎样相通？从“天”的角度来讲，“天”怎样来主宰人伦世界，或天理怎样进入人的思维领域？从“人”的角度讲，人怎样知晓天理的具体内容，怎样知晓天理倡导什么、反对什么，为人者究竟应恪守什么？这个在常人看来不好解决的问题，在儒家思想中却不是问题。儒家认为，在“天”与常人之间存在着圣、王，圣、王善解天意懂得天理，他们承上启下，顺天应人，依据天意向人类进行宣示和定夺。所以，儒家强调人要成圣、成王。“圣希天，贤希圣，士希贤。”①人怎样才能成圣、成王，儒家理论中有一套独特的修养功夫。孔子强调“修己以敬”“修己以安人”“修己以安百姓”（《论语·宪问》）；《大学》中“明明德、亲民、止于至善”的三条纲领及“格物、致知、诚意、正心、修身、齐家、治国、平天

① 周敦颐撰，徐洪兴导读：《周子通书》，上海古籍出版社2000年版，第35页。

下”的八个条目，非常清楚地阐明了人通过修身成为圣而知晓和践行天意的途径。在其“三纲八目”中，修身是最根本的。“自天子以至于庶人，壹是皆以修身为本。”《孟子》也指出“存其心，养其性，所以事天也”，“夭寿不贰，修身以俟之，所以立命也”（《孟子·尽心上》）。荀子进一步对圣、王进行区分，认为“圣也者，尽伦者也；王也者，尽制者也；两尽者，足以为天下极矣。故学者，以圣王为师，案以圣王之制为法，法其法以求其统类，以务象效其人”（《荀子·解蔽》）。儒家思想一再强调人的“克己”“躬自厚”“内省”“自省”“三省”“修己”“慎独”等等，都说明了儒家的这种修身、成圣、通天的内在思维理路。

由此，儒家的天人之学已经非常清晰。儒家认为，有一种义理之天或主宰之天，这种天主宰人的命运，赋予人的秉性；人通过修身可以成为圣人，圣人知晓天意；天人之学以天为尊，以人从之，而且是无条件的服从。

进一步，儒家认为“仁、义、礼、智”等德性是义理之天所赋予人的特性，是人与动物相区别的“几希”（《孟子·尽心上》）。《中庸》《孟子》则明确了“诚”属“天之道”。《中庸》更是用了大量篇幅集中论“诚”[①]，把“诚”放在了统贯天人的重要位置。例如，“诚者，物之终始，不诚无物”；“唯天下至诚，为能经纶天下之大经，立天下之大本，知天地之化育”；“自诚明，谓之性；自明诚，谓之教。诚则明矣，明则诚矣。唯天下至诚，为能尽其性；能尽其性，则能尽人之性；能尽人之性，则能尽物

① 《中庸》从二十章的《问政》到二十六章的《无息》，都是论述“诚”及“诚之”的。

之性;能尽物之性,则可以赞天地之化育;可以赞天地之化育,则可以与天地参矣”;“诚则形,形则著,著则明,明则动,动则变,变则化。唯天下至诚为能化”;等等。它们将“诚”提升到宇宙本体的高度,同时也是人性本体,是统贯天人的本体。然而,究竟“诚”为何具有天道的性质?宋代理学家周敦颐对此问题进行了解答。周敦颐引用《周易》与《中庸》互训,论证“诚”具有天道的本质属性,沟通天道与性命的关系。

> 诚者,圣人之本。“大哉乾元,万物资始”,诚之源也。“乾道变化,各正性命”,诚斯立焉。纯粹至善者也。故曰:“一阴一阳之谓道,继之者善也,成之者性也。”元亨,诚之通;利贞,诚之复。大哉《易》也,性命之源乎!
>
> 圣,诚而已矣。诚,五常之本,百行之源也。静无而动有,至正而明达也。五常、百行,非诚,非也,邪暗塞也。故诚则无事矣。至易而行难。果而确,无难焉。故曰:“一日克己复礼,天下归仁焉。”①

周敦颐把“乾元”规定为“诚”之“源”。“乾元”(“乾元”也就是《易》之“太极”)即为宇宙的本体,因之,“源”之于“乾元”的“诚”也就具有了宇宙本体论意义。那么,具有宇宙本体性质的“诚”怎样成为人性?周敦颐认为需要转化,即“乾道变化,各正性命,诚斯立焉”。“诚”是至实无妄的,是“纯粹至善者”。但人不能直接体现出这个“纯粹至善”的“诚”,需要修养

① 周敦颐撰,徐洪兴导读:《周子通书》,上海古籍出版社2000年版,第31—32页。

功夫以“复”之。所以,周敦颐认为“诚”由本体转化为人性的关键在于“继”和“成”。“继之者善也,成之者性也。”“继”是就本源意义而言,强调人若不继承天道,就没有本源的善;“成”是就人的主体性而言的,强调人若不主动实现本源意义的善,也就不能成就其“性善”的本性。“乾”之四德“元、亨、利、贞”,“元亨”为“诚之通”,即继善;“利贞”为“诚之复”,即成性。乾之四德因此具有了伦理的属性,表现了人性本质生成的全过程。然而,普通人是不能做到继善成性的,只有圣人才能实现完整的人性。圣人以“诚”为本,圣诚一体。“诚”又是“五常”“百行”之本源,而“五常”“百行”是人类社会中一切道德行为和规范。所以,只要做到“诚”,就能“至正而明达”了;如果不以“诚”为本,就会为“邪暗”所塞。周敦颐通过一番论证,把天(宇宙本体)落实到了人的心性层面,人与天贯通,从而确立了儒家核心思想与天道的一致性,完善了儒家以“天”说“诚”的内在发展理路。

三

儒家以“天”说“诚”尽管受到了来自方方面面的质疑,但是,以“天”说“诚”对于“诚”的本体追问以及人为何要“诚”、如何达“诚”等问题仍然是一种令人信服的解释。因之,儒家关于“诚”的理论也具有了本体论和认识论的意义。

第一,儒家以“天”说“诚”为“诚”找到了形上根源,赋予“诚”以本体论意义。

儒家从本体论意义上理解“诚”,认为它是天予人的秉性,是“人之为人”的最基本的原则,是人生命中不可或缺的一部分。只要人的生命个体存在于世,“诚”就是这个个体的重要分子。这一点,在儒家的创始人孔子那里就已经很明显了。孔子虽未明言“诚”,但孔子的“信”其实就已经包含“诚”的含义。他提出的“言忠信,行笃敬”(《论语·学而》),“敬事而信”,“笃信好学,守死善道”(《论语·泰伯》)等,已涉及“诚”概念所蕴含的基本内容。孔子把诚与做人联系到一起,其弟子子贡问为政时,孔子回答有三个条件,即“足食、足兵、民信”,其中,“兵”可“去”,“食”也可以“去”,唯独“信”不可去,认为“自古皆有死,民无信不立”(《论语·颜渊》)。孔子还感叹:“人而无信,不知其可也。大车无輗,小车无軏,其何以行之哉?”因此,孔子每天反省自己行为中的重要内容就包括“与朋友交而不信乎?”并以“言必信”“与国人交,止于信”的标准做人。朱熹认为“诚”乃“天理之本然也”(《中庸章句》)。王夫之更是强调“诚”即是“天地有其理”,“天理之实然,无人为人伪也”(《张子正蒙注·诚明》),并认为“诚”是“约天下之理而无不尽,贯万事之中而无不通也”(《读四书大全说》卷三)。

无疑,儒家的以“天”说“诚”为人讲求“诚”提供了一个理想的诠释模式。人在社会中生存,讲求“诚”“信”是人之为人的基本条件。这已不再是儒家的独有理念,而是人类生存几千年来的经验。所以,无论是西方思想还是东方文化,无论是古代文明还是现代理论,都将人的诚信问题作为人际交流与沟通的重要内容。而西方思想中,为了确保人与人之间的信任,将诚信用契约化的形式固定下来,甚至将诚信视作一种制度、一种法律责任。① 但是,人之为人为何要“诚”,为何要守信用,没有信用的社会将会怎样？这些问题在西方思想中没能得到解决。儒家思想将“诚”视为“天之道”,而人就是实现天道,所以,人就是要“诚之”“思诚”,就是要落实“天道”。相对于人而言,“天道”是“绝对命令”(康德语),人在天道面前只能服从,不能有任何怀疑。人对天道的服从及其落实天道并实现天道是天经地义、不言自明的事情。“诚”既然是“天之道”,那么“诚”也就是人性本身的内在规定,人性自身具有“诚”,“思诚”“诚之”就成为人自身的应有之义,只要是人,就应该“诚”。

第二,儒家以“天”说“诚”,将“诚”视为人的内在德性,即一种精神层面上的自觉意识,并确立了修身是实现“诚”的具体途径。

儒家认为“诚”是天赋的,这种做人的准则不是后天加给人的,而是人性生来就有的。但是,这种先天的诚信理念并不能自觉彰显出来,需要启蒙和“反求诸己”。人的道德修养就成为人落实天道的最重要的途径。怎样来落实天赋的“诚”,儒家认为最重要的是“修身”。“修身”是为了“存心”“养性”“事天”。人通过不断的“修身”成为君子,由君子成为贤人、圣人,从而达到天人一体的境界。所以,儒家将“诚”视为一种人的内在德性,一种精神层面上的自觉意识。人之为人就要不断修身而知性、知天。“君子养心莫善于诚”,“夫诚者,君子之所守也”(《荀子·不苟》)。如果说,儒家的以“天”说“诚”为

① 如影响比较大的韦氏(Webster's)大词典对“信用”的解释是“The system of buying and selling without immediate payment on security”,即一种买卖之间不须立即付款或安全警戒的一种制度。

“诚”找到了形上根源，解决了人为何要“诚”的问题，那么儒家确立修身为实现“诚”的具体途径则解决了人如何“诚”的问题。前者为“天之道”，后者为“人之道”。人之为人为何要讲诚信，儒家认为这是天道使然。人如何讲诚信，儒家认为要通过不断的修身，来畅明人的本性。所以，孟子指出“万物皆备于我矣。反身而诚，乐莫大焉”（《孟子·尽心上》）。人经过修身就能成君子、成贤、成圣，就能知天，也就能“安人”“安百姓”“安天下”，这也就是儒家所倡导的“本内圣而开出新外王”（牟宗三语）的内在理路。

人必须要诚信，否则人类社会就会无序化，这已是人类的共识。但是，人如何才能诚信？并没有一个使人信服的方法。西方社会中，为了实现人的诚信，要建立一种契约关系甚至法律制度来保证人与人之间的诚信。即使是亲兄弟，在发生经济往来时，也要立字据，以此为凭。当双方有一方不守信（字据中规定的条件）时，另一方会拿着双方订立的字据指责对方，甚至通过法律等手段强迫对方履行契约上的责任。这种信用关系是双方的一种责任，多一份契约，就多一份责任，也就多一份诚信的保证。但是，这种信用关系（确切地说应该是契约关系）经不住利益的诱惑。契约或制度不是自足的，它与社会现实并不是完全符合，这为人的信用带来隐患。儒家认为，“诚”是人的内在德性，是人的一种精神层面上的自觉意识。通过道德修养，人的所作所为就一定能“诚”，所以儒家特别强调修身中的“慎独”功夫，指出即使在一个人独处时，也不能违反“诚”，不能欺骗“天”。儒家的修身达“诚”其实是将“诚”内化于人的心中，人只要心诚，其行为自然而然就“诚”。这无疑在人的心中为“诚”提供了保障。“诚”的实现的确需要有外在的约束(如西方人的契约),更需要人心中对“诚”这一理念的固守。从某种意义上说,心中的理念对于一个人的行为起到的作用可能是至关重要的。儒家把修身达“诚”作为人“存心”“养性”“事天”的重要途径,看似有些迂腐,有些遥远,有些理想化,但是,如果人真正做到修身达“诚”,无疑是人与人之间讲信用的一条最为有效的途径。

第三,儒家以“天”说“诚”赋予“诚”以久远的生命力。

儒家以“天”说“诚”从本质上说是一种道德修养论,它将人与人之间的信任关系定位于对道德原则的信赖之上。由于这种道德原则的形上化即“天理化”使“诚”既是天理的内容,又构成人性本身所固有的内容,因而,在儒家的视野里,“诚”是上天赋予人的秉性,它与人同在,是人之为人的一个重要条件。这样,儒家的以“天”说“诚”就赋予“诚”以久远的生命力,只要人存在,“诚”就一定存在。另一方面,“诚”与人同在,并不是说人天生就能“诚”。人的“诚”是通过道德修养来畅明的,所以,儒家的“诚”也就不仅仅是“天道”,也不仅仅蕴含于人性之中,更重要的还是一种修养功夫。这说明,人之“诚”是通过不断的道德修养来实现的。人不断修己而知性、知天,在人的道德修养过程中,修“诚”也成为人之为人的理想,“诚”的内容也随之丰厚。“诚”不仅具有了久远的生命力,而且成为内容丰富的道德理想。这正是儒家以“天”说“诚”的魅力所在。

尧禹厚德 尧舜善政*

——《荀子》文本示例中的"尧""舜""禹"形象

唐代韩愈为儒家勾勒出了道统传承体系,即"尧以是传之舜,舜以是传之禹,禹以是传之汤,汤以是传之文、武、周公,文、武、周公传之孔子,孔子传之孟轲,轲之死,不得其传焉"(《原道》),并指出"由周公而上,上而为君,故其事行"(《原道》)。韩愈的道统说不但得到宋代思想家的认可,而且在先秦儒家思想的文献里都可找到端倪。《论语》《孟子》《荀子》文本对尧、舜、禹、汤、文、武、周公等都表现出了尊崇的态度。特别是对尧、舜、禹的称颂,尊崇他们为道德修养与治理国家均达到最高水平。这是韩愈道统说的依据。然而,《孟子》《荀子》文本对尧、舜、禹等古代帝王的描述是有不同侧重的,特别是《荀子》中,区分了尧、舜、禹等的特点,并根据这些古代帝王的特点,分别在不同的篇目中引证,使这些古代帝王作为儒家道统传承中的关键人物更加丰满,更加细密。同时,也借助于尧、舜、禹等古代帝王的引证,阐明荀子自己的观点。这些内容,似乎没有引起学界的重视。

---

* 本文原载于颜炳罡主编:《荀子研究》第 2 辑,上海三联书店 2020 年版。

一、"尧有德"

《荀子》各篇示例中,"尧"计 49 见。其中"帝尧长""尧舜参牟子""尧学于居畴"等客观描述之处,说尧的生理形象或生活的轨迹,从某种程度上说并无实际的形象意义。关于尧的形象,《荀子》的描述包括两个方面,即道德的高尚和治理国家成绩的突出。描述的形式主要集中在单独描述,尧、桀对举,尧、舜并列,尧、禹并列。

第一,对尧的单独描述。

> 古者帝尧之治天下也,盖杀一人、刑二人而天下治。传曰:"威厉而不试,刑错而不用。"此之谓也。(《荀子·议兵》)①
>
> 请牧基,贤者思,尧在万世如见之。……尧让贤,以为民,泛利兼爱德施均。……禹劳心力,尧有德,干戈不用三苗服。(《荀子·成相》)

无疑,这里都是讲尧怎样治理国家的。尧怎样治理国家呢?这里给出了明确的解答,即威仪、让贤、"德施均"。威仪是靠礼义来实现的,让贤可以说是一种措施,也可以说是一种德行。因而,尧治理国家时也是靠着"德行"来治理。这一点,

---

① 张觉撰:《荀子译注》,上海古籍出版社 1995 年版。下引同,不再一一标出。

在尧、桀对举与舜、禹并列时体现得非常明显。

第二，尧、桀对举。

天下胁于暴国，而党为吾所不欲，于是者，日与桀同事同行，无害为尧，是非功名所就也，非存亡安危之所堕也。（《荀子·王制》）

以桀诈尧，譬之，若以卵投石、以指挠沸，若赴水火，入焉焦没耳。（《荀子·议兵》）

天行有常，不为尧存，不为桀亡。（《荀子·天论》）

有势辱无害为尧，有势荣无害为桀。（《荀子·正论》）

桀是夏代的暴君。暴君既无人格上的高尚，也在施政上乏善可陈。尧与桀是古代国王好坏的两个极端。尧是德高望重的帝王，在位时治理水患、制定历法，造福百姓。这是尧和桀的区别，也是尧的高尚、贤能之处。尧与桀对举，更加突出了尧在人格上的高尚和治理国家的突出能力，映衬出尧高尚的道德情操和出色的施政能力。

第三，尧、舜并列。

权者，重之；兵者，劲之；名声者，美之。夫尧、舜者，一天下也，不能加毫末于是矣。（《荀子·王制》）

事之弥顺，其侵人愈甚，必至于资单、国举然后已。虽左尧而右舜，未有能以此道得免焉者也。（《荀子·富国》）

夫曰“尧、舜擅让”，是虚言也，是浅者之传，陋者之说

也。不知逆顺之理,小大、至不至之变者也,未可与及天下之大理者也。(《荀子·正论》)

尧、舜,至天下之善教化者也,南面而听天下,生民之属莫不振动从服以化顺之。……尧、舜者,天下之英也;朱、象者,天下之嵬、一时之琐也。今世俗之为说者,不怪朱、象而非尧、舜,岂不过甚矣哉?……尧、舜者,天下之善教化者也。(《荀子·正论》)

请成相,道圣王,尧、舜尚贤身辞让。许由、善卷,重义轻利,行显明。……尧授能,舜遇时,尚贤推德天下治。……尧不德,舜不辞,妻以二女任以事。大人哉舜,南面而立,万物备。……举舜甽亩,任之天下,身休息。(《荀子·成相》)

义与利者,人之所两有也。虽尧、舜不能去民之欲利,然而能使其欲利不克其好义也。(《荀子·大略》)

不知而问尧、舜,无有而求天府。曰:先王之道,则尧、舜已。(《荀子·大略》)

入孝出弟,人之小行也。上顺下笃,人之中行也。从道不从君,从义不从父,人之大行也。若夫志以礼安,言以类使,则儒道毕矣;虽舜,不能加毫末于是矣。(《荀子·子道》)

《荀子》各篇尧、舜并列示例中,往往指称的不是人的道德品格,而是治国理政之道。尧、舜治理国家主要集中在权、兵、名声等方面,也就是把民之欲利控制在义的范围之内。尧、舜是善于让贤、善于教化人、讲求礼义之人。而且是在有关治国理政的如《王制》《富国》等篇目中将尧舜并列。

第四，尧、禹并列。

扁善之度，以治气养生，则身后彭祖；以修身自强，则名配尧、禹。（《荀子·修身》）

可以为尧、禹，可以为桀、跖，可以为工匠，可以为农贾，在势注错习俗之所积耳。是又人之所生而有也，是无待而然者也，是禹、桀之所同也。为尧、禹则常安荣，为桀、跖则常危辱；为尧、禹则常愉佚，为工匠、农贾则常烦劳。然而人力为此而寡为彼，何也？曰：陋也。尧、禹者，非生而具者也，夫起于变故，成乎修，修之为，待尽而后备者也。（《荀子·荣辱》）

乡也，混然涂之人也，俄而并乎尧、禹，岂不贱而贵矣哉？（《荀子·儒效》）

若夫论一相以兼率之，使臣下百吏莫不宿道乡方而务，是夫人主之职也。若是，则一天下，名配尧、禹。（《荀子·王霸》）

凡人之性者，尧、舜之与桀、跖，其性一也；君子之与小人，其性一也。今将以礼义积伪为人之性邪，然则有曷贵尧、禹，曷贵君子矣哉？凡所贵尧、禹、君子者，能化性，能起伪，伪起而生礼义。（《荀子·性恶》）

大参天地，德厚尧、禹。（《荀子·赋》）

尧问于舜曰："我欲致天下，为之奈何？"对曰："执一无失，行微无怠，忠信无倦，而天下自来。执一如天地，行微如日月，忠诚盛于内、贲于外、形于四海，天下其在一隅邪？夫有何足致也？"……德若尧、禹，世少知之。（《荀子·尧问》）

这里我们可以看出，尧、禹并列的示例比较多，也很受荀子重视。尧和禹并列之时，一般说的是尧之“德”，即尧、禹之“德”如何厚重。用“扁善”以修身，就能达到尧、禹的道德境界，就会“安荣”“愉悦”，就会“不贱而贵”，就会成为君子，成为尧、禹。当尧、禹并列时，说的完全是尧、禹的德行和内在的个人修养。所以，《荀子》文本中尧、禹并列几乎全部出现在与个体的成长有关的篇章①，而《王制》《富国》《君道》《臣道》等牵涉到国家治理层面的论述中，并不以尧、禹为例。由此可见，在《荀子》各篇的示例中，尧、禹更多是道德的典范、人格的象征，与他们治理国家的帝王形象相比，他们的道德品格更受到重视。尧、禹厚德，这是尧、禹并列所要表述的中心思想。

从《荀子》文本各篇示例中对尧的单独描述、尧桀对举、尧禹和尧舜并列中，我们大体上能够知晓尧的形象。尧是一个既具有个人道德品格，又具有突出的治国能力的古代帝王，而且尧形象的树立，更多的是出于他个人品格的高尚。这一点，在尧、桀对举和尧、禹并列中特别鲜明。

二、舜善政

让我们再来看看《荀子》中舜的形象。舜在《荀子》各篇中

---

① 《王霸》篇中出现的尧禹并列，只是说“名配尧禹”。尧、禹毕竟是帝王的榜样，这里的“名配尧禹”，应该既包含着尧、禹治理国家的成就，也包含着他们的个人品格。

计 52 见，其中也有“帝舜短”“舜趋”“舜学于务成昭”等生理和生活轨迹的描述，可以忽略不计。对舜的形象是以单独描述、尧舜并列和舜禹并列为主。其中，尧、舜并列已在上面论述。

第一，对舜形象的单独描述。

> 昔者舜之治天下也，不以事诏而万物成。……好义者众矣，而舜独传者，壹也。(《荀子·解蔽》)
>
> 故一人有罪而三族皆夷，德虽如舜，不免刑均，是以族论罪也。(《荀子·君子》)
>
> 舜曰：“维予从欲而治。”故礼之生，为贤人以下至庶民也，非为成圣也，然而亦所以成圣也。(《荀子·大略》)
>
> 主道，知人；臣道，知事；故舜之治天下，不以事诏而万物成。(《荀子·大略》)
>
> 虞舜、孝己，孝而亲不爱。(《荀子·大略》)
>
> 鲁哀公问舜冠于孔子，孔子不对。三问，不对。哀公曰：“寡人问舜冠于子，何以不言也?”孔子对曰：“古之王者有务而拘领者矣，其政好生而恶杀焉。是以凤在列树，麟在郊野，乌鹊之巢可俯而窥也。君不此问，而问舜冠，所以不对也。”(《荀子·哀公》)
>
> 昔舜巧于使民，而造父巧于使马。舜不穷其民，造父不穷其马，是舜无失民，造父无失马也。(《荀子·哀公》)

《荀子》文本中舜形象的单独描述，几乎都是他怎样治理国家的内容。“从欲而治”“不以事诏”“好生而恶杀”“巧于使民”等等，这些都是舜治理国家的有效措施。这并不是说舜的人格不够高尚，而是在荀子心目中，舜治理国家的成绩非常突出。所以，一谈舜，首先就是其治理国家的政绩，而列举治理国家的事例，也是首选舜。《尧问》篇中尧问舜，问的也是怎样治理国家："尧问于舜曰：'我欲致天下，为之奈何？'对曰：'执一无失，行微无怠，忠信无倦，而天下自来。执一如天地，行微如日月，忠诚盛于内、贲于外、形于四海。天下其在一隅邪？夫有何足致也？'"这一段也充分说明了舜治理国家的能力受到尧的重视。

第二，舜、禹并列。

> 盗跖吟口，名声若日月，与舜、禹俱传而不息；然而君子不贵者，非礼义之中也。（《荀子·不苟》）
>
> 君子崇人之德，扬人之美，非谄谀也；正义直指，举人之过，非毁疵也；言己之光美，拟于舜、禹，参于天地，非夸诞也。（《荀子·不苟》）
>
> 一天下，财万物，长养人民，兼利天下；通达之属，莫不从服，六说者立息，十二子者迁化。则圣人之得执者，舜、禹是也。今夫仁人也，将何务哉？上则法舜、禹之制，下则法仲尼、子弓之义，以务息十二子之说。如是，则天下之害除，仁人之事毕，圣王之迹著矣。（《荀子·非十二子》）
>
> 如是，则舜、禹还至，王业还起。功壹天下，名配舜、禹，物由有可乐如是其美焉者乎？（《荀子·王霸》）
>
> 威强乎汤、武，广大乎舜、禹，然而忧患不可胜校也……威动海内，强殆中国，然而忧患不可胜校也，諰諰然常恐天下之一合而轧己也。此所谓广大乎舜、禹也。（《荀子·强国》）

舜、禹并列，实际上包含两方面的内容：一是说舜、禹的形象之高大，可比日月，令人敬仰，是人们看齐的标准。另一方面，仍然说的是治国，把国家治理的“威强”“广大”，使人民“长养”，使天下“兼利”，使天下人全来归属，邪说立即停息。

从《荀子》文本中对舜的形象的描述中，我们也大体上能清楚舜作为古代帝王，他在治理国家方面功绩异常突出，是后世统治者的理想典范。

三、“禹有功”

《荀子》中“禹”计 58 见。“禹跳汤偏”“禹行而舜趋”“禹学于西王国”等生理和生活轨迹的描述，可以忽略不计。对禹的形象的描写包括单独描述，禹、桀对举，尧禹、舜禹、禹汤并列。尧禹、舜禹并列，前文已经作了论述。

第一，对禹形象的单独描述。

> 有乱君，无乱国；有治人，无治法。羿之法非亡也，而羿不世中；禹之法犹存，而夏不世王。（《荀子·君道》）
>
> 凡禹之所以为禹者，以其为仁义法正也。……然则唯禹不知仁义法正、不能仁义法正也。……今使涂之人者，以其可以知之质、可以能之具，本夫仁义之可知之理、可能之具，然则其可以为禹明矣。（《荀子·性恶》）
>
> 故涂之人可以为禹，则然；涂之人能为禹，未必然也。虽不能为禹，无害可以为禹。（《荀子·性恶》）
>
> 禹有功，抑下鸿，辟除民害逐共工，北决九河，通十二

渚，疏三江。禹傅土，平天下，躬亲为民行劳苦，得益、皋陶、横革、直成为辅。（《荀子·成相》）

禹见耕者耦，立而式；过十室之邑，必下。（《荀子·大略》）

在这部分描述中，《成相》篇的示例是说禹治水、躬亲为民等治理国家的功绩；其余篇章均是赞美禹的德行，称颂其仁义法正，说明禹的人格高尚。

第二，关于禹、桀对举。

公生明，偏生暗；端悫生通，诈伪生塞；诚信生神，夸诞生惑。此六生者，君子慎之，而禹、桀所以分也。（《荀子·不苟》）

饥而欲食，寒而欲暖，劳而欲息，好利而恶害，是人之所生而有也，是无待而然者也，是禹、桀之所同也；目辨白黑美恶，耳辨声音清浊，口辨酸咸甘苦，鼻辨芬芳腥臊，骨体肤理辨寒暑疾养，是又人之所常生而有也，是无待而然者也，是禹、桀之所同也。（《荀子·荣辱》）

以其有辨也。饥而欲食，寒而欲暖，劳而欲息，好利而恶害，是人之所生而有也，是无待而然者也，是禹、桀之所同也。（《荀子·非相》）

为人主者莫不欲强而恶弱，欲安而恶危，欲荣而恶辱，是禹、桀之所同也。（《荀子·君道》）

古者禹、汤本义务信而天下治，桀、纣弃义倍信而天下乱。（《荀子·强国》）

日月、星辰、瑞历，是禹、桀之所同也；禹以治，桀以乱；

治乱非天也。时邪?曰:繁启、蕃长于春夏,畜积、收臧于秋冬,是禹、桀之所同也,禹以治,桀以乱;治乱非时也。地邪?曰:得地则生,失地则死,是又禹、桀之所同也;禹以治,桀以乱;治乱非地也。(《荀子·天论》)

桀、纣非去天下也,反禹、汤之德,乱礼义之分,禽兽之行,积其凶,全其恶,而天下去之也。(《荀子·正论》)

在禹、桀对举中,一方面说自然条件、人的本能等对禹和桀来说都是一样的,但禹和桀治国方略却相反,禹治理国家公平、端正、诚信,而桀治理国家偏颇、欺诈、夸诞,一个成为德高望重的有为帝王,一个成为德薄能鲜、暴戾恣睢的君主,两者形成了鲜明的对比。所以,《荀子》诸篇中将禹、桀对举,更能突出禹的德行和治理国家的才能。在禹、桀对举中,虽然说的大都是治理国家的问题,但突出的却是禹的德行。

第三,禹、汤并列。

五帝之中无传政,非无善政也,久故也;禹、汤有传政而不若周之察也,非无善政也,久故也。(《荀子·非相》)

故禹十年水,汤七年旱,而天下无菜色者;十年之后,年谷复熟,而陈积有余。(《荀子·富国》)

反禹、汤之德,乱礼义之分,禽兽之行,积其凶,全其恶,而天下去之也。天下归之之谓王,天下去之之谓亡。……禹、汤之后也,而不得一人之与。(《荀子·正论》)

这部分内容描述后人对禹、汤治理国家成就的景仰,其中既有禹、汤的德行,也有禹、汤治国理政的方法。

综上所述,禹是一个既具有个人道德品格,又具有突出治国能力的古代帝王。

四、"道性善"还是善政:孟子与荀子对尧舜理解的分歧

通过对《荀子》文本示例中尧、舜、禹三代帝王的考察,我们大体上能够得知荀子对三代帝王的概观描述。尧、舜、禹都是道德品质高尚、治理国家能力突出的古代帝王。尧、禹在道德品行方面更加出色,舜在国家治理方面更有成绩。尧禹厚德,尧舜善政,这是《荀子》文本示例中的尧、舜、禹形象。

尧、舜、禹是儒家学派所推崇的帝王,韩愈更是把他们确定为儒家思想道统的肇始人物。但是,如何看待三代帝王,荀子、孔子及孟子却有着不同的理解。

《论语》中对尧、舜、禹的赞美虽然强调的是他们治理天下的功绩,但怎样治理好天下,却是要通过个人的人格修养来实现的。"何事于仁,必也圣乎!尧舜其犹病诸!"(《论语·雍也》)"修己以安百姓,尧舜其犹病诸?"(《论语·宪问》)等都是说尧舜的个人修养,通过个人修养达到"巍巍乎,唯天为大,唯尧则之。荡荡乎,民无能名焉"(《论语·泰伯》)。《孟子》中大量称颂尧舜,并用尧舜之道来指称圣人之道。"欲为君尽君道,欲为臣尽臣道,二者皆法尧舜而已矣"(《孟子·离娄上》);"伊尹耕于有莘之野,而乐尧舜之道焉"(《孟子·万章上》);"欲轻之于尧舜之道者,大貉小貉也。欲重之于尧舜之道者,大桀小桀也"(《孟子·告子下》);"同乎流俗,合乎污

世，居之似忠信，行之似廉洁，众皆悦之，自以为是，而不可与入尧舜之道”（《孟子·尽心下》）。圣人之道完全就是通过个人的修养，使个人成圣成贤来影响周围人，进而影响天下人。不仅如此，《孟子》中对尧舜的歌颂聚焦点不在治理国家，而在道德境界。“孟子道性善，言必称尧舜”（《孟子·滕文公上》）；“尧舜之道，不以仁政，不能平治天下”（《孟子·离娄上》）。在对尧、舜之道的解释上，也体现了称赞其道德境界的特点。“尧舜之道，孝悌而已矣”（《孟子·告子下》），直接指出了尧舜之道就是孝悌的人伦之道。这和《论语》对舜的评价“无为而治者，其舜也与？夫何为哉？恭己正南面而已矣”（《论语·卫灵公》）如出一辙，都是通过个人的高尚品格来影响社会、国家。所以，《汉书·艺文志》中以“游文于六经之中，留意于仁义之际，祖述尧舜，宪章文武，宗师仲尼”①来定义儒家学派，应该就是受到孔子、孟子的影响。

《荀子》对尧舜的评价显然与《论语》《孟子》不同。《荀子》评价尧舜之时更多的是说治理国家的功绩，特别是单独说舜之时，歌颂的是舜“从欲而治”“不以事诏”“巧于使民”等的功绩，这与《孟子》说舜之时“道性善”“孝悌”等截然不同。《荀子》中谈道德高尚举尧禹，谈治理国家举尧舜。《孟子》中谈道德高尚举的是尧舜，而没有尧禹并列的例子。在孟子看来，“尧舜既没，圣人之道衰，暴君代作，坏宫室以为污池，民无所安息，弃田以为园囿，使民不得衣食，邪说暴行又作”（《孟

① 《中庸》里也说“仲尼祖述尧舜，宪章文武”，但不是对儒家学派的定义，而《汉书·艺文志》对儒家的描述，通常被认为是对儒家学派的定义。

子·滕文公上》)。尧舜以后,圣人之道衰落,禹虽然“好善言”,但描述他的更多是治水的功绩。因此,在《孟子》中,对尧舜的称道要高于禹。《荀子》中尧禹德厚、尧舜善政,尧舜禹不分高下,但有一处颇为奇怪,“法禹、舜而能揜迹邪?”(《荀子·赋》)将禹、舜并列,而且将舜、禹次序颠倒,这是否表示禹的地位高于舜呢?

《荀子》与《孟子》对尧、舜、禹的不同描述映衬出孟荀对儒学理解的异质取向。孟子对儒学的理解倾向于向内求,“万物皆备于我矣。反身而诚,乐莫大焉”(《孟子·尽心上》),通过人的内求来成圣成贤,成就“尧舜与人同耳”(《孟子·滕文公上》)。孟子走的是内圣的路子,所以一再强调“仁政”“定于一”。荀子一方面强调“德厚尧禹”“德若尧禹”等,认可通过人的德行感化臣民的做法;另一方面,又强调礼义,用礼义治理国家,强调舜“不以事诏”“以礼安”“擅让”“善教化”等治理国家的成效。荀子既重视尧、禹的内圣理路,又重视尧、舜的外王理路,是内圣、外王兼顾。“圣也者,尽伦者也;王也者,尽制者也;两尽者,足以为天下极矣。”(《荀子·解蔽》)“尽伦”“尽制”抑或说成“圣”、成“王”可以说是荀子的最终追求。对于孟子和荀子的不同思想,学界大多归结到性善、性恶的不同,其实他们对尧、舜、禹形象的解读中,也是各有取舍,不尽相同的。

荀子“非儒”浅说*

中国历史上,荀子所处的战国末期是一个思想上“百家争鸣”的时期。儒家思想作为“显学”不仅受到其他学派的批判甚至攻击,而且自孔子死后儒家内部也出现了分化。“故孔墨之后,儒分为八”就证明了儒家内部的分歧。儒家内部中,每一派都坚持认为本派得到了孔子思想的精髓,是儒家思想的正宗,而视其他儒家学派是对孔子思想的片面理解。作为儒家思想的集大成者,荀子在传承儒家思想的过程中,不但要批判道、墨、法等诸家思想,而且也要对儒家内部的其他派别进行梳理。因此,荀子的“非儒”也成为传承儒家思想的一个重要环节。

一

《韩非子·显学篇》对儒家有一个大概的描述:“自孔子之死也,有子张之儒,有子思之儒,有颜氏之儒,有孟氏之儒,有漆雕氏之儒,有仲良氏之儒,有孙氏之儒,有乐正氏之儒。……故孔墨之后,儒分为八,墨离为二,取舍相反不同,而皆自谓真孔

---

* 本文原载于庞朴主编:《儒林》第4辑,山东大学出版社2008年版。

墨。”显然,这里的儒学八派已不仅指孔子及门人弟子,而且应该包括韩非所处时代即战国时期的儒学情况。韩非子对儒家分化的说法目前有许多地方找不到合理的解释,但是,从这段话中可以肯定的是孔子死后儒家出现了分化。而且各派皆认为是本派继承了孔子思想的精髓,其他则未能体现孔子儒学真精神,甚至是对孔子儒学真精神的歪曲和背离。作为“儒家八派”中的重要一派,荀子对儒家其他各派的“非”也就是理所当然的事情了。

荀子所“非”之儒当首推“孟氏之儒”,这可能有两种原因:一种原因是孟子主要继承、发展了孔子的“仁”学,由重视主体自觉而走上了内圣之路;荀子则主要继承和发展了孔子的“礼”学,由重视客观约束而迈上了外王之道。由于理论旨趣不同,荀子对孟氏多有微词。另一种原因可能是在孔子死后儒家的分化中,孟子思想影响最大,“孟子、荀卿之列,咸遵夫子之业而润色之,以学显于当世”①。荀子不同意孟子所理解的孔子思想,因而对其进行批判。

荀子“非”孟氏之儒,首先从孟子思想建立的基础——性善论开始。荀子不同意孟子的性善说,并以《性恶》一篇专门批驳了性善理论。孔子曾说:“性相近,习相远。”(《论语·阳货》)在这一点上,孟子和荀子的理解并没有不同。但进一步,这相近的人性究竟是什么?孟子和荀子的主张却截然相反。孟子主张“仁、义、礼、智非由外铄我也,我固有之也,弗思耳矣”(《孟子·告子上》)。荀子认为孟子的性善主张“是不及知人之性,而不察乎人之性、伪之分者也”(《荀子·性

① 《史记》卷一二一《儒林列传》,中华书局1982年版,第3116页。

恶》)。

荀子区分了“性”“伪”,指出“凡性者,天之就也,不可学,不可事”,“今人之性,饥而欲饱,寒而欲暖,劳而欲休,此人之情性也……顺情性则不辞让矣,辞让则悖于情性矣。用此观之,然则人之性恶明矣,其善者伪也”(《荀子·性恶》)。从这里不难看出,荀子对于人性的论述特别注意逻辑推理,也就是人性为什么是恶的。这正是荀子思想重视理性的特点。在荀子看来,你说人性善也好,说人性恶也好,必须要有依据,而且这个依据必须令人信服。“凡论者,贵其有辨合、有符验。故坐而言之,起而可设,张而可施行。”(《荀子·性恶》)就与现在法院判案注重证据是一样的。荀子认为孟子性善论主张的依据是不足的。如果按照孟子说的人性是善的,那么圣王、礼义等也就没有存在的必要了。正因为人性恶,所以圣王才制定礼义,规范人的行为。因此,荀子指出“今孟子曰‘人之性善’,无辨合符验,坐而言之,起而不可设,张而不可施行,岂不过甚矣哉?”(《荀子·性恶》)也就是说,孟子的性善论是没有与它相契合的证据及可以验证的凭据的(“无辨合符验”),这无异于凭空想象。更重要也最为致命的是,这种“无辨合符验”的性善论“起而不可设,张而不可施行”,在社会上推行不下去,因此这种说法肯定是错误的。

按照发议论的人必须有“辨合符验”的逻辑,荀子进一步“非”孟子的有关思想:

> 略法先王而不知其统,然而犹材剧志大,闻见杂博。案往旧造说,谓之“五行”,甚僻违而无类,幽隐而无说,闭约而无解,案饰其辞而祗敬之曰:“此真先君子之言也。”

子思唱之,孟轲和之,世俗之沟犹瞀儒嚾嚾然不知其所非也,遂受而传之,以为仲尼、子游为兹厚于后世。是则子思、孟轲之罪也。(《荀子·非十二子》)

这段话历来争议颇大,争议的焦点是对“思、孟五行说”的解释。马王堆汉墓帛书《五行篇》出土后,庞朴先生根据这一材料指出所谓的“思、孟五行说”,是指“仁、义、礼、智、圣”五种德行①,得到大多数学者的认可。就是这样一个“五行”,荀子认为是子思和孟子“造”的,而且“造”得“僻违”“幽隐”“闭约”。其实,荀子自己也常谈论仁、义、礼、智、圣,为何又指斥子思、孟子“无类”“无说”“无解”呢?“荀子批评思孟,不在于这些范畴本身,也不在于一般地谈论它们,而在于‘案往旧造说’。就是说,荀子批评思孟将这些范畴从‘往旧’的道德、政治以至认识论的诸范畴中摘取出来,不顾‘类’之不同,并列而谓之‘五行’,赋予它们以‘幽隐’的内容,构筑它们成‘闭约’的体系;以至世俗之儒不知其非也,‘遂受而传之,以为仲尼、子游为兹厚于后世’。这是荀子所以痛心疾首,申斥思孟为儒家罪人的缘故所在。”②我们可以清楚地认识到,在荀子看来,子思、孟子的思想是他们臆断出来的,是没有依据的。孔子能够“总方略,齐言行,壹统类,而群天下之英杰”(《荀子·非十二子》),这是儒家的正道。子思、孟子“略法先王而不知其统”,却使“世俗之沟犹瞀儒嚾嚾然不知其所非也,遂受而传

---

① 参见庞朴:《马王堆帛书解开了思孟五行说之谜》,《文物》1977年第10期。

② 庞朴:《思孟五行篇新考》,《文史》第7辑,中华书局1979年版。

之，以为仲尼、子游为兹厚于后世”，这实在有点可怕。荀子认为这是孟子给愚昧的儒生们指错了方向，使他们南辕北辙。因此，荀子对这种他认为是混淆是非的学说痛加斥责，把子思、孟子与它嚣、魏牟、陈仲、史鳝、墨翟、宋钘、慎到、田骈、惠施、邓析并列为十二子，指出他们“假今之世，饰邪说，文奸言，以枭乱天下，矞宇嵬琐，使天下混然不知是非治乱之所存者有人矣”（《荀子·非十二子》），是“天下之害”。因此，荀子对同门孟子的批判如此尖刻也是情理之中的了。

二

除对子思、孟子的批判外，对于儒门的其他派别，荀子也给予不同程度的批判。“弟佗其冠，神禫其辞，禹行而舜趋，是子张氏之贱儒也。正其衣冠，齐其颜色，嗛然而终是不言，是子夏氏之贱儒也。偷儒惮事，无廉耻而耆饮食，必曰‘君子固不用力’，是子游氏之贱儒也。”（《荀子·非十二子》）

子张氏之儒可能在孔子死后影响很大，因此韩非子将其列入儒家八派的第一派。但是，由于资料的缺乏，我们无法明白子张氏之儒为何影响会那么大。《论语》中记载他向孔子学干禄、问从政、问善人之道等许多问题。孔子对他似乎并不太满意，曾经批评他“师也过”“师也辟”（《论语·先进》）。也就是说，子张氏之儒做事有“过”“偏激”的倾向。郭沫若认为荀子所说的“其衣冠行伪已同于世俗矣，然而不知其恶者；其言议谈说已无以异于墨子矣，然而明不能别”（《荀子·儒效》），就是子张氏之儒。[①] 如果是这样的话,就很容易理解荀子为何骂子张氏之儒了。“弟佗其冠”已经僭越了礼,“神禫其辞”已经把儒者的议论世俗化与普通人没有什么两样了,“禹行而舜趋”学的是禹、舜的外在形式,却没有学到他们的思想精髓。但是,子张氏之儒仍然以“儒”自居,这样的“儒”如何不“贱”?

在孔门弟子中,子夏似乎是与子张正好相反,子张“过”,子夏“不及”。在孔门弟子中,子夏的勤奋好学是相当突出的,并因此获得孔子的赞赏和鼓励,孔子也尽可能地加以引导和训练,从而使子夏在孔门弟子中似乎是最全面地掌握了其师的学说。但是,子夏过于遵守孔子的某些信条而显拘泥。朱熹在《四书集注》中也谈到“子夏笃信遵守,而规模狭隘,故常不及”[②]。孔子也曾当面告诫子夏“汝为君子儒,无为小人儒”(《论语·雍也》)。这种告诫虽不能说是针对子夏的弱点而来,但按照孔子因材施教的原则,绝不至于无的放矢,随意闲谈。此外,子夏还受到同门师兄弟的批评。子游认为,“子夏之门人小子,当洒扫应对进退则可矣。抑末也,本之则无,如之何?”(《论语·子张》)子张也批评子夏。“子夏之门人问交于子张,子张曰:‘子夏云何?’对曰:‘子夏曰,可者与之,其不可者拒之。’子张曰:‘异乎吾所闻:君子尊贤而容众,嘉善而矜不能。我之大贤与,于人何所不容?我之不贤与,人将拒我,如之何其拒人也?’”(《论语·子张》)由此可以看出,子夏是谨小慎微地守着他认为的孔子之道,而他的学生们也谨守师训,衣

---

① 参见郭沫若:《儒家八派的批判》,庞朴、马勇、刘贻群编:《先秦儒家研究》,湖北教育出版社 2003 年版,第 251 页。

② 朱熹:《四书集注》,凤凰出版社 2005 年版,第 135 页。

冠整齐，面色严肃，小心说话。在荀子看来，子夏氏之儒虽然讲究礼义，却拘泥于细枝末节。这也是“贱儒”的一种表现。

子游在孔门弟子中是与子夏并列的，孔子称他与子夏擅长“文学”。子游可能最擅长的还有礼、乐，对古典文献及礼乐教化似乎深有研究。《礼记》记载，曾子、子夏都承认在礼的仪文末节上不如子游。当有若、曾子对孔子的“丧欲速贫，死欲速朽”（《礼记·檀弓上》）争论不休时，也是子游一番言语使两人折服。所以，有学者认为“当时公卿大夫士庶人，凡是议礼而不能决，常以得子游一言以为轻重，可见子游之知礼，在当时是很有权威的”①。这是有道理的。按理说，子游如此知礼、重视礼，这和荀子在传承孔子思想上应该是一路的，荀子为何要骂他为“贱儒”呢？或许，正因为子游太重视礼乐的实践的缘故，所以子游的弟子及再传弟子们的言语、行为都带有浓重的礼乐色彩。随着时间的推移，有许多礼节逐渐改变甚至消失了。在子游氏之儒看来，做事情乃至饮食等行为之中都蕴含着礼乐，而在荀子所处的时代看子游的行为，也就是“偷儒惮事，无廉耻而耆饮食”，还说“君子固不用力”。这也许就是荀子说子游“贱”之所在。

在荀子看来，子思、孟子理解的孔子思想偏差太大，子张、子夏、子游等也流于“贱儒”“俗儒”行列，那么是谁正确地传承了孔子创立的儒家思想呢？荀子认为是子弓。“圣人之不得势者，仲尼、子弓是也。……上则法舜、禹之制，下则法仲尼、子弓之义”（《荀子·非十二子》）；“通则一天下，穷则独立贵名。

① 蔡仁厚：《孔门弟子志行考述》，台湾商务印书馆 1995 年版，第 90 页。

天不能死，地不能埋，桀、纣之世不能污，非大儒莫之能立，仲尼、子弓是也”(《荀子·儒效》)。子弓有何贡献，能让荀子把他与孔子并列呢？这个问题目前尚存疑问。关于子弓其人，就有两种说法：一种认为是孔子的弟子仲弓，一种认为是馯臂子弘。但是，无论是仲弓还是馯臂子弘，似乎在孔门中都不是非常出色的弟子，而在传承孔子思想中的地位似乎也不显要，韩非子所列儒家八派中也没有子弓一派。为何荀子将其与孔子并列呢？由于资料的原因，我们无法断言。郭沫若认为“他(荀子)又屡次称道子弓，和仲尼并举，足见他又是子弓的徒属了”①，这似有证据不充分之嫌。而儒门最有可能与孔子并列的是颜回，荀子似乎并不认可。只是荀子学生记录荀子的话语时认为颜渊是“明君子”(《荀子·子道》)。

三

孔子创立儒学之时，儒学呈现出的是博大的、开放的系统。孔子在对弟子和及门弟子的教学中，特别注意因材施教。虽然，孔子在对弟子们进行因材施教的同时，依然有着共同的原则和教学内容，但事实上，孔子格外注意弟子们的个性与天赋，在教学中似乎也根据弟子们的不同情况而有所区别对待。这样一来，就使弟子们成为学有专长、术有专精的专门人才。孔子晚年认为他的及门弟子大概可以分为几种状况：在德行方面

---

①　郭沫若：《儒家八派的批判》，庞朴、马勇、刘贻群编：《先秦儒家研究》，湖北教育出版社 2003 年版，第 268 页。

表现出众的，如颜渊、闵子骞、冉伯牛、仲弓；在政事方面颇为出众的，有冉有、季路；在言语方面成就出众的，如宰我、子贡；在文学方面可堪造就并有突出成绩的，有子游、子夏（《论语·先进》）。这在客观上就造成了孔门后学在学术上的分化。“昔者窃闻之，子夏、子游、子张皆有圣人之一体。”（《孟子·公孙丑上》）孔子死后，弟子们根据自己所学到和理解的学问，再聚徒讲学。因此，也就出现了孔门后学的分歧。

一个思想流派之内如果出现分歧，这些分歧必然互相论争，以致削弱了本派的实力，从而影响这个思想流派的整体发展。自孔子死后，儒学发展也出现了内部分歧。孔子死后直到战国时期，儒学的地位只是诸家中的“显学”。这种“显学”受到了来自道家、墨家等的批评。儒学为了维持“显学”的地位，势必要回应其他学派的挑战。要回应挑战，儒学内部必须统一宗旨，以一个完善、完整的思想体系应对外来批判。这样，就需要一个像孔子一样的全面精通儒家思想的人物来整合儒家内部的派别之争。虽然孔门的许多弟子及再传弟子都自认为承担起了光大儒学的责任，而实际上，真正起到这个作用的只有孟子和荀子两位。

孟子所处的时代，儒学的发展已面临杨朱、墨子等被孟子视为异端邪说的严峻挑战。孟子在儒学发展史上所担当的使命，一方面是正面阐释孔子的学说，推进儒学理论的发展；另一方面，则是基于儒学的原则，批判异端邪说，廓清儒学发展的障碍。应该说，孟子在这两个方面的努力，不仅挽救了儒学，拨正了儒学发展的方向，而且对后世儒学的发展产生了难以估量的影响。但是，孟子在阐明儒家思想时，主观色彩过于浓重。孟子虽然一再声明他是在述仲尼之意，但在传经等儒家的基本功夫方面，诚如他自道的那样，“尽信书，则不如无书”（《孟子·尽心下》），并没有太多注意对儒家原典的诠注，而是以“万物皆备于我”（《孟子·尽心上》）的主观精神，最大限度地利用孔子和儒家的智慧资源证成己说。他的“道统说”认为儒家学说是尧、舜、禹、汤、文王、武王、周公、孔子等历代先贤往圣心心相传的王道主义和仁政学说，只是到了孔子之后，由于一时无人继承，这个道统险遭中断，他自己担当延续道统的任务。这样一来，他等于把孔子死后的儒家分化格局忽略不计，直接继承了孔子思想，而不需要中间人物的衔接。孟子这样传承儒家思想肯定会遇到许多困难。他试图落实儒家理念，向诸侯国推行仁政，但是收效甚微。

正是看到了孟子理论上的缺陷，荀子认为应该对儒学内部的各种流派进行系统的清理与扬弃。荀子所处的时代，“上无贤主，下遇暴秦；礼义不行，教化不成；仁者绌约，天下冥冥；行全刺之，诸侯大倾”（《荀子·尧问》）。而思想界也是道、法、墨、阴阳等家并起。儒家要继续保持“显学”位置，就必须建立起令人信服的道统。荀子承担了这个任务，维护并确立了新的儒家道统。荀子从新的社会现实出发，洞察到孟子的理论漏洞，指责孟子的性善说，不仅无助于社会秩序的重建，而且严重削弱儒家素来看重的礼仪教化功能；他斥责思孟五行说不伦不类、蛊惑愚众；他区分了儒家内部的“贱儒”“俗儒”“雅儒”“大儒”，批评“贱儒”“俗儒”的缺陷。在《非儒》中，荀子特别重视的是理性层面的逻辑关系，注意凸显儒学发展传承中的逻辑脉络。可以说，荀子的“非儒”是建立在理性基础之上的，是洞察到儒学内部学派之间的理论漏洞而试图做出的矫正和修补，是对儒学理论体系的完善和发展。因此，荀子“非儒”并不是真的放弃儒学原则，而是超越儒家内部各学派以便重建儒学思想的新体系。

儒学的发展和传承中，由于受时代的主题以及思想家的阅历修养等因素的影响，对于儒家思想的理解难免产生分歧，形成儒家内部的不同流派。儒家思想的传承，势必需要对内部不同的派别进行整合。孟子虽然一再信誓旦旦地宣称以接续儒家道统为己任，但其对儒家内部派别似乎不屑一顾，对非儒学派更是一概斥为异端邪说，大有“六经注我”“唯我独孔”的味道。而荀子则不然，他不仅系统传授儒家经典，而且旁及诸子百家；他不仅批判性地吸收诸子百家，而且对儒学内部的各种流派进行了匡正。儒学的传承和发展，需要像孟子那样的思想家领悟儒学的宗旨，进行创造性的发挥；更需要像荀子那样的思想家，以理性的精神对儒家思想内部进行梳理和超越，构建具有时代特征的儒家人文精神和思想体系。

儒学的现代化探索

偏离与歧出:康有为新儒学的路径[*]

最近几年,研究康有为儒学的热度在学者之间升温。追捧者有之,批判者有之。有的学者认为康有为儒学是现代新儒学的鼻祖,康有为框定了现代儒学的问题域。有的学者认为康有为是“伪儒”,是“歪曲儒家义理以为政治之用”。甚至在学术界,“康党”“新康有为主义”等词语也不时出现。康有为的儒学为何会被今天的学人如此重视?有必要梳理康有为与儒学的关系以及康有为儒学的实质。

无疑,与传统儒学相比,康有为的儒学的确新意迭出,其《新学伪经考》被称为“思想界之一大飓风也”,《孔子改制考》《大同书》也被喻为“火山大喷火”“大地震”。① 由此可以看出康有为儒学与传统儒学的巨大区别。总体上说,康有为儒学之新可归结为两点:

第一,康有为否定传统儒学传承中的原有道统,以《春秋(公羊)》为核心,建立起儒学的新道统。儒学自孔子创立以来,至明代已经确立了自身的传承与发展的道统,即先秦孔孟

---

* 本文原载于《济南大学学报》(社会科学版)2018 年第 4 期。

① 参见梁启超:《清代学术概论》,中国人民大学出版社 2004 年版,第 199、200 页。

的仁义之学发展到宋明的心性之学。① 之间或有争议,但大体上不失儒学本质。康有为一反先秦至宋明的儒学传承道统,认为两千年来儒学都是刘歆伪造的“伪学”,儒学的真正主旨是“托古改制”。孔子的“仁学”即在于“托古改制”,“《春秋》本仁,上本天心,下该人事,故兼据乱、升平、太平三世之制”②。康有为认为,“六经”皆孔子所作,是孔子为改制所作。“然如旧说,《诗》《书》《礼》《乐》《易》皆周公作,孔子仅在删赞之列,孔子之仅为先师而不为先圣,比于伏生、申公,岂不宜哉!然以《诗》《书》《礼》《乐》《易》为先王周公旧典,《春秋》为赴告策书,乃刘歆创伪古文之说也。歆欲夺孔子之圣而改其圣法,故以周公易孔子也,汉以前无是说也。”③汉以后之经也全是刘歆之伪作。“凡后世所指目为汉学者,皆贾马许郑之学,乃新学非汉学也。即宋人所尊之经,乃多为伪经,非孔子之经也。”④由此,康有为“勾勒了‘六经→春秋→公羊传’这样一个发现孔子之道的路径”⑤。康有为梳理儒学的结果有三个:一是儒学并不是孔子延续夏、商、周三代而创造的,而是孔子为改制而依托三代创造的;二是孔子创造的儒学经典“六经”没有延续下

---

① 目前,学术界比较认可的是牟宗三先生的儒学三期说,即先秦为第一期,宋明为第二期,现代新儒家为第三期。

② 康有为:《孟子微礼运注中庸注》,楼宇烈整理,中华书局 1987 年版,第 1 页。

③ 康有为:《孔子改制考》,中国人民大学出版社 2010 年版,第 219 页。

④ 康有为:《新学伪经考·序》,《康有为全集》第一集,上海古籍出版社 1987 年版,第 573 页。

⑤ 干春松:《康有为与儒学的“新世”:从儒学分期看儒学的未来发展路径》,华东师范大学出版社 2015 年版,第 120 页。

来,传承下来的是汉代刘歆造的“伪经”;三是当前儒学发展的首要任务是“去伪”“显真”,将孔子真正的儒学凸显出来。实质上,康有为将从汉到清的儒学发展一笔抹杀了。他自认为孔子开创儒学后,没有人真正理解儒学的真谛,只有他才发现了真正的儒学。康有为以圣人自居,其弟子也称他为“南海圣人”,即表明在康有为的儒学中,孔子创之,康有为传承之,其他都传的是“伪”儒学。那么,康有为传的儒学究竟是什么样?康有为认为,儒学之道在于“六经”,“六经”之中最重要的是《春秋》,《春秋》经要旨皆在《公羊》,“六经并立于学官,但是孟子在传述尧舜禹汤文王到孔子这些圣人事迹的时候,从来不提别的经典,唯独尊崇《春秋》”,《春秋》三传中,唯《公羊》“独详《春秋》之义”,“详素王改制之义”。[①]《公羊》说的是公羊三世,即据乱世、升平世和太平世,孔子以公羊三世为原则,根据不同的世创立了不同的教化系统。这才是孔子创造的儒学的本质及核心。由此可以明晰,康有为理解的儒学,其实就是公羊三世说,儒学的传承与发展,就是为公羊三世立制。

第二,康有为将儒学与西学关涉。康有为所处的时代,西学已经传入中国有很长一段时间了,西学与中学的争论渐呈明显之势。此时,引西入中已经被许多学者接受。康有为也不例外。一方面,康有为引入西方的自然科学特别是进化论来论证其公羊三世说,认为“人道进化,皆有定位”,“盖自据乱进为升平,升平进为太平,进化有渐,因革有由,验之万国,莫不同风”,“孔子之为《春秋》,张为三世。据乱世则内其国而外诸

① 参见干春松:《康有为与儒学的“新世”:从儒学分期看儒学的未来发展路径》,华东师范大学出版社 2015 年版,第 120 页。

夏,升平世则内诸夏而外夷狄,太平世则远近大小若一,盖推近乎之理而为之。孔子生当据乱之世,今者大地既通,欧美大变,盖进至升平之世矣。异日大地大小远近如一,国土既尽,种类不分,风化齐同,则如一而太平矣。孔子已预知之”。[①] 另一方面,康有为又将儒学打造成孔教,试图将儒学树立成中国人的信仰。康有为早期曾将儒学与基督教、佛教比对,认为孔教高于基督教、佛教。民国初期,他曾直接参与和引导孔教运动,主张“孔子之道,本乎天命,明乎鬼神,而实以人道为教”,“孔子之道,配天地,本神明,育万物,四通六辟,其道无乎不在。故在中古,改制立法而为教主。其所为经传,立于学官,国民诵之,以为率由;朝廷奉之,似为宪法”。[②] 并欲将孔教立为国教,写入中华民国宪法。

康有为有关儒学的主张一经问世,就受到方方面面的质疑,其说被称为“邪说横溢”,“其学足以惑世”,“其貌则孔也,其心则夷也”,等等。质疑康有为者其根本之处是认为他打着儒家的旗号,其实是个伪儒家。那么,康有为的学说是否属于儒家思想?康有为思想与儒学到底是一种什么样的关系呢?

康有为以“圣人”自居,并以发挥孔子之道(孔教)为旨归,以弘扬孔子的仁道(公羊三世)为己任,这与儒家人物无异。特别是晚年的“天游”旨趣,被他称为儒家的“大同”。因此,康有为应该归结到儒家人物之中。康有为虽然属儒家人物,但他的思想却偏离了儒家思想的主旨,甚至是儒家思想的歧出。

---

① 参见康有为:《论语注》,姜义华、张荣华编:《康有为全集》第6集,中国人民大学出版社2007年版,第393页。

② 参见康有为:《孔教会序一》,《孔教会杂志》第1卷第2号,1913年。

第一,康有为抛弃了儒家思想的内圣之学,将儒家思想完全解读成帝王之学。儒家思想本是内圣、内省、反求诸己的修身之学,这一点在先秦儒学那里表述得非常清晰。孔子所说的"为仁由己"(《论语·颜渊》),"古之学者为己"(《论语·宪问》),"君子求诸己"(《论语·卫灵公》),"修己以敬""修己以安人""修己以安百姓"(《论语·宪问》)等,明确了儒家的内求路向。孟子进一步指出,"仁,人心也;义,人路也。舍其路而弗由,放其心而不知求,哀哉。人有鸡犬放,则知求之,有放心而不知求。学问之道无他,求其放心而已矣"(《孟子·告子下》),彰显了儒家思想向内求的思路。《大学》《中庸》对这一理路进行了很好的诠释。宋代理学家更进一步将儒家思想的内求思路与社会人生关联,形成了塑造整个中华民族品格的孔孟之道,也彰显了儒学传承的道统。康有为却一反儒家思想内求的特性与品格,将儒学诠释成"托古改制"的帝王之学,虽然这一诠释能够帮助其变法维新,为拯救积贫积弱的中国现状提供理论支撑,但这种诠释无疑偏离了儒家思想的主旨,其可信度会受到儒门及其他各阶层人物的质疑。儒家思想也讲成王,但"王天下"之帝王一定是通过道德的修炼和内省、自求而成王,并不是通过改制而成就帝王事业。儒学是讲求怎样做人,怎样安身立命的学问,而不是为帝王提供辩护和依据的工具。

第二,康有为将《春秋(公羊)》抬高成儒家思想中最核心的经典。《汉书·艺文志》描述儒者为:"盖出于司徒之官,助人君顺阴阳明教化者也。游文于六经之中,留意于仁义之际,祖述尧舜,宪章文武,宗师仲尼,以重其言,于道最为高。"①"游

① 《汉书》卷三〇《艺文志》,中华书局 1962 年版,第 1728 页。

文于六经之中"是儒者的本质特征。按照《庄子·天下》篇记载,六经的作用各异,"《诗》以道志,《书》以道事,《礼》以道行,《乐》以道和,《易》以道阴阳,《春秋》以道名分"。也就是说,六经各有侧重,并无高下之分。汉代今文经学虽然《春秋(公羊)》盛极一时,但东汉十四经博士中,施雠、孟喜、梁丘贺、京房四家治《易》,欧阳生、夏侯胜、夏侯建三家治《书》,申培公、辕固生、韩婴三家治《诗》,戴德、戴圣治《礼》,只有严彭祖、颜安乐二家治《春秋》。这说明,今文经学并不是仅仅注重《春秋》,而是六经并重。康有为却在继承今文经学的基础上对六经的重要性进行了新的说明。虽然他没有提出要进行新的排序,但却指出《尚书》是为太平世而作,《诗经》是为升平世而作,《礼》是为小康世而作,"孔子仰推天命,俯察时变,却观未来,豫(预)测无穷,故作拨乱之法,载之《春秋》。删《书》,则民主首尧、舜,以明太平;删《诗》,则君主首文王,以明升平。《礼》以明小康,《乐》以著大同,系《易》则极阴阳变化,幽明死生,神魂之道。作《春秋》以明三统三世,拨乱、升平、太平之法"①。康有为对于儒家经典的这样一种解读,使《春秋》成了儒家经典系统的核心。②《春秋》作为儒家经典,共有《春秋左传》《春秋穀梁传》《春秋公羊传》,康有为认为"《左传》详文与事,是史也,于孔子之道无与焉","《穀梁传》不明《春秋》王义,传孔子之道而不光焉",只有《公羊传》"独详《春秋》之

---

① 康有为:《论语注》,姜义华、张荣华编:《康有为全集》第6集,中国人民大学出版社2007年版,第425页。

② 参见干春松:《康有为与儒学的"新世":从儒学分期看儒学的未来发展路径》,华东师范大学出版社2015年版,第119页。

义"，"详素王改制之义"，"故《春秋》之传在《公羊》也"。[1] 将博大精神的儒家经典仅仅理解成托古改制的政治学说，对儒学理解之偏颇何其甚也。

第三，将教化的儒学打造成宗教儒学。儒学虽然是为己之学，但经汉武帝对其抬升，汉以后各朝代的反复提倡，儒家经典就具有了宰制万态、牢笼百家的功能，也就起到了教化臣民的作用。宋代以后，经朱熹对儒家经典的提炼，"四书五经"成为科举取士的唯一准则。读书必读儒家经典，治国理政、做人规矩、知识获得等都是从儒家经典中获得"权威"的回答。于是，儒家经典不但具有教化意义，也被赋予了神圣的光环。但是，儒家并不是西方意义上的宗教。康有为将儒家打造成了孔教，将孔子改造成了孔教的教主，将六经改造成教义，将中国人视为孔教的信徒。或许，康有为受西方文化影响，认为西方文化能够帮助贫弱的中国走向强大，因而将儒学关涉西学，嫁接西学，以达到改制维新的目的，"康确有利用孔子，帮他偷运西方文明入境的企图"[2]。但是，儒学不是宗教，儒学具有宗教的一些性质和功能，本质上绝不是西方意义上的宗教。将儒学打造成西方式的宗教，无疑是传统儒学的歧出，这样的改造，从某种意义上说是毁了儒学。

康有为与儒学有着千丝万缕的关联，但他一生所做的事业却不是传承儒家思想。梁启超在《康有为传》中说康有为是教育家（政治家）、宗教家，并没有说他是儒者。康有为一生之

---

① 康有为：《春秋董氏学》，姜义华、张荣华编：《康有为全集》第2集，中国人民大学出版社2007年版，第307页。

② 汪荣祖：《康有为论》，中华书局2006年版，第55页。

中,只有晚年极力护孔,而青壮年时期,忙于变法,对儒学虽多有涉及,但一般不以儒门人物自居。他博览群书,旁征博引,只为变法维新。他的新儒学完全是为变法维新提供理论支撑。正因为如此,他对儒学的改造,已经偏离了传统儒学,他打造的新儒学是传统儒学的歧出。从严格意义上讲,康有为是否是儒门人物,多有争议,"阳尊孔子,阴主耶稣""用夷变夏""伪儒"等的指责并非空穴来风。康有为的新儒学将儒学的传承与发展引向了偏路。"至于说康之创造性的诠释,到底重振了儒学抑(或)是毁了儒学,则是另一回事。不过,从事后看来,应是毁多于立。他心在变法,却不自觉地动摇了儒家的根基。"①然而,在儒学复兴与重振的今天,一些学者忽然又想起康有为,认为康有为儒学开辟了现代儒学发展的道路,康有为的新儒学是儒学发展的圭臬。以偏颇的儒学为正统,这值得今天的学人们深思和警醒。

① 汪荣祖:《康有为论》,中华书局2006年版,第56—57页。

民国孔道的理解维度与儒学的发展理路*

孔道，亦称孔子之道、孔孟之道，指传统儒家思想支配下的思维方式和生活习惯。在中国传统社会从汉代到清代时间段中，孔道一直处于统治阶级意识形态的独尊地位。然而，近代以来，孔道受到了西方文化和儒家文化以外的诸子文化的冲击。在内外夹击中，儒家思想变得岌岌可危，面临着断裂的困境。民国初期，儒学发展到了最关键时期，近代以来西学与中学的论争进入全面交锋的白热化阶段，各路学人对于孔道的理解呈现多维的向度。这种多维向度理解孔道，从某种意义上说，为儒学在20世纪的发展奠定了基础。

一、民国时期理解孔子之道的不同维度

近代以降，西方文化在坚船利炮的夹带下，强势进入中国，与以儒家思想为核心的中国传统文化形成对峙局面。在西方文化的强烈冲击下，儒家文化岌岌可危。1905年晚清科

---

* 本文原载于《社会科学研究》2018年第1期。

举制度的废止，使传统社会的士的精力发生转移，他们变成了创办实业的现代知识分子。1912年废止读经，使儒家经典分散于现代学科的文学、历史、哲学之中，传统的儒学也成为一种“无所依附的‘游魂’”。在这一背景下，学界对孔道的认识产生了相当大的分歧，他们根据各自的理解提出了不同的设计和路径。这些不同的设计和路径成为儒学发展最关键时期的重要的传承和发展理路，开启了传统儒学现代转换的滥觞。

民国初年对孔道的理解，大体上以西学为参照，可分为以下几种。

一是孔道即孔教。这是民国初期风行一时、红遍中国的流行观点。在民国初期的几年里，大量报刊有关孔道的内容，绝大多数即以孔教指称。持孔道即孔教这一观点的代表人物是康有为和陈焕章。康有为有感于帝国的贫弱落后，用今文经学手法将儒学改造成孔教，并对孔教的教主、教义、教仪等做了明确说明，于是，传统的孔道变成了晚清的孔教。民国初年，康有为、陈焕章等人组织孔教会，将儒学进一步宗教化。康有为指出：“孔子之道，以人为天所生，故尊天，以明万物皆一体之仁；又以人为父母所生，故敬祖以祠墓，著传体之孝。若基督只明尊天，而敬祖阙焉。今岂能举中国四万万人之祠墓，而一旦尽废之，若今不尊孔，则何从焉？将为逸居无教之民欤？暴戾恣睢，以快嗜欲，而近于禽兽乎？则非待烹灭绝种而何！美人杜威告吾曰：吾美之患，有国而无家。信如父不父，子不子，夫不夫，妇不妇，虽有粟，其得而食诸？凡我同人，将恐将惧。嗟乎！皮之不存，毛将焉傅。今欲存中国，先救人心，善风俗，拒诐行，放淫辞，存道揆法守者，舍孔教末由已。”①

在康有为、陈焕章等人的运营下，孔教会等组织纷纷成立，立孔教为国教的声音响彻中国的大江南北。陈焕章、严复、夏曾佑、梁启超、王式通等上书指出：“吾国今日国体初更，群言混淆，误解信教自由者，几变为毁教自由，破坏家既不免与发狂，保守家亦不免于惊恐，民情惶惑，国本动摇，而适当新定宪法之时，则不得不明著条文，定孔教为国教，然后世道人心，方能有所维系，政治法律，方能有可施行。”②将孔教写入宪法的呼声此起彼伏。军政人士也支持“奉孔教为国教”的请求，副总统兼湖北都督黎元洪致电国务院、参众两院及各省都督、民政长、议会，要求“速定国教藉范人心，孔道一昌，邪诐斯息”③。学术界也提出孔教救国、孔教强国等观点支持孔教。“美哉孔教乎，吾国人之受福良多矣！君君臣臣，父父子子，兄兄弟弟，夫夫妇妇，伦纪之修为万国冠，吾民享太平无事之乐者，大地上莫我比也。是故中国之仅得小康也，中国未能大行孔教之故也；然而中国之尚得小康也，皆孔教之赐也。”④“今孔道对于道德，非常注重。对于喻义喻利，称亦辨之甚详。吾敢断言曰，欲救以上各弊，厥为倡明孔道，以正人心，斯为上策。”⑤自康有为提出孔教以来，一直到孔教运动兴起，孔教几乎成了儒学的

① 康有为：《孔教会序》，《孔教会杂志》第1卷第2号，1913年。

② 《孔教会上参众两院请定国教书》，《宗圣学报》第2卷第5期，1916年。

③ 韩达：《评孔纪年（1911—1949）》，山东教育出版社1988年版，第24页。

④ 陈焕章：《论中国今日当昌孔教》，《宗圣汇志》第1卷第3期，1913年。

⑤ 兰哲：《倡明孔道以救国救世论》，《爱国报》1924年第21期。

替代。

二是孔道即孔经。在传统经学视野中,孔道与孔经在某种程度上互指。近代以来,孔道代表的是儒家思想,而孔经则指支撑儒家思想的经典,孔道与孔经有分开之势。晚清西学大规模传入后,传统经学受到了内外的争斥和挤压,走向式微。从内部讲,今古文之争、汉学和宋学之争互相排斥;从外部上讲,子学兴起冲击经学,西学的传入支离了传统经学。在这种情况下,经学解体之势已无可挽回。然而,许多学者特别是传统社会中的经师们却不甘于经学的解体,他们力图调和汉宋、今古文经学的争议,吸纳子学、西学的观点重振经学。在这些知识分子心目中,儒学就是经学,孔道即是孔经,而且孔经仍然可以平治天下,"统摄"一切学术和知识,用经诠道,以经理政,就能使中国强大,中国未来的文化仍然是经学的延续。有的学者认为,"六经为圣人经世之书,举因革损益之纲领,而由则治,不由则乱,固政治之正鹄也。明君臣父子之大伦,而不偏为中,不易为庸,是教学之极轨也。帝王得之以宰世,而垂教师儒,本之以修道,而施于有政,此又政教合一之要枢也"①。也有学者指出孔子删定六经,"其微言大义可为万世之准则","此万世之公言"。② 更有学者强调"孔子生知前知,足为天下万世师表,六经中《春秋》治中国,《尚书》治全球,血气尊亲,同入范围"③。这种孔道即孔经的观点在晚清和民国对接的一段时期

① 卫谦子:《尊孔宜尊经论》,《天铎》1910 年第 3 期。

② 皮锡瑞:《经学开辟时代》,陈壁生编:《国学与近代经学的解体》,广西师范大学出版社 2010 年版,第 7 页。

③ 廖平:《尊孔篇》,转引自蒙默、蒙怀敬编:《中国近代思想家文库·廖平卷》,中国人民大学出版社 2015 年版,第 547 页。

内非常普遍，尤其是1912年清廷废止读经时，引起学界的反弹，许多学者主张读经，并试图掀起读经运动。在这些学者中间，孔经即孔道，即代表儒学，读经就是延续儒学的发展。这一观点随着新文化运动的展开而逐渐衰弱，转变成为学术发展脉络中的隐性理路，但这一理路从某种程度上开辟了儒学在近代发展的路向。持孔道即孔经观点的代表人物是晚清的经学大师，如廖平、皮锡瑞等，其后的王国维、马一浮等学者也持此种观点，李源澄、蒙文通、周予同等人虽然主张对经学的学科分制，却也认同孔道即孔经的主张。

三是孔道即纲常名教。民国初年，孔教运动引起了政界、学界的高度关注，支持孔教者有之，反对孔教者有之。最终反对孔教的声音压倒支持者的声音。反对孔教的人大部分将孔道理解为纲常名教加以鞭挞、斥责。陈独秀可谓此观点的最早提出者。他认为“三纲说不徒非宋儒所伪造，且应为孔教之根本教义”①，并在《孔子之道与现代生活》一文中列举“孔子之道”为：以纲常立教，教孝、教从之义，“女不言外”，“男女不杂座”，夫为妇纲，“妇事舅姑”，“父母怒不悦，而挞之流血，不敢疾怨，起敬起孝”，厚葬，丧礼之繁，等等。② 同时，陈独秀指出：“儒者三纲之说，为一切道德政治之大原。君为臣纲，则民于君为附属品，而无独立自主之人格矣。父为子纲，则子于父为附属品，而无独立自主之人格矣。夫为妻纲，则妻于夫为附属品，而无独立自主之人格矣。”③陈独秀可谓将孔道理解为纲常

① 陈独秀：《宪法与孔教》，《新青年》第2卷第3期，1916年。

② 参见陈独秀：《孔子之道与现代生活》，《新青年》第2卷第4期，1916年。

③ 陈独秀：《一九一六》，《青年杂志》第1卷第5号，1915年。

名教的开端，其后许多学者都论证此一观点，并将其推演成新文化运动的主流观点。常乃悳虽然认为孔道实为絜矩之道，纲常之道实出于絜矩之道，但他也认为“纲常之说确为孔子之教义”，“孔子之道最为今人所訾议者莫如纲常之说，因之尊孔者乃有倡纲常，非孔子原始教义以护其说者”。[①] 李大钊也认为，“二千余年来支配中国人精神的孔门伦理”即所谓“纲常”“名教”“道德”“礼义”，于君臣关系是“忠”，于父子关系是“孝”，于夫妇关系是“顺”“从”“贞节”。[②] 新文化运动中，孔道即纲常名教的观点非常强势，形成了知识分子中的激进主义思潮，影响巨大。20世纪前半期三大思潮鼎立，西化派自由主义、马克思主义两大思潮均与此观点大体相当。

四是孔道即孔家生活。民国时期，有感于许多学者对于孔道、孔教在当今中国（晚清民国时期）是否有用，是否能够救国，使积贫积弱的中国走向强大等进行无谓的争论之时，有的学者指出不要做这些争论，去践行孔道，过“孔家生活”，这是中国人必须选择的道路。陈此生指出：“近世就有许多人拿‘无用’两个字来掊击孔学，这种腐儒真不啻孔子之罪人。其实原来孔子之所谓‘学’，并不如此。养成‘书生废物’的责任，决不能教孔子担当的。我想一个‘学’字，是人生第一的工夫。”“孔子之所谓‘学’，只是从做事上用工。简单说来，‘行’本于‘学’，‘学’要能‘行’”；“孔子之学，最重要最大的部分在乎一个‘行’字”；“孔学之所以为孔学，也正在乎注重一个

---

① 常乃悳：《我之孔道观》，《新青年》第3卷第1号，1917年。

② 参见李大钊：《由经济上解释中国近代思想变动的成因》，《新青年》第7卷第2号，1920年。

‘习’字”。[①]

如果说陈此生的观点仅代表民国一部分信仰儒学的学者，那么，梁漱溟则将这种观点进行理论升华和思想创造。梁漱溟的《东西文化及其哲学》借助于西方哲学家柏格森的“意欲”理念，探讨了西方、中国、印度三种不同的人类发展道路，鲜明地指出了“世界未来文化就是中国文化的复兴”[②]，中国文化就是孔家文化，“孔子以前的中国文化差不多都收在孔子手里；孔子以后的中国文化差不多都由孔子里出来”[③]。进一步，梁漱溟提出要“走孔家的路，过孔家的生活”。这一思路开辟了20世纪儒学发展中最具有影响力的派别——现代新儒家的思维路线。

二、理解孔道维度所彰显的异质取向

民国初年对于孔道的理解呈现出多维的向度，这就决定了儒学在民国及其20世纪的发展路向。

将孔道理解为孔教，体现的是上提下贯的维度。所谓“上提”，是将孔道提升到宗教的高度，提升到国民信仰的层面。晚清以来，西学的进入逐渐动摇着中国社会对儒学的依赖、崇敬与尊奉，冲击着中国人两千余年的儒家思想的信仰。太平天国运动、革命民主思潮等进一步推动着儒家思想地位的下跌，

---

① 陈此生：《孔子之所谓学》，《爱国报》1924年第33期。

② 梁漱溟：《东西文化及其哲学》，商务印书馆1999年版，第202页。

③ 梁漱溟：《东西文化及其哲学》，商务印书馆1999年版，第150页。

儒家思想在传统社会中宰制万态、牢笼百家的地位及功用已经不复存在，取而代之的是“外国自传其教，遍满全球，近且深入中土”，“教士猬集，皆独尊耶稣之故”①，其结果是“今天下人士知律而不知经，知势而不知教”②。显然，人们对儒学信仰、崇敬的基础已经被打破，通过科举而固化的经学学习体制发生了颠覆性的变化。怎样重拾儒学信仰、尊奉儒家思想就成为士人的当务之急。康有为等借鉴基督教模式，将儒学改造成西方的宗教，提升到中国人信仰的层面。所谓“下贯”，指传统儒学的地位失去根基后，也动摇着儒学在基层社会的地位。儒学在传统社会中依靠统治阶级意识形态独尊的地位不仅获得上层社会的认可，而且在下层社会中也有牢固的基础。这一基础被打破后，必须重新建立儒学在下层社会的认可基础和机制，维护儒学的社会根基。

基于儒学需要上提和下贯的考量，康有为等借鉴西方宗教的模式提出建立孔教，以此弘扬孔道。应该承认，传统儒学被削弱后，重建孔道，延续儒学在近现代的命脉，是近代以来知识分子苦苦思索并寻找出路的关键时期，许多知识分子穷其毕生精力进行着各种尝试。康有为等将孔道上升为孔教，可谓用心良苦。更应该承认，以基督教的形式建立和传播孔子之道，对于国人信仰的重建是一条积极的、行之有效的途径。然而，今天我们回过头来反思民国时期孔教构想的提出及发展路途，却发现当时操之过急。将孔道打造成孔

---

① 康有为：《两粤广仁善堂圣学会缘起》，汤志钧编：《康有为政论集》（上），中华书局1981年版，第187页。

② 黄明同、吴钊熙主编：《康有为早期遗稿述评》，中山大学出版社1988年版，第290页。

教,本身不应该是一个很快能见成效的过程。传统儒学也有孔教、圣教等的称谓,但传统的教只是教化之教,而不是西方意义上的宗教。将教化之教的孔教改造成宗教的孔教,不仅要明确宗教的形式(教主、宗教结构、宗教载体、传教方式等),更重要的是明确孔教的内容,即将儒家经典改造成孔教之教义,而且这个教义要吸引国人,令国人信服。康有为、陈焕章等清楚这一点,也对孔道进行了宗教化的改造,但其改造并不成功,至少来说改造了的孔教并没有被知识分子乃至国人认可,就被匆忙推出,其接受程度可想而知。将孔道改造成孔教尤为重要的是如何将孔教打造成国人信仰的途径。康有为、陈焕章等人选择了孔道的宗教化的方式,却抛弃了西方宗教的传教途径,而是试图像在传统社会一样占领统治阶级意识形态独尊地位,靠皇权提倡、推广孔教,强加于国民。可惜的是,传统社会模式已经不可能复制到现代。在现代,这种西方的内容加中国的路径注定难以在中国推行。基督教推广的途径在于传教士的"传",这种"传"类似于我们今天的广告,"传"不是强加而是宣传,经过不断的诱导、灌输,使教众认可乃至帮助宣传。19 世纪末 20 世纪初,中国的孔教先是借助光绪皇帝的力量向全国推行,后借助民国大总统袁世凯的力量欲写入《中华民国宪法》,试图走上层路线,强迫国民接受,结果成了袁世凯政府的牺牲品。有效的设计搭配错误的操作途径,正是孔教即孔道的实际结果。

孔道理解为孔经,体现了儒学传承中的学术化维度。民国时期,将孔道理解为孔经在很大程度上是一种无奈、被动之举。近代以降,孔子之道式微、经学解体,传统经学被支解到现代学科之中已经成为事实。孔道不存,儒家经典将何去何从?知识分子们自然尽力保持孔经的完整,并试图发动社会力量开展各种读经运动。[①] 传统的经师自然不甘于经学的解体,试图重建儒家经典。廖平的《尊孔篇》《大同学说》,皮锡瑞的《五经通论》等均是在现代社会中重建传统经学的代表成果。还有一些学者试图对传统经典进行发掘、整理,使其在现代学科体制下保留一席之地。主张重建孔经的学者虽然也想借助政治势力,但他们大都是知识分子,他们的志趣在于学术而不在于政治、社会,所主张的孔经或经学也只限于学术领域。这样,孔道即孔经的理解也将传统社会集万千于一身的孔道化解成为纯粹学术领域的孔经。尽管这些学者也试图把孔经打造成包罗万象的国人信仰的思想和体系,但他们的建构却仅限于学术领域,使孔道仅仅成为一种学术思想。

仔细区分,民国时期理解孔经出现两种维度。一种是固守着传统儒家经典,认为孔经仍然是"有体系的""活鲜鲜的""自然流出的""自心本具的"[②],中国的文化是用孔经建立更加强大的孔道。另一种是接受儒家经典分解到现代学科划分的文、史、哲之中的现实,试图将文、史、哲学科中的涉及儒家经典的部分再整理与再集结,形成蔚为壮观的经学。前一种维度在20世纪初期新文化的观照下显得异常卑微,只是在学术圈内

---

① 民国的读经运动至少有两次影响比较大:一次是1912年中华民国临时政府颁布《普通教育暂行办法》,规定废止经科,在社会上引起轰动,袁世凯政府恢复读经、祭孔等,在社会上掀起了读经运动;一次是1934年国民政府发起新生活运动,知识界配合新生活运动倡导读经,在社会上引起很大反响。

② 马一浮:《泰和会语》,吴光编:《中国近代思想家文库·马一浮卷》,中国人民大学出版社2015年版,第4页。

如石入水般引起些许涟漪,但招致的批判之声甚多。后一种维度势力虽大,但终不像新文化那样形成气候,也没有被新学制所采纳,其提倡的经学在很长一段时间内无人问津。然而,经过民国时期学人对儒家经典的改造,孔道回归到了纯粹的学术领域,成为束之高阁的学术研究的经,而不是经世致用的道了。

孔子之道即纲常名教的维度是中西文化对峙情况下以“西”观“中”的一种对孔道的解读。这种解读本身是戴着有色眼镜看孔道的,自然是一种对孔道的误读,是对孔道理解的歧出。在中西文化对峙的境况下,以“西”观“中”的视野里,中西文化就有了新旧、高低之分。西方文化代表着新文化,是先进文化,是高级文化;而以孔子之道为主体的中国传统文化代表着旧文化,是落后文化,是封建文化。于是,孔子之道就成了社会发展的阻碍因素,被批判,被唾弃,孔子之道也被简单囿限为纲常名教,成了与现代社会“不相适应”的绊脚石。孔子之道中那些维护社会秩序的礼义变成了封建的礼教,那些君臣、父子的等级制度成为人格独立、人权平等、言论自由的阻碍因素,那些修身之道成为科学与理性的窒碍。自20世纪初期的新文化运动以来,持此种观点的知识分子不在少数,而且影响着整个20世纪中国学术思想的大部分时间。知识分子们借助对政府当局的批判,借助各种启蒙思潮,迅速将这种观点发展成为主流观点和代表观点。

尽管这种声音在20世纪影响巨大,对20世纪儒学的发展产生了决定性的影响,然而,国人们所倡导的西方文化始终无法摆脱孔子之道。也就是说,西方文化的移植与嫁接,必须面对传统的孔子之道。于是,有了“整理国故,再造文明”的口号,有了“剔除其封建性的糟粕,吸收其民主性的精华”的原则。这些口号、原则等在短时间内确实左右着儒学的发展。但是,从长远来看,它们毕竟是无法坚持下去的口号、原则,从开始就将中西文化对立起来,怎么又能从对立的文化中汲取价值因素呢?所以,随着时间的推进,自由主义西化派、唯物史观派等或多或少地改变着自己的观点,在不断反省、检讨中扬弃这种立场,试图探讨西方文化与孔子之道的相通之处,由拒斥孔子之道改为对话,再达到互动。

孔道即孔家生活旨在建立一种传统的孔道式的生活方式。民国时期,这种生活方式必须与西方哲学相契合,才能获得学理上的支撑。于是,20 世纪 30—40 年代,借鉴西方哲学诠释儒学之风盛行,同情地理解孔道、视孔道为国人的文化生命等成为这一风气的鲜明特征。进而演变成为以熊十力、冯友兰等为代表的现代新儒家学派。时至今日,现代新儒家已经成为儒学发展的一座高山,后人探讨儒学发展的路径,必须越过这座高山才能前进。现代新儒家为儒学发展所开辟的理论途径已经被大多数学者认可。这一理路将儒学建构成纯粹的哲学,也就是完全意义上的形上学,使儒学回到象牙塔之中。至于儒学怎样落实到普通大众层面,现代新儒家的主张仍然是传统的修身、养性、提高道德境界等途径。可以说,现代新儒家在儒学形上层面的建构做出了突出的贡献,而在儒学的大众普及方面却相对薄弱,他们的致思不在于此。

三、孔道的理解维度与儒学的发展道路

民国时期,对于孔道的不同理解维度,同样彰显出了儒学

不同的发展向度，使儒家文化呈现了多元的发展态势，为儒学的现代转换提供了多种途径。然而，一度由于时局的变化，使儒学的多元取向集中于一元倾向。新中国成立后，由于极左路线的影响，儒学被视为唯物史观的对立面，成了反面教材，被评判、被斥责、被打倒、被批臭，使儒家文化的传承几近断裂。民国时期孔道的多元理解维度被一元倾向所代替，儒学的命脉延续也就变成了“死路一条”。

文化的生命力在于不同文化间的交融、涤荡、融合。唯物史观本身也是一种文化理论，其生命力也必须是与不同文化的对话与融合，从异体文化中汲取养分，实现不同文化间的共同发展。20 世纪 80 年代以来，唯物史观派转换思路，接纳儒家思想，由对峙改为对话和交流。这一态势激活了民国时期理解孔道所彰显的儒学发展理路。

孔教的再度受到关注导源于 80 年代初。1980 年任继愈发表《儒家与儒教》，认为儒学经过秦汉、魏晋、隋唐时期的改造，宋明理学已经变成了儒教，“儒教限制了新思想的萌芽，限制了中国的生产技术、科学发明。明以后中国科技成就在世界行列中开始从先进趋于落后。造成这种落后，主要原因在于中国的资本主义没有得到发展的机会，而儒教体系的完善和它对人们探索精神的窒息，也使得科学的步伐迟滞”①。其后，学界出现了关于儒家思想是否是宗教的争论。这场争论一直持续到 20 世纪末。儒学是否是宗教问题本与民国初期的孔道即是孔教观点或孔教运动拽不上半点关系，但儒学是否是宗教问题

---

① 任继愈:《儒家与儒教》，转引自庞朴、马勇、刘贻群编:《先秦儒家研究》，湖北教育出版社 2003 年版，第 516 页。

的争论却启发了当代学人重建儒教的遐想。20世纪末到21世纪初,一批学人开始重建孔教,康有为的今文经学思路重新得到延续,《春秋公羊传》受到部分学人的热捧。于是,孔教又被重提。这股孔教建设思潮仍然延续康有为的通过政治建教立学的途径,形成了政治儒学,倡议君主立宪,成立“中华孔圣会”,其宗旨标明“重建信仰”。只是这样的倡议、活动已经不像当年孔教运动那样得到各地政府的支持,即使是学者之间认可程度也不高。但无论如何,这种思潮应该算作儒学新时期发展的一条重要理路。

从严格意义上说,经学的复活与兴盛是在20世纪90年代左右。其实,读经虽然在20世纪初废止,经学却没有离开中国知识分子。虽然学界普遍认可“1949年以后,经学基本上退出了学术研究”①,但事实上经学在整个20世纪中离中国内陆学人的视野并不遥远。20世纪前半期,整个社会纠结于读经、反读经之中。1912年,国民政府宣布废止读经,引起了社会各界的强烈反弹,甚至有人发表“驳正教育部废止读经浅说”②;广州“市区各学塾遵令废止,呈报到司者已居多数,而照旧读经未能一律废止者亦尚有人”;上海“各小学校读经者固类多废止,而各私塾则仍抱持不废”③。新文化运动后,中国引入西方学科划分终结了传统经学的延续,但读经的呼声却没有停止,尤其是民间读经之声不绝于耳。1934年国民政府倡导新生活运动,掀起了官方引导读经的又一次高潮。“与官方在尊孔读

① 余敦康、姜广辉、梁涛:《儒家经学的历史作用》,《中华读书报》2009年3月4日。

② 《粤教育界争废止读经问题》,《申报》1913年5月18日。

③ 《杂评三》,《申报》1913年5月18日。

经问题上的兴师动众一致，民间有关尊孔读经的声音也是此起彼伏、不绝于耳。公开宣扬和鼓动尊孔读经的社团有陈焕章等成立的孔教会，力行尊孔读经的学校如唐文治的无锡国学专修学校，以学术研究来弘扬尊孔读经的如以吴宓、梅光迪、柳诒徵等为代表的学衡派，以梁漱溟、冯友兰、熊十力等为代表的现代新儒家，而诸如廖平、康有为、章太炎、陈黻宸、张尔田等国老儒宗们的对孔子的尊崇、对经书的眷恋更不待言。"[①]即使是接受新式学科划分的学者，他们也迅速将传统经学转化成经学史，使经学成为历史学科领域的专门学科。如范文澜的《群经概论》及抗战时期的《经学讲演录》，周予同的《群经概论》等。周予同甚至在1928年发表的《经学史与经学之派别》[②]中提出了庞大的经学研究计划。1961年周予同又提出经学史研究三大任务。只是"文化大革命"开始，经学出现了断裂。伴随着80年代的"文化热"，经典开始受到关注和热捧。1983年《周予同经学史论著选集》出版，经学史学科也走向学术前沿。其后，儒家原典受到关注，《周易》《诗经》等受到学术界的追捧。20世纪90年代的"国学热"捧红了经典著作，经学堂而皇之地走向学界。读经班、诵经会、儒家经典学术会议等不断遍地生根开花，以至于今天许多学者已经论证经学学科的重新恢复与建构。显然，经学的延续已经蔚然成风。

新中国成立后的很长一段时间里，孔道是封建的纲常名教的观点占据着学界的主流。儒学是"旧社会"的"遗毒"，需要

---

① 庞朴主编：《20世纪儒学通志（纪事卷）》，浙江大学出版社2012年版，第117页。

② 此文是周予同为皮锡瑞《经学历史》写的序，刊于《民铎》杂志第9卷第1号（1928年），又载商务印书馆1928年初版《经学历史》注释本。

“批倒”“批臭”，成为当时学界的流行语言。这些语言颇能反映出这段时间人们对儒学的态度。孔道自然也就成为现代社会的对立面，成为现代学人批判的“众矢之的”。这一思路影响着一大批知识分子，以至于20世纪80年代后，当“文化热”来临时，“文化热”的主题仍然是反传统，传统儒学依旧被当作中国贫穷、落后的原因，被视为与西方蓝色文明存在巨大差距的黄色文明。20世纪90年代出现的“国学热”，传统价值被重新挖掘，儒学受到热捧。即便是这种情况，仍然有学者质疑这种挖掘儒学价值资源的做法，认为这是与马克思主义相违背的，“某些学者热心于显现大同世界与共产主义，天下为公和公有制之间血脉相通的文化基因，从‘一阴一阳之谓道’中考证中国是唯物辩证法的正宗祖庭，从‘富而后教’中追摹‘两个文明一起抓’的滥觞。这些个别论点表面上的相似性被当作马克思主义与孔子之间莫逆之交的金石之盟。既然‘马克思主义与儒学并不矛盾’、‘民主精神古已有之’、‘唯物辩证法的故乡在中国’，于是马克思主义与中国社会实践相结合，无异于儒家文化与中国当代现实相结合，尊孔读经成了‘今天的现实’，儒学复兴成了东西方文化的福音，河口海目的孔夫子又要重坐中国人精神的龙床，‘半部《论语》治天下’的神话又被推上世纪末的文化晚餐。一些人张罗着回到故纸堆中去‘原道’，并筹划着坐待万邦来朝的东方文化出口之宏略，与这种儒学发微法不无关联”①。在许多学者心目中，儒家传统与现代社会相悖的观念仍然根深蒂固。只是，这种声音随着文化开

① 罗卜：《对一种儒学现代发微法的质疑》，崔龙水、马振铎主编：《马克思主义与儒学》，当代中国出版社1996年版，第76—77页。

放、交流与融合，不像原来那样声势浩大罢了。然而，这种声音仍然存在，儒学是封建纲常名教、阻碍现代社会发展的观点仍然构成今天儒学发展的理路。

孔道即孔家生活在20世纪80年代后期又受到内陆学界的广泛认同与深入研究。1986年现代新儒家思想研究作为国家课题启动，其后，现代新儒家成为学界研究的热点，现代新儒家学派所开辟的儒家思想的哲学化路径成为20世纪末儒学延续和发展的最重要的也是最受关注的发展理路。现代新儒家在延续儒家命脉上就像一座高山，后人可以超越，但必须面对，不可能绕过。20世纪90年代以来，现代新儒家的研究成果越来越多，现代新儒家学派也越来越受到学者的重视，甚至涌现了一批追随现代新儒家的学者，沿着现代新儒家开辟的儒家思想哲学化的理路继续前行，创造出许多哲学化儒家思想的新成果。这批学者对现代新儒家人物奉若神明，有的甚至以私淑弟子自居，处处维护现代新儒家学者的形象。当然，也有一部分学者尝试着新儒家、新新儒家的建设，他们有的打着现代新儒家的旗号，有的直接表示超越现代新儒家。其实，无论这些学者是否属于现代新儒家，这些现象的出现本身说明现代新儒家的重要性与影响力。

现今，时间已经过去一个世纪，我们不难发现，民国时期对孔道的不同理解所开创的儒学发展的不同理路，虽然在其后此消彼长，起起伏伏，但这些理路仍然构成今天儒学发展的主流。在当今多元文化态势下，儒学这些不同的发展理路，正是儒家命脉延续和发展的主要内容。这些理路的同存共长是儒学发展的常态，百舸争流，齐头并进，而不是非此即彼。

“整理国故”运动再认识*

“整理国故”作为一种运动，专指20世纪20—30年代针对“保存国粹”的复古言论而引发的以“整理国故”“再造文明”为主旨的文化运动。对这场文化运动，学术界早已经进行了深刻的批判和反省。新文化运动后继起的三大思潮中，现代新儒家指责“整理国故”运动将“国故”视为“古董”，唯物史观派认为这场运动是在“粪秽里寻找香水”，即使是倡导这场运动的自由主义西化派代表人物胡适，最后也不赞成“整理国故”运动，指出“应该换条路走走了”。按理说，“整理国故”运动已经过去近百年，这场运动也在多方的指斥、反对、批判中结束了，似乎应该将其纳入学术史的轨迹。然而，整理国故的工作和事业却没有因为“整理国故”运动而结束，20世纪90年代以来，中国整理国故事业又复苏，“国学热”所带来的古籍重复再版、校勘、注释以及诠释，与“整理国故”运动时各种思潮的表现极其相似，又有“整理国故”运动的意味。鉴于此，我们有必要重新认识“整理国故”运动。

---

* 本文原载于陈炎、黄俊杰主编:《当代儒学》第1辑，广西师范大学出版社2011年版。

一

作为新文化运动的一个重要组成部分,"整理国故"运动是针对当时"保有国粹"的复古论而展开的。

近代以来,围绕着中国文化走向问题,知识分子们始终争论不休。进入20世纪后,文化激进主义与文化保守主义对于中国传统文化存续问题的争论尤其激烈。

1905年2月,国学保存会成立,并由此形成国粹派。章炳麟、邓实、刘师培、黄节、黄侃、马叙伦等人发行《国粹学报》和《政艺通报》两种刊物,主张"用国粹激动种性,增进爱国热肠";以"国学、君学对立论"批判"君学",反对帝制;从"国学"中寻找变革政体、实行民主共和的根据。在"复兴古学"宗旨下,《国粹学报》发表了大量宣传国粹的论文,并汇集当时国学权威著作六七百种,明末遗民和乾嘉以来诸儒遗文四五百篇,刊录名人画像图片六百余张。此外国学保存会还大规模从事古籍校勘整理,编辑出版《国粹丛书》《国粹丛编》《神州国光集》《国学教科书》等著作,在上海设藏书楼、印刷所,并拟设国粹学堂。同时,开办国学讲习会,由刘师培主讲,并编写《伦理教科书》《经学教科书》等。后又成立章太炎任社长的国学振起社,"振起国学,发扬国学",广泛开展国粹主义宣传。1919年,刘师培、黄侃、梁漱溟等成立了国故月刊社,并创办了《国故月刊》,"以昌明中国固有之学术",批评新文化运动的一些看法,与《新青年》《每周评论》,特别是与《新潮杂志》相对立。

国粹派的主张受到新潮知识分子的批判。1919年4月,毛子水在《新潮杂志》上发表了《国故和科学精神》一文，倡导用科学的精神研究国学。毛子水认为“国故的大部分是中国民族过去的历史的材料”。他一再提醒人们：国故是过去的，是历史材料，它好比是一具得了奇病而死的“尸体”。毛子水明确指出，“国故在今日世界学术上，占不了什么重要位置”，但研究国故是必要的，一方面理清一段中国的学术史和中国民族的历史，可以在世界学术上占个位置；另一方面找出中国学术和历史不发达的病因，好设法救济它。①

北大学生张煊反对毛子水的观点。张煊在《国故》上发表《驳新潮国故和科学的精神篇》的文章里，主张用历史的眼光，强调古代和现代的推演，强调学术和科学发展的连续性，指出新学术和新科学是根据旧学术和旧科学发展而来的。张煊认为，国故未死，它还“支配我国多数人之心理，于四万万人之心中，依然生存”。只要国人不弃之不顾，“肯推已知而求未知，为之补苴罅漏，张皇幽眇，使之日新月异。以应时势之需，则国故亦方生未艾也”②。

1919年12月，胡适在《新青年》上发表了《新思潮的意义》，明确提出了对于传统文化持“评判的态度”和“重新估定一切价值”的原则，同时，他还系统地制定了“研究问题、输入学理、整理国故、再造文明”的指导思想，指出整理国故“就是从乱七八糟里面寻出一个条理脉络来；从无头无脑里面寻出一个前因后果来；从胡说谬解里面寻出一个真意义来；从武断迷

---

① 参见毛子水：《国故和科学精神》，《新潮》第1卷第5号，1919年。

② 参见张煊：《驳新潮国故和科学的精神篇》，《国故》1919年第3期。

信里面寻出一个真价值来”①。

由于胡适等人的参与,并提出整理国故的指导思想,所以,在其后的一段时间里,整理国故成为当时学者们热议的话题。按照“重估一切价值”的评判态度,诸多学者开始重新研究中国古代的思想。在重新审视中国古代思想时,一股疑古思潮兴起,演变成为“疑古派”(也称“古史辨派”)。顾颉刚和钱玄同是“疑古派”的代表。他们深受胡适思想影响,主张用历史演进的观念和大胆疑古的精神,吸收西方近代社会学、考古学等方法,研究中国古代的历史和典籍。古史辨派在其研究中,推翻了传统所谓的“盘古开天地”“三皇五帝”等概念构成的中国古史系统。其中,顾颉刚提出了著名的“层累地造成的中国古史”的观点。他着重地考察了中国古代思想文化的源头,认为:“时代愈后,传说中的古史期愈长”,“时代愈后,传说中的中心人物愈放愈大”,虽然“不能知道某一件事的真确的状况,但可以知道某一件事在传说中的最早的状况”。据此,他提出要打破“民族出于一统”“地域向来一统”“古史为黄金世界”等根深蒂固的传统观念。② “当时北京有所谓京派,讲切实,重证据,为新朴学,新考据。京派主要在北大,北大以胡适为翘楚……表现在史学方面的是整理国故的国故学、疑古学、古史学。”③“这种新国学运动的方向,我想可以胡先生的‘历史癖与考据癖’一语括之。”④

---

① 胡适:《新思潮的意义》,《新青年》第7卷第1号,1919年。

② 参见顾颉刚:《与钱玄同先生论古史书》,《古史辨》(一),上海古籍出版社1926年版。

③ 胡厚宣:《我和甲骨文》,《书品》1997年第1期。

④ 《朱自清全集》第4卷,江苏教育出版社1996年版,第240页。

然而，整理国故运动在实际运作中，并没有达到胡适等人的理想。当胡适逐渐从“整理国故”走向“充分西化”时，梁启超、章太炎、章士钊等反借“整理国故”之名，继续着振兴国学的事业，而且影响颇大，在许多青年学者中兴起了研究古籍的潮流。20世纪20年代，学子们纷纷借助整理国故机会试图寻找国学复兴的途径，于是，重读线装书的“回潮”现象风行一时，向来被“冷搁在毛厕边缘的线装书，连孔家店的一应旧礼教在内，却逐步的得借科学方法整理国故之美名，而重受时代之盼睐”①。“1919年以后，胡适就打起‘整理国故’的旗号，开始宣传研究国学了。”②胡适于1923年创办《国学季刊》，呼吁研究国学，并列出国学研究书目《论语》《大学》《中庸》《孟子》《周礼》《孔子集语》等一百八十余种，“为普通青年人想得一点系统的国学知识的人设想”③。其后，梁启超针对胡适开列的国学研究书目，也开列了一份“国学入门书要目”，以四书、《易经》、《尚书》、《礼记》等25种书目为“最低限度必读书目”，并认为如果这些书不读，“真不能认为中国学人矣”。④ 此后，开书目、治国学便成为“时髦”，迅速影响到全国知识界，形成一股声势不小的读线装书的潮流。“除了适之先生自己和顾颉刚、唐擘黄、钱玄同等三四位先生外，哪一个国故学者在‘磨刀

① 钱穆：《近百年来诸儒论读书》，《钱宾四先生全集》第24册，（台北）联经出版事业公司1992年版，第146页。

② 王锟：《孔子与二十世纪中国思想》，齐鲁书社2006年版，第69页。

③ 胡适：《一个最低限度的国学书目》，欧阳哲生编：《胡适文集》第3册，北京大学出版社1998年版，第87页。

④ 梁启超：《国学入门书要目及其读法》，欧阳哲生编：《胡适文集》第3册，北京大学出版社1998年版，第100页。

霍霍’呢？唉，哪一个不是在进汤灌药，割肉补疮呢！哪一个不是在垃圾桶里掏宝，灰土堆中搜珍奇呢！”①

至此，“整理国故”运动在知识界和大、中学校一片读线装书的喧嚣中，在“东方文化派”的梁启超、章太炎、章士钊、梁漱溟等“重量级”人物的宣扬东方文化的鼓噪中，已经分不清楚整理国故是科学研究还是宣扬国粹，倡导“整理国故”运动的胡适，也逐渐修正了自己的观点。1927 年，胡适发表文章说：“我十分相信‘烂纸堆’里有无数无数的老鬼，能吃人，能迷人，害人的厉害胜过柏斯德（Pasteur）发现的种种病菌”，整理国故其实是为了“打鬼”“捉妖”。② 1928 年，胡适又发表文章指出：“现在一班少年人跟着我们向故纸堆去乱钻，这是最可悲叹的现状。我们希望他们及早回头，多学一点自然科学的知识与技术；那条路是活路，这条故纸的路是死路。三百年的第一流的聪明才智消磨在这故纸堆里，还没有什么好成绩。”胡适大声疾呼：“我们应该换条路走走了。”③由胡适参与而兴盛的“整理国故”运动，其现实的结果并没有起到批判国学传统的作用，而是使一些学者在整理国故中重新认识国学。这在客观上为中国文化的发展奠定了史学的基础。

---

① 《整理国故与“打鬼”·西滢跋语》，欧阳哲生编：《胡适文集》第 4 册，北京大学出版社 1998 年版，第 118 页。

② 参见胡适：《整理国故与“打鬼”》，欧阳哲生编：《胡适文集》第 4 册，北京大学出版社 1998 年版，第 114 页。

③ 胡适：《治学的方法与材料》，《胡适文存》第 3 集第 2 卷，亚东图书馆 1921 年版，第 78 页。

二

受整理国故思潮的刺激，吴稚晖、鲁迅以及年轻一辈的文学研究会和创造社的成员，掀起了“反整理国故”的运动。吴稚晖敏锐地感觉到整理国故反映了新文化界“回潮”的味道。于是他发表文章对整理国故进行批判。吴稚晖把新派人物整理的国故称为“洋八股化之理学”，并把国内思想的倒退和政治的腐化也归罪为“洋八股化之理学”。他认为“这国故的臭东西，他本同小老婆吸鸦片相依为命，小老婆吸鸦片又同升官发财相依为命。国学太盛，政治无不腐败”①。吴稚晖认为现在的要务是必须让中国的青年学习西方的科学技术，使中国先富强起来，而不是走整理国故的文化道路。吴稚晖反对整理国故的激烈言辞，掀起知识界反整理国故的讨论。鲁迅也说：“自从新思潮来到中国以后，其实何尝有力，而一群老头子，还有少年，却已丧魂失魄的来讲国故了。……就现状而言，做事本来还随各人的自便，老先生要整理国故，当然不妨去埋在南窗下读死书，至于青年，却自有他们的活学问和新艺术，各干各事，也还没有大妨害的，但若拿了这面旗子来号召，那就是要中国永远与世界隔绝了。”②钱玄同赞同吴稚晖痛斥国故的言论，认为“不如请有科学头脑、有历史眼光的胡适之先生、顾颉刚

---

① 吴稚晖：《箴洋八股化之理学》，张君劢、丁文江等：《科学与人生观》，山东人民出版社 1997 年版，第 309 页。

② 鲁迅：《坟》，《鲁迅全集》(1)，人民文学出版社 1981 年版，第 167 页。

先生诸人来做整理国故的事业”①。钱玄同强调“国故是过去的已经僵死的中国旧文化，所以他与现在中国人的生活实在没有什么关系。现在的中国人应该赶紧研究不容再缓的学问便是科学，研究科学才能得到思想精密、眼光扩大、知识正确、生活改善、道德增进种种好处。这些好处，国故里面是找不出来的”；中国若再迷恋旧文化的尸骸，“一定要闹到亡国灭种的地步”。②

胡适倡导的“整理国故”运动，也引起了五四运动之后形成的唯物史观派和现代新儒家的批判与反驳。

1924 年，共青团中央机关刊物《中国青年》发表《受“国故毒”的学生听着》一文针砭道：“中国国势已经危急的了不得，而这般老学究们还在那里提倡‘国故’，这简直是昏庸已极的事情”，“实在代表了一种反动黑暗的势力”。③ 针对当时胡适、梁启超大开国学书目，《中国青年》还及时开列出《一个马克思学说的书目》，试图借此消除胡适等人的影响。④ 1923 年 7 月，陈独秀发表文章认为：“现在中国社会思想上堆满了粪秽，急需香水来解除臭气，我们只须赶快制造香水要紧，可是胡适之、曹聚仁这几位先生，妙想天开，要在粪秽里寻找香水，即令费尽牛力寻出少量香水，其质量最好也不过和别的香水一样，并不

---

① 钱玄同：《汉字革命与国故》，《晨报》五周年纪念增刊号，1923 年 12 月 1 日。

② 参见钱玄同：《林玉常〈国语罗马字拼音与科学方法〉附记》，《晨报副刊》1923 年 9 月 12 日。

③ 《中国青年》1924 年第 24 期。

④ 《中国青年》1924 年第 24 期。

特别神奇,而且出力寻找时自身多少恐要染点臭气。”[①]1924年,郭沫若在《整理国故的评价》一文中说:“这种整理事业的评价我们尤不可估之过高。整理的事业,充其量只是一种报告,是一种旧价值的重新估评,并不是一种新价值的从新创造,它在一个时代的文化的进展上,所效的贡献殊属微末。”[②]

现代新儒家强调对传统文化应抱有“同情与敬意”。他们无法容忍“整理国故”运动将“国故”视为“已死的东西”或应“送进博物院”的“古董”。熊十力指责说:“今人对旧学观念,除唾弃不顾外,只有玩古董之心理。”[③]马一浮也谆谆教诲其门人曰:“诸生欲治国学,有几点先须辨明,方能有入。一、此学不是零碎断片的知识,是有体系的,不可当成杂货。二、此学不是陈旧呆板的物事,是活泼泼的,不可目为古董。”[④]其后,唐君毅更将中国传统文化的“花果飘零”归咎于“整理国故”运动,认为“中国五四运动以来流行之整理国故之口号,亦是把中国以前之学术文化,统于一‘国故’之名词之下,而不免视之如字纸篓中之物,只待整理一番,以便归档存案的。……于是一切对中国学术文化之研究,皆如只是凭吊古迹。这一种观念,我们首先恳请大家将其去掉”[⑤]。现代新儒家更不满意“整理国

---

① 独秀(陈独秀):《寸铁·国学》,《前锋》1923年第1期。

② 郭沫若:《整理国故的评价》,《创造周报》1924年第36号。

③ 郭齐勇编:《熊十力学术文化随笔》,中国青年出版社1999年版,第176页。

④ 马镜泉编:《马一浮学术文化随笔》,中国青年出版社1999年版,第5页。

⑤ 黄克剑等编:《唐君毅集》,群言出版社1993年版,第480—481页。

故”运动较为浓厚的考据色彩而忽略儒家心性哲学。冯友兰在评论胡适《中国哲学史大纲》一书时就曾指出：“他的书既有汉学的长处，又有汉学的短处。长处是，对于文字的考证、训诂比较详细；短处是，对于文字所表示的义理的了解、体会比较肤浅。……胡适的《中国哲学史大纲》对于资料的真伪，文字的考证，占了很大的篇幅，而对于哲学家们的哲学思想则讲得不够透，不够细。”①熊十力对胡适“仅及于考核之业……无可语于穷大极深之业”②，以至于造成“从来治国学者，惟考核之业，少招浮议。至于义理之言，不遭覆瓿，即是非纷至”③的状况表示不满，认为“考据之科，其操术本尚客观。今所谓科学方法者行之。然仅限于文献或故事等等之探讨，则不足以成科学”④。他还申明：“我深信读经之难，不仅在名物训诂。训诂弄清了，还不配说懂得经。这是我殷勤郑重向时贤申明的苦心。”⑤马一浮更是严厉指斥：“自号历史派者，以诬词为创见，以侮圣为奇功，向壁虚造，而自矜考据，此曹直是不可救药。但当屏诸四夷，不与同中国。”⑥钱穆虽然最初以考证而知名，却也批评“整理国故”运动过于偏重考据而忽略讲求大体的倾向。他将中国近世史学划分为“传统派”“革新派”“科学派”三派，并具体剖析说：“‘科学派’，乃承‘以科学方法整理国故’

① 冯友兰：《三松堂自序》，人民出版社 1998 年版，第 212 页。

② 郭齐勇编：《熊十力学术文化随笔》，中国青年出版社 1999 年版，第 247 页。

③ 黄克剑等编：《熊十力集》，群言出版社 1993 年版，第 66 页。

④ 黄克剑等编：《熊十力集》，群言出版社 1993 年版，第 185 页。

⑤ 黄克剑等编：《熊十力集》，群言出版社 1993 年版，第 288 页。

⑥ 马镜泉编：《马一浮学术文化随笔》，中国青年出版社 1999 年版，第 99 页。

之潮流而起。……缺乏系统，无意义，乃纯为一种书本文字之学，与当身现实无预。”他还尖锐地针砭“科学派”乃“震于‘科学方法’之美名，往往割裂史实，为局部窄狭之追究。以活的人事，换为死的材料。……彼惟尚实证，夸创获，号客观，既无意于成体之全史，亦不论自己民族国家之文化成绩也。”①他在致弟子的信中再次重申：“近人治史，群趋杂碎，以考核相尚，而忽其大节。”②

“整理国故”运动在各大思潮的强力批判和指斥下，在主张整理国故阵营内部的反思与转向中，已经难以为继，不得不终结。

三

从整体上说，学术界对20世纪20—30年代的“整理国故”运动评价并不高。这里面原因相当复杂，有不同学派之间的成见因素，也有运动本身的因素。所以，学者们对这样一场运动难以给出高的评价。然而，这场运动的影响却不能不引起后人的重视。

其实，我们仔细考察一下“整理国故”运动就会发现，所有对运动的指斥、批判、反对等，都是针对整理国故的方法、引起的后果等表示不满，而很少有人质疑整理国故本身。事实上，

---

① 钱穆：《国史大纲》（修订本）上册，商务印书馆1996年版，第3页。

② 转引自李埏：《昔年从游之乐，今日终天之痛——敬悼先师钱宾四先生》，中国人民政治协商会议江苏省无锡县委员会编：《钱穆纪念文集》，上海人民出版社1992年版，第17页。

整理国故古已有之,历朝历代学术研究的重要方面就包含着整理国故,在国故的基础上创造适合时代的思想。只不过汉代以后,儒家思想取得统治阶级意识形态的独尊地位,“整理”古文化带有相当的虔诚和崇拜的因素,所以,“整理”古文化殊少有人质疑和争论。近代以降,西方文化的浸入,极大地冲击着中国固有的文化。因而有了中国未来文化是否引进西方文化以及如何处理中国文化的争论。在此背景下,整理国故也成了中国文化建设的焦点问题,西化派与文化保守主义就整理国故问题出现了相当大的分歧。西化派已经缺少了对国故应有的敬意,文化保守主义也主张吸收西方文化改进中国文化。

“整理国故”运动之初,尽管在“国故之生死”的性质、“国故与欧化”的地位比较、研究国故的目的、研究国故的方法等问题上,毛子水代表的新潮论者和张煊代表的国故论者争论异常激烈,然而,双方在整理国故中还是有一些共同认可的观点的。如双方都承认整理国故的必要性,都有“再造文明”的目标等。胡适发表《新思潮的意义》一文后,梁启超、章太炎、章士钊、梁漱溟等迅速加入“整理国故”运动中,宣扬国粹。五四运动后继起的三大思潮中,也都在不同程度上做着国故的整理工作。现代新儒家用西学理论诠释儒家思想,试图接续儒家命脉,使儒家思想在现代社会重新开花结果。唯物史观派开始是赞同“整理国故”运动的,陈独秀在一定程度上对胡适提出“以科学方法整理国故”的口号表示赞许。1920 年,陈独秀在《新文化运动是什么?》一文中便说:“研究、说明一切学问(国故也包括在内),都应该严守科学方法。”①张闻天也针对中华书局

① 陈独秀:《新文化运动是什么?》,《新青年》第 7 卷第 5 号,1920 年。

的出版方向指出:“中华书局以后应该做的事情:(一)整理国故。把没有用的东西淘汰,以为后辈青年的便利。……整理国故,不能叫一般遗老去整理,一定要具有下列三种条件:一、对于国故有彻底的研究;对于西洋学说也十分了解。二、有世界的眼光。三、有科学的见解。”①这更是与胡适等人的主张如出一辙。随着时局的变化,唯物史观派逐渐意识到整理国故与现实政治斗争之间的抵牾冲突,由此开始反思“整理国故”运动。后来,中国马克思主义者提出的对传统文化的批判继承原则,其实也是整理国故的一种方法而已。自由主义西化派更是“整理国故”运动的发起者。因为“整理国故”运动是自由主义西化派发起并坚持的,在学术纷争中,唯物史观派、现代新儒家反对自由主义西化派的主张,自然对他们发起和倡导的“整理国故”运动提出批判。加之,自由主义西化派对运动无法驾驭,导致这场运动在20世纪30年代衰退。尽管“整理国故”运动结束了,然而,三大思潮对怎样整理国故仍坚持着各自的主张。“整理国故”作为运动终结了,而作为一种学术工作和事业却远没有结束。

事实上,儒家思想从统治阶级意识形态独尊地位下降到一种普通的传统思想后,如何正确对待儒家思想传统就成为中国文化建设必须回答的问题,而解答这个问题,必须重新整理传统文化。这一理路是近代以来中国文化建设不能回避的问题。因此,中国文化建设过程中,整理国故是一种常态,而不是一次学术运动所能解决的。社会不断变化,文明也会更迭,而整理

---

①　张闻天:《对于中华书局“新思潮社”管见》,《学灯》1920年1月22日。

故有文化不能间断。笔者个人认为,“整理国故”运动的经验和意义有两个:一是这场运动把近代以来文化应有的常态更加突出出来,提醒知识分子整理国故工作和事业应该成为学人的自觉行为。二是这场运动警示知识分子,整理国故一定要有正确的方法,否则,这项整理工作的结果只会适得其反。

20 世纪 90 年代后,中国出现了“国学热”。伴随着“国学热”,出现了古籍出版热,于是,古籍的翻译、点校以及传统文化的现代诠释等,渐渐成为学术界的主要工作。高校为此成立了国学研究机构,开设传统文化课程,开列大学生必读书目等。这些与“整理国故”运动如出一辙,许多就是“整理国故”运动中一些做法的翻版。“整理国故”运动的经验告诉我们,一方面,整理国故仍然是当前学术研究的常态,学术界必须坚持;另一方面国故的整理工作最重要的是方法得当,如果方法不当,是否也会出现借“整理”之名行复古之实呢?抑或是出现学者“南窗下读死书”的自恋呢?这两点,应该引起今天学者们的深思。

历史真实与政治情感之间*

——民国“子见南子”事件辨疑

1929年6月8日，山东省立第二师范学校[①]在该校礼堂公演独幕剧《子见南子》，引起曲阜孔氏家族的强烈抗议，并集体上书国民政府教育部，要求“迅将该校长宋还吾查明严办，昭示大众”[②]。教育部派人对此事进行调查，全国各媒体也争相报道。由此，引发了民国“子见南子”事件。

对于这一事件，鲁迅从始至终高度关注，并将整个事件的有关材料进行整理，在《语丝》杂志发表。我们所看到的民国“子见南子”事件，大都以鲁迅整理的材料作为论据。然而，当时鲁迅是反封建的斗士，对于历史事件的看法带有强烈的政治情感因素。他和郁达夫主编的《奔流》发表林语堂的独幕剧《子见南子》本身带有反封建的革命性质；他整编的《关于〈子见南子〉的文件》，更多的是收录支持革命一方（山东省立第二

---

* 本文原载于王钧林主编：《海岱学刊》第15辑，齐鲁书社2015年版。

① 因当时报刊报道此事时，大多称山东省立第二师范学校为“二师”，本文沿用“二师”指代山东省立第二师范学校。

② 鲁迅编：《关于〈子见南子〉的文件》，《语丝》第5卷第24期，1929年。

师范学校)的观点,而对于支持曲阜孔氏家族观点的言论弃置不用。这之后,许多人根据鲁迅整理的资料,把民国“子见南子”事件描绘成国民政府内部进步与保守势力的较量,甚至认为是国民党与共产党的对峙。这种政治情感在一定程度上遮掩了历史真实,使这一事件在流传过程中难以呈现本来面目。因此,对民国“子见南子”事件进行辨析,还原历史的真实面目,让后人了解这一事件的真实情况,应该说是一件具有重要历史价值的事情。

一、民国“子见南子”事件真实情况还原

揭示历史的真正面貌,我们通常利用以下几种史料:历史记录、事件档案、当时文件、当事人回忆、地方志等。民国“子见南子”事件因属于动荡年代的局域事件,因此,正史的记录并不多,而且事件档案也已经在战乱中遗失,当事人大部分也已作古,只有一些当时的文件可考。但在有关文件中,我们仍然可以推断出当时事件的概貌。这一点,应该感谢鲁迅先生,他将当时的有关文件整理后,发表于《语丝》中。事件的过程大致如下。

1928 年 10 月,林语堂根据《论语》和《史记》的记载,编写了《子见南子》独幕剧,由鲁迅和郁达夫主编的《奔流》月刊第 1 卷第 6 号刊出。

1929 年春,由二师学生马宗俊、张凤来提议,学生会剧团排演了林语堂改编的《子见南子》一剧。并于 1929 年 6 月 8 日晚在学校礼堂公演。

二师排演的《子见南子》剧情大概如下：孔子周游列国，到卫国，意图得到官职以推行其兴乐复礼的政治理想。但在当时的卫国，孔子能否达到目的，不在卫灵公，而是取决于卫灵公的夫人南子。于是，孔子便拜会了南子。孔子见南子后，与南子共同攀谈“礼”之含义。南子对孔子推崇的周公之礼并不感兴趣，而是推崇“唯情”之礼，主张创办“六艺研究社”，男女同聚一堂，实践“男女交际之礼”，并宣称：“饮食男女，就是人生的真义，就是生命之河的活源。得着这河源滚滚不绝的灌溉，然后人生能畅茂向荣。男女关系是人生之至情；至情动，然后发为诗歌；有诗歌，然后有文学。”素言“唯女子与小人难养”的孔子，此时对于南子违礼悖俗的观点并未反驳，竟唯唯诺诺表示无可奈何，并受宠若惊地接受南子所赐白璧一双。接着，南子与歌女们一起弹唱《诗经·鄘风·桑中》之曲，翩翩起舞并将孔子、子路师徒两人团团围住，二人目不暇接、心神向往。舞毕，孔子发出赞叹：“这才是真正的诗，真正的礼，真正的乐。”但是，“唯情”之礼与复古的周公之礼是矛盾的，于“情”“礼”两难窘境的孔子此时不知所措，既不能抵御南子的“唯情”之礼，又不愿违背周公之礼，曾经踌躇满志的孔子不得不逃离卫国。对于学生子路“夫子不行道救天下百姓了吗？”的追问亦无暇顾及，坦言：“我不知道，我先要救我自己。”①

1929年6月18日，日本前首相犬养毅来华参加孙中山先生遗体奉安大典，由国民党中央监察委员、国民政府司法院院长张继陪同到曲阜谒孔。谒孔后，犬养毅和张继到二师讲演，

---

① 林语堂：《子见南子》，《奔流》第1卷第6号，1928年；转引自林语堂：《有所不为》，群言出版社2010年版，第144—166页。

训诫二师师生要安分守己。在演讲中，张继指出孔子是万世圣人，旧礼教不能反对，孔夫子绝对不可以污蔑。犬养毅指出孔子所提出的仁是治国之根本，诱导学生要安分守己，以读书为己任。二师学生对此不以为许，台上张继、犬养毅努力演讲，台下学生议论纷纷，秩序一片混乱，二人勉强演讲了一个半小时，便在一片“打倒日本帝国主义”“打倒张继”的口号声中离去。

1929年6月19日，孔府以孔氏族长孔传堉、孔庙执事官孔继伦牵头，以“孔氏六十户族人”（有21名族人签名）的名义，向南京国民政府教育部及蒋介石递呈状告二师校长宋还吾及二师“侮辱宗族孔子”。他们指出：“六月八日该校演剧，大肆散票，招人参观，竟有《子见南子》一出，学生抹作孔子，丑末脚色，女教员装成南子，冶艳出神，其扮子路者，具有绿林气概。”[①]要求“迅将该校长宋还吾查明严办，昭示大众”。

国民政府教育部派参事朱葆勤会同山东省教育厅督学张郁光一起赴曲阜调查此事。二人带人调查后，以朱葆勤和山东省教育厅厅长何思源的名义，向教育部呈报调查报告，认为原呈控告的“发布侮辱孔子标语及口号”除个别标语外，均查无实据；“孔子见南子”戏剧确曾表演，惟查该剧本，并非该校自撰，完全根据《奔流》月刊第1卷第6号内林语堂所编成本，至扮演孔子角色，衣冠端正，确非丑末，学生演剧之时，该校校长宋还吾正因公在省；原呈控告“该校训育主任李灿埒召集学生训话，辱骂犬养毅张继及孔子”[②]，调查所得，该校当日欢迎犬

① 转引自鲁迅编：《关于〈子见南子〉的文件》第二部分《教育部训令第八五五号》，《语丝》第5卷第24期，1929年。

② 转引自鲁迅编：《关于〈子见南子〉的文件》第四部分《教育部朱参事及山东教育厅会衔呈文》，《语丝》第5卷第24期，1929年。

养毅、张继二先生散会后，该校训育主任于训话时，曾述及犬养氏之为人，及其来华任务，并无辱骂张氏，更无孔子为古今中外罪人之语。

7月8日，二师校长宋还吾向教育部提供了关于“子见南子”事件的长篇《答辩书》，对二师师生行为进行辩解。

《答辩书》主要内容包括：

> （一）各纪念日之群众大会均系曲阜县党部召集，标语口号多由党部发给，学生会在党部指挥之下，校长不能横加干涉。（二）本校演《子见南子》一剧，事诚有之。查“子见南子”，见于《论语》。且原剧系林语堂所编，流播甚广，人所共见。本校所以排演此剧者，在使观众明了礼教与艺术之冲突，在艺术之中，认取人生真义。（三）犬养毅张继来本校演讲一节，系本校欢迎而来，并非秉承孔氏意旨。本校训育主任，召集学生训话，系校内例行之事。关于犬养毅来中国之意义，应向学生说明。（四）总观原呈，满纸谎言，毫无实据。谓为“侮辱孔子”，欲加之罪，何患无辞。纵使所控属实，亦不出言论思想之范围，尽可公开讨论，无须小题大做。且“确定人民有集会结社言论出版居住信仰之完全自由权”，载在党纲，谁敢违背？该孔传堉等，捏辞诬陷，越级呈控，不获罪戾，而教育部竟派参事来曲查办，似非民主政治之下所应有之现象。（五）原呈所称全体六十户云云，查六十户者，实孔氏特殊之封建组织，俨然专制时代之小朝廷。曲阜县知事，对于孔族及其所属之诉讼，向来不敢过问。本校设在曲阜，历任皆感困难。前校长孔祥桐以开罪同族，至被控去职，衔恨远引，发

病而死。继任校长范炳辰，莅任一年之初，被控至十数次。①

与此同时，二师学生会“深恐各界不明真相”，也通电全国，将“子见南子”事件传播出去。

全国的新闻媒体对此事进行报道。《大公报》发表社评，认为二师演出的《子见南子》是“离开理论与历史”，对历史“研究不彻底，态度不谨严”。②《民国日报》认为二师学生借演出《子见南子》，肆意丑化孔圣人，属大逆不道之举，理应予以惩罚。《市民日报》认为：“二师学生能以大无畏精神，排演此剧于封建势力之穴，实为壮举。”《济南党报》文称：“二师学生处此艰苦环境犹能孤军奋斗，与封建之反动势力相抗衡，吾人表示无限之情怀外，尤不能不致深切之敬意。”《金刚钻》认为国民政府教育部为了这件演剧琐事，却派员查办啦，训令查复啦，未免有“小题大做”之嫌。③ 一时间，二师演出《子见南子》事件成为轰动全国事件而备受时人关注。

7月19日，教育部下达第952号训令，指出二师校长宋还吾，“尚无侮辱孔子情事，自应免予置议。惟该校校长以后须对学生严加训诰，并对孔子极端尊崇，以符政府纪念及尊崇孔

① 转引自鲁迅编：《关于〈子见南子〉的文件》第三部分《山东省立第二师范校长宋还吾答辩书》，《语丝》第5卷第24期，1929年。

② 参见《近日曲阜之辱孔问题》，《大公报·社评》1929年7月23日。

③ 参见鲁迅编：《关于〈子见南子〉的文件》，《语丝》第5卷第24期，1929年。

子本旨"①。

事件应该到此为止了。然而二师校长宋还吾却于7月28日呈文给山东教育厅,一是"蒙教育部昭鉴下情,免予置议,感激之余,亟思图报";二是对于"惟关于训诰学生,尊崇孔子两点,尚无明文详细规定。恐再有不符政府纪念及尊崇孔子本旨,致重罪戾,又以八月二十七日孔子诞辰纪念,为期已迫,是以未及等候教厅载令到校,提前呈请"。② 同时又为"辱孔问题"答《大公报》记者,对二师演出《子见南子》剧据理力争。

孔氏族人对教育部处理结果不服,又递交呈文,认为教育部前去调查的参事朱葆勤"偏袒一方,查复不实"。并连朱葆勤、张郁光二位调查人员一并告发,指责二人被二师师生"同化",因而"随之云云""妄附和之"。③

8月1日,山东省教育厅第1204号训令,"省立第二师范校长宋还吾调厅另有任用"。民国"子见南子"事件逐渐平息。

二、民国"子见南子"事件几点疑问解析

民国"子见南子"事件本来就是一件普通的地方纠纷,却被炒作成为全国上下都关注的事件。我们今天看到的许多对

---

① 转引自鲁迅编:《关于〈子见南子〉的文件》第九部分《教育部训令第九五二号》,《语丝》第5卷第24期,1929年。

② 转引自鲁迅编:《关于〈子见南子〉的文件》第十部分《曲阜二师校长呈山东教育厅文》,《语丝》第5卷第24期,1929年。

③ 参见黄欢:《〈子见南子〉的现代官司》,《读书文摘》2010年第5期。

于此事件的描述更是离谱。有人把这件事描述成“国民党内部进步势力与保守势力的斗争”,也有人认为“是在共产党的影响下,以曲阜二师进步师生为主力军,以孔府封建势力为主要斗争对象的反对封建主义、帝国主义和国民党反动派的进步学生运动”①;“《子见南子》案的发生,决非偶然,它是中国共产党领导的二师进步学生运动发展的必然结果”②;甚至于通过这一事件,分析出国民政府内部进步派与保守派之间的矛盾,最后保守派用政治手腕迫使进步派让步等等。与事件的历史真相越来越远,历史的真实情况也被这些“拔高”的描述所遮掩。因此,了解这一事件的真实情况,还原当时的面貌,对于研究这段历史的学人来说,责无旁贷。

还原这个事件的真实情况,有必要对事件的背景、事件引发的重视程度、事件结束的根源等问题进行解析。

1. 关于事件的背景

事实上,五四运动后,中国大地上的反帝反封建的呼声接连不断,以孔子为代表的儒家思想作为封建社会的统治思想受到批判。所以,20 世纪 20 年代末,批孔的声音还在回响。在这一背景下,对于孔子及其儒家思想的批判,应该不会引起太大的反响。林语堂的《子见南子》剧本发表于 1928 年,剧本发表后,并没有引起太大的轰动,孔府也没有控告林语堂和《奔

① 孔红霞:《曲阜二师〈子见南子〉案始末》,《文史精华》2006 年第 9 期。

② 赵子云:《民国时期轰动一时的〈子见南子〉案》,《现代快报》2008 年 1 月 3 日。

流》杂志社。① 为何二师演出会引起孔府的强烈抗议呢？

其实，孔府与二师之间的分歧由来已久，"子见南子"事件只是一个矛盾激化引起的冲突的集中爆发。

山东省立第二师范学校是由清光绪三十一年(1905)的考棚改为学堂演变而来。1905 年，清政府开办新式教育，皇上恩准在曲阜以"孔、孟、颜、曾"四姓弟子名义，设立当时全国唯一一所县级师范学校"曲阜县官立四氏初级完全师范学堂"，学堂是由孔府圣裔把持的学校，两任监督(即校长)均由衍圣公孔令贻的先辈及其本人先后担任。② 1914 年，学堂与济宁道属兖州、济宁、临沂、曹州 4 所师范学校合并，改为山东省立第二师范学校，校长仍由"圣人家"的代理人孔祥桐担任。五四运动后，孔祥桐被学生赶跑。1920 年，山东省教育厅教育科科长熊欢民委任范铭枢为校长。范铭枢到任后，聘请进步教职员，推荐进步书刊，宣传革命思想，支持进步学生，1927 年范铭枢辞职。但二师的革命风气已经养成，与孔氏家族的矛盾也逐渐尖锐。③

在孔府人员眼里，二师与他们的渊源较深。"从建校之初，衍圣公府便将学校纳入自己的严格管理监控之下，从行政上对学校实施全方位的统管，如早期常规行政管理，虽名为

---

① 有文章称林语堂的《子见南子》发表后，"南京、上海等各地学校争相排演"。参见王增勤：《蒋介石下令查办的曲阜"辱孔"演剧案》，《文史天地》2009 年第 3 期。

② 参见宋思伟、刘振佳：《衍圣公府与曲阜师范·序》，中国文联出版社 2007 年版，第 1 页。

③ 参见宋思伟、刘振佳：《衍圣公府与曲阜师范》，中国文联出版社 2007 年版，第 33 页。

‘官立’,但学校无权直接面官,包括上级的指示、诸种训会、管理规程,均先行文至衍圣公府,然后由府里再传至学校;与此同时,学校的行政事务文件、上报表格、文书等,也先报至衍圣公府,由令贻(即孔令贻,当时的衍圣公)先生亲笔签名之后,方可上报。学校大事小情悉决于衍圣公府。”[①]即使1914年合并后,孔府还对二师学生开放。对于孔府人员来说,二师就是孔府倡议和兴办起来的学校,二师师生理应与孔府一致。但二师师生却起来反对孔府,甚至污蔑孔府祖上孔子,这是大逆不道、不可忍受的事情。所以,他们非常气愤,上告二师。而二师从1914年合并后,已经逐渐脱离孔府的控制,尤其是从兖州、济宁、临沂、曹州合过来的学生,对孔府很难建立起感情。加之,当时社会反孔呼声高涨。所以,他们贴反孔标语、游行反孔等也属正常。在这样的背景下,演出《子见南子》剧也在情理之中。如果单从这点来看,说这一事件是“新”“旧”势力的较量或“进步力量”与“保守势力”的斗争,勉强能说得过去。但也有人认为,“二师虽地处曲阜,但非孔姓的学生很多。说是借此反封建之类,可能有点拔高,倒更像是恶作剧,即今日所谓的恶搞”[②]。

2. 事件引发的重视程度

从我们现在掌握的资料来看,这只是一个普通的地方纠纷案件。但是,由于当时五四运动后“打倒孔家店”的呼声还在

---

① 宋思伟、刘振佳:《衍圣公府与曲阜师范》,中国文联出版社2007年版,第40页。

② 张鸣:《历史的空白处》,珠海出版社2007年版,第122页。

回响,这件事情被拔高到封建势力与进步势力之间的斗争,并将国民政府的重要成员蒋介石、孔祥熙、蔡元培、蒋梦麟等拉到这一地方纠纷之中①,认为蒋介石、孔祥熙支持孔府势力,代表封建势力,蔡元培、蒋梦麟支持二师,代表进步势力。有了这些大员的参与,事件的轰动效应可想而知。那么事情真的是如此吗?

关于国民政府要员参与事件问题。1929 年 8 月 16 日的《新闻报》这样报道:"曲阜第二师范,前因演《子见南子》新剧,惹起曲阜孔氏族人反对,向教育部呈控该校校长宋还吾。工商部长孔祥熙亦主严办……十一日孔祥熙随蒋主席过济时,对此事仍主严究。教长蒋梦麟监察院长蔡元培日前过济赴青岛时,曾有非正式表示,排演新剧,并无侮辱孔子情事,孔氏族人,不应小题大做。"②其后,许多新闻媒体以及后来的文章均引用此报道,认为蒋介石、孔祥熙、蔡元培、蒋梦麟都参与了民国"子见南子"事件,并认为这些要员的立场,决定了事件的发展方向。

---

① 王增勤在《文史天地》2009 年第 3 期发表《蒋介石下令查办的曲阜"辱孔"演剧案》指出,"蒋介石亲自出面,坚决要求对宋还吾严厉查办,孔祥熙等政府中的其他尊孔派也气势汹汹地向教育部施加压力";孔红霞在 2006 年第 9 期《文史精华》发表《曲阜二师〈子见南子〉案始末》指出,"当时国民党中央执委、国府委员兼中央研究院院长蔡元培,教育部部长蒋梦麟均同情、支持二师师生。他们认为学生排演新剧,未有侮辱孔子事件,孔氏不应小题大做。对此表态,孔氏族人甚为不满。不久,孔府又通过南京政府工商部部长、四大家族之一的孔祥熙将控告书转呈蒋介石,蒋立命教育部'严办'"。

② 转引自鲁迅编:《关于〈子见南子〉的文件》,《语丝》第 5 卷第 24 期,1929 年。

仔细分析一下,其实许多事情均是新闻记者的猜测。孔府状告二师的诉状确实呈给了蒋介石和蒋梦麟,蒋介石是最高行政长官,蒋梦麟是教育部部长。蒋介石作为最高行政长官,对于这样一件小事,在当时无暇顾及,也不需要顾及。1929 年,国民政府刚刚执政,百废待举,百业待兴。在国民政府要员眼中,民国"子见南子"事件就是教育界的一件很小的纠纷,虽然孔府呈状给蒋介石,但蒋介石根本顾及不过来,至多将呈状转给教育部处理。教育部也接到相同呈状,作为教育部部长的蒋梦麟随之派参事朱葆勤会同山东省教育厅赴曲阜查办此事,再正常不过了。至于说蔡元培和孔祥熙参与民国"子见南子"事件,更是没有任何道理。蔡元培时任国民党中央执委、国民政府委员兼监察院院长,他是反对孔府封建势力的,且早有反孔言论和举措,这些都是不假。但是,作为一名官场人士,蔡元培没有必要开始就对这一事件进行干预,除非教育部对此事件处理不妥而引起争议,监察院院长或许出面干预,否则,监察院的工作也是千头万绪,作为院长大事、小事还是分得开的,哪些该管,哪些不该管,蔡元培从政那么多年,心里头是分得清的。孔祥熙就更没有干预此事的可能了。新闻记者们猜想孔祥熙干预的根据是他姓孔,天下孔姓是一家,孔府的事情他一定会帮忙。其实,孔祥熙当时任国民政府工商部部长,根本不管教育界的事情。即使他和蒋介石关系密切,但这件事情归教育部管,一个工商部部长也不好插手去管教育系统的事情,这是中国官场的惯例。

对于孔府的呈状,最大的可能是,蒋介石阅后批给教育部或干脆没有理会,蔡元培、孔祥熙无暇顾及此事,只有蒋梦麟于情于理都要管理,所以派员调查此事。如果真像记者们猜测的那样，媒体报道的重点就是这件事情引起国民政府要员的关注程度，而非事件本身了。

3. 事件结束的根源

事件以二师校长宋还吾被调离后逐渐结束。宋还吾被调离的原因也成为当时舆论的焦点，并被后人描绘成国民政府要员的意见导致最后的结果。如认为山东省教育厅第1204号训令是迫于孔祥熙、张继的压力①，“政治势力的介入，使得‘强宗大姓’从这次争锋中最终胜出”②，等等。那么，事件真的是由于国民政府要员的干涉，才使宋还吾被调离的吗？

其实，事件本身并不复杂，发展脉络也非常清晰。1929年6月8日二师公演《子见南子》剧，6月18日犬养毅、张继到曲阜谒孔。6月19日，孔府教育部、内政部递呈状告二师。教育部派员会同山东省教育厅一起赴曲阜调查此事。7月19日，教育部下达训令，指出二师校长宋还吾，“尚无侮辱孔子情事，自应免予置议。惟该校校长以后须对学生严加训诰，并对孔子极端尊崇，以符政府纪念及尊崇孔子本旨”。此事应该至此为止。应该说，教育部对这件事情的处理非常符合中国官场的处事原则的，在当时五四运动余风未完全消退之际，反孔呼声时常在社会中响起之时，是不能对二师公演《子见南子》剧进行苛责的。加之，剧本本就是林语堂公开发表之作。所以教育厅认为二师校长宋还吾无侮辱孔子情事，免予置议，这是维护二

① 孔红霞：《曲阜二师〈子见南子〉案始末》，《文史精华》2006年第9期。

② 闫长丽：《“子见南子”风波》，《寻根》2008年第2期。

师的利益；同时，教育厅又得给孔府面子，毕竟孔府是中国古代家族势力的代表，国民政府提倡尊崇孔子，所以训令又要宋还吾以后须对学生严加训诰，并对孔子极端尊崇。这意味着，二师领导以后要对自己的学生严加管制，让学生好好学习，不要再去招惹孔府。教育部训令明显带有息事宁人特色。

然而，这一训令引起宋还吾的不满。7 月 28 日，他呈文给山东省教育厅，认为训诰学生、尊崇孔子无明文详细规定，并指出孔家全部哲学没有根据，阐明孔子尊君之义，抵触国体，违犯宪法。[①] 这令山东省教育厅非常难堪。宋还吾又答《大公报》记者，引经据典，申明二师公演《子见南子》的正确。加之，二师学生通令全国，全国媒体纷纷报道此事。孔府对教育部训令不满，又上诉。这一切，使事件进一步升级。

事件升级，这是教育部门最不愿意看到的结果，他们必须出来收拾局面，对事件进行了断。鉴于宋还吾的忤逆，还是将其调离二师这个是非之地更为妥当。于是，山东省教育厅以将宋还吾"调厅另有作用"，结束了事件。

宋还吾调厅的真正原因是什么？答案是宋还吾本人。这一点，鲁迅先生看得比较清楚，"宋校长偏还强项，提出种种问题"，"于是只得调厅，另有作用"。[②] 这就是说，宋还吾调离二师的真正原因在于宋还吾自己，他不应该"强项"，不应该和上级部门"对着干"。偏偏宋还吾是一介书生，得理不饶人。于是，只能做事件的牺牲品了。

---

① 转引自鲁迅编：《关于〈子见南子〉的文件》，《语丝》第 5 卷第 24 期，1929 年。

② 转引自鲁迅编：《关于〈子见南子〉的文件》，《语丝》第 5 卷第 24 期，1929 年。

三、历史真实与政治情感之间

一个普通的学校与宗族大府的地方纠纷,为何会发酵成全国关注的焦点,并且还要牵涉国民政府要员以及最高长官呢?

无疑,民国“子见南子”事件带有强烈的政治情感因素。五四运动喊出了“打倒孔家店”的口号,批判孔家为代表的封建势力成为当时激进青年的行动目标。于是,五四运动后,全国各地时有清算封建势力的事件发生,而孔子思想恰恰被定性为封建意识形态的代表,孔府也因之成为激进青年清算封建势力的直接载体。当时,作为孔子后人的孔府成员们要经受来自全国各地方方面面的压力。正是这样一种大的趋势,林语堂写的独幕剧《子见南子》发表后,得到许多人的支持,鲁迅、郁达夫迅速将这个剧本在他们主编的《奔流》杂志上发表。而二师师生排演的《子见南子》,政治情感因素则更加浓烈,客观地说,这些师生对孔府并没有深仇大恨,有许多还受过孔府的恩惠(如二师师生可以自由出入孔庙等)。[①] 但是,二师师生大部分是当时的激进青年,他们要革命,要使中国摆脱封建统治,走向富强。带着强烈的政治情感,他们与孔府的封建势力做斗争。他们将“孔丘为中国第一罪人”“打倒孔老二”“打倒旧道德”“打破旧礼教”“打破民可使由之不可使知之愚民政策”“打倒衍圣公府输资设立的明德学校”等标语涂写于孔林孔

---

① 参见宋思伟、刘振佳:《衍圣公府与曲阜师范》,中国文联出版社2007年版,第61页。

庙,他们游行时将这些标语喊成口号,他们散发传单反对孔府[1]……以此表明与封建势力势不两立。林语堂的《子见南子》剧本发表后,二师师生更是找到了一个与封建势力斗争的新方式,立即排演了此剧。

诚然,特定的时期,对于某一事件倾注政治情感,这是政治斗争的需要。从这一点来说,我们应该理解林语堂《子见南子》剧本的恶搞孔子,也应该理解鲁迅对封建势力的痛斥与谩骂,更应该同情二师排演《子见南子》剧目。须知,政治斗争必须借助于具体的事件,以具体的事件作为政治宣传、鼓动的支点,唤醒、引导人们的某些意识,达到政治目的,这正是政治斗争的特点。在这一意义上,《新闻报》将"子见南子"事件上升为国民政府内部蒋介石、孔祥熙与蔡元培、蒋梦麟两系的斗争情有可原,《金钢钻》指责衍圣公府是青皮讼棍为祖宗争光也在情理之中,《华北日报》认为教育部"为了这件演剧琐事,却派员查办啦,训令复查啦,未免有'小题大做'之嫌"[2]也属正常,不能苛责,这些都是政治斗争的需要。

政治斗争是为了实现政治目的。政治目的一旦达到,其用来达到目的的事件便转换为历史事件,就没有再被利用的价值了,这时就应该还原历史事件的真相了。新中国成立后,随着中国政治的转换,民国时期所发生的事情自然就成为历史事件了。这时,民国"子见南子"事件只能作为历史事件供人们参阅、品评了。历史事件需要的是真实,还原历史事件的唯一原

---

① 参见鲁迅编:《关于〈子见南子〉的文件》,《语丝》第5卷第24期,1929年。

② 参见鲁迅编:《关于〈子见南子〉的文件》,《语丝》第5卷第24期,1929年。

则是实事求是,丝毫不能带有任何政治情感因素。遗憾的是,我们今天许多人谈论民国“子见南子”事件时,仍然带有浓厚的政治情感因素,用政治情感来遮蔽事件真相,无法真实还原事件本身,把这一史实描绘成主观事件了。这为后人了解历史,对事件真实情况的解读、把脉,设置了重大障碍。这是应当摒弃的。

品评历史事件,我们一定要抛开当时的政治情感因素,尊重历史事实,还原历史本来面目。这是任何时代、任何人研究历史所应有的态度,也是我们品读民国“子见南子”事件的重要启示。

“延续命脉”与“批判继承”*

——五四运动后儒学发展的两种取向及其实质

1919年中国爆发的五四新文化运动，进一步将“中国向何处去”这一困扰整个近代中国人的问题凸显出来。与之相关的是儒学的发展问题。围绕着传统儒学能否拯救中国于水深火热之中，现代新儒家与中国马克思主义进行了激烈的争论，构成了儒学发展的两种最重要的取向，并深刻地影响着整个20世纪儒学的发展走向。无论是回眸20世纪的儒学发展脉络，抑或是展望21世纪儒学发展趋势，都无法回避对现代新儒家与中国马克思主义关于儒学争论内容的解读。

一、现代新儒家与中国马克思主义对儒学的分歧

中国近代史上，1840年发生的鸦片战争将中国推到一个转折关头，西方列强轰开中国国门，给中国人民带来了灾难，同

---

* 本文原载于万俊人主编：《清华哲学年鉴（2004年）》，河北大学出版社2005年版。

时也给中华民族带来了政治、经济和文化的发展参照。冷酷的现实,造成中国人的一次最严重的心理倾斜,曾经令国人骄傲的泱泱大国在坚船利炮面前不堪一击。在这个转折的紧要关头,救亡图存成了国人的第一需要。在经历了从器物层面到制度层面的否定之后,近代中国人又把视角对准了文化心理、伦理层面,从严复的"新民"说,到梁启超对"民权""自由"的呼吁都说明了近代知识分子的转向。正是在这一意义语境下,爆发了五四运动。五四运动是文化意义上的革命,它标志着中国的变革已经从器物层面、制度层面转到了文化心理、观念层面,经过五四运动的洗礼,中国传统文化从科技、政治到精神层面似乎都被否定掉了,那么中国的出路究竟在哪里?

思考中国的出路问题,首先遇到的就是中国的固有文化——儒学的问题。五四运动后,对于儒学能否担当中国救亡图存重任出现了两种鲜明的态度。一种是一些学者以孔孟的儒学为主体,引进或采用近代西方的哲学体系、方法来研究、阐述儒学,并试图用儒学来解决当下中国社会问题。这些学者被人们称为现代新儒家人物,其中以梁漱溟、冯友兰、熊十力等为代表。另一种是中国的马克思主义者,他们坚信马克思主义能够给中国带来光明,并用马克思主义的唯物史观来研究、批判、总结和继承儒学,代表人物包括早期的陈独秀、李大钊、恽代英和后来的毛泽东、赵纪彬等。

孔子及其儒家思想能否拯救中国于危难关头?中国的早期马克思主义者均做出了否定的回答。陈独秀重点对儒学的三纲五常进行了批评。他指出三纲的实质是"片面之义务,不平等之道德,阶级尊卑之制度","旧社会之道德不适今世者,莫如尊上抑下,尊长抑幼,尊男抑女","吾人今日所应遵行之真理，即在废弃此不平等不道德之尊抑”[①]，“三纲五伦之道德”，“乃封建时代以家族主义为根据之奴隶道德也”。“国人而欲脱蒙昧时代，羞为浅化之民也，则急起直追，当以科学与人权并重。”[②]李大钊认为，“孔子者，数千年前之残骸枯骨。宪法者，现代国民之血气精神也，以数千年前之残骸枯骨，入于现代国民之血气精神所结晶之宪法，则其宪法将为陈腐死人之宪法，非我辈生人之宪法”，“孔子者，历代帝王专制的护符也。而宪法者，现代国民自由之证券也。专制不能容于自由，即孔子不能存于宪法”。[③] 吴虞更是指出：“儒教不革命，儒学不转轮，吾国遂无新思想、新学说，何以造新国民？悠悠万事，惟此为大已。”[④]陈独秀、李大钊、易白沙、吴虞等人对于儒学的批判，以及以胡适为代表的自由主义对传统文化的清算，汇成了一股以弘扬科学和民主、反对封建伦理纲常为主旨的新文化运动思潮，五四运动是新文化运动的集中表现。五四运动进一步动摇了儒学在政治、伦理道德领域中的指导地位，结束了儒学在思想学术领域中的统治地位，为各种新文化、新思想在中国传播开辟了道路，基本上清除了历代附加在儒学身上的封建色彩，为客观的、科学的研究儒学创造了条件，最终宣告了经学时代的结束，打破了儒学长期停滞的局面。[⑤]

随着新文化运动演变为政治救亡的五四运动，最终导致新

---

① 参见陈独秀：《宪法与孔教》，《新青年》第2卷第3期，1916年。

② 参见陈独秀：《再论孔教问题》，《新青年》第3卷第3期，1917年。

③ 参见李大钊：《孔子与宪法》，《甲寅》（日刊）1917年1月30日。

④ 吴虞：《吃人与礼教》，《新青年》第2卷第4期，1916年。

⑤ 参见宋仲福、赵吉惠、裴大洋：《儒学在现代中国》，中州古籍出版社1999年版，第62页。

文化运动发生分化。1919 年夏秋之际，胡适与李大钊之间发生了“问题与主义”之争，1920 年底陈独秀与胡适等人发生了《新青年》编辑方针之争，这些标志着新文化运动中的文化激进主义分裂为自由主义的西化派和唯物史观派，他们与文化保守主义一起，围绕着“中国向何处”这一时代课题，展开了激烈的论争，从不同的角度探索中国的道路。在三大思潮的对抗中，自由主义的西化派最为激进，他们主张在中国发展资本主义，呼唤人的个性解放，独立人格，精神自由，追求民主政治和科学的发展，积极吸收资本主义文化中一切对我有用的东西，表现出强烈的文化再植意识和工具理性意识。但是他们过分强调西方的自由主义理论，对于中国传统文化的批判甚至对于唯物史观的批判只是隔靴搔痒，并没有深入其思想内部，甚至于对传统文化和唯物史观派的主要思想并不十分精通。倒是文化保守主义与唯物史观派在论争中互相击中思想要害，长期进行着激烈的对抗，演化了现代新儒家与中国马克思主义的对峙局面。

1922 年，梁漱溟的《东西文化及其哲学》由商务印书馆出版。五四运动后，举国上下谈及中国旧文化，谈及孔子之道羞于开口之时，梁漱溟公开主张“走孔家的路，过孔家的生活”，并从东西方文化的内在理路来阐释儒学何以能实现中国的救亡图存。这在当时引起轩然大波，也开启了现代新儒家的先河。在《东西文化及其哲学》中，梁漱溟主张要用东方精神文明去挽救西方资产阶级物质文化的破产。在他看来，民族危机问题到最后就是文化危机，因而他从哲学的高度，确定了中西文化的不同价值内涵，找出了中国文化的特别之点，从而奠定了现代新儒家的致思取向。

梁漱溟首先对文化进行界定,他把文化规定为“一民族生活的样法”,由于生活中解决问题的方法不同,出现了不同的人生态度,因而也形成了人类三种不同的文化路向,“(一)向前面要求;(二)对于自己的意思变换、调和、持中;(三)转身向后去要求。这是三个不同的路向。这三个不同的路向,非常重要,所有我们观察文化的说法都以此为根据”①。进而他指出,西方人是走第一路向的,中国人是走第二路向的,印度人是走第三路向的。他认为,“世界未来文化就是中国文化的复兴”②,中国文化最重要的是孔子及其创立的儒学,“中国之文化全出于古初的几个非常之天才创造”,在古圣人创造中国文化过程中,“似乎中间以孔子作个枢纽:孔子以前的中国文化差不多都收在孔子手里,孔子以后的中国文化又差不多都由孔子里出来”③,孔子的人生哲学“为中国文明最重要之一部”。孔子的人生哲学首先“就是以生活为对、为好的态度”,“孔家没有别的,就是要顺着自然道理,顶活泼顶流畅的去生发”④;其次“孔子有一个很重要的态度就是一切不认定”,“平常人都是求一条客观呆定的道理而秉持之,孔子全不这样。制定这个是善那个是恶,这个为是那个为非,这实是大错”⑤;再次,孔子唯一重要的态度是不计较利害,“告诉你最好不要操心。你根

---

① 梁漱溟:《东西文化及其哲学》,商务印书馆 1999 年版,第 61—62 页。

② 梁漱溟:《东西文化及其哲学》,商务印书馆 1999 年版,第 202 页。

③ 梁漱溟:《东西文化及其哲学》,商务印书馆 1999 年版,第 150 页。

④ 梁漱溟:《东西文化及其哲学》,商务印书馆 1999 年版,第 127 页。

⑤ 梁漱溟:《东西文化及其哲学》,商务印书馆 1999 年版,第 128 页。

本错误就在找个道理打量计算着去走”①。“所有的忧苦烦恼——忧国忧民都在内——通是私欲。”②“没有哪件事情值得计虑——不但名利,乃至国家世界。秋毫泰山原无分别,分别秋毫泰山,是不懂孔子形而上学的。”③由之,梁漱溟指出尽宇宙是一生活,生活就是没尽的意欲,主张要“走孔家的路,过孔家的生活”。这样,孔子及其创立的儒学被梁漱溟注入了“新鲜血液”,儒学在梁漱溟那里又“活”了。如果说康有为对儒学的发挥萌生了儒学由传统向现代转换的新芽的话,那么梁漱溟则进一步从义理上对儒学进行阐发,“使孔子的生命与智慧亦重新活转而披露人间”④,并开启了宋明儒学之门,使其后的新儒家学者能接上宋明儒的生命与智慧。

梁漱溟东西方文化理论一出现,立即招来了中国马克思主义者的抨击。针对梁漱溟提出的有关“民族危机”的论点,瞿秋白、陈独秀等发表了《猪八戒——东西文化与梁漱溟及吴稚晖》《鞘声·无用的人与东方文化》等文章,批驳梁漱溟是脱离民族危亡而空言精神文化的玄想家。恽代英批评梁漱溟的民族危机观点无关爱国精神,对反对帝国主义不愿挂齿。陈独秀指出,“我们不是否认有精神生活这回事,我们是说精神生活不能离开物质生活而存在,我们是说精神生活不能代替物质生活。……我们四万万人中,至少总有二万万人不能由正当手段得着衣、食、住的物质资料,还有何心肝来高谈什么精神生

① 梁漱溟:《东西文化及其哲学》,商务印书馆1999年版,第130页。

② 梁漱溟:《东西文化及其哲学》,商务印书馆1999年版,第142页。

③ 梁漱溟:《东西文化及其哲学》,商务印书馆1999年版,第142—143页。

④ 牟宗三:《生命的学问》,(台北)三民书局1984年版,第112页。

活!”而杨明斋重点针对梁漱溟的《东西文化及其哲学》作了《评中西文化观》,对梁漱溟的观点进行了系统的理论批判。杨明斋指出,梁漱溟基本上是从人类学、心理学的角度界定文化的,对文化仅做这样的理解、规定是含混的,梁漱溟先生的意欲不过是人类生理之要求借神经系统的一种表现,是“人生的一种工具”,而不是人类生活的根本和全部,更不能决定人类生活的方向;对于梁漱溟的“走孔家的路,过孔家的生活”指出了孔子人生观的错误,并从经济发展的角度、客观事实的视野以及认识论、思维逻辑方面进行了批驳。

1923年春夏间,中国学术界发生了一场所谓“科玄论战”,也称“人生观之论战”。

“科玄论战”涉及的问题十分广泛,但争论的焦点可以归结为科学究竟能否解决人生观问题,或者说科学的人生观是否可能?围绕这一核心问题,双方展开针锋相对的批评。现代新儒家的代表人物张君劢试图通过对科学与玄学的划界,来为玄学存在的合理性进行辩护;胡适、丁文江、王星拱等从科学主义立场出发,主张科学与哲学没有界限,科学就是哲学,科学方法万能。科玄论战最后并没有取得大家共同认可的结果,但是,科玄论战本身却是意义深远:“科学派与玄学派的对峙,在时代性、民族性和人类学本体论等不同维度上,表现为新学与旧学、西学与中学、理性与价值之间的冲突。”①“‘科玄论战’既是东西方文化论争的一个总结,又是马克思主义与新儒家论争

① 何中华:《“科玄论战”与20世纪中国哲学走向》,《文史哲》1998年第2期。

的开端。”①“科玄两派分别为马克思主义哲学的中国化与现代新儒家的兴起提供了思想史背景。”②

1927年到1937年，梁漱溟进行了复兴民族、救亡图存、寻求救国道路的一种探索和尝试——到乡村进行儒学理论建设和实践。梁漱溟乡村建设理论的出发点和落脚点是重建已被破坏了的伦理本位的社会组织，恢复固有的崇尚礼俗的社会风气。他认为近代的中国问题不是革命问题，而是由此引发的“文化失调，极严重的文化失调。其表现出来的就是社会构造的崩溃，政治上的无办法”。怎样解决中国问题？梁漱溟指出“西洋戏法，中国人是要不上来的”③，“一个民族的复兴，都要从老根上发芽；所谓老根即指老的文化，老的社会而言”④。因此，他提出要“亟当回头认取吾民族固有精神作吾民族之自救运动耳”⑤。怎样进行“文化改造，民族自救”？这就必须从乡村开始，“中国建设（或云中国经济建设）必走乡村建设之路者，就是说必走振兴农业以引发工业的路。换言之，必须从复兴农村入手，以达于新社会建设的成功”。“乡村建设运动，实为吾族社会重建一新组织构造之运动”，“乡村建设是中国民族自救运动的一个最后的方向”。⑥ 乡村建设的内容就是“建

① 李毅：《中国马克思主义与现代新儒学》，辽宁大学出版社1994年版，第77页。

② 何中华：《“科玄论战”与20世纪中国哲学走向》，《文史哲》1998年第2期。

③ 梁漱溟：《主编本刊（〈村治〉）之自白》，《村治》1930年创刊号。

④ 《梁漱溟全集》第2卷，山东人民出版社1989年版，第178页。

⑤ 梁漱溟：《主编本刊（〈村治〉）之自白》，《村治》1930年创刊号。

⑥ 参见《梁漱溟全集》第2卷，山东人民出版社1989年版，第179页。

设一个新的社会组织结构——即建设新的礼俗”。新礼俗“就是中国固有精神与西洋文化的长处二者为具体事实的沟通调和”；乡村建设的目的就是“辟造正常形态的人类文明”，梁漱溟称“中国要完成共产主义亦只有走我们这条路，我们这条路与共产同其方向，所差只在分寸不同”①。

梁漱溟的《乡村建设理论》同样招致中国马克思主义者的批判。这一时期马克思主义唯物史观也在不断走向成熟，一大批马克思主义理论工作者迎时而起，艾思奇、千家驹、李紫翔、张志敏等都运用马克思主义的思想观点对梁漱溟的乡村建设理论进行了批判，他们从不同的角度指出梁漱溟的理论是倒果为因的；是不顾及“主观的要求”与“客观的事实”之间的联系，而将二者处置成截然无关的两个东西；乡村建设理论是抹杀乡村中不同利益的。至此，以梁漱溟为代表的现代新儒家思想与中国马克思主义学说的距离越拉越大。

循着梁漱溟开创儒学救国的足迹，熊十力、张君劢、冯友兰、钱穆、贺麟从不同的方向对儒学进行了发挥，并着力于建构现代新儒家体系，复兴儒学。1932 年，熊十力出版其文言文本《新唯识论》，这是熊十力会通儒佛及诸子之学而形成的“亦佛亦儒，非佛非儒”的特殊哲学体系，其对儒学的发展之处颇多。概而言之，主要有三个方面：其一是继承、发挥了孟子以及宋明等儒学大师的哲学思想，提出了“本心即实体”的本体论；其二是以《周易》的生生之旨为中心，吸收佛家的“转变”等思想因素，创立了“翕辟成变”“体用不二”的宇宙观；其三是将儒学的操存涵养、居敬思诚的修养方法同佛教禅宗“当下即是”等方

---

① 《梁漱溟全集》第 2 卷，山东人民出版社 1989 年版，第 416 页。

法结合起来，建立“自识本心，直彻真源”的人生道德论。其体系结构严谨、内容深邃、论证细密，堪称将中国儒、佛等传统哲学近代化的一种有益尝试。熊十力自己也自谥其哲学为破门户之见，深造自得的“伟大的体系”，更有海外学者尊奉熊十力为现代新儒家的“开山大师”。1934 年，冯友兰的《中国哲学史》出版，这是继胡适《中国哲学史大纲》（上卷）之后，由中国人用西方哲学方法写出的第二部中国哲学史。冯友兰在书中对儒家思想学说做了重点整理和阐发，展示了儒学产生、发展和衰亡的过程。从 1939 年至 1946 年，冯友兰先后撰写了《新理学》《新事论》《新世训》《新原人》《新原道》《新知言》，建立起了新理学体系，其主要内容“是对于中华民族的传统精神生活的反思”。新理学在自然观方面的主要内容是“共相和殊相的关系问题”，也就是《周易》中的“形上”与“形下”或程、朱理学中的“理”与“气”的关系问题。进而，冯友兰将自然观应用于人生问题上，解决“人之为人的道理”，这是他“最哲学的形上学”。这部分中，他在儒家道德学说的基础上提出了“四境界”的人生哲学，将人的精神境界分为自然境界、功利境界、道德境界和天地境界依次递进的四个层次，敦促人们向更高的境界奋斗，以求得到自己最后的“安身立命之地”。此外，这一时期，钱穆《国史大纲》对于传统儒学的发挥，以及贺麟力图将程朱理学，特别是陆王心学同西方新黑格尔主义哲学结合起来，建构自己的“新心学”体系，都产生了非常大的影响。“新理学”“新心学”“新唯识论”的建立，标志着现代新儒家思想体系已经成熟。

“现代新儒家思想体系（即‘新理学’‘新心学’‘新唯识论’）一出现，马克思主义者就发动了一场前所未有的深入的思想批判运动。"[①]1942年,赵纪彬针对冯友兰的新理学体系写了《理学的本质》一文,指出任何"讲理之学"的哲学系统均应回答"宇宙万物与其理则之间,具有何种关系？它们的发生程序上孰先孰后？在发展过程中谁决定谁?"[②]以此表明他与冯友兰之间在哲学本体论、认识论上的对立。陈家康说得更直接,"我们认为物不依照任何物外之理以成其为物,若谓物外之理,则天下并无此理。夫理者,物之理","冯子蔽于离而不知合,蔽于理而不知物"。[③] 杜国庠指出,"新理学"不仅接着宋明理学讲,也接着魏晋玄学讲,"新理学可以说是属于玄学一类的,而玄学何得僭称中国哲学之精神？然而,它竟被贴上了中国哲学之精神这一商标,那就是冯氏的建立新道德的企图在作怪"[④]。周谷城认为冯友兰的理学存在两方面困难,一是理之本源方面,一是理之所在方面。新理学把理与物相分离,其对于物,系规定之,而不能在之,那么存在之物,皆成了无理之物,"则一切科学便无成科之可能"[⑤]。关于贺麟的"新心学"体系,胡绳写了《论反理性主义逆流》《一个唯心论者的文化观》等文章,对贺麟"新心学"的非理性主义倾向进行了分析,认为贺麟追随西方反理性主义思潮中的新黑格尔主义,用直觉主义来解释辩证法,走入了反理性主义的歧途,指出贺麟的思想实质是要以慧眼的洞观,天才的直觉了悟过去与当代的文

---

① 李毅:《中国马克思主义与现代新儒学》,辽宁大学出版社1994年版,第10页。

② 赵纪彬:《理学的本质》,中华书局1963年版,第338页。

③ 参见陈家康:《物与理》,《群众》1943年第8卷。

④ 《杜国庠文集》,人民出版社1962年版,第414页。

⑤ 《周谷城史学论文集》,人民出版社1983年版,第225页。

化，这其实是“白日做梦”，“新心学”的“超历史的范畴”论实际上不过是任意剪裁历史，“任意改造事实来迁就理论罢了”。[①] 1947年，杜国庠写了《略论“新唯识论”的本体论》，周谷城写了《评熊十力的〈新唯识论〉》等，对熊十力的《新唯识论》进行了批判。他们认为，熊十力否认物质宇宙的存在，认为宇宙间的一切事物都是“空无”，都是“诈现”，都是人们的“妄执”，这从根本上否定了科学、知识的价值。

现代新儒家与中国马克思主义在长期的论争中，逐渐由共同探讨拯救中华民族于危亡之路开始，一步步走向了对立、对峙的局面，发展到了后来的相互攻击和谩骂，构成敌对之势。

值得注意的是，如果详细考察中国马克思主义的发展史，我们会发现，其实中国马克思主义者对于中国传统文化的态度并不是一味地反对。五四新文化运动之前，陈独秀、李大钊等人抨击孔子，就已经提出并不是全盘否定孔子。李大钊指出“余之掊击孔子，非掊击孔子之本身，乃掊击孔子为历代君主所雕塑之偶像之权威也”，陈独秀认为“儒术之道，非无优点”，“孔子不言神怪，几近于科学”。20世纪30年代梁漱溟进行乡村建设时，郭沫若的《中国古代社会研究》、吕振羽的《中国政治思想史》等都运用唯物史观对儒学进行了客观的评述，既指出孔子及其儒学在当时社会发展中的作用，也指出了儒学对社会运转的消极影响。当熊十力等的新儒学体系日臻完善时，中国马克思主义者对待儒学的正确态度也已成熟。1940年，毛泽东发表《新民主主义论》，指出“中国的长期封建社会中，创造了灿烂的古代文化。清理古代文化的发展过程，剔除其封建

① 参见《胡绳文集》，重庆出版社1990年版，第137页。

性的糟粕,吸收其民主性的精华,是发展民族文化提高民族自信心的必要条件”①。这一主张成为中国马克思主义对待传统文化的指针。遗憾的是,这些中国马克思主义早期的思想,这一中国马克思主义对待传统文化的指针,却未能在新中国成立后得到有效贯彻,在政治的利用下,将孔子及其所代表的儒学抛入了封建糟粕之列,一步步上演了批孔的悲剧。

二、两种取向的实质及其凸显的问题

现代新儒家与中国马克思主义是近代以来中国文化发展的两种主要思潮。五四运动后,围绕“中国向何处去”这一问题,两派之间针锋相对,长期论辩,两派的思想发展,都表现出了对中国向何处去的一种自觉认知,但他们对于中国道路的选择却是截然不同,其原因何在?值得人们深思。

细思之,其实不论是现代新儒家也好,中国马克思主义者也好,其思想的出发点都是欲拯救中国于内忧外困之际。而且双方都认识到,中国的危机,表层上是器物的危机,而在更深的层次上,却是文化危机、意义危机。既然危机的根源是文化,那么选择什么样的文化来救亡图存,就是中国人民最迫切的任务。现代新儒家与中国马克思主义在长期的论争中,涉及问题非常广泛,但是争论的最根源之处就是对于“文化”的理解上。

“文化”何谓?现代新儒家与中国马克思主义诞生之初,

① 毛泽东:《新民主主义论》,《毛泽东选集》第2卷,人民出版社1991年版,第707—708页。

就体现了异质倾向。梁漱溟认为,“其实一民族之有今日结果的情景,全由他自己以往文化使然”①。“你且看文化是什么东西呢?不过是那一民族生活的样法罢了。”它包括社会生活方面,物质生活方面,更主要的是精神生活方面。这些生活“就是没尽的意欲(will)——此所谓‘意欲’与叔本华‘意欲’略相近,——和那不断的满足与不满足罢了”②。中国马克思主义者则认为,将民族危机归结为文化危机,从思想先导作用的意义上来理解,是无可厚非的。文化是什么?中国马克思主义者从考察文化是怎样产生以及如何与人发生联系的前提出发,阐释了文化的实质。广义的文化“是人类之一切‘所作’”,包括:“一,生产力之状态;二,根据于此状态而成就的经济关系;三,就此经济关系而形成的社会政治组织;四,依此经济及社会组织而定的社会心理,反映此社会心理的各种思想系统。”③文化实质上是对人类在社会实践过程中所创造的物质财富和精神财富的总和,是与“文明”同义。进而马克思主义者指出,物质资料的生产,是“人类社会生存的根据”,“精神生活受物质生产所规定和束缚”,“社会物质的发展造成‘精神文化’的发展”。④

由是,现代新儒家与中国马克思主义的分歧产生了。表面上看,现代新儒家与中国马克思主义的分歧在于对文化的不同

---

① 《梁漱溟全集》第7卷,山东人民出版社1989年版,第530页。

② 《梁漱溟全集》第7卷,山东人民出版社1989年版,第352页。

③ 《瞿秋白文集:政治理论篇》第2卷,中央文献出版社1990年版,第594页。

④ 参见《瞿秋白文集:政治理论篇》第2卷,中央文献出版社1990年版,第447页。

理解，而其实质上反映着两种历史观的不同。梁漱溟从先天"意欲"出发，认为"意欲"方向决定民族文化的不同，所以他提出东方精神文化是绝对永远有价值的，对西方文明的"科学""民主"精神可以全盘接受，但要"根本改过"，需要我们"批评的把中国原来态度重新拿过来"①，即要走儒家"修身、齐家、治国、平天下"之路，这正是梁漱溟拯救民族危机的方案。梁漱溟的文化观，虽然落脚点仍在于拯救现实具体社会形态的民族危机，但是其试图区分开儒家文化价值与以往社会和政治形态的内在联系，说明儒家文化的价值内涵不为特定历史时期和社会政治形态所限定的普遍意义与恒常价值，却实际上体现了以文化立场代替政治态度，以文化运动代替社会运动的努力。也因此，现代新儒家的致思取向在其创始人梁漱溟那里就已经显露出端倪。而中国马克思主义者则恰恰相反，他们认为拯救民族危机的出发点就在于应该从社会实践出发，瞿秋白对人类文明层次进行分析后认为，不是人们的"欲望""肉欲"支配社会生活，而是人类物质资料的生产方式决定着社会政治生活和精神生活的样式，生产力和生产关系的发展，是物质文明和精神文明发展的基础。这里可以看出，中国马克思主义者已经将拯救中国与近代的社会实践紧密结合起来，将救亡图存与当时的生产力与生产关系联系到一起，认为中国要救亡图强，首先必须发展生产力，作为图强的基础与根基。现代新儒家与中国马克思主义同样都认为民族危机是文化危机、意义危机，但现代新儒家从形而上层面上理解文化，将文化区分为形上的精神世界和形下的事实世界，认为文化危机之实质乃是精神世界的危

① 《梁漱溟全集》第 7 卷，山东人民出版社 1989 年版，第 528 页。

机,解决民族危机的路向也应该是重新建立儒学本位的精神世界;中国马克思主义者则从现实世界出发,将形下的事实与形上的意义有机融合,认为文化危机的实质乃是科学的匮乏与民主的缺失,解决民族危机的路向是建立科学的世界观。这正是二者的根本分歧之所在。

现代新儒家敏锐地感觉到,民族危机的实质是文化危机,循着这条思路,张君劢在“科玄论战”中进一步区分了科学与哲学,认为文化的根本标志在于人生观而不在于器物层面,中华民族的危机本质上是意义的危机,而非器物的落后。梁漱溟认为:“现在最要紧的是思想之改革——文化运动——不是政治问题。”①由之,现代新儒家在政治与学术之间划出一条泾渭分明的界限,这些成为现代新儒家的根本思想主张。梁漱溟的乡村建设的实践,20 世纪 40 年代冯友兰《新理学》、贺麟《新心学》、熊十力《新唯识论》的建立,使现代新儒家思想体系逐渐成熟和完备,也使现代新儒家一步一步走上形而上层面的学术高峰。与现代新儒家主张国学救国相反,在中国求生存求发展的苦苦挣扎之中,早期中国马克思主义者敏锐地感觉到传统文化对社会发展的窒碍,他们把眼光寻向西方的民主与科学,开始用马克思主义的唯物史观来探索中国发展之道路。在反省、批判传统儒学过程中,逐渐把马克思主义推向了意识形态的最高领域,建立起了唯物史观、唯物辩证法及其认识论体系,使马克思主义成为意识形态领地的至上权威。

现代新儒家的诞生与中国马克思主义起步几乎是同一时期,而且也是在同一背景下从解决“中国向何处去”入路的,但

---

① 《梁漱溟全集》第 7 卷,山东人民出版社 1989 年版,第 335 页。

两者出同而归殊，争论三十余年不但难分高低，而且弥加激烈，最后在政治参与下结束论战。这一历程凸显出下列问题：

第一，传统文化能否拯救中国出内忧外困之中？这是现代新儒家与中国马克思主义分歧的焦点问题。

众所周知，近代西方列强携坚船利炮敲开中国的大门之后，作为封建专制主义价值基础的儒学就受到来自各方面的抨击，在民族激进主义的眼中，似乎中国近代的贫穷与落后是由儒学价值观念形成的专制主义的必然结果，中国要想走向自强，首先必须抛弃儒学的价值系统，从严复批判儒学的“心奴”理论，到吴虞的淘汰儒教的呼吁，再到陈独秀“以旧有之孔教为非”的论断，均表现出了中国要自强，必须抛弃儒学价值系统的倾向。

问题在于，无论是吴虞还是陈独秀，他们所以要抛弃儒学，并不是想要从根本上否认儒学的一切价值，而是反对在封建社会中与政治结合，为封建专制主义提供资源的儒学，“我们反对孔教，并不是反对孔子个人，也不是说他在古代社会无价值”①。近代的激进主义者与后来的中国马克思主义者所反对的只是为统治者利用了的儒学，对于儒学在封建社会发展中的作用及其价值资源还是承认的。陈独秀尽管批判儒学的三纲五常，掊击儒学对人们的长期麻痹作用，但他还是认为“记者之非孔，非谓其温、良、恭、俭、让、信、义、廉、耻诸德及忠恕之道不足取；不过谓此等道德名词，乃世界普遍实践道德，不认为孔教自矜独有者耳”②。郭沫若、吕振羽分别在其《中国古代社会

① 陈独秀：《再论孔教问题》，《新青年》第3卷第3期，1917年。

② 陈独秀：《再论孔教问题》，《新青年》第3卷第3期，1917年。

研究》《中国政治思想史》中，均客观地肯定了儒学的价值系统。一直到毛泽东提出："今天的中国是历史的中国的一个发展；我们是马克思主义的历史主义者，我们不应当割断历史。从孔夫子到孙中山，我们应当给以总结，承继这一份珍贵的遗产。"①这说明，无论是民族激进主义者抑或是中国马克思主义者，他们都承认儒学的价值系统在社会发展中的作用，均认为中国社会的自强，还要充分利用儒学的价值资源。

现代新儒家把儒学的价值推向了极致。他们极力突出儒家人文主义的价值，把儒学的基本义理看成是超越时空、体现永恒的天道和人性常理、常道，认为儒学是中华民族的本体和生命，在封建社会中，儒学的价值系统被统治阶级利用了，其道统的意义被现实政治遮蔽了，因而成为近代人们抨击的主要对象。近代中国的危机其根本就是文化危机，而文化危机的拯救途径就是儒学的"返本开新"，确立"以儒家精神为体，以西洋文化为用"的立场，肯定宋明理学之道统，开出融纳西方学术思想的新学统，延续肯定民主政体之为必然的新政统。

对于"传统文化能否拯救中国于内忧外困之中"的不同回答，映衬出中国马克思主义与现代新儒家对待传统文化的态度，也折射出文化传承的两种不同方法。现代新儒家认为，拯救中国的路径就是要在传统文化这棵老树上生发新芽，他们视传统文化为本体与生命，人们对于自己的生命只能不断地诊治与调适，而不能抛弃，因而现代新儒家在文化传承的方法上是内在的传承，义理的传承。中国马克思主义者则对传统文化持批判的态度，他们认为文化的危机归根结底是由当时的经济和

---

① 《毛泽东选集》第2卷，人民出版社1991年版，第534页。

社会状况决定的,解决危机的途径必须从经济发展入手,传统文化作为传统,已经失去了它赖以生存的经济基础,对待传统文化只能是批判地继承,"剔除其封建性的糟粕,吸收其民主性的精华"。因而,中国马克思主义在文化传承的方法上是知识意义上的传承、外在的传承,它将文化看作是封闭的、完成的、"死"的,显示着文化的预成方面。

第二,理解文化的理路与拯救国家的路径。在近代的救亡图存面前,现代新儒家与中国马克思主义的认识是一致的,他们都认为中国的危机归根到底是文化的危机,但是对于文化的理解的理路,二者却是截然不同的。本来,对于文化的概念的理解,二者并没有本质的差别,梁漱溟将文化归结为"民族生活的样法",中国马克思主义者将文化理解为"物质文明与精神文明的总和",但是,再进一步,二者的理解正好朝相反的方向走去。现代新儒家认为每一个民族的文化都有一个哲学作为中心和基础。文化之魂在于人的精神,也就是梁漱溟所说的民族的人生态度、张君劢所指的人生观及冯友兰提出的精神境界,每一个民族的文化都是从这个中心发出来,在这个基础上建立起来的。拯救中华民族的路径就是要在传统文化这棵老树上生发出新芽,也就是"本内圣开出新外王",因而要在形而上层面上建立新"道统",这是当时社会的当务之急。中国马克思主义认为,文化归根结底是经济的产物,经济基础是起决定作用的因素,拯救中华民族的关键是要有强大的经济作为根基,因而他们提出中国的出路首先必须是无产阶级夺取政权,才有可能建立起强大的经济基础。

理解文化的理路不同,决定了现代新儒家与中国马克思主义拯救国家的路径不同。现代新儒家把文化的本质理解为人的精神世界，并从此出发建构起现代新儒家体系，作为拯救国家的路径。这一路径本质上是内溯的、是形而上的，是一套超越现实层面的纯粹的理论体系。中国马克思主义从社会发展中去理解文化，认为文化与时代的政治、经济密不可分，应该从时代的政治、经济中去把脉文化。从此出发，毛泽东构思了他的以《矛盾论》《实践论》为主体的唯物辩证法和唯物史观，建立起了阶级斗争学说，作为拯救国家的路径。这一路径本质上是外向的，是实践的，是一套非常实际的、操作性很强的道路。

理解文化的理路也反映在对待传统文化的态度上。同样面对作为传统文化的主体的儒学，现代新儒家将其视为中华民族的生命，其主要任务就是承接宋明儒学，延续儒学的生命，因而现代新儒家的学者将文化与政治截然两分。文化是文化，政治是政治。文化的最终使命就是建立人文价值学说，当人的价值目标得到实现后，其现实层面必然“国治”“天下平”了。中国马克思主义将传统文化视为知识，认为传统就是已经过失了的东西，就应该对其进行批判和利用，文化并不是超越时空的存在，它与政治、经济等连在一起，经济是文化的基础，政治作为精神的支柱和灵魂，制约或加速文化的发展，对文化起着指导的作用。

第三，学术大师与政治精英。由于现代新儒家与中国马克思主义的分歧，使得坚持各方观点的人员最后的归宿也截然不同。坚信现代新儒家之人员由于他们划分学术与政治的界限，主张以学术救国，所以他们大都一心一意地投入到学术的创建之中，长此以往，塑造了一批学术大师级人物，梁漱溟、熊十力、冯友兰、张君劢、方东美、徐复观、唐君毅、牟宗三等，都是具有独特思想的学界泰斗，堪称一代学术大师。中国马克思主义的知识分子坚信只有通过社会实践,取得政权才能救国,因而他们的主要精力在于领导无产阶级进行政治斗争,而疏于学术建构,陈独秀、李大钊、瞿秋白等与其说是学者,倒不如说是政治精英,他们在政治领域的知名度要远远大于学术领域;毛泽东、刘少奇等首先是马克思主义的信仰者,最后走向了政治领袖,即使像郭沫若这样在学术领域很有建树的学者,新中国成立后也走向了政坛。

国故的西化：自由主义视野下的儒学*

五四运动后，中国思想界出现了分裂。就中国传统文化的走向问题，各种学派之间争论激烈。在论争中，自由主义西化派逐渐凸显出来。他们主张中国文化的出路在于西化，中国传统文化已经不适应现代生活，不可能成为现代生活的价值源，中国要想实现现代化，就必须抛弃传统，实行西化或全盘西化。在论证中国文化的出路时，自由主义西化派借助于西方的科学的、逻辑的、实证的方法，对传统文化特别是儒学进行了清理和抨击，构成了新文化运动后的三大思潮之一。

一、自由主义西化思潮的渊源

西化思潮是与自由主义紧密联系在一起的，许多学者用自由主义西化派来指称西化派知识分子。西化派的知识分子所谓的西化，主要是指引进西方的自由主义思想。

西方的自由主义有着极其广泛的含义和历史背景，“在西

---

* 本文为拙著《20 世纪儒学发展研究》第 4 章“自由主义西化派的拒斥儒学”，山东文艺出版社 2010 年版。

方近现代政治学和政治思想史著作中,没有其他名词比‘自由主义’这一词汇更为人们所熟悉,却又歧义纷出、解释多样了”①。西方的自由主义作为一种思想远可追溯到古希腊罗马时期的亚里士多德、西塞罗,近代的洛克、卢梭等人也可以归结为自由主义思想。西方自由主义者们大都以个人主义为核心观念,主张以个人主义为核心特征的价值观念及与之相适应的一套社会政治体系。西方自由主义作为一种运动肇始于17世纪的英国革命,经18世纪美国独立战争和法国大革命后向世界范围扩散,成为全球流行的思潮之一。

中国的自由主义知识分子难以区分,可以做宽泛地理解和指称,即在现代知识分子当中,如果向往民主政治,提倡科学思想,并与反对传统文化相联系,都可以归结为中国的自由主义。自由主义西化派,则是在自由主义知识分子当中有强烈西化主张的学者;作为一种自由主义西化思潮,则专指以胡适为代表的主张移植西方思想拯救中国的知识分子。

中国的西化思想大概到19世纪中期才开始。1840年发生的鸦片战争将中国推到一个转折关头,西方列强携带坚船利炮轰开中国国门,给中国人民带来了灾难,同时也给中华民族带来了政治、经济和文化的发展参照。冷酷的现实,造成中国人一次最严重的心理倾斜,曾经令国人骄傲的泱泱大国在坚船利炮面前不堪一击。一些有志之士反思中国的落后原因,寻找救亡图存的有效途径。近代救亡图存首先是从“器物”层面开始的。当时社会的部分上层人士将中国的落后归结为器械、工

---

① 王锟:《孔子与二十世纪中国思想》,齐鲁书社2006年版,第31页。

艺等的落后，洋务派认为救亡图存之路应以“物”为自强的突破点和生长点，在此基础上，他们把这种自强之路和自立之本逐步明确，提出了“中学为体，西学为用”的主张，并“采西学”“制洋器”“师夷智”。在此基础上，西方的文化大量涌入中国，而一些知识分子也把精力放在介绍西学上面。魏源的《海国图志》等著作产生了很大的影响。但是，洋务派的主张并没有使中国走向强大，“师夷之长技以制夷”始终受到政治的窒碍，于是后来的改良派一方面批评洋务派只注意治“标”而不注意治“本”，另一方面又把救亡图存的使命上升到制度层面，认为君主立宪的资本主义国家制度才是中国走向强大的出路。然而，这种要求学习西方政治制度的变法维新最终也以失败而告终。

在经历了从器物层面到制度层面的否定之后，近代中国人又把视角对准了文化心理、伦理层面。于是，学习并引进西方文化，使中国尽快摆脱落后挨打的局面，成为19世纪最后10年知识分子们的一条重要的选择。正是在此基础上，严复翻译的西方著作，在中国引起了相当大的反响，使中国知识分子比较系统地了解了西方文化。当时的一些知识分子认为，中国无论是科学技术还是政治制度，无论是学术思想还是思维方式都不如西方，中国应当把进化论、实证主义哲学和资产阶级的民主、自由、平等思想作为救亡图存、批判封建主义文化的锐利武器。这些启蒙思想，成为中国自由主义西化派的滥觞。20世纪初期，“欧化”“欧化主义”等表示“西化”的词已经充斥了大大小小的报刊，而“醉心欧化”的知识分子也越来越多。

自由主义西化思想虽然肇始于晚清，并在20世纪初期有一定程度的发展，但其影响仍然有限，无法构成当时的主要文化思潮。自由主义西化思潮的兴盛已经是民国以后特别是五四运动以后的事情了。

二、自由主义西化思潮的儒学观

如果从严格意义上说来,中国近现代史上的自由主义西化派在时间和人员上都不固定,而且每个时段的思想主题也不尽相同。但是,自由主义西化派有他们的基本的思想主张。他们承认西方文化比中国文化优越,对中国文化持批判否定的态度,主张用西方文化来批判、改造乃至取代中国文化。按照这一标准,新文化运动时期的许多知识分子如陈独秀、胡适、钱玄同、鲁迅、周作人、毛子水、常燕生等都应该属于自由主义西化派。但是,五四运动后,西化派知识分子分化,其中陈独秀等人主张马克思主义,另外一些学者尽管仍然坚持批判中国传统文化,但对于西方文化也持一种谨慎和反思的态度,因而,他们在五四运动时期的激进主张逐渐被理性思考所代替,自动放弃了自由主义西化派的主张。只有胡适、丁文江、陈序经等学者仍然坚持着自由主义西化派的论调。尽管如此,西化派自由主义仍然在五四新文化运动后发生着重大的影响,成为中国思想界的三大思潮之一。

虽然自由主义西化派学者有着共同的对于西方文化的追求和主张,但是,他们对于西方思想的看法以及亲近程度甚至对于中国传统文化的许多看法也不尽相同。

从某种意义上说,《新青年》早期的作者们均持有反传统倾向,这些五四新文化运动中的激进派确实有一种全盘反传统反儒学的倾向。他们把儒学与传统文化说得一无是处，以为中国的未来前途只能有待于中国能否放下老大帝国的架子，虚心地学习西方的近代文明。他们所谓的现代理性实际上等同于西方精神，而他们的现代化诉求便实际上只是如何西方化的问题。陈独秀、胡适以及新文化运动早期的领军人物便是当时西化思潮的代表人物，他们均倡导引入西方思想中的民主与科学，反对中国的封建文化。然而，他们所主张的"西化"，并不是要全盘肯定西方文化。陈独秀对西方民主制度非常倾心，但他也认为这种制度"去完全真正共和尚远"，所以，"陈氏所要的西化，不外是民主主义和科学，除此以外，别没所要"①。倒是胡适，虽然他的观点前后变化比较大，一生中对儒学的看法也存在很大的差异，但他基于自由主义立场重新诠释儒学的路数没有改变。正因为如此，胡适成为最稳健的自由主义西化派的代表人物。

胡适对儒学持一种严厉的批评态度，然而出于学者的理性态度，他似乎从来不主张将儒学彻底打倒，而主张持一种分析和批评的态度。胡适集学问家与思想家于一身，当作为思想家的时候，他激烈抨击儒学给中国社会带来的种种弊病；当作为学问家时，他又以客观的、平实的态度分析儒学。这在学者当中并不多见。

1917 年胡适回国后加入了《新青年》编辑部，成为新文化运动的一员主将。"在反对旧思想、旧礼教的氛围中，他不再以学问家的冷静的目光看待儒学，而是以思想家的充满激情的

---

① 陈序经：《东西文化观》，中国人民大学出版社 2004 年版，第 172 页。

目光审视儒学，投入到‘打倒孔家店’的思想运动中。”[①]在当时，激进主义如吴虞、鲁迅、钱玄同等人曾言辞激烈地批孔，胡适虽然不像他们那样言辞激烈，但却赞同他们的激烈的反儒观点，并高度评价吴虞是“中国思想界的一个清道夫”，是“四川省只手打孔家店的老英雄”。胡适用实用主义来衡量儒学对中国社会发展的作用，指出儒学在古代社会所起的作用不能代表现在还能起到相同的作用。胡适认为，中国几百年来的落后确实应该归罪于儒学，因为儒学在宋明之后仅仅作为一种意识形态，而无法再提供新的工具和方法。宋明理学的根本要义，或者说理学家们着意寻找的新方法，与西方近代以实证、实验为根本特征的科学方法相比差以千里。即便是儒家传统经典《大学》中的“格物致知”，仍带有一种直觉主义的神秘色彩。包括宋明理学在内的中国哲学，虽然有不少新的创造，但在根本点上都不可能突破经典儒家哲学的束缚，创立新的范式。所以胡适强调，宋明理学的出现虽为中国哲学的发展提供了新的机会，但结果却是中国哲学最不幸的事。宋明理学对“物”的人文主义解释，势必强化经典儒家哲学中原有的纯理性和伦理性部分，导致中国哲学与科学的发展没有适当的逻辑方法，这对于中国哲学与科学的发展是致命的。解决中国落后的途径是什么？在胡适看来，首要的问题是寻求欧美文化与中国文化可以融通、联结的基础或契机。也就是说，必须在中国大地上寻找出一块可以嫁接欧美文化的土壤，并在这两种不同文化内在调和的基础上建立中国自己的文化新体系。

---

① 宋志明、刘成有：《批孔与释孔——儒学的现代走向》，华东师范大学出版社 2004 年版，第 74 页。

按照胡适的分析，儒家文化经过宋明理学的阶段，充分证明了儒学的生命力已经枯萎，因此在现代社会条件下，任何复兴儒学的努力都是无益的和徒劳的。中国文化的“未来”发展有待于从儒学的道德伦理和理性的枷锁中解放出来。胡适认为，从儒学的道德伦理和理性的枷锁中解放出来必须满足下列两个条件，一是西方现代文化的大量输入，一是提倡非儒家的诸子学的研究，以减轻儒家一尊的束缚，开思想自由之风，并以非儒学派的恢复为基础嫁接西方现代文化。胡适认为，现代社会中，人生的意义在于人的自由、平等，而儒学在许多方面限制了人的自由，抹杀了人们的平等。“譬如‘三纲五伦’的话，古人认为是真理，因为这话在古时宗法的社会很有点用处，但是现在时势变了……古时的‘天经地义’，现在变成废语。”①进而胡适站在实用主义的立场上，主张重新评价儒学的价值。“我以为现在所谓‘新思潮’，无论怎样不一致，根本上同有共同的一点：评判的态度。孔教的讨论只是重新估定孔教的价值。”②

立足于“重新估定一切价值”的价值观，胡适强调新青年要做一个有个性、有自我意识、有新人格观念的人，要做到这些显然不能再受儒家传统伦理观念的束缚，必须对传统儒家的观念进行批判。胡适认为儒家“孝”的观念被夸大了，成为否定独立人格的一条人伦规范。“现在的人死了父母都称‘孝子’，孝子就是居父母丧的儿子。无论怎样忤逆不孝的人，一穿上麻衣，戴上高梁冠，拿着哭丧棒，人家就称他做‘孝子’。”③胡适指

---

① 《胡适文存》第1集第2卷，亚东图书馆1921年版，第101页。
② 胡适：《新思潮的意义》，《新青年》第7卷第1号，1919年。
③ 《胡适文存》第1集第4卷，亚东图书馆1921年版，第500页。

出这样的孝完全是一种形式,而孝的内容被这种形式所掩盖。他批判宋明理学家主张的“天下无不是的父母”,行孝是晚辈无条件的义务,享受孝成了长辈不受任何限制的权力的观点,认为这是不公平的。“我不赞成把‘儿子孝顺父母’列为一种‘信条’……假如我染着花柳毒,生下儿子又聋又瞎,终身残废,他应该爱敬我吗?又假如我把我的儿子应得的遗产都拿去赌输了,使他衣食不能完全,教育不能得着,他应该爱敬我吗?又假如我卖国卖主义,做了一国一世的大罪人,他应该爱敬我吗?”①胡适鞭挞了儒家的贞操观,指出儒家思想假借贞操的名义残害妇女,“简直是全无心肝的贞操论”,是“贞操迷信的极端代表”,是“礼教吃人”的最明显的表现。“我以为我们今日若要作具体的贞操论,第一步就该反对这种忍心害理的烈女论,要渐渐变成一种舆论,不但永远不把这种行为看作‘猗欤盛矣’可旌褒扬的事,还要公认这是不合人情,不合天理的罪恶,还要公认劝人做烈女,罪等于故意杀人。”②他认为贞操应当建立在男女双方相互忠诚、相亲相爱的感情基础之上,是夫妻双方共同遵守的道德规范,不应当只是片面地要求女性遵守,而不去谴责男性嫖妓、纳妾一类行为。他说:“男子嫖妓与妇人偷汉犯的是同等的罪恶,老爷纳妾与太太偷人犯的也是同等的罪恶。”可是,儒家的贞操观却只约束妇女而不约束男子。“中国的男子要他们的妻子替他们守贞守节,他们自己却公然嫖妓,公然纳妾,公然‘吊膀子’。再嫁的妇人在社会上几乎没

① 《胡适文存》第1集第4卷,亚东图书馆1921年版,第500页。

② 胡适:《贞操问题》,《胡适文存》第1集第4卷,亚东图书馆1921年版,第482页。

有社交的资格，再婚的男子、多妻的男子却一毫不损失他们的身份。这不是最不平等的事吗?”①

胡适批评了儒学的孝、贞操等观念，旨在说明儒家思想和观念对人们的束缚以及对自由平等的阻碍，而现代社会正是要建立一个自由、平等的社会，因而，就要重新估价儒家思想的价值。从这里可以看出，胡适是以西方实用主义价值观念来评估儒家思想，其评估的标准恰恰就是对社会有用与否。他看到了儒学对个人利益的限制，看到儒学对个人自由发展的阻碍，但却忽略了儒学对社会秩序的重建及稳定作用。所以，胡适在估价儒学时，就失去了他所标示的客观、平实的态度，变得“激烈”“猛烈”了。

与胡适的温和的西化论调不同，陈序经则主张“全盘西化”。

“全盘西化”作为词语最早提出的仍然是胡适。1929 年，胡适在《中国基督教年鉴》上用英文发表了《中国今日的文化冲突》一文，胡适在文中明确反对变相的折中论，主张“wholesale westernization”和“wholehearted modernization”。文章发表后，社会学者潘光旦在英文《中国评论周报》上发表书评，指出胡适用的两个词，“wholesale westernization”可译为“全盘西化”，“wholehearted modernization”可译为“全力现代化”“一心一意的现代化”或“充分的现代化”。② 胡适虽然最早提出“全盘西化”概念，但他并不主张“全盘西化”，而是主张“充分的现

① 胡适:《贞操问题》,《胡适文存》第 1 集第 4 卷，亚东图书馆 1921 年版，第 483 页。

② 参见郑大华:《民国思想史论》,社会科学文献出版社 2006 年版，第 152 页。

代化”。“胡先生所说的西化,不外是部分的西化,而非全盘的西化。”①

最明确提出“全盘西化”口号的学者是陈序经。1933 年 12 月 29 日,曾于美国、德国留学多年而回国的陈序经在中山大学发表演讲,题目是《中国文化的出路》。在这次演讲中,他认为中国文化的出路在于全盘西化,第一次明确地表述了全盘西化论。陈序经认为中国文化的出路不外有三条,一是复古,一是折中,一是全盘西化,“折中的办法既办不到,复古的途径也行不通”,“我们的唯一办法,是全盘西化”。② 陈序经指出之所以全盘西化的三条理由:第一,中国文化一切不如人;第二,西方文化是现代世界文化;第三,文化是一整体不能分开。他认为,近代欧洲文化是先进的世界文化,代表着人类文化的发展方向;中国文化是落后的文化,不代表人类文化的发展方向,因而全盘西化是现代中国人的唯一选择。他认为,无论是物质文明还是精神文明,中国都比西方落后,“我们若和西洋比较科学吗?交通吗?出版物吗?哲学吗?其实连所谓礼教之邦的中国道德,和西洋道德比较起来,也只有愧色。所以西洋文化之优于中国,不但只有历史上的证明,就是从文化成分的各方面来看,也是一样”③。因而“救治目前中国的危亡,我们不得不要全盘西洋化”④。

陈序经认为,既然要全盘西化,就要对传统儒家文化进行

① 陈序经:《中国文化的出路》,(广州)《民国日报》1934 年 1 月 15 日。

② 参见陈序经:《中国文化的出路》,(广州)《民国日报》1934 年 1 月 15 日。

③ 《陈序经学术论著》,浙江人民出版社 1998 年版,第 86 页。

④ 《陈序经学术论著》,浙江人民出版社 1998 年版,第 102 页。

批评。他强调，复古是儒家思想的基本特征。“我们因为相信孔子是复古主张的中坚人物，所以对于孔家的复古理论和结果，特别注意。”①他指出，孔子称颂尧舜时代，本身就是一种退化的历史观，按照孔子的说法，从尧、舜、禹、汤、文、武、周公、五霸，是一步一步的退化。陈序经认为，孔子的这种历史观与现代人的精神需求是大相径庭的。儒学是君主专制制度的思想支柱，这同现代人的精神需求也是格格不入的。“原来孔子之所以能得到人君之若此重视，不外是他之极力主张尊君而来。他所谓‘民可使由之，不可使知之’，‘天下有道，庶人不议’，‘不在其位，不谋其政’，均是专制君主的护身符，愚民的良剂。他作《春秋》正像董仲舒所说是屈民而尊君。君主既得孔家的言论的拥护，孔子又得了政治实力上的保护和宣传，两者相依，合而为一，结果是不但在政治数千年来的中国，变来变去，变不出一个专制政治的圈子，就是道德礼教以及人生生活上一切的标准，也逃不出了孔子所画的圈子。”②在现代社会，要想实行民主政治，显然不能再局限于孔子所画的圈子了，必须引进西方文化，打破儒学的桎梏。

陈序经的论调其实与五四运动时期“打倒孔家店”的论调是一致的，他批孔、批儒家思想所代表的专制制度构成了五四运动前后激进民主主义的心声。批孔是为了重建中国文化，陈序经对于重建中国文化的态度就是全盘移植西方文化，彻底抛弃中国传统文化，这在当时多数的知识分子中是不能被接受的，即使是胡适也不主张全盘西化。因而，陈序经的全盘西化

① 《陈序经学术论著》，浙江人民出版社 1998 年版，第 125 页。

② 《陈序经学术论著》，浙江人民出版社 1998 年版，第 141 页。

论注定少有支持者,也不可能成为现实。所以,全盘西化论的影响也不大。在自由主义西化学派之中,这种论调也不是主流。

在自由主义西化派中,除了胡适、陈序经外,还有一种科学主义的声音。丁文江是这种声音的代表。

严格意义上说,将丁文江归属于自然科学知识分子更为合适。但丁文江与胡适、傅斯年、蒋廷黻等人结成努力社,创办《努力周刊》和《独立评论》,发表过许多文章。更重要的,他是1923年科学与玄学论战中科学派的代表人物。因此,在自由主义西化派人物中,丁文江也应该占据一席之地。

在1923年的科玄论战中,丁文江反驳张君劢"科学不能解决人生观问题"的论点,主张"科学万能"。他强调说:"科学的万能,不是在他的结果,是在他的方法。""在知识界内,科学方法是万能的。"站在科学主义的立场,丁文江对儒学进行了批判,反对玄学派复兴儒学的主张。他认为宋明理学是空疏无用之学,于世无补。"提倡内功的理学家,宋朝不止一个,最明显的是陆象山一派,不过当时的学者还主张读书,还不是完全空疏。然而我们看南渡时士大夫的没有能力,没有常识,已经令人骇怪。其结果叫我们受野蛮蒙古人统治了一百年,江南的人被他们屠割了数百万,汉族的文化几乎绝了种。"①

科学主义最能代表现代学术。在科学主义的影响下,传统的儒学被逐渐科学化了,经学也被分解到了文、史、哲等学科,并一直延续至今,而被分解后的儒学成了思想的碎片。但这并

① 丁文江:《玄学与科学——答张君劢》,《努力周报》1923年第55期。

不是丁文江的科学主义的功劳，儒学的科学化是20世纪以来非常复杂的历程。丁文江的科学主义的影响主要在于20世纪初的科玄论战，尽管这次论战在儒学的发展史中占有重要位置，特别是对现代新儒家学派的形成有重要作用，但科学主义并不是自由主义西化派的主流思想。

三、自由主义西化思想在学术中的应用

胡适作为学问家，对儒学又有着非常理性的分析和判断，表现出了学者在学术领域内的严谨品质。

1.《先秦名学史》

胡适在他的博士论文《先秦名学史》中，提出了自己对孔子及其思想的理解。他认为孔子"基本上是一位政治家和改革家，只是因强烈的反对使他的积极改革受到挫折之后才决心委身于当时青年的教育。作为一位知名的教师，他在很多国家产生了极大的影响"。[①] 孔子把社会改革当作中心问题，把社会和政治的改革视为哲学的根本任务。"他所寻求的是整治天下之道！孔子对于他那个时期的思想混乱状态有着深刻的印象，并不得不作出结论说：道德沦丧是思想界混乱的结果，这种结果已败坏社会数百年。自从周王不再成为王朝的精神与政治的领袖以来，王朝中的所有阶级的信仰、礼仪和职责标准

① 胡适：《先秦名学史》，安徽教育出版社2006年版，第33页。

化的中央权威已经丧失。”[①]孔子把导致道德沦丧的原因归结为周王朝缺乏中央权威,所以,解决道德沦丧的有效途径是“正名”。胡适肯定了孔子正名思想,认为孔子“正名”思想“首先是让名代表它所代表的,然后重建社会的和政治的关系与制度,使它们的名表示它们所应表示的东西。可见正名在于使真正的关系、义务和制度尽可能符合它们的理想中的含义。这些含义,无论现在已变得如何含混不清,仍然可以通过适当的研究和名的‘明智的’用法予以重新发现和再次确立。当这种思想重建最后生效时,理想的社会秩序就必将到来——一个这样的社会秩序,其中正如圆就是圆,方就是方一样,每个国君有其尊威,每个臣子有其忠顺,每个父亲有其慈爱,每个儿子也有其孝顺。其中法律就是法律,有禁必止,赏罚得当。总之,这样一种改正的必然结果,正如孔子所设想的,是一个理想的社会,其中每一个成员都将忠实地履行其应尽的职责。”[②]胡适指出,孔子的正名思想的逻辑在《易经》中能够找到根据。《易经》所附的“十翼”虽然不可能全部确认为孔子所作,但第一、二、三、四篇是孔子自己所写应该是较为可靠的,因此,《易传》作为研究孔子逻辑思想的材料也应该是可靠的。胡适认为孔子是一个实证主义者,满足于把“简易”作为出发点。依据简易的原则,孔子把人类所有的活动、制度和发明都归结为“象”或“意象”,强调“意象”是古代圣人设想并且试图用各种活动、器物和制度来表现的理想的形式。孔子在所有这些奇异的想象后面,在它的近乎神秘的外衣后面,我们不能不看到这种使得孔子哲学

① 胡适:《先秦名学史》,安徽教育出版社 2006 年版,第 35 页。
② 胡适:《先秦名学史》,安徽教育出版社 2006 年版,第 38 页。

具有生气的实用的和人文主义的理想。这种理想同为了人类进步和完善而去了解自然秘密的培根的理想是相同的。胡适特别重视《易传》中关于"辞"的理论。胡适认为"辞"的真谛在于重视实用。"象"和"辞"构成孔子逻辑思想的两个基本点,这两个基本点的结合支持着孔子的"正名"主张。胡适在先秦名学中把《易传》中的"象""辞"等与孔子的"正名"思想联系到一起,这些值得商榷。然而,作为一个思想家,胡适并没有否认孔子思想的价值,特别是论证了孔子正名思想在当时社会中的价值,这是符合历史的,应该给予肯定。而胡适归纳、论证了孔子的逻辑思想,使孔子思想从斑驳复杂的儒家思想体系中得以清晰呈现,这对于后来的学者们研究孔子思想提供了一个非常有意义的参照。胡适的研究方法开了用西方思想研究中国古代文化的先河。

2.《中国哲学史大纲》

胡适的《中国哲学史大纲》(卷上)是近代第一部用西方观点和方法整理中国哲学史的著作,在新文化运动中产生了很大影响。《中国哲学史大纲》(卷上)可以说是《先秦名学史》的延续。在这部著作中,胡适肯定了中国哲学在世界哲学史上的地位,并以西方哲学的体系和模式建构中国哲学史体系。胡适一反以三皇五帝为中国哲学开端的传统儒家观点,直接把老子、孔子生活的春秋时代定为中国哲学诞生的时代,着重探讨了中国古代思想家的进化观念,注重实功事效的思想和逻辑方法。他认为孔子是中国古代的守旧派,也是积极的救世派,极力想把天下由无道变成有道。胡适断定《易经》是孔子学说的根本,并对《易经》中的"易""象""辞"三个根本观念进行解析,认为“易”即变易,“易也者象也”;又认为“《易经》的象字是法象之意”,历史上各种文物制度的起源都是由于象,都起于仿效种种“法象”;“辞”的作用在于指出卦象或爻象的吉凶,知道了吉凶,便可“使人趋吉避凶,趋善去恶”。胡适专列《孔门弟子》《荀子以前的儒家》《荀子》等篇,详细论述了孔子以及儒学的演变、发展,指出“儒家的人生哲学认定个人不能单独存在,一切行为都是人与人交互关系的行为,都是伦理的行为”;孔子后学如子夏、子游、曾子等专发挥“孝”、“礼”两个观念,把孔子仁的人生哲学变成孝的人生哲学,“未免太把个人埋没在家庭伦理里面了”,也把礼的真意失掉了,直到孟子、荀子,儒家方有两派有价值的新哲学出现。胡适《中国哲学史大纲》被称为“用科学的方法,整理中国旧思想,成绩最佳,影响最大”[①]。其最大贡献不在于对古代思想的研究和整理,而在于研究的方法。“胡先生整理先秦的思想,特重思想方法,使湮没二千余年绝学——辩学,复明于今日。”[②]而胡适在《中国哲学史大纲》中将儒家与道、法、墨等放在一起,还原了春秋时期百家争鸣的思想局面,抛弃了被定于一尊的儒家思想,使儒家思想的本来面貌逐渐显露,因而更具有说服力。胡适的这一论证方法直接运用于他所倡导的“整理国故”运动,影响了一批学者。

3.《说儒》

更能体现胡适以客观、平和心态研究儒学的当是1934年

① 郭湛波:《近五十年中国思想史》,上海古籍出版社2005年版,第215页。

② 郭湛波:《近五十年中国思想史》,上海古籍出版社2005年版,第217页。

写出的《说儒》一文，该文阐述了胡适关于儒学的起源及其早期发展的看法。据胡适考证，“儒”的名称最早见于《论语·雍也》中孔子说的“女为君子儒，无为小人儒”。他从这句话里看出孔子在世时已有各种品类的“儒”，可见孔子并不是最初的儒者。那么，“儒”是怎么来的呢？胡适在《说儒》中提出一大胆的设想，把儒学的起源追溯到殷商时期。他认为，儒是殷民族的教士，他们的衣服是殷服，他们的宗教是殷礼，他们的人生观是亡国遗民的柔逊的人生观。儒的生活是以治丧相礼为职业。孔子把殷民族部落性的儒扩大到“仁以为己任”的儒，并把柔逊的儒改变到刚毅进取的儒，“孔子的伟大贡献正在这种博大的‘择善’的新精神”，“没有那狭义的领域观念”，“他的眼光注视在整个人群”。胡适指出，“两千五百年前，孔子就提出‘有教无类’这样平等的教育观必定是很震动社会的一个革命学说”，“因为孔子深信教育可以摧破一切阶级的领域，所以他终身‘为之不厌，诲人不倦’”。胡适指出孔子提倡的是“刚毅勇敢、担负得起天下重任的人格”，“孔子自己的人格就是这种弘毅的人格”。通过研究“儒”变迁的历史，胡适提出“孔子和老子本是一家”说。“孔子和老子本是一家，本无可疑。后来孔老的分家，也丝毫不足奇怪。老子代表儒的正统，而孔子早已超过了那正统的儒。老子仍旧代表那随顺取容的亡国遗民的心理，孔子早已怀抱着‘天下宗予’的东周建国的大雄心了。”①

胡适的《说儒》发表后，引起了学界的广泛重视。冯友兰等学者针对《说儒》提出了与胡适不同的观点；郭沫若专门写

---

①　胡适：《说儒》，《中央研究院历史语言研究所集刊》第4卷第3期，1934年。

《论儒的发生》《驳〈说儒〉》等文章,对胡适《说儒》的论据一一驳斥,指出"三年之丧"并非殷制而为孔子所创制,《易经》为战国初年作品,而不会是原始儒教的形式。①

4.《中国中古思想史长编》

胡适在20世纪30年代关于儒学的研究成果,除了《说儒》之外,还有《中国中古思想史长编》和《中国中古思想史的提要》。

他着重考察了汉代儒学的变迁。他认为,"有为"是儒家思想最鲜明的特色。"儒家的特别色彩就是想得君行道,想治理国家。孔子的栖栖皇皇,'知其不可而为之',便是这种积极的精神。孟子引旧记载'孔子三月无君则吊,出疆必载质(贽)。'曾子说'士不可以不弘毅,任重而道远。'这是何等气象!孟子说大丈夫应该'居天下之广居,立天下之正位,行天下之大道。得志与民由之,不得志独行其道。富贵不能淫,贫贱不能移,威武不能屈。'这都是儒子的积极人生观。"②

汉代的儒家继承和发扬了先秦儒家积极的人生观,大力倡导有为主义,与汉初流行的崇尚道家的无为主义相抗衡,并且为此付出了沉重的代价。贾谊因为主张有为主义,得罪了当时的权贵,遭贬谪而死;晁错因为主张有为主义,害得自己朝衣斩于东市;董仲舒因为主张有为主义,被下狱定为死罪,险些丧命。"他们的积极有为的精神,不但建立了汉帝国的一代规

① 参见郭沫若:《驳〈说儒〉》,《青铜时代》,中国人民大学出版社2005年版,第96、100、112页。

② 胡适:《中国中古史长编》,华东师范大学出版社1996年版,第226—227页。

模，还影响了中国两千年的政治思想与制度，他们的牺牲是值得我们的同情的。”

汉初的儒家实则是一些有思想见地的改革者和庞大帝国统治方略的设计者。他们本着积极有为的精神，不肯碌碌无为、苟且偷安，总想解决实际存在的问题。如叔孙通的定仪法，贾谊、晁错的削藩策，晁错的积储主张，贾谊的兴学计划等等，都是关乎治国安邦的根本大计。贾谊、晁错一班儒生的重要只在他们肯把社会国家的问题通盘想过，不肯苟且偷安过日子，却要放手解决一些困难问题。他们的学识比灌婴、周勃高得多，又有那儒家“任天下之重”的遗风，很想得君行道，做一番事业。故帝国的命运到他们手里才有一点通盘计划。削减封建诸侯，积贮军粟，主张伐匈奴，注意教育事业，国家收回造币权，这些计划都发端于文帝，酝酿于景帝，而实现于武帝时代。①

董仲舒吸收了墨学的思想，试图对君权加以限制。汉朝的儒教固然是迷信的、浅陋的、幼稚的，但这背后似乎含有深长的意义。汉帝国的创业者从民间来，知识水平不高，而专制的淫威却不减于秦始皇、二世。夷三族、具五刑，不但行于高帝吕后之时，并且见于宽仁的文帝时代。儒家学者对于这种独裁政体，竟没有抵抗的办法，只有抬出一个天来与皇帝抗衡，希望在那迷信的帝国宗教底下得到一点点制裁皇帝的神权。董仲舒屡说“以人随君，以君随天”，“屈民而申君，屈君而随天”，这正是墨家“上同于天”的意旨，后世儒者都依此说；其实孔孟都无

① 参见胡适：《中国中古史长编》，华东师范大学出版社1996年版，第262页。

“屈民伸君”之说,汉代建立的儒教乃是墨教的化身。

胡适主张为王莽翻案,认为王莽对汉代儒学的贡献不在晁错、董仲舒之下。“在那黑暗的迷雾里,我们仍可以看出一个有力的社会改革运动……王莽建国之后,实行土地国有,禁止私人买卖田地奴婢;又实行‘六筦’之命。把一切重要的生产事业都归国家管理;又设立种种调均人民经济的机关,平物价,办国家赊贷机关。他的经济政策很含有国家社会主义的意义,其目的在于‘均众庶,抑并兼’。他是董仲舒的嫡派,他是汉朝儒教运动的精神的伟大代表。”

5. 晚年文化观

1958 年,胡适任“中研院”院长,基本上已经放弃“打倒孔家店”的偏激态度,对儒学表现出更多的同情,不再把中国传统文化同近代文明对立起来,试图根据自由主义原则对儒家做出现代诠释。

1953 年,他在日本接受东京一桥大学首席教授上原的采访时说:“我个人的看法是近代的进步并无背离中国古代的思想。不仅如此,近代的进步与古代纯粹的中国传统的想法完全一致。”①他所说的“纯粹的中国传统的想法”是指儒家“正德”“利用”“厚生”等,认为其中包含着“涵养人性之善”“增进人民的幸福与有用”“使人民享受丰裕的生活”的意思。

1959 年 7 月,胡适出席在美国召开的“东西方哲学讨论会”,宣读了一篇题为《中国哲学里的科学精神与方法》的长

---

① 转引自章清:《胡适评传》,百花洲文艺出版社 1992 年版,第 273 页。

文。他认为儒家的人本主义传统与古希腊的“苏格拉底传统”很相似，都采取自由问答、自由讨论的方式做学问，倡导独立思考、大胆怀疑、热心求知的理性精神。他指出，儒家的人本主义和老子的自然主义相互配合，对于科学精神的发展起到了积极的促进作用。自然主义和孔子的人本主义，这两样的历史地位是完全同等重要的。中国每一次陷入非理性、迷信、出世思想——这在中国很长的历史上有过好几次——总是靠老子和哲学上的道家的自然主义，或者靠孔子的人本主义，或者靠两者合起来，努力把这个民族从昏睡里救醒。孔子的人本主义所包含的理性精神为宋明理学家所继承发扬，从而形成了中国哲学中的注重理性、注重科学精神的优良传统。① 正因为有了这样的传统，当代的中国人才能心安理得地接受西方近代科学，并且努力追踪科学发展的前沿。

“民主”“自由”等概念对中国人来说也不陌生。胡适列举出六个中国民主思想形成的哲学基础：一是以“无为而治”的黄老之术为最高政治形态；二是墨子的兼爱精神；三是孔子“人皆可教”的原则；四是采纳谏官坦诚谏奏的悠久传统；五是孟子的民本思想；六是“不患寡而患不均”的均产观念。这些观念与理想，是在公元前 3 世纪，中国第一个学术成熟时期，发轫于我们的先圣先贤，而且代代相传到今天。“自由”，也是中国文化传统中固有之义。“‘自由’这个意义，这个理想，‘自由’这个名词，并不是外来的，不是洋货。是中国古代就有的。”王安石的诗“风吹屋瓦顶，正打破我头。我终不恨瓦，此

---

① 参见胡适：《中国哲学里的科学精神与方法》，《还他一个“不过如此”——谈国故与文明》，新世界出版社 2013 年版，第 102—103 页。

瓦不自由”,就用了“自由”一词。在中国文化中,“自由”就是“由自己作主”的意思。古代的史官批评政治,使当权者有所畏惧;东汉的王充、南朝的范缜、唐朝的韩愈、明朝的王阳明、清朝的颜李学派,都是在不自由的时代争取思想自由的例子。[①] 孔子、孟子率先提出自由主义教育哲学,有力地推动了古代的自由主义运动。“这种所谓个人主义自由主义的教育哲学和个人主义的起来,是由于他们把个人看得特别重,认为个人有个人的尊严。”“个人主义自由主义的教育哲学,教育人参加政治,参加社会;这种人要有一种人格的尊严,要自己感觉到自己的一种使命,不能随便忽略他自己。所以这种教育哲学养成的一种人格就是健全的个人主义。”[②]道家奠立了中国自由主义政治秩序的思想基础,而儒家奠立了中国自由主义教育制度的基础。相比较而言,儒家对于中国知识分子养成自由主义观念起了更大的作用。

四、自由主义西化派与儒学的发展

自由主义西化派对儒学发展的影响可以说自五四运动后至新中国成立都留有印痕,在科玄论战、整理国故运动以及反孔读经活动中自由主义西化派都扮演主要角色。

科玄论战中,胡适、丁文江等采用实证的立场、进化论的模

---

① 参见胡适:《中国文化里的自由传统》,《还他一个“不过如此”——谈国故与文明》,新世界出版社 2013 年版,第 91、93 页。

② 胡适:《中国古代政治思想史的一个新看法》,(台北)《中央日报》1954 年 3 月 13 日。

式以及逻辑学的方法论证了科学能够解决人生观问题,从而为“新学”与“旧学”的冲突、“西学”与“中学”的对峙划分了界线。科玄论战的科学派认为,科学是万能的,它能解决世界上的一切难题,而世界是一个不断进化的世界,是一个新事物淘汰旧事物的世界。基于这样一种认识,科学派主张西学优于中学,中国发展的出路在于西化。因此,他们认为儒学作为一种中国旧有的学说,已经不能够拯救危机中的中国,应该引进西方先进的思想,尤其是西方的科学。科学派表现出了强烈的文化再植意识,对传统儒学基本上持一种拒斥态度。

1919 年 12 月,胡适在《新青年》上发表了《新思潮的意义》一文。他提出:

> 现在要问:“新思潮的运动对于中国旧有的学术思想,持什么态度呢?”
>
> 我的答案是:“也持评判的态度”。
>
> 分开来说,我们对于旧有的学术思想有三种态度。第一,反对盲从;第二,反对调和;第三,主张整理国故。①

这篇文章中,胡适明确提出了对于传统文化持“评判的态度”和“重新估定一切价值”的原则,同时,他还系统完整地揭橥了“研究问题,输入学理,整理国故,再造文明”的指导思想。于是,一场在民国时期风行一时的整理国故运动骎骎而起。胡适发起整理国故运动不久,即如巨石投浪,在民国知识界引发了轩然大波。围绕着提倡整理国故的必要与否

---

① 胡适:《新思潮的意义》,《新青年》第 7 卷第 1 号,1919 年。

以及方法是否得当,无论是名流巨擘,抑或是学界新秀,也无论是敌是友,均本着各自对时势与治学的判断和看法,公开或私下地发表了不少或赞成或反对的意见,可谓褒贬各异、莫衷一是。

其实,整理国故并非胡适首创。辛亥革命前十年的国粹派就提出通过保存"国粹",包容西学,发扬传统文化中既能增强民族认同、砥砺民族精神、增加民族自信,又能与西方民主政治接轨的优秀成分,这些可以归为国故派。1919 年,刘师培、黄侃、梁漱溟等成立了"国故月刊社",并创办了《国故》月刊,"以昌明中国固有之学术",批评新文化运动的一些看法,与《新青年》《每周评论》,特别是与《新潮》相对立。围绕着《国故》月刊和《新潮》,北京大学学生在对待国故问题上,大致形成了拥孔的"国故派"与反孔的"整理国故派"的对立。

正当整理国故与反整理国故论争充分展开之际,国民政府及社会上又兴起了读经思潮。传统经学已经随着辛亥革命的发生及发展逐渐被西学所取代。然而,在学界、政界,尊孔读经的声音一直不断。民国初年尊孔社团借助袁世凯尊孔主张大兴孔教运动,直到新文化运动兴起,孔教运动才逐渐式微。五四运动后,尽管各种学派(现代新儒家与国粹派除外)对儒家思想展开各个层面的批判,但复古思想一直没有绝迹。五四运动激进的反孔思潮,虽然对思想界的震撼很大,但尊孔势力不仅在民间社会中根深蒂固,而且北京政府和各地军阀也继续提倡尊崇孔子。自由主义西化派在五四运动后反对读经活动中起到了重要作用。

1925 年,"东方文化派"的重要人物章士钊出任北京国民政府教育总长。上任伊始,他立即采取一系列措施,弘扬东方文化:恢复《甲寅》周刊,主张东西文化间的"调和主义",批评新文化运动的激进主义,并指责胡适倡导的白话文降低了国民的语文水平,强调孔子之道在维系社会道德伦常方面的重要作用。他以"提高国民的语文水平"为由,通令中小学生读经,一些地方的保守势力乘机强令学生读经,甚至废止白话文。章士钊的教育政策及其言行,激起了知识界的强烈批评。鲁迅指出,"尊孔,崇儒,专经,复古,由来已经很久了","衰老的国度大概就免不了这类现象"。他认为,民国十四年的"读经"和民国四年前甚至中国两千年来历史上的"读经"是一回事,都是"阔人"("聪明人")从中学习"敷衍,偷生,献媚,弄权,自私,然而能够假借大义,窃取美名"的手段。"这一类的主张读经者,是明知道读经不足以救国的。"①鲁迅描述各地军阀"一面制礼作乐,尊孔读经……一面又坦然放火杀人,奸淫掳掠,做着虽蛮人对于同族也还不肯做的事……全个中国,就是这样的一席大宴会!"②顾颉刚指出,"六经"固非姬旦的政典,亦非孔丘的"托古"著作,"六经"的大部分固无信史价值,亦无哲理和政论的价值。③ 这次尊孔读经与反尊孔由于在整理国故运动期间,所以影响力并不大。

20 世纪 20 年代后期,以国民党为主的革命势力,开始倡

---

① 参见鲁迅:《十四年的"读经"》,《鲁迅全集》第 3 卷,人民文学出版社 1982 年版,第 127—130 页。

② 鲁迅:《马上支日记 · 七月四日》,《鲁迅全集》第 3 卷,人民文学出版社 1982 年版,第 332 页。

③ 钱玄同:《答顾颉刚先生书》,顾颉刚编著:《古史辨》(一),上海古籍出版社 1982 年版,第 69 页。

导尊孔读经。1928 年。南京国民政府下令恢复孔孟道德,把忠、孝、仁、爱、信、义、和、平,“格物、致知、正心、诚意、修身、齐家、治国、平天下”作为道德标准。20 世纪 30 年代初,国民党军政人员率先在湖南、广东掀起了尊孔读经运动,要求中小学生尊孔读经。1934 年蒋介石发起“新生活运动”,在全社会推行孔孟道德,国民政府在全国范围内进行祭孔尊孔活动。1929 年,胡适对国民党政府复兴孔孟之道的旧文化深刻地指出:国民党的文化运动,是民族主义运动。“凡是狭义的民族主义的运动,总会有一点保守性,往往倾向到颂扬固有文化,抵抗外来文化势力的一条路上去”,“根本上国民党的运动是一种极端的民族主义运动,自始便含有保守的性质,便含有拥护传统文化的成分……这种理论便是后来当国时种种反动行为和反对思想的根据了”。[①] 胡适认为国民党官方祭孔是新文化运动的大倒退,是对新文化思想成就的抛弃。他指出新文化运动给中国社会各个方面带来了进步,而怯懦的国民党没有沿着新文化运动的方向继续前进,而是倒退,并指出“开倒车是不会成功的”。胡适批评国民党“可怜的没有信心的老革命党呵!你们要革命,现在革命做到了这二十年的空前大进步,你们反不认它了。这二十年的一点进步不是孔夫子之赐,是大家努力的结果,是大家接受下一个新文明的结果,只有向前走是有希望的”[②]。鲁迅认为 30 年代的尊孔,不过是国民党政府装点门面、粉饰太平的手段,“孔夫子之在中国,是权势们捧起来的;

---

① 参见胡适:《新文化运动与国民党》,《胡适文集》第 5 册,北京大学出版社 1998 年版,第 580、581 页。

② 胡适:《新文化运动与国民党》,《胡适文集》第 5 册,北京大学出版社 1998 年版,第 580 页。

是那些权势者或想做权势者们的圣人，和一般的民众无什么关系"，孔子是权势者利用其获得权势的"敲门砖"，因此，"种种的权势者便用种种的白粉给他来化妆，一起反到吓人的地步"。[①] 傅斯年指出祀孔不能救国，清政府和袁世凯政府就是祀孔灭亡的，读经是两千年旧社会的"惑民"帝王用来"笼络学究"的手段，在现代社会不值得提倡。他认为"六经虽在专家们手中是半懂半不懂的东西"，让中小学生读，"便要自欺欺人"，无用于发挥"理智"和"培养人格"。[②] 自由主义西化派们对于20世纪30年代的尊孔读经的反对在社会上引起了较大反响，引起了学人关于"尊孔与复古"的讨论。1934年11月，《清华周刊》编辑部开辟了"尊孔与复古问题特辑"专栏。1935年5月，《教育杂志》编辑部组织全国七十余位著名学者讨论是否提倡读经问题，并发表了"读经专号"。国民党政府的尊孔复古言行招致社会各方面知识分子的批评，尤其是中国马克思主义者对国民党政府的尊孔行为进行了有力的回击。

全民族抗战爆发后，国民党政府一如既往地尊崇孔子，以图恢复民族自信心。抗战后期，以胡适为代表的自由主义知识分子逐渐整合到国民政府内，昔日反孔的激进色彩渐渐消退，他们对儒学的态度也逐渐变得温和起来。

---

① 参见鲁迅：《在现代中国的孔夫子》，丁守和：《中国近代启蒙思潮》（下），社会科学文献出版社1999年版，第110、112页。

② 参见傅斯年：《论学校读经》，（天津）《大公报》1935年4月7日。

排斥、对话与互动*

——20世纪中国马克思主义儒学观的变迁

中国马克思主义形成于20世纪20年代初。在20世纪的约80年时间中，中国马克思主义对待儒学的态度是前60年排斥、批判儒学，后20年逐渐改变态度，与儒学对话，借鉴儒家思想的内容以丰富自身，并与儒学实现多元文化下的双向互动。事实上，20世纪的变革让前现代作为整体的儒家文化经历了解体、离散、飘零、重构的过程，而中国马克思主义对儒学的态度，某种程度上左右了20世纪儒学的进程。当21世纪儒学的发展问题成为人们关注和讨论的热点问题时，反思中国马克思主义儒学观的历程，对于我们把握儒学的发展脉络，实现儒学解构、重构及现代化转换具有重要的理论意义。

一、批所当批：政局交替中的批儒

从中国马克思主义者建立共产党至新中国成立，中国马克思主义作为五四运动后中国的三大思潮之一，与自由主义西化

* 本文原载于《文史哲》2010年第6期。

派、现代新儒家就中国建立什么样的文化问题展开激烈论争。从总体上讲,当时的中国马克思主义对儒学持批判、排斥的态度。

历史进入20世纪后,经历了辛亥革命,传统儒学的意识形态“话语霸权”地位已经不复存在,儒学与现代生活的不相适应已经成为中国人心中不争的事实。然而,执政的北洋政府仍然坚持尊孔崇儒,仍然想借助儒学建立统治秩序,因此爆发了“打倒孔家店”的五四运动。五四运动虽然对儒学甚至以儒学为意识形态的北洋政府造成了巨大的冲击,但是,五四运动后,中国内战频繁,军阀混战的局面没有从根本上改变,北洋政府的尊孔祭孔活动没有停止。因而,在政治上推翻北洋政府统治、在文化上建立一种与现代生活相适应的新文化就成为当时的主要任务。马克思主义是随着新文化运动的兴起而为中国人所接受的。俄国十月革命的胜利,鼓舞了中国知识分子的士气。五四运动时期一部分激进的民主主义分子开始接受并宣传马克思主义理论,并组建了中国共产党,试图完成建立新政府和创建新文化的任务。

不可否认,五四运动对儒学的拒斥,已经从表层上揭示了儒学在传统社会中所造成的危害。但这样一种思想为何支配着中国意识形态达两千余年,应该说新文化运动时期虽有论及,但其深度及其所依恃的理论并不能让知识分子们信服。中国早期马克思主义者李大钊、陈独秀、李达、蔡和森、瞿秋白、恽代英等人在接受马克思主义之初,就用唯物史观来说明儒学对中国传统社会的影响。李大钊引入马克思经济基础决定上层建筑理论,揭示了儒家思想产生及其存在的社会条件,指出

“上层的变革，全靠经济基础的变动”①。传统中国社会是一个以农业为经济基础的社会，与之相应的是“孔孟伦理”成为占主导地位的意识形态。孔子的“学说所以能在中国行了二千余年，全是因为中国的农业经济没有很大的变动，他的学说适宜于那样经济状况的原故。现在经济上生了变动，他的学说，就根本动摇，因为他不能适应中国现代的生活，现代的社会”②。“时代变了！西洋的工业经济来压迫东洋的农业经济了，孔门的伦理就根本动摇了！”既然儒学的根基动摇了，“孔子主义也不能不跟着崩颓粉碎了”③。

诚然，由于这一时期马克思主义刚刚传入，中国马克思主义者对马克思主义理论的认识还不够成熟，所以在运用唯物史观批判儒学中难免有偏颇之处。但是，中国马克思主义在这一时期批儒的特点依然十分明显：批儒的重点集中在儒学为何长久影响中国社会，批儒的方法是经济基础决定上层建筑。

1927 年南京国民政府成立，结束了北洋政府时期军阀混战的局势，给中国知识分子带来了建立新文化的希望。然而，国民政府的主张和行为却令知识分子们大失所望。国民政府拉来孔子做招牌，要求人们对孔子继续崇敬乃至跪拜。特别是戴季陶以曲解的手法将孙中山孔子化，将三民主义儒学化，从而使儒学不仅重新获得合法的地位，而且与官方意识形态的三民主义相结合，取得了至高无上的地位，成为中华民国的立国之本。这与中国马克思主义者要建立的共产主义文化显然不

① 《李大钊文集》(下)，人民出版社 1984 年版，第 346 页。
② 《李大钊选集》，人民出版社 1959 年版，第 301—302 页。
③ 《李大钊文集》(下)，人民出版社 1984 年版，第 182 页。

同。蒋介石在1929年制定的《中华民国教育宗旨及其实施方针》中，明确提出以中国传统道德中的所谓四维（礼义廉耻）、八德（忠孝仁爱信义和平）、五达道（即五伦：君臣、父子、夫妇、兄弟、朋友）、三达德（又称武德，即智、仁、勇）等作为中华民国道德教育的基本内容。1933年，蒋介石发动所谓“新生活运动”，以期在更大的范围内鼓吹文化复古主义。1934年，南京政府明令规定每年的8月27日孔子诞辰为国家纪念日，全国奉命举行重大的孔子诞辰纪念会。

对于国民政府利用儒学进行的统治宣传，中国马克思主义知识分子都起而反对。这一时期，中国马克思主义者的理论水平有了明显的进步。许多专业学者如郭沫若、吕振羽、嵇文甫已经接受马克思主义，由于对传统文化知识具有较高的造诣，他们的言论更能切中要害，更有说服力。在批儒的内容上，系统性是这一时期中国马克思主义批儒的特征。他们主要针对蒋介石的尊孔主张，系统地揭示孔子的思想，指出孔子思想只是封建社会的主导思想。郭沫若在论证《易传》的辩证观时认为儒家的理论系统“是封建制度的极完整的支配理论”①；嵇文甫对于孔子的身份属性、历史地位、仁与礼的性质以及孔子仁学的经济基础等问题做了系统分析，指出“孔子是从上古社会到汉以后社会的一个枢纽，是封建社会的圣人”，“孔子的仁，不过是自然经济社会中所滋养出来的一种纯朴笃厚的心情”。② 在方法论上，唯物史观的阶级分析法被中国马克思主

① 郭沫若：《〈周易〉时代的社会生活》，《中国古代社会研究》，河北教育出版社2004年版，第67页。

② 参见嵇文甫：《先秦诸子政治社会思想述要》，《嵇文甫文集》（上），河南人民出版社1987年版，第151页。

义学者用来批孔。嵇文甫对孔子的身份、地位、仁与礼等思想的分析都是非常典型的阶级分析方法；吕振羽更严格地用阶级和阶级对立的模式来衡量孔子的礼与仁的功用和意义，“在孔子思想体系中，便划出一道很深的‘身份制度’的鸿沟，而分‘君子’和‘小人’的两个对立的壁垒”①。

1937—1949年，在中共党史上通称为马克思主义中国化时期。中国马克思主义经过近20年来的发展，在与中国社会上的各种思潮不断论战中，在不断反对执政政府的尊孔崇儒的斗争中，日臻成熟。全民族抗战时期，为了中华民族的独立与解放，抵御外来的横暴侵略，国民党、共产党、国民政府和社会各界广泛动员各种力量来振奋军民的精神、意志，以反抗侵略。儒家伦理砥砺德行、变移风气、鼓舞士气、增益爱国心和树立自信心的功能，使其成为抗日战争时期重要的精神资源和道德力量。抗战时期，中国思想文化界尽管存在着许许多多的争论与冲突，但在民族精神的复兴与重建这一点上，几乎各派学者都有相当一致的基本共识。他们都在竭尽自己的智慧与能力，从理论、学术层面证立中华民族不畏强暴的抵抗精神和热爱和平的根本特性，从而重建民族自信心和民族精神。这种民族主义情结固然有助于唤醒国人进行不妥协的抵抗，但终究因其狭隘性的见解，极容易形成故步自封的排外心态，从而有害于民族的再生与发展。正是在这一背景下，中国马克思主义者调整了民国初期批儒的方式，一方面，积极吸收儒学的精华，凝聚中华民族的精神力量；另一方面，又批判各种文化复古主义、保守主

---

① 吕振羽：《孔丘派哲学思想的发展》，《中山文化教育馆季刊》第2卷第3期，1935年。

义，着力于创建自己的体系。

1940年初，毛泽东发表《新民主主义论》，正面阐述了中国共产党对待文化传统尤其是儒学的基本立场。"我们共产党人，多年以来，不但为中国的政治革命和经济革命而奋斗，而且为中国的文化革命而奋斗；一切这些的目的，在于建设一个中华民族的新社会和新国家。在这个新社会和新国家中，不但有新政治、新经济，而且有新文化。"①毛泽东说的中国共产党人所要建立的新文化，就是新民主主义文化。所谓新民主主义文化，"就是人民大众反帝反封建的文化；在今日，就是抗日统一战线的文化"。怎样建立和发展新民主主义文化？毛泽东认为，"中国的长期封建社会中，创造了灿烂的古代文化。清理古代文化的发展过程，剔除其封建性的糟粕，吸收其民主性的精华，是发展民族新文化提高民族自信心的必要条件"②。毛泽东同时还指出："学习我们的历史遗产，用马克思主义的方法给以批判的总结"，"我们这个民族有数千年的历史，有它的特点，有它的许多珍贵品。对于这些，我们还是小学生。今天的中国是历史的中国的一个发展；我们是马克思主义的历史主义者，我们不应当割断历史。从孔夫子到孙中山，我们应当给以总结，承继这一份珍贵的遗产"。③ 由此，毛泽东为中国马克思主义者确立了对待传统文化的批判继承、"剔除糟粕吸收精

① 毛泽东：《新民主主义论》，《毛泽东选集》第2卷，人民出版社1991年版，第663页。

② 毛泽东：《新民主主义论》，《毛泽东选集》第2卷，人民出版社1991年版，第707—708页。

③ 毛泽东：《中国共产党在民族战争中的地位》，《毛泽东选集》第2卷，人民出版社1991年版，第532—533页。

华”的原则。

沿着毛泽东确立的原则,中国马克思主义者们开始对儒学“剔除糟粕吸收精华”。针对国民政府的尊孔崇儒行为,中国马克思主义者掀起了“开启马克思主义中国化的先声”的新启蒙运动。新启蒙运动以继续扩大戊戌、辛亥和五四的启蒙运动为宗旨,反对异民族的奴役,反对礼教,反对独断,反对盲从,破除迷信,唤起广大人民抗敌和民主的觉醒。在新启蒙运动的感召下,中国马克思主义者用唯物史观对儒学展开全面、系统的批判。陈伯达指出,“孔子的哲学,无疑的,是统治者的哲学,是服从的哲学,是愚民的哲学”,尊孔抑制中国民族意识的发展,批判尊孔能提高民族意识。① 对儒学不但要“剔除糟粕”,也要“吸收精华”。中国马克思主义学者在批儒时也提出了对儒学的改造,即所谓的“唯物论改造”。如陈伯达将孔子的“己所不欲,勿施于人”改造为“人所不欲,勿施于人”②;艾思奇将孙中山借鉴儒家思想的“智、仁、勇”,解释为“智是要能别是非,明利害,识时务,知彼己”,“仁是博爱”,“勇”是“长技能”“明生死”③。

在学术界,中国马克思主义学者对孔子的批判显得更加深刻、更加全面、更加系统。郭沫若《十批判书》中关于孔墨的批判部分,概括了孔子思想体系是一个以“仁”为核心的托古改制的新体系;侯外庐、赵纪彬、杜国庠著的《中国思想通史》,主旨是“发掘中国思想史上唯物主义和反正宗异端思想的优良

---

① 参见陈伯达:《论新启蒙运动》,丁守和主编:《中国近代启蒙思潮》(下),社会科学文献出版社 1999 年版,第 163 页。

② 陈伯达:《孔子的哲学思想》,《解放》1939 年第 69 期。

③ 艾思奇:《孙中山先生的哲学思想》,《解放》1938 年第 33 期。

传统”，以哲学思想为核心，以唯物论和唯心论斗争为线索，论证了孔子的政治论、历史观和天道观；杨荣国在《孔墨的思想》中，用阶级分析法解释孔子的“仁”“忠”“恕”；蔡尚思把“较能代表我的学问思想”的定名为《中国传统思想总批判》；赵纪彬采用章句字义训诂考订方法，以《论语》所提供的资料为基础，分析了孔子学派、孔子学说（所谓“古代前期儒家”或“孔门”）的阶级属性，从自然观、认识论、逻辑学等方面剖析孔子思想体系，从自然观、伦理学、政治学、逻辑学的相互关系中分析孔子学说的泛伦理主义特性……这一切都体现了中国马克思主义儒学观的系统性、全面性。

值得注意的是，这一时期，中国马克思主义阵营中官方人员与学者有了明显的分界。官方的批孔言论构成了毛泽东思想的内容，其中毛泽东、张闻天、刘少奇、陈伯达等被称为马克思主义理论家，代表着官方的批孔观点。而学界的知识分子亦与官方的批孔议论相响应，使中国马克思主义批孔、开展新民主主义文化活动有声有色。即便如此，官方批孔和学术界批孔仍有区别，相对于官方的批孔言论而言，学者的批孔显得更为理性、客观。当然，学者中批孔的观点也出现了分歧。

新中国成立前，中国马克思主义的批儒很大程度上并不是批判儒学本身，而是被统治集团所利用的儒学。只不过在批判统治集团利用的儒学中，必然涉及儒学的根本特性等问题。然而，无论是批判统治集团还是批判儒学本身，中国马克思主义所做的努力是不可否认的。

第一，为批判儒学提供了唯物史观的方法。五四运动中，激进的知识分子们对儒学的谴责和批评异常尖锐，然而，儒学为何影响了两千余年的中国传统社会？它是否还会影响中国社会？影响到什么程度？影响多久……五四运动后这些关系中国文化命运的问题并没有得到很好地解决。中国马克思主义者用唯物史观回答了这一问题，认为儒学是封建社会的意识形态，中国封建社会结束，儒学作为封建意识形态的地位也即终结。同时，中国马克思主义还用阶级分析方法论证孔子思想是封建统治阶级的主流思想，而不是无产阶级革命的主流，但无产阶级革命不能对旧文化弃之不理，要批判继承这些思想。在政局交替的背景下，中国马克思主义用唯物史观批判儒学，无疑在学理上更容易令人接受和信服，在政治层面更具有实用价值。

第二，为儒学与政治的剥离做出了积极贡献，有利于还原儒学的本来面目。面对北洋政府、国民政府等对儒学的利用，中国马克思主义学派的学者们积极论述孔子的思想体系、孔子思想的内容等，其真正意图是将孔子思想与北洋政府、国民政府剥离，指斥统治集团利用孔子思想的弊端。这在客观上还原了孔子思想的学术面貌。

二、斥所不当斥：意识形态话语下的斥儒

1949 年新中国成立，确立了马克思主义作为新中国的意识形态。“乱世批儒，治世兴儒”，这是儒学产生以来所形成的社会规律，然而，从新中国成立直到 1976 年“文化大革命”结束，近 30 年时间里，却走了与这一规律相反的道路，儒学成为始终被批判的对象。

新中国的成立标志着一个新时代的来临，而与新时代一起

到来的还有马克思主义占据意识形态的至高权，意识形态领域的任何问题都要用马克思主义的观点、方法来进行衡量、择取，因此中国马克思主义所排斥的儒学也就理所当然地成为被批判、改造的重点。在接受“马克思主义”的改造中，以孔子为代表的儒学的地位越来越低。用“马克思主义”批判孔子，就是区分孔子代表的是地主阶级还是奴隶主阶级，代表地主阶级就被认为是进步的、唯物的，反之，就被定性为反动的、唯心的。新中国成立后，毛泽东作为新中国的领袖，对孔子研究表现出了浓厚的兴趣。他要亲自审查孔子研究文章的观点，批示说冯友兰的文章他都要看，并在公开场合说孔子“很有些恶霸作风，法西斯气味”①，“吹牛皮”②，“讲空话”③，“社会主义比起孔夫子的‘经书’来，不知要好过多少倍”④，“孔子代表奴隶主、贵族”⑤，等等。毛泽东的这些话语，不自觉地影响了整个孔子研究即儒学和传统文化研究的方向。

新中国成立后近30年时间里，孔子研究成了政治立场的分界线。一个孔子，就在其代表进步的还是落后的观点（政治观点而非学术观点）上，衍生出了许许多多的立场。有人认为是代表地主阶级利益，有人认为是从领主阶级初步分化出来的地主阶级，有人认为是站在封建领主阶级立场，有人认为是没落中的最下层的小领主阶层的代言人，有人认为是站在新兴地主阶级立场，有人认为是站在贵族奴隶主阶级立场，有人认为

① 《毛泽东选集》第5卷，人民出版社1974年版，第113页。
② 《毛泽东选集》第5卷，人民出版社1974年版，第314页。
③ 陈晋：《毛泽东之魂》，吉林人民出版社1993年版，第273页。
④ 《毛泽东选集》第5卷，人民出版社1974年版，第257页。
⑤ 陈晋：《毛泽东之魂》，吉林人民出版社1993年版，第271页。

是站在保守的奴隶主立场，有人认为是封建地主阶级的思想代表，有人认为是代表从奴隶主贵族转化过来的地主阶级的利益等等，几乎在逻辑上穷尽了孔子所能代表的所有阶层。由于政治的干预，认为孔子是进步人物、代表封建地主阶级的学者最后受到了批判。这种批判一直延续到“文化大革命”。“文化大革命”十年，孔子的地位降到了极点，孔子思想彻底断裂陆沉。所谓的“文化大革命”，就是对旧有的一切进行革命，就是“破旧立新”。孔子作为反动旧势力的代表，首当其冲成了革命的对象。从“文化大革命”开始的“打倒一切牛鬼蛇神”，到焚烧文献、没收典籍，再到将“尊孔派”打入农场改造，创造了一个彻底与孔子代表的传统文化决裂的环境。学术层面上，“批孔”“批尊孔”成为当时的“时尚”话语。在批孔运动中，孔子人格被丑化，孔子思想被贬损至一无是处，甚至于因林彪卧室中那几副孔家言论的条幅而发动了一场“批林批孔”的运动。这恐怕比五四运动时期的“打倒孔家店”还要严重得多。

应该承认，中国的现代化进程中，儒学作为传统文化的典型无疑具有相当多的反现代化的因素，因此，适度地批判和扬弃儒家思想，在某种程度上说是中国现代化过程中的应有之义。然而，新中国成立后近 30 年时间里，中国马克思主义在意识形态的背景下，抛弃了毛泽东提出的“批判继承”原则，继续批孔，而且把孔子思想批至一无是处，甚至因为批孔而演绎出“文化大革命”时期许多荒谬行为。检讨这段批孔历史，其原因究竟何在？笔者认为有以下三方面：

第一，中国马克思主义批儒的逻辑前提是马克思主义与儒学的二元对立。在中国马克思主义批儒的 60 年时间里，中国马克思主义者始终有这样一个信念:马克思主义是自足的体系,不需要任何其他思想补养。五四运动将儒学看作封建社会的遗毒,与现代社会生活不相适应。中国马克思主义创立后承继了这一看法,使马克思主义与儒学乃至传统文化完全对立起来。李大钊强调:“故余之掊击孔子,非掊击孔子之本身,乃掊击孔子为历代君主所雕塑之偶像的权威也;非掊击孔子,乃掊击专制政治之灵魂也。”①尽管抗战时期提出以批判继承原则改造儒学,但20世纪中国马克思主义批儒的60年时间里,马克思主义是排斥儒学的,批判的成分远远大于继承。可以说,中国马克思主义是戴着有色眼镜去批儒的。一提到儒学思想,就是马克思主义思想异质,是封建遗毒。马克思主义与儒学势不两立,不共戴天,成了天经地义的事情,有马克思主义就不能有儒学。这一点在“文化大革命”时期表现得尤为明显。在此种观念的支配下,儒学是落后的、封建的、反动的,等等。要把它当作封建糟粕,彻底抛弃。不但要从思想上把它抛弃,而且要把一切与儒家思想文化有关的东西都抛弃,于是有了砸孔庙、掘孔坟、烧儒家典籍的去儒化的过激行为,也有了父子决裂、儿子造老子的反的去封建人伦行为,更有借批孔来消除敌对势力的“影射”史学的荒谬行为。

第二,无法摆脱政治干预学术。中国马克思主义者创立之初,其成员就有着双重角色:既是中共的创始人,又是学术精英。随着马克思主义的传播,中共的势力不断壮大,许多信仰马克思主义的知识分子担负起共产党内的领导职务。这些具有双重角色的成员在批判儒学时,令人很难区分他们的角色。

---

① 《李大钊选集》,人民出版社1959年版,第80页。

时日长久,逐渐演变成政学不分。批判儒学时政学不分的直接结果是政治干预学术,这一特征在中国马克思主义创立之初就已初露端倪。李大钊、瞿秋白等最先向国人介绍的是唯物史观的阶级斗争学说和无产阶级革命学说,其实这属于马克思主义的政治学说,而恽代英更是“开启了用阶级观点分析、批判孔子的先声”。在政治干预学术的前提下,批儒的政治特色加重,而学理层面减弱。新中国成立后近30年,孔子研究成了政治风云的“晴雨表”,人们对孔子的态度成了判断是不是马克思主义者的标准。认为孔子思想是进步的,是封建社会上升时期思想的人,就是非马克思主义者,反之,认为孔子思想是落后的,是奴隶主贵族思想的人,就是马克思主义者。我们很容易见到,中国马克思主义批儒时,系统、全面地对儒家思想的解析,其实是儒家思想被马克思主义理论(阶级斗争理论)所肢解;我们更容易见到,由政治干预学术产生的“学阀”,他们以马克思主义理论家自居,动辄上纲上线指责学者批儒中出现的“错误”。我们不能否认政学一体对以尊孔崇儒的北洋政府、民国政府的批判是最有效的途径,但政治过分干预学术也会使政治失信、学术失范、学人心灵扭曲。

第三,批儒方法的单一。中国马克思主义在20世纪的批儒中,阶级分析方法始终占据着绝对的主导地位。尽管李大钊曾依据历史唯物主义关于经济基础决定上层建筑原理研究中国的传统社会和“大家庭”制,尽管毛泽东提出对儒学批判继承、“剔除”“吸收”的原则,但中国马克思主义批孔的方法中,阶级分析和阶级斗争是最主要的方法和观点。在这样的研究方法的笼罩下,思想史研究中的义理与考据显得可有可无,儒家思想资料也变得不重要了,只能是儒家思想或者代表奴隶社会思想,或者代表封建社会思想被社会主义社会所遗弃。

中国马克思主义者长达60年的批儒斥儒,一方面造成了马克思主义在中国成为空洞的说教。马克思主义传入中国时,许多共产党人曾将马克思主义作为终身信仰,为之抛头颅洒热血,为实现共产主义而奋斗终生。然而,新中国成立后,几十年的教条化的马克思主义教育,却使马克思主义成为人们获取功名的一种必备的知识,而淡化了人们对它的信仰。另一方面,批儒斥儒使儒学在新中国面临着断裂的局面,使中国人失去了文化根基和精神家园。于是,再一次的文化启蒙运动也就不可避免了。

三、对话与互动:马克思主义新儒学观的重建

1978年5月,《人民日报》发表了《实践是检验真理的唯一标准》一文,揭开了解放思想的序幕。借思想解放之风,儒学研究领域也出现了对孔子及其思想的"再评价再认识"。"再评价再认识"无疑是对原有评价认识的反动。"大陆学者们试图驳斥'文化大革命'期间种种全盘性否定孔子学说的谬论。不仅如此,他们还企图从阻力最小的一环,亦即孔子的教育思想来肯定孔子。"①实事求是成为新时期"再评价再认识"的原

① 曾春海:《以马列主义中国化为线索评估中国大陆四十年来的哲学发展——以儒家哲学为范例》,《台湾政治大学学报》1995年第2期。

则,在这一原则的导引下,学者们开始重新整理儒学史料、检讨儒学研究方法,厘清"真""假"孔子。于是,中国马克思主义与儒学开始从对立转化为对话。

1979年10月,中国哲学史方法论问题讨论会专门讨论了苏联领导人日丹诺夫的哲学史定义对中国哲学研究的影响。学者们对日丹诺夫的哲学史定义产生过教条化、公式化、简单化和贴标签引起的负面的影响进行反省。学者们提出了要肯定对人类认识的发展起过积极作用的唯心论或形而上学的历史意义和价值,也要否定对人类认识的发展起过消极作用的唯物论。[①] 这标志着学者们开始对唯物、唯心二分法的定位的思考。张岱年在会上指出:"时至今日,历史在发展,时代在前进,现在已经达到这样一个时代:'尊孔'固不足以骗取人心;'反孔'亦不足以伪装革命。因而有可能对于孔子进行科学的实事求是的讨论了。我们现在哲学史工作者的任务之一是全面地客观地评论孔子。"[②]1983年,匡亚明提出了要把孔子思想分成精华、糟粕、精华与糟粕掺杂相间的三部分(三分法),精华部分可以拿来就用,对于糟粕部分要批判,对精华与糟粕掺杂的部分,要仔细研究,取其精华,去其糟粕。这是对以阶级分析为孔子研究主导方法的冲击和挑战。1984年召开的全国孔子学术讨论会,是孔子地位得到进一步确立的会议,这次会议结束了几年来孔子思想再评价再认识的许多争议,开辟了孔子思想研究大发展的一个新局面。其标志有以下四

---

① 参见汪子嵩:《谈谈怎样研究哲学史》,《中国哲学史文集》,吉林人民出版社1979年版,第59页。

② 张岱年:《孔子哲学解析》,庞朴、马勇、刘贻群编:《先秦儒家研究》,湖北教育出版社2003年版,第493页。

方面:一是这次会议采用孔子诞辰2535这个时间来纪念孔子;二是会议期间举行了重塑孔子像的揭幕仪式;三是会议成立了中国孔子基金会和中国孔子研究筹备会;四是会议期间举行了两次中外记者座谈会,广泛宣传研究孔子思想的时代意义。“这次会议在我国近年研究孔学的历史上产生了重大影响,它标志着我国全国性研究孔子的中心已经形成,它开始把儒学研究逐渐发展为国际性学术事业,使我国的儒学研究进入了一个新的历史阶段。”[①]1986年由中国孔子基金会主办的学术刊物《孔子研究》创刊,该刊的宗旨是“提倡不同学派不同观点的讨论和交流,以推动孔子、儒家和中国传统文化思想的研究工作”[②]。这标志着孔子研究的环境进一步开放,孔子研究方法更加多样化。

中国马克思主义与儒学的对话深化了中国马克思主义者对马克思主义的重新认识。中国马克思主义者已经意识到,马克思主义并不是自足的思想体系,必须吸收人类一切优秀的文明成果,不断充实和完善自身体系,才能保持长久的生命力。而20世纪80年代兴起的“文化热”,是中国马克思主义突破自足体系,对各种文化的认可。有了异体文化的介入,原来马克思主义的科学解释系统受到了质疑和挑战,而一向被忽略的实践唯物主义被重新发现获得创造性阐释,使人本主义又重新回到马克思主义的殿堂。从儒学发展来看,中国马克思主义与儒学的对话,也使儒学又受到中国人应有的敬重,对儒学天人观、

---

① 宋仲福、赵吉惠、裴大洋:《儒学在现代中国》,中州古籍出版社1991年版,第355页。

② 谷牧:《〈孔子研究〉发刊词》,《孔子研究》1986年创刊号。

人性论、人生论等的价值挖掘取代了对孔子及其思想的阶级评价。

从20世纪80年代后,在中国马克思主义和儒学的研究向纵深化展开之际,学者们研究的触角伸展到马克思主义与儒学的公共领域。于是,中国马克思主义与儒学的关系由对话转为互动。一方面儒学的理念被诠释为马克思主义观念,如孔子描绘的“大道既隐,天下为家”的“小康”社会,被诠释成“人均国民生产总值800—1000美元”的“小康”水平;用“和谐社会”诠释儒家的“中和”理念;等等。另一方面,儒学借助于这种互动来实现现代转换,儒学文本被现代观念、现代方法、现代话语进行创造性的解读和阐发,儒学的范畴、逻辑、意义在不游离原意上被重组重构。国家领导层也出面肯定儒学的价值。1994年,李瑞环在“纪念孔子诞辰2545周年国际儒学研讨会”上指出:“孔子是中国伟大的思想家、教育家,他创立的儒学是中国传统文化的支柱,是中华民族的骄傲。”①1999年,李岚清在“纪念孔子诞辰2550周年座谈会”上指出:“21世纪应当成为人类物质文明和精神文明相协调发展的时代。中国传统文化中的孔子和儒家学说在新的世纪当中,也将焕发新的活力,为人类社会进一步的发展做出新的贡献。”

互动带来的结果是双赢。20世纪90年代以来,一大批儒家经典再版并成为畅销书,人们在读书时间极少的情况下选择读儒家经典,这难能可贵;儒学研究机构纷纷成立,儒学网站不断创办,不同层面的学者对儒家经典的体认已经被人们关注,

---

① 参见杨国钧:《用科学方法总结儒学为现实服务》,《人民日报》1994年10月6日。

“儒学热”正在兴起。而马克思主义在一次次的文化碰撞中与各种文化求同存异,填充了养分,使自身的理论系统更加完善,也更加开放。

诚然,中国马克思主义与儒学的双向互动在20世纪才刚刚开始,双向互动本身受到学者质疑。但是,有了互动的开端,中国马克思主义的儒学观必然会以一个新的面貌呈现在人们面前。

解字成理:《性命古训辨证》的研究方法启示*

《性命古训辨证》是傅斯年先生借鉴西学方法研究中国思想史的代表成果。由字释义,再上升到观念,进而解读思想史,这一研究方法从某种意义上开辟了由训诂学、考据学进入哲学的研究理路,也有效地解决了传统思想的现代转换问题。

一、"性""命"的文字学解读

从"字"入手进行统计学的分析,这是《性命古训辨证》的典型特色。《性命古训辨证》对"性""命"两个字进行了细致的梳理。

《性命古训辨证》从周代金文开始考察"性""命"。

傅斯年认为,周代金文中没有"性"字,但有"生"字。"生"字有三类,第一类是与后人所认同的"生"字相同,如用于人名,"生霸""生妣"等;第二类是后人的"姓"字,如"子性"、

* 本文原载于沈顺福主编:《儒家文明论坛》第4期,山东人民出版社2017年版。

“百生”等；第三类是“弥厥生”，傅斯年认为这里的“生”就是后人所谓的“生命”。但“阮芸台以《诗经》之‘弥尔性’为西周人论性说，乃由后世传本《诗经》之文字误之”[①]。

《性命古训辨证》指出，“命”字在甲骨文中并没有，但甲骨文中“令”字却出现多次。经过考证，傅斯年认为“令、命二字之为互用，且为同时并用者。然则在当时此二字必无异样之读法，仅为一词之异体耳”[②]。

对于《周诰》中的“性”与“命”，傅斯年首先辨别了《尚书》中的各篇，认为“盖《尚书》者，来源最不整齐之书也。不特东晋古文出自虚造，即伏生所传益以《大誓》之二十八篇不可据者亦复不少”[③]。只有《大诰》《康诰》《酒诰》《梓材》《召诰》《洛诰》《多士》《无逸》《君奭》《多方》《立政》《顾命》十二篇，“与西周初期之彝器铭辞同时，亦与《雅》、《颂》之时代相差不远”[④]，所以，考察《周诰》应以这十二篇为准。这十二篇中，“性”字仅在《召诰》中出现一次，“节性，惟日其迈，王敬作所不可不敬德”。傅斯年认为，节性之解不能仅限于《召诰》，应该求助其他资料。《吕氏春秋》载有“节性”一词：

是故先王不处大室，不为高台，味不众珍，衣不燀热。

---

① 傅斯年：《性命古训辨证》，广西师范大学出版社 2006 年版，第 7 页。

② 傅斯年：《性命古训辨证》，广西师范大学出版社 2006 年版，第 25 页。

③ 傅斯年：《性命古训辨证》，广西师范大学出版社 2006 年版，第 26 页。

④ 傅斯年：《性命古训辨证》，广西师范大学出版社 2006 年版，第 27 页。

> 燀热则理塞,理塞则气不达;味众珍则胃充,胃充则中大鞔,中大鞔而气不达。以此长生可得乎?昔先圣王之为苑囿园池也,足以观望劳形而已矣;其为宫室台榭也,足以辟燥湿而已矣;其为舆马衣裘也,足以逸身暖骸而已矣;其为饮食酏醴也,足以适味充虚而已矣;其为声色音乐也,足以安性自娱而已矣。五者,圣王之所以养性也,非好俭而恶费也,节乎性也。(《吕氏春秋·重己》)

《重己》篇整篇论述的是养生之道,所以"终篇之乱,应题'养生'。其曰'节性'、'安性者',后人传写,以性字代生字耳"①。

《周诰》中"命"字多见,但傅斯年认为,"《周诰》十二篇既与西周早期彝器铭辞之时代相应,自当仅有令字,今所见本乃全是命字并无令字,则传者以后世字体改写之也"②。

《诗经》中本无"性",其《大雅·卷阿》出现"俾尔弥尔性",其实是金文的"厥尔生"。《诗经》中的"命"字,以关于天命者为最多。

《左传》《国语》中,"性"字《左传》有九处,《周语》有一处。《左传》襄公十四年中的"天生民而立之君,使司牧之,勿使失性","勿使失性"其实是勿使失其生,牧民所以保民之生,与"性"无关,这是显而易见的。《左传》襄公二十六年"夫小人之性,衅于勇,啬于祸,以足其性而求名焉者,非国家之利也"。

---

① 傅斯年:《性命古训辨证》,广西师范大学出版社2006年版,第28页。

② 傅斯年:《性命古训辨证》,广西师范大学出版社2006年版,第28页。

这句话后一个“性”字一定作“生”字才能理解，“足其性”其实是“利其生”；前一个“性”字可以作“性”字解，但是以“生”字解更顺畅，就像是说“小人之生也，动于勇，贪于祸，以图厚其生而求名焉”。《左传》昭公八年“今宫室崇侈，民力凋尽，怨讟并作，莫保其性”，说的是莫保其生。《左传》昭公十九年“吾闻抚民者节用于内而树德于外，民乐其性而无寇仇”，说的是民乐其生。《左传》昭公二十五年“则天之明，因地之性……淫则昏乱，民失其性。……哀乐不失，乃能协于天地之性”，这一节中的“性”字解作后世的“性”字较长，然而，解作“生”字也能通，“因地之性”可以说是因地之所以生，即载物厚生；“民失其性”是说民失其所禀以生；“天地之性”就是所谓的“天之大德曰生”。《周语》上“先王之于民也，懋正其德，而厚其性；阜其财求，而利其器用”，“厚其性”其实是厚其生，也就是《左传》文公七年的“正德、利用、厚生”三件事情。基于此，傅斯年认为，“《左传》、《国语》中之性字，多数原是生字，即以为全数原为生字，亦无不可也。从此可知性之一观念在《左传》、《国语》时代始渐渐出来，犹未完全成立，至于性之一字，彼时绝无之，后世传写始以意加心字旁，而所加多不惬当”①。《左传》《国语》中的“命”字，其用法与《诗经》相同。

《论语》中出现两次“性”。“子曰：‘性相近也，习相远也。’”（《论语·阳货》）“子贡曰：‘夫子之文章，可得而闻也；夫子之言性与天道，不可得而闻也。’”（《论语·公冶长》）傅斯年认为，前一个可以作“生来本相近，因习而日异”；后一个

① 傅斯年：《性命古训辨证》，广西师范大学出版社 2006 年版，第 44 页。

应该参阅《孟子》对“生”与“性”的解释。《论语》中的“命”共七见,“明载命定之义”。

《孟子》一书的“性”字,皆可当作“生”字。首先告子言“性”皆就“生”之本义立说。《孟子·告子上》中记录了告子关于“性”的看法,“性犹杞柳也,义犹桮棬也。以人性为仁义,犹以杞柳为桮棬”;“性犹湍水也,决诸东方则东流,决诸西方则西流。人性之无分于善不善也,犹水之无分于东西也”。傅斯年认为,“《告子》所谓性,即所谓天生,所谓义,即所谓人为。以天生与人为为对,故曰‘仁内也,义外也’”。告子以为杞柳之生也,枝蔓丛出,不循方圆,使之成器,非加以人工;人之生也是枝蔓丛出,不辨善恶,因此要用仁义来加以限制。告子之说,与孔子“性(生)相近也习相远也”之说合,孟子则离孔子说远。告子的“生之谓性”之性字,原本必作生,否则孟子不得以“白之为白”为喻。告子所说的“食色,性也”之“性”,“寻告子之意,食色生而具者也,恻隐之心自内发,故曰内。至于是是非非贤贤贱不肖,必学而后知之,必习而后与人同,故曰外也”①。《孟子》一书,多处言“性”,如“性可以为善,可以为不善”(《孟子·告子上》);“尧舜性之也,汤武身之也,五霸假之也”(《孟子·尽心上》);“尧舜性者也,汤武反之也”(《孟子·尽心下》);“形色,天性也”(《孟子·尽心上》);“口之于味也,目之于色也,耳之于声也,鼻之于臭也,四肢之于安佚也,性也,有命焉,君子不谓性也。仁之于父子也,义之于君臣也,礼之于宾主也,智之于贤者也,圣人之于天道也,命也,有性焉,君子不谓命

① 傅斯年:《性命古训辨证》,广西师范大学出版社2006年版,第50、51页。

也"(《孟子·尽心下》);等等。傅斯年认为,这些"性"字,均可当"生"字解,"《孟子》一书虽有性之一义,在原文却只有生之一字,其作性字者,汉儒传所改也"①。

《荀子·性恶》篇之性字,"在原书本未经隶变之前,必皆作生字"。傅斯年认为,《性恶》篇首云:"人之性恶,其善者伪也。"据郝懿行、王先谦考,《性恶》全篇所论"其善者伪也"之伪,在原本必作"为"字,"伪"是后人传写时所改。既然"伪"字是由"为"字而改,那么"性"字也应该是由"生"字而改。进一步,傅斯年认为:"且就《性恶篇》所持之旨论之,其作生也固宜。全篇反复陈说者,皆不外乎申明人之生也本恶,其能为善者人为之力。世之所谓善者,非生而有之者也,学而后有之。所谓恶也,生而俱来者也,要在以礼法、教化、规矩、刑罚克复之耳。与其写作《性恶篇》,固不如写作《生恶篇》之足以显其义也。荀子之生恶论,正其以人胜天之主张之一面,其以劝学为教,人道为道,不愿'大天而思之',而欲'制天命而用之',皆与生恶说相表里。"②

傅斯年还考察了《吕氏春秋》中的"性"字,认为《吕氏春秋》中"性"字在原本当作"生"字。《吕氏春秋》的《本生》篇,"前文正在论生,后文乃直继以论性之语,忽又直继以论生之语,今日分写生、性二字,若语无伦次然,然若知原本当皆作生

① 傅斯年:《性命古训辨证》,广西师范大学出版社2006年版,第53页。

② 傅斯年:《性命古训辨证》,广西师范大学出版社2006年版,第55页。

字,性即生也,则上下文理通矣”[①]。而且《本生》篇内容讲养生者多,养性者少,原本应该是“生”字而不是“性”字,之所以出现“性”字,是“后世写者所为也”。《重己》一篇,全篇论养生之道,只是篇末忽然出现“安性”“养性”“节性”等词,应该是“安生”“养生”“节生”。

二、“性”“命”所蕴含的义理

《性命古训辨证》考察先秦的性、命两字的来龙去脉,绝不仅是做字面、字义上的梳理,而是想要解决先秦中国哲学的形成问题。

从“命”字的演化来看,通过考察,傅斯年认为中国古代对“帝”“天”的崇拜是一个漫长的演变过程,由开始的各个部落祭祀本部落的宗神,到大一统后形成一个普遍的宗神。周初,人们对“天”“命”的崇拜仍然普遍,“天命无常”仍然是普遍的认识。“《周诰》之可信诸篇中,发挥殷丧天、命周受天命之说最详,盖周王受命说即是周公、召公、成王施政教民告后嗣之中央思想,其他议论皆用此思想为主宰也。”[②]既然天命无常,那么作为人就必须敬畏天命,必须十分谨慎地对待天命,顺应天命。所以,《周诰》《大雅》中就有“天命靡常”“峻命不易”“其命匪谌”的记载。“天命靡常”是说天命没有常性,不会永远青

① 傅斯年:《性命古训辨证》,广西师范大学出版社2006年版,第57页。

② 傅斯年:《性命古训辨证》,广西师范大学出版社2006年版,第81页。

睐一姓一王；“峻命不易”是说保天命是非常不容易的，可以说是难上加难，因此，人们在天命面前，要时刻反省自己的行为是否有违天命之处；“其命匪谌”是说天命是不讲诚信的，没有什么规律可循，人在天面前要谨小慎微，必须固守天命，必须敬天，必须明明德，必须保民、慎刑、勤治。人怎样知天、事天？《周诰》《大雅》中已经明确天命即在人事之中，言天不能舍人事，“祈天永命”要“惟德之用”。“此时此辈人之天道观，仍在宗教的范畴内，徒以人事知识之开展，故以极显著的理性色彩笼罩之，以为天人相应，上下一理，求天必先求己，欲知天命所归，必先知人心所归。此即欧洲谚语所谓‘欲上帝助尔，尔宜先自助’者也。此说有一必然之附旨，即天命无常是也。惟天命之无常，故人事之必修。”①

然而，西周的发展历程中，潜伏着一批人，这批人“上承虞夏商殷文化之统，下为后来文化转变思想发展的种子”②，这批人属于“知识阶级”，也即是“士”，如春秋时期的史佚等。他们在周代鼎盛之时，安分慑服，一旦王纲不振，就会起而自己的主张，于是产生了各种各样的异说。对于天人关系的各种观点也出现了分歧。正是因为有了这样的分歧，东周时期也就有了多种天命说，大体上有五种，即命定论、命正论、俟命论、命运论、非命论。这五种天命说，正是诸子天人论的导源。命定论者以天命为固定而不可改易者，此种看法在当时的民间是牢不可破的信念，所以，这种观点在先秦的文献中有很多记载。命正论

---

①　傅斯年：《性命古训辨证》，广西师范大学出版社 2006 年版，第 98 页。

②　傅斯年：《性命古训辨证》，广西师范大学出版社 2006 年版，第 102 页。

者以天眷无常,依人之行事以降祸福,这种观点其实是周朝立国的宝训,《左传》《国语》等多记载这样的思想观念。俟命论者认为上天之意在大体上是福善而祸淫,然而现实中又不完全是这样,贤者不必寿,不仁者不必不禄。命运论是从命定论生发出来的,命定论认为天命不可改易,而命运论者认为“命之转移在潜行默换中有其必然之公式”。非命论出自命正论,并进一步强化了“天”的无常。五种天命论实质上是由命定论和命正论两种变异出来的,命定论派生出命运论,命正论派生出非命论,命定论与命正论共同生发出俟命论。从诸子上看,俟命论是儒家思想的核心,但儒家思想中也存有命定论、命运论和命正论。邹衍的五德终始说是命运论的典型代表。非命论的典型代表是墨子,《墨子》一书中有《非命》一篇阐述其思想。由此,傅斯年通过考察“命”字,将先秦哲学中的天命思想进行梳理和概括,提炼出了哲学思想中的天命观。

从“性”字的演化来看,“性之观念依人之观念以变化。古者以为上下异方之人不同,故其所以为人者不同,后世以为上下异方之人大同,故其所以为人者大同。以为人之所以为人者同,东周哲人之贡献也”①。也就是说,周之初,人们认为人是不同的,人只是有族性、族类、族人,而没有普遍性的人,人性上也只有自类别的人性观而没有普遍的人性观。古代本来没有一个普遍的“人”的概念,与之相近的“夷”“黎”“民”最初全是部落的类名。“夷”最先是东方部落之号,尽管种姓繁衍后不断壮大,但还是在夏商时期被人征服,降为下民之列,其文化独

① 傅斯年:《性命古训辨证》,广西师范大学出版社 2006 年版,第 106 页。

为先进，逐渐成为普通名称，《说文》《后汉书·东夷传》等以东夷为贵，圆颅方趾指的就是夷的部落特征；“黎”其实最早是地名，与太行山相隔（《烈女传》），春秋时期还有黎国，后来黎发展成为奉祀祝融之北方部族的通称，再之后为人所征服，成为社会最下层，所以称呼为黎民。《尚书·秦誓》“以保我子孙黎民”，《尧典》“黎民于变时雍”等，指的是黎的族类之名；“民”本为族类名，民、蛮、闽、苗字全是双音，应该是一个名的分化，也是指部落，《国语》“百姓、千官、亿丑、兆民”说的都是民，民最多，地位也最低。随着社会的发展，人智进步，对于人性的认识也由自类别的人性观上升到普遍的人性观。有三个方面可以证明这一进化过程。一是自周初开始以爱民、保民为政治口号，这时候的民包括一切杂姓，是不同阶级的混合；二是当时王公贵族执行的是严格的婚外制，即所有母系皆是“异类”，这样的结合，时日长久，形成了不同地区、不同族类的混合；三是当时负荷文化的遗传者，不是新兴的周朝上流社会人士，而是夏殷之遗士，这些人以为众民乃先代明德之胤，皆“黄炎之后”。所以，周初开始，部落、族类意义的人逐渐转变成了普遍意义的人。到墨子、孟子时代，已经是普遍的人的部落，族类意义消解，完全指普遍意义的人。然而，“中国人道主义之发达，大同思想之展布，在东周为独盛，其来虽未骤，其进实神速，必有其政治的社会的凭借，然后墨子之人类一家论，孟子之人性一般解，得以立根，得以舒张。学人诚有其自由，而其自由之范围仍为环境所定耳”①。

---

① 傅斯年：《性命古训辨证》，广西师范大学出版社 2006 年版，第 110 页。

也正因为“政治的社会的凭借”和环境的因素,儒、墨、法、道四派分别起于鲁、宋、晋、齐,而天人论各不相同。儒出于鲁,历来为学界共识。鲁人大体上为殷商遗民,为周之宗姓,为周公家子伯禽受封的明都,西周时期已经成为东邦的大藩,是东周的文化重镇,于鲁可睹“周公之德,与周之所以王”(《左传》昭公二年),“周礼尽在鲁”。儒学创始人孔子的祖先来自宋国,家传旧礼,自称殷人,所以早期儒学中殷遗色彩比较浓厚,尤其以三年之丧一事最为明显。然而,孔子所生长的是邹鲁而不是宋,孔子的儒学是继承周,“周监于二代,郁郁乎文哉!吾从周”(《论语·八佾》),“甚矣,吾衰也久矣!吾不复梦见周公”(《论语·述而》),由此可以看出,孔子的儒学文政以“东周”为目标,其宗教以殷商为归宿,鲁国的地域性特征极其显著。“故早期儒教实以二代文政遗训之调和为立场,其为鲁国产品,乃必然者也。”①东周列国中,宋人最富有宗教性,而东周诸子学中,墨家最具有宗教性。虽然墨子的很多主张与宋人传说相矛盾,如宋人以桑林万舞为贵,墨子非乐;宋人唯我独尊,墨子兼爱天下;宋人以公族执政,墨子尚贤;等等。但这不能得出结论说墨家与宋国无关,相反,墨子不是一个只知承袭前人思想的教徒,而是一个革命的宗教家。所以,墨子一方面发挥其浓厚的宗教信仰,不悖宋人传统,另一方面反当世之靡俗。如果不是在宋国的环境中,墨子的反应也不会如此强烈。墨家出于宋国当是无疑。晋国在春秋时期属于旧邦大国,春秋时期,晋几代国君对于前任公族进行杀戮,致使争斗几十年,公族

---

①　傅斯年:《性命古训辨证》,广西师范大学出版社 2006 年版,第 113 页。

尽仕于外。晋文公时尽管恢复了公族之制,但公族尽是列卿之族,真正公族仍须宦居于外。晋国这样的政治结构使国内尊贤尚功之风盛行,而亲亲之义弱化。加之,晋自随武子问礼于周室,“归乃讲聚三代之典礼,于是乎修执秩以为晋法”(《国语·周语》),所以,春秋直至战国,名法之学皆出三晋,吴起仕魏,申不害、韩非在韩,商鞅居梁。名法之学出于晋国是再正当不过了。法家多以为天道不必谈,人性观则以为可畏以威,不可以怀德,其人性论是建立在性恶基础之上。春秋时期,齐国国众而土不广,国富而兵不强,人习于文华,好为大言,所以争雄于列国之间,只有斗智不斗力。其典型论著当属《管子》。《管子》一书与《老子》书中论述多有重合,如管子主张“其为政也,善因祸而为福,转败而为功。贵轻重,慎权衡”①与《老子》义契合;《管子》“故刑罚不足以畏其意,杀戮不足以服其心”与《老子》“民不畏死,奈何以死惧之”,讲的是一个意思。所以,“黄老之学中,不特托名《管子》之书出自齐地也,即老子学之本身在战国末汉初亦为齐学”②。儒出于鲁,墨出于宋,法出于晋,道出于齐,与当时当地的民众对于天命和人性的认识关系密切,也正是这些对于天命、人性的不同认识,丰富了中国古代思想的天人理论,更丰富了中国古代哲学体系。

春秋时代介于西周与战国两个不同的时期,是一个转变的时代,也是一个矛盾的时代。春秋时代的天道观,在正统派看来仍然保留着大量的神权性,同时人定论也得以展现。春秋时

---

① 《史记》卷六二《管晏列传》,中华书局1982年版,第2133页。

② 傅斯年:《性命古训辨证》,广西师范大学出版社2006年版,第117页。

代的人论,在一般人仍是依族类而生差别之说。“春秋时代,神鬼天道犹颇为人事之主宰,而纯正的人道论亦崭然出头。人之生也,犹辨夷夏这种类,上下之差别,而斯民同类说亦勃然以兴。此其所以为矛盾时代。生此时代之思想家,如不全仍旧贯,或全作新说,自必以调和为途径,所谓集大成者,即调和之别名也。”①孔子就生活在这样一个时代,因此他的思想中充满了天、人的矛盾。孔子所言天命观念,指天之意志决定人事之成败吉凶祸福,命定论色彩不少,但不完全是命定论,是命定论与命正论的调和,所以孔子罕言天道。孔子的人道也是“立于中途之上”,认为人生而异,族类不同而异,等差不同而异。这种思想上的矛盾调和特征,到墨子、孟子时代已经很少见到痕迹。墨子思想的宗教色彩较浓,所以将天道抬高,而很少论及人道。而孟子则相反,将天道纳入人道。“孟子之言命,字面固为天命,其内含则为义,为则,不尽为命定之训也”②;“在性论上,孟子全与孔子不同,此义宋儒明知之,而非宋儒所敢明言也。孔子之人性说,以大齐为断,以中性为解,又谓必济之以学而后可以致德行,其中绝无性善论之含义,且其劝学乃如荀子。孟子舍宗教而就伦理,罕言天志而侈言人性,墨子以为仁义自天出者,孟子皆以为自人出矣”③。从中我们不难看出孔、墨、孟思想中天命、人性的不同主张,也推断出从孔子到墨子、孟子

① 傅斯年:《性命古训辨证》,广西师范大学出版社2006年版,第120—121页。

② 傅斯年:《性命古训辨证》,广西师范大学出版社2006年版,第142页。

③ 傅斯年:《性命古训辨证》,广西师范大学出版社2006年版,第137页。

时代人们对待命、性认识的变化。荀子之性论，“舍孟子之新路而返孔子之旧域”，荀子以性恶论著闻，这与孔子性相近、习相远相通，“孔荀在此一事上是不相干而不可谓相违也”。而荀子的天道论，“直向新径，不守孔丘、孟轲之故步，盖启战国诸子中积极人生观者最新之天道观，已走尽全神论之道路，直入于无神论矣”①。

由对“性”“命”两字含义的梳理，将先秦哲学（尤其是儒家哲学）的天人关系、天命立场、人性主张贯穿起来，并进行相互关联，理清先秦哲学发展的脉络，是《性命古训辨证》这部著作的主要功绩。

三、“性”“命”的训诂方法与中国哲学建构

如何看待《性命古训辨证》这种以字解释思想、诠释观念进而形成理论的方法呢？

应该承认，傅斯年的《性命古训辨证》虽然很有影响力，但著作中的观点并没有被多数学者认可。“傅先生这篇用力颇勤的著作，并无创获，在训诂材料上只比阮元多了一些青铜铭文，而在义理的发挥上更无新义；一切都未超出前人已有的境界。”②将先秦文献的“性”字全部训作“生”，其论据或是字形，或是音韵，其结论是“原本”“可作”“或作”“作生字然后可

---

① 傅斯年：《性命古训辨证》，广西师范大学出版社 2006 年版，第 151 页。

② 杨向奎：《论“性命古训”》，《史学集刊》1992 年第 1 期。

解”,这些不确定的词语使如此解释“性”字显得牵强,难以令人信服。特别是《孟子》《荀子》中的“性”字,已经明显超越了人“生”之本能,提升到“人性”层面,仍然作“生”解的话,显然不符合经典的原意。加之,《性命古训辨证》的“释字”部分将“性”解作“生”,而“释义”部分又将孟子、墨子的“性”解作“人性”,多少有一些前后不一致之嫌。后来的学人研究先秦性命观念、天人关系等采用《性命古训辨证》的观点并不普遍,正是因为如此。

然而,学人对傅斯年《性命古训辨证》的批评和质疑并不代表这部著作没有价值。“此书成为傅斯年的代表作,并且是使之当选首届中研院院士的主要凭据,并非浪得虚名。”①对此,我们应该看到《性命古训辨证》的价值。笔者个人认为,《性命古训辨证》的最大价值在于以字成理的研究方法,这种方法的价值在于有效地解决了传统学术在西方学科视野中被支离的碎片化现象,将传统学术以字重新贯穿,开辟了传统学术走向现代的路径。

《性命古训辨证》完成于 1938 年。传统学术经历新文化运动后被西学学科化地支离破碎,变成了无所依附的“游魂”,而从西方传入的哲学则大行其道,成为文化建设的绝对主流。在当时,不谈哲学就被视为落后,就无法建构新文化。传统文化怎样走入现代,就成为当时学人必须思考和面对的问题。“旧说将学问分为三部分,即所谓义理之学,辞章之学,考据之学;我们现在所谓义理之意义,大致与旧说所谓义理相同,不过

---

① 桑兵:《求其是与求其古:傅斯年〈性命古训辨证〉的方法启示》,《中国文化》2009 年第 1 期。

亦大致相同而已。”①“大致相同”是说传统文化的义理之学与现代的义理之学(哲学)只是大致相同,其实质上还是不同的,需要在古代的义理之学的基础上创造出现代的哲学。基于此,许多学者苦心孤诣,创造着新体系和新方法。如稍早一些的熊十力的《新唯识论》,以及与《性命古训辨证》几乎同时的冯友兰的《新理学》等。无论如何,在当时的背景下,学术的发展一定和哲学有关,如果某种思想与哲学无涉,那么就是落伍,就会被抛弃。《新唯识论》《新理学》也都是哲学著作。这倒不是熊十力、冯友兰愿意这样做,而是必须这样做。傅斯年也同样面临着这个问题,即如何把中国传统学术哲学化的问题。熊十力、冯友兰直接将中国传统学术与西方哲学整合,用西方的哲学方法创建中国哲学体系,用冯友兰的说法就是“旧瓶装新酒”。傅斯年走的不是这条路,他无意于创建哲学体系,而是以小见大,以字说文,解字成理,将字概念化、观念化,形成了独特的“以语言学的观点解释一个思想史的问题”的学术理路。按照西方学科式的划分,这一学术理路从文字学直接进入哲学,将文字概念化、观念化、哲学化,使中国传统的学术重新以文字观念的方式集结,创造出了新的中国哲学思想。“近年来兴起的概念史研究,方法多向外洋求助,以新自诩。实则近代学人已有借鉴欧洲新法研治中国思想史的范例,傅斯年《性命古训辨证》即个中翘楚。其研究对象与做法,与今日所谓概念史相近甚至相同,而其对欧洲相关学术方法的理解运用,以及对历代各类文籍材料和学人见识等本事的把握,则较今人更为

① 冯友兰:《新理学》,生活·读书·新知三联书店2007年版,第151页。

深入贴切。"[1]这种创造,既符合传统学术的宗旨,又借鉴西方研究方法,与当时流行的哲学相契合,创造出了新的哲学思想。这种治学理路,与熊十力、冯友兰的哲学化创造可谓殊途而同归,异曲而同工。

《性命古训辨证》的研究方法也被后学所继承。赵纪彬先生的《论语新探》就是按照《性命古训辨证》的研究方法对《论语》进行探讨的。该书于 1948 年由中华书局出版,其后又多次再版。书中的《释人民》《人仁古义辩证》等,影响了整个 20 世纪 50—60 年代的孔子研究,成为这一时段孔子研究的权威观点,其《哲学史方法论断想——从春秋的"人"概念看孔子"仁"的思想实质》一文,更是 60 年代孔子研究的标志性成果,影响极大。然而,《性命古训辨证》的研究方法在今天的学界几乎找不到了,"这本书出版在抗战时期,后又经历国共内战,至少到目前为止,严格地说并无产生影响,而且也没有人续在傅氏的研究基础上再发展"[2]。时至今日,从事训诂学、考据学的学者沉浸于自己的专业范围内不愿走出,而从事哲学研究的学者又觉得训诂、考据过于烦琐,不得其旨。于是,在很大程度上,训诂与哲学就成为两盲的境地,这不能不算作今天学界的一大遗憾,也更使我们怀念傅斯年先生的《性命古训辨证》。

---

① 桑兵:《求其是与求其古:傅斯年〈性命古训辨证〉的方法启示》,《中国文化》2009 年第 1 期。

② 余英时:《学术思想史的创建及流变——从胡适与傅斯年说起》,《文史传统与文化重建》,生活 · 读书 · 新知三联书店 2004 年版,第 424 页。

儒学研究中的“返旧”趋势*

自20世纪90年代中国大陆兴起“国学热”以来，儒学作为“国学”的核心内容也随之“热”度激增。这种热度一直持续到今天。在国学热度不减的当下，有学者提出了“儒学复兴”的口号，得到了许多学者的认可。而与儒学复兴同步进行的却是儒学的“返旧”，似乎儒学的复兴与儒学的“返旧”是同一回事。于是，儒学研究中，“返旧”趋势逐渐浓烈，甚至大有占据儒学研究主流之势。

一、“整理国故”重启

自20世纪90年代以来，儒学研究进入了一个重新“整理国故”的时代。举凡历代的儒学经典，学术界都要挖掘出来进行整理。一大批学人将学术研究的精力投入到这种整理事业之中，大有重启20世纪20—30年代的整理国故运动之势。

从时间上看，这种儒学研究的“整理国故”趋势或许可以追溯到20世纪的“文化大革命”的结束。

---

* 本文原载于《理论学刊》2014年第10期。

“文化大革命”的批孔，一度造成儒家思想传统命脉的断裂。作为反弹，“文化大革命”结束后的儒学研究首先要对“文化大革命”时期的批孔进行拨乱反正。于是，“文化大革命”一结束，学术界的儒学研究就进行了对孔子及其思想再认识、再评价工作。怎样对孔子及其思想再认识、再评价？在20世纪80年代，历史的、全面的、客观的评价孔子及其思想绝对占据着儒学研究的主流。“时至今日，历史在发展，时代在前进，现在已经达到这样一个时代：‘尊孔’固不足以骗取人心；‘反孔’亦不足以伪装革命。因而有可能对于孔子进行科学的实事求是的讨论了。我们现在哲学史工作者的任务之一是全面地客观地评论孔子。”①在当时，所谓的全面、客观评价孔子及其思想，很大程度上就是还原历史。“对待历史上有影响的人物、学派及其政治哲学思想的评价，只能运用马克思主义的观点，对具体问题作具体分析，把它放到特定的社会历史时期，按时间、地点、条件加以衡量……对孔子及其思想影响，必须运用一分为二的观点进行科学的分析。”②在还原历史中评价孔子及其思想占据着20世纪80年代前期儒学研究的主流。

1984年上半年，《中国文化研究集刊》《中国近代史文化史研究专辑》问世；下半年，《中国文化史丛书》《中国近代文化史丛书》出版，学术界开始将研究的视野转向传统文化领域。1984年10月成立的中国文化书院对儒学研究界产生了重大影响。

---

① 张岱年：《孔子哲学解析》，中国孔子基金会学术委员会编：《近四十年来孔子研究论文选编》，齐鲁书社1988年版，第422页。

② 山东大学历史系：《关于孔子及孔子思想再评价的讨论（代前言）》，山东大学历史系编：《孔子及孔子思想再评价（论文集）》，吉林人民出版社1980年版，第3页。

书院在邀请名家演讲同时,编辑出版了“中国文化书院文库”丛书,其中包括《中国文化研究年鉴》《梁漱溟全集》《中国文化与文化中国丛书》《港台海外中国文化论丛》《魏晋南北朝思想文化丛书》等,一定程度上拉开了当下“整理国故”的序幕。其后,学术界大量的整理国故工程启动。学者们整理出版了《大中华文库》《东方文化集成》《儒学通说丛书》《中华传统文化丛书》《现代新儒家辑要丛书》《现代新儒家研究丛书》等,与之相对应,儒家经典校勘、注疏等工作也成为儒学研究的主要倾向。2003 年,北京大学提出的编纂《儒藏》被批准为教育部哲学社会科学研究重大攻关项目,2004 年又列入全国社科基金重大项目行列,这一宏大工程吸收了大陆二十余所高校、科研机构人员参加,不仅是教师,许多教师所带的学生也参与整理。2004 年开始,四川大学与中国孔子基金会联合另出一套《儒藏》。其后,各科研机构也纷纷效仿,做起了整理古籍事业,子学、经学等典籍被重新点校、注释。于是,在今天的儒学研究中,我们又看到了 20 世纪 20—30 年代整理国故运动的翻版。与当年“整理国故”运动类似,一些学者也效仿胡适、梁启超开列研究国学必读书目,也列出了当代大学生必读书目①,将儒学放在显要位置。开书目、治国学当年的“时髦”成为当今儒学研究的时尚。

20 世纪 20—30 年代的“整理国故”运动开始后,许多学者对这一运动进行批评;而当今整理国故,却得到了许多学者的认可。“当今重提整理国故,并非要复古,而是要重建中国的文化自觉。也就是,通过借用现代科技手段整理国故,去国渣,

---

① 张岂之、徐葆耕主编《清华大学学生应读书目(人文部分)》,提出供本科生试用的 80 种书目,中国文化书目 20 种。

扬国粹……最终实现中华民族的文化自强。”①更有的学者，把当今的整理国故看作是“整理国故”运动的延续，认为20世纪20—30年代的“整理国故”运动之所以受到各方面批判，是因为对“全盘西化”的片面认识，无法处理好“整理国故”与“再造文明”的关系，无法将古代文化转化为“再造文明”的丰富资源。“在今天，对待自己的文化传统，我们的主张是：挖掘古典，返本开新；文化自觉，再造文明。”②

笔者认为，整理国故是学术研究尤其是儒学研究的基础性工作，是必须进行的，而且也是儒学研究必要的。但是，整理国故不是儒学研究的重点和全部。当今，儒学研究的重点应该是如何在文化多元化中继承和发展儒学。对于儒学典籍的过多、过频的整理，会使儒学研究的重点发生偏向和转移，学者们投入大量精力做整理的事业，却容易忽略儒学的发展这个主题。“这种整理事业的评价我们尤不可估之过高。整理的事业，充其量只是一种报告，是一种旧价值的重新估评，并不是一种新价值的从新创造，它在一个时代的文化进展上，所效的贡献殊属微末。”③20世纪20—30年代的“整理国故”运动告诉我们，一方面，整理国故仍然是当前学术研究的常态，学术界必须坚持；另一方面国故的整理工作最重要的是方法得当，如果方法不当，是否也会出现借“整理”之名行复古之实呢？抑或出现学者“南窗

① 胡键：《中国文化软实力建设：必要性、瓶颈和路径》，《社会科学》2012年第2期。

② 纪宝成：《挖掘古典　返本开新　文化自觉　再造文明——在“机遇与挑战——思想史视野下的出土文献研究”国际学术研讨会的致辞》，《重估国学的价值》，中国人民大学出版社2012年版，第323页。

③ 郭沫若：《整理国故的评价》，《创造周报》1924年第36号。

下读死书”的自恋呢？这两点，应该引起今天学者们的深思。

二、经学研究悄然兴起

经学是指中国汉代独尊儒术后，研究儒家经典、解释其字面意义、阐发其义理的学问。经学是中国古代学术的主体，是儒家思想的核心组成部分。经学作为训解和阐述儒学经典的学问，在传统社会中具有了宰制万态、牢笼百家的功用。然而，自19世纪中叶以还，儒学遭遇了西方近代文化的强烈冲击，儒家的知识体系和政治制度受到了巨大挑战。1899年清廷下诏废八股、诗赋，与之相对应的是各地书院已渐改为学堂，1901年清政府发布《兴学诏书》，正式要求全国广设学堂，至1905年传统“儒学”（学校）已无形中被取消。1905年，清政府正式决定废止科举，规定所有学校除保留经学、修身之外，皆教授自然科学。经学的地位由原来的法定经典降到修身之学；而在西学实用学科的冲击下，修身之学成了可有可无的学科了。1912年颁发的《普通教育印行办法》中明确地写着这样的条款：“小学读经科，一律废止”，“凡各种教科书，务合共和民国宗旨。清学部颁行之教科书，一律禁用”。1912年7月10日召开的全国临时教育会议上，作为教育总长的蔡元培进一步指出“普通教育，废止读经；大学校废止经科。而以经科分人文科之哲学、史学、文学之门”①。至此，存在了两千余年的经学被分散

① 蔡元培：《全国临时教育会议开会词》，高平叔编：《蔡元培全集》第2卷，中华书局1984年版，第264页。

到文、史、哲学科,曾经是最重要学科的经学已经不能再以学科的面目出现,传统经学终结了。新中国成立后,经学基本退出学术研究领域,也退出了社会生活。

20 世纪 90 年代以后,经学研究又重返学术领域,至今仍然呈现方兴未艾之势,学者对经学研究的痴迷程度令人啧舌。当前经学研究体现了如下特色:一是对经学的定位越来越高。经学曾经被看作封建意识形态,然而,现在对经学持如此认识的学者肯定会受到批判。今天的经学虽没有古代经学的国家意识形态独尊地位,但经学的地位正在逐步走高。当代学者研究经学,首先认识到经学与中国传统文化的密切相关,“经学在传统四部之学中居于核心的支配地位,要对传统文化的本质有更加深入的理解,无法绕开经学”①。进一步,有的学者指出经学其实不仅是四部之学的核心,而且是儒家思想的核心,“在国学里面它有一个主流,这个主流是儒学;儒学有一个核心,这个核心是经学”②。更进一步,有学者又把经学抬高到中国文化的源头地位,“经学是中国文化的源头,而中国过去的一百多年中,解决了救亡图存的问题,而今天的中国要文化自立,必须回到中国文化的根,即经学上来”③。这还不是经学的最高地位,有的学者认为,“经学不是僵尸,而是我们自身的历

① 《年度国学 2009》年度报告编写组:《多样化推进——〈年度国学 2009〉之经学报告》,《光明日报》2010 年 1 月 11 日。

② 李学勤:《国学的主流是儒学,儒学的核心是经学》,《中华读书报》2010 年 8 月 10 日。

③ 余敦康、姜广辉、梁涛:《儒家经学的历史作用》,《中华读书报》2009 年 3 月 4 日。

史"①。从"封建意识形态"到"我们自身的历史",研究人员不断地抬高经学的地位,试图要将经学恢复到古代的地位。所以,"经学应该成为独立的学科"②的呼吁得到了许多学者的认可和回应。二是经学研究的视野开阔、方法多元、成果显著。"综观近二十年来中国大陆的经学研究,主要从几个方面展开:第一,在文献学的背景中,对经部文献进行整理;第二,从思想史的角度,对经部著作、注经大师进行思想史的解读;第三,从解释史的角度,对十三经的注、疏,尤其是宋明理学家的经学注疏进行再解释;第四,从史学的角度,对经学发展的学术史,以及经学与政治制度互动的历史进行研究;第五,从文字学与思想史的角度,对新出土文献进行解释与辨析。"③据统计,仅20世纪90年代,"专经研究单篇论文达20000余篇,经学专著近1500余部"④。在儒学研究领域,经典重印、经典注疏、经典重诠、经典集成等大量涌现,而研读经典以及有关历代经师的论文更是多不胜数,经学史(经学思想史)也成为许多学人的主要研究内容。这一切构成了今天蔚为壮观的经学研究。可以说,今天的经学研究不逊于历史上任何时代。三是专门的经学研究机构以及经学研究平台的涌现突出了经学研究的地位。山东大学易学与中国古代哲学中心是"教育部人文社会科学

① 王志宏:《活的经学和僵死的经学史研究》,《国学学刊》2009年第4期。

② 彭林:《经学应该成为独立的学科》,《光明日报》2011年1月18日。

③ 《年度国学2009》年度报告编写组:《多样化推进——〈年度国学2009〉之经学报告》,《光明日报》2010年1月11日。

④ 陈居渊:《20世纪中国经学研究的回顾与展望》,《中华文化论坛》2006年第4期。

百所重点研究基地”之一，长期从事易学研究，取得突出成果；清华大学成立的经学研究中心、中国礼学研究中心也有着一定影响；1993年，中国诗经学会成立并成为国家一级学会，成员包括内陆500余名，海外100余名；国际《尚书》学会于2012年成立。这些经学研究机构搭建研究平台，交流研究经验和体会。《周易研究》已经成为易学研究的重要刊物，长期以来在易学研究方面起到重大作用；新创刊的《经学研究》通过重新开启经学研究，为分裂的学科寻找共同的灵魂，为往圣先贤的学问探求现代转化的方式；《中国经学》主张经学研究有深刻的政治含义，也有实用价值；国际儒学联合会网站开辟经学研究专栏，为经学研究提供交流平台。

这样一个宏大的经学研究队伍，这样繁多的经学研究成果，这样多的经学研究平台，使经学研究在当下悄然兴起。然而，学者们似乎对于当下的经学研究并不满意。“近二十年来，中国传统学术的研究有了很大的发展，但存在一个重大缺陷，即经学研究一直没能走出‘五四’以来的低谷，因而对经学的认识一直停留在原有的陈旧的观念上”①；“这些成果的水准而言，高质量、足以传世的佳作还不多见，重复、粗糙的论著比比皆是，经学研究，往往流于经学史的研究，至今还没有出现划时代的经学论著”②。从某种意义上说，这些对于经学研究的检讨，道出了今天经学研究的主要问题。其实，在今天学术开放的大背景下，经学研究确实值得去做，不能因为传统经学解

① 姜广辉：《经学研究的回顾与展望》，《中国思想史研究通讯》第一辑，中国社会科学院历史所思想史研究室，2006年11月，第7页。

② 《年度国学2009》年度报告编写组：《多样化推进——〈年度国学2009〉之经学报告》，《光明日报》2010年1月11日。

体了,经学被分散到文史哲学科中去了,就抛弃经学研究。事实上,经学是整个中华民族文化的核心,经学研究对于传统文化的传承起着重要的作用。因此,经学研究也应该是今天儒学研究不可或缺的内容。然而,怎样进行经学研究是今天必须要解决的问题。"真正的经学研究,主要的目的在于阐明、发挥经学义理,经学研究不排斥哲学、文献学这些学科,不排斥考据、训诂这些方法,而最终所要达到的目的,则不是把经学变成其它学科的材料,而是把经学义理用现代语言发明出来,成为当前思想建构的必要资源。"①我们今天的经学研究大部分是对经学进行文献学研究,重视经学文献本身而忽视经书义理。这种现象对于经学发展甚至传统文化的传承意义究竟有多大?不得不引起学人的思考。另外,经学研究的重复工作太多;经学研究中即便是文献学研究,许多成果也太粗糙。这些现象如果仍然存在的话,对于经学研究来说,难免鱼目混珠、滥竽充数,不但起不到好作用,反而不得于经学研究了。

三、考古发现带来文字学、训诂学、考据学等勃兴

王国维曾经指出,"古来新学问,大都由于新发见"②。20世纪以来,考古发现不断。20世纪早期及60年代发现的敦煌

---

① 《年度国学2009》年度报告编写组:《多样化推进——〈年度国学2009〉之经学报告》,《光明日报》2010年1月11日。

② 王国维:《最近二三十年中中国新发见之学问》,《王国维文集》第四卷,中国文史出版社1997年版,第33页。

遗书曾引起学术界的普遍重视,陈寅恪、王国维、罗振玉等学者对敦煌遗书的儒学部分内容都有论述。中国科学院考古研究所资料室整理的《唐景龙四年写本〈论语郑氏注〉残卷说明》和《唐景龙四年写本〈论语郑氏注〉校勘记》在1972年第2期的《考古》上发表,在海内外引起强烈反响,中国、日本以及台湾等国家和地区的学者进行了深入研究,并依此揭开了《论语》学中许多未解之谜。1981年第8期的《文物》杂志上,刊登了河北省文物研究所撰写的《河北定县40号汉墓发掘简报》和国家文物局古文献研究室、河北省博物馆、河北省文物研究所、定县汉墓竹简整理组联合撰写的《定县40号汉墓出土竹简简介》,对该墓出土的竹简的形制、内容做了大致的介绍,同时还刊布了简文中《儒家者言》的释文。1997年文物出版社出版了由河北省文物研究所和定县汉墓竹简整理小组合编的定州汉墓竹简《论语》一书。书中对出土简本《论语》的版本、文句也做简单的介绍,同时还对《论语》的全部释文做了简单的注释和校勘。于是,儒学界当时掀起了一股研究“定州汉墓竹简”的热潮。1973年,湖南长沙的马王堆汉墓3号墓出土一批帛书,帛书共有28种,计12余万字。马王堆帛书涉及儒学内容的主要有《周易》与《五行》。帛书《易》学偏重术数的倾向,成为研究先秦儒家《易》学的分派及象数学的重要参考资料。帛书《五行》篇仁、义、礼、智、圣与帛书《周易》五行说天、地、民、神、时均与思、孟五行相合,成为学者们论证思孟学派的重要论证。1993年10月,湖北省荆门市郭店村一处墓地中发现了一批竹简,学术界称之为“郭店楚墓竹简”。经过整理,这批竹简由荆门市博物馆编,文物出版社于1998年5月以《郭店楚墓竹简》为名正式出版,其中包括该墓出土全部竹简的图版、释文和注释。郭店楚墓竹简经过专家们长达五年的艰辛整理，确定为 16 篇先秦时期的文献，其中道家典籍 2 篇，儒家典籍 14 篇。《郭店楚墓竹简》出版后，立即引发了海内外学术界的巨大震动。“因为这批书简，不仅要改写经学史和儒家学说史，而且要动摇中国学术思想的不少有关定论。”①郭店竹简的研究也成为 1998—2000 年学术界的热点。有关郭店楚简的研究会议在短时间内不断举办，专家学者的研究成果时有面世。

这些考古发现，带动了儒学研究中的文字学、训诂学、考据学等的勃兴。“随着考古工作的不断发展，大批埋于地下的古籍文献重见天日，而相应的整理研究工作也取得了显著成绩，对历史学、古文字学、文献学、古代文学等诸多学科产生了深远影响。”②考古发现的大都是儒家文献的散佚古籍，与现今的流行文本存在很大的差异，或者现今文本中根本见不到这些典籍，因此，这些考古发现的价值都很大。也更因为如此，这些考古发现一经公开，许多学者迅速将研究的视野转向这里。在这些考古发现的研究中，最基础的、最容易被学界认同的、也是研究最需要的就是对竹简、帛书等的文字进行确认，顺序进行编排，句子进行推断。于是，对考古发现的文本研究中，文字学、训诂学、考据学等古代属于小学内容的研究方法迅速成为儒学研究的重要方法，而由这些方法所取得的成果也成为儒学研究的重要成果。特别是郭店楚墓竹简的出土，引起学界的极大关注。“郭店楚简是九十年代最重要的考古发现。它一出土，就

---

① 庞朴：《初读郭店楚简》，《历史研究》1998 年第 4 期。

② 东北师范大学文学院古籍整理研究所：《整理国故传承文脉》，《光明日报》2010 年 3 月 22 日。

引起了学术界的广泛关注。讨论范围之广和参加人数之多，都是前所未有。现在，据我了解，国内外有好些高等院校和研究单位都有专题讨论课和编写集释性著作的写作组，很多人都摩拳擦掌，准备搞一个定本出来。”①郭店楚墓竹简公开后，学术界先后召开了几次专题性会议，研究竹简内容。国际儒学联合会专门成立了国际简帛研究中心，编辑《国际简帛研究通讯》。武汉大学成立简帛研究中心，主编《简帛》，并开通“简帛研究”网站，为学者提供研究交流平台。“各种学术刊物，如《中国社会科学》《哲学研究》《历史研究》《文物》《中国哲学史》《孔子研究》《传统文化与现代化》《复旦大学学报》《武汉大学学报》《湖北大学学报》《江汉论坛》等都先后专栏发表有关郭店楚简的研究论文，《光明日报》理论版也经常发表此类文章。由《中国哲学》编辑部和国际儒学联合会学术委员会合编的《中国哲学》把第二十辑和第二十一辑设为《郭店楚简研究专号》，专门刊发和郭店楚简相关的论文。”②在这些关于郭店楚简研究的成果中，绝大部分是文字学、文献学和考据学的内容，即使是关于思想史内容的郭店楚简研究成果，里面的考据、文献内容也占有相当大的比例。学界比较认可的由李学勤先生主编的“新出简帛研究丛书”（第一辑）中，几乎全是关于郭店楚简的文字学、文献学和考据学研究。③ 以至于有的学者指出，“文献

---

① 李零：《郭店楚简校读记》，北京大学出版社 2002 年版，第 243 页。

② 王永平：《郭店楚简研究综述》，《社会科学战线》2005 年第 3 期。

③ “新出简帛研究丛书（第一辑）”包括陈伟的《郭店竹书别释》、李天虹的《郭店竹简〈性自命出〉研究》、崔永东的《简帛文献与古代法文化》、刘乐贤的《简帛数术文献探论》、王子今的《睡虎地秦简〈日书〉甲种疏证》。

学又是其他一切涉古学科即国学的基础,是一切从事国学研究者必备的常识”,“从事文、史、哲及其他涉古学科的学者,也必须具备文献学的基础,缺少了这个基础,或者这个基础过于薄弱,必定影响其进入学术殿堂的进程,其研究成果很难不出现硬伤”。①

事实上,文字学、训诂学、考据学等治学方法是传统儒学研究的基础,也是传统儒学研究的最重要的方法。没有这些方法,传统儒学的研究就无法进行,而传统儒学的价值也无法发现和实现其现代转换。然而,我们今天对于儒学的研究,目的在于传承文化传统,发现并挖掘其在现代社会中的价值。今天的儒学研究,绝不能停留于考证是什么、不是什么的层面,而应该发现、探索传统文化的价值,以及这些价值在当代社会的存在方式。所以,仅仅在文字学、训诂学、考据学层面研究儒学就会见字忘书,有点无面,支离破碎,这样的研究不应该成为我们今天研究儒学的重点。我们今天的儒学研究必须从文字、训诂、考据等基础方法入手,但这并不意味着儒学研究就是对儒家文献的文字辨析、字义训诂、内容考证,也不应该是大部分从事儒学研究的学者都要对出土的儒家文献进行文字学等方面的探讨,即使是郭店楚简这样重要的出土文献,也不应该成为所有儒学研究者的研究热点。这一点,儒学研究者们要保持清醒的认识。

① 时永乐:《文献学是国学的基础》,《光明日报》2010年11月1日。

政治与学术之间*

——解析20世纪60年代冯友兰、关锋关于孔子思想论争

理论研究从公认的事实出发，容易得出结论上的共识。20世纪60年代是一个特殊的年代，其学术研究有特殊的政治背景、研究方法及话语方式，也由此形成了这个时代学术研究的特点。

新中国成立后，在文化意义上趋向于唯物史观。20世纪50年代开始，中国大陆开展了知识分子思想改造运动，对知识分子进行历史唯物主义启蒙教育、普及唯物主义世界观。孔子及其思想的地位自然下降，仅仅成为专家学者的研究对象。这构成了20世纪60年代的孔子思想研究大背景。

---

* 本文为拙著《批判与传承——20世纪后半期的中国孔子研究》第二章"'文化大革命'前十七年孔子研究的'困厄'"部分内容，山东人民出版社2004年版。

一、冯友兰、关锋关于孔子思想论争的过程及主要观点

新中国成立后,孔子思想与主流意识形态的马克思主义是相悖的,尤其是中国马克思主义学派的学者,他们一直是将儒家思想当作封建社会的统治思想进行批判的。然而,作为中华民族的传人,所有中国人又无法绕开儒家思想,将西方文化移植过来作为文化基因。所以,毛泽东在 1940 年就提出了对待传统文化要“批判地继承”,“剔除其封建性的糟粕,吸取其民主性的精华”的方针。这是中国马克思主义学派从 20 世纪 40 年代到 80 年代对待儒学的态度。

按照这一方针,用马克思主义的方法将孔子思想截然二分,判断哪些是封建性的糟粕,哪些是民主性的精华,就成为这一时期孔子思想研究的应然之理。怎样判断?“哲学史上的唯物论与唯心论之间的斗争始终反映着反动阶级与革命阶级在利益上的斗争,全部哲学史,都是唯心论和唯物论这两个互相对抗的哲学派别的斗争和发展的历史”;“我们在考察一切哲学学说时就必须首先分清它是属于革命阶级的唯物论的宇宙观还是属于反动阶级的唯心论的宇宙观”。① 这是马克思主义哲学的党性原则,也是当时研究任何哲学史的基本方法。由此原则和方法出发,必然要对哲学史上的人物进行唯物、唯心

① 参见北京大学哲学系“哲四”小组:《评冯友兰先生的〈论孔子〉》,《光明日报》1960 年 8 月 26 日。

的判断，进而对其进行进步还是反动的评判。这就是阶级分析法的理论基础。在此基础上，冯友兰、关锋等人开展了关于孔子思想的论争。

1957年1月8日，冯友兰在《光明日报》发表《中国哲学遗产底继承问题》一文，提出了继承中国哲学的方法（被后来学者概括为"抽象继承法"），引起了学者们的高度关注。1957年1月下旬，北京大学哲学系主办中国哲学史问题座谈会，讨论如何评价唯心主义、中国哲学遗产的继承等问题。学者艾思奇在座谈会的总结发言中指出，冯友兰的观点违背毛泽东《新民主主义论》中有关文化遗产继承的原则。艾思奇、胡绳等都相继发表意见反对冯友兰中国哲学遗产继承的观点。

1960年7月22、29日，《光明日报》发表了冯友兰《论孔子》一文。他认为，"在孔子的当时，几种具有历史意义的变革，标志着中国社会在这个时代的伟大转变"。一种变革是郑国的铸刑书，另一种变革是奴隶主贵族等级制度逐渐崩坏。"对于这两种政治和社会变革，孔子的态度是保守的。"当时社会变革中还有两种，一种"就是有些国家已先后有了后来大一统的郡县制的开始"，一种是"奴隶主贵族用各种办法招徕劳动力，为他们垦荒，扩充土地"。"对于这两种政治社会变革，孔子的态度是进步的。""孔子的态度的这两方面，在他并没有矛盾。这是他的阶级立场所决定的。孔子和他所创始的儒家，是代表从奴隶主贵族转化过来的地主阶级利益。"

冯友兰认为，孔子看到当时"礼"在很多方面已经不被遵守了。孔子不认为新势力对旧势力的破坏是进步的现象，而认为这是"天下大乱"。为了阻止这个"乱"，他就企图用奴隶主制度中的"名"加上一些新补充的意义，"校正"当时他所认为不对的实际情况,这就是他所谓“正名”的实际意义。

孔子关于“天”,冯友兰指出,孔子“还是时常谈到‘天’,他所谓的‘天’,不一定有活灵活现的人格、对于自然界任何事情都‘发号施令’……但是他认为‘天’有分别是非善恶的意志”。天的意志,就是所谓“天命”。天命简称命,宗教宣传一个人的生死、祸福、富贵、贫贱都是命定的,富贵不可求,也不必求。孔子认为一个人的贫富、贵贱是“天命”所决定的。“孔子对于传统宗教的态度的进步一面比较清楚地表现在他对于鬼神的态度。他对于鬼神是否存在,持怀疑态度。”①

冯友兰强调,“孔子思想的进步一面,更表现在他对于‘仁’的理论”。在孔子思想中,“仁”是一个最高的道德原则,它的主要内容是“爱人”。孔子所讲的“爱人”有两个来源,两个意义。就两个来源说,一个来源是政治方面,即当时“徕远人”的政治在思想上的反映,另一个来源是奴隶主贵族注重氏族关系的所谓宗法。宗法是一种以血缘关系为基础的社会组织制度,宗法注重孝的道德。这种道德要求一个人全心全意为他的宗族服务,这就是“亲亲”。孔子拥护“亲亲”,也提倡孝的道德。就“爱人”的人的两个意义说,一个意义,人就是为宗族以外的人。“人”的另一个意义是与“己”相对的“别人”,“仁”要求人以人的资格,承认于“己”之外,还有与自己相对的别人,“它要求人互相承认对方有独立的意志,有与自己相同的人格”。孔子认为“仁”的基础是人的欲望和情感,他非常重视有情感欲望的具体的人,并企图以此为基础,建立起“仁”之德。

① 冯友兰:《论孔子》,《光明日报》1960 年 7 月 22 日。

冯友兰认为，照孔子看来，“仁”和“礼”是统一的。孔子所说的欲望情感，其实就是在传统“礼”的影响下培养出来的，它就是统治阶级的欲望情感，所以它只能给“礼”作基础，不能跟“礼”矛盾。在孔子思想体系里，“仁”“礼”和“天”的关系也是统一的。

针对冯友兰关于孔子思想的观点，关锋、林聿时在 1961 年第 4 期《哲学研究》上也发表《论孔子》一文。① 关锋认为，“仁”是孔子政治学说的核心，要了解“仁”的学说，必须和他对“礼”的观点联系起来考察。在孔子那里，“仁”是“礼”的内容，“礼”是“仁”的形式，而恢复“礼”又是目的，“仁”又是恢复“礼”的一种手段。孔子的“礼”即是周礼。“孔子对周礼是什么态度呢？简单地说，就是他主张恢复周礼，要用他的‘仁’把周礼复活起来；当然这是保守的。”但是，孔子的“仁”的学说也有进步意义，主要有孔子把君臣、父子、上下、富贫、统治者和被统治者的守礼，看作双方面的关系，主张对民有所让步；孔子从以血缘为纽带的氏族制度中初步发现了个人；孔子要把周礼下到庶人（包括平民）；主张“尚贤”。“从基本方面说来，孔子的‘仁’和‘礼’的学说，就是改良主义。就是基本上站在奴隶主立场调和阶级矛盾。”

关锋指出，孔子没有讨论过所谓形而上的宇宙本体论问题，《论语》中的“道”字根本不是哲学范畴，所以我们也就无从研讨孔子的自然观。“讨论孔子是肯定还是否定有意志的天，

---

① 关锋在 20 世纪 60 年代所发表的有关孔子思想内容的文章大部分是与林聿时合作的，正确的说法应该是冯友兰与关锋、林聿时的论争。笔者于此只采用文章的第一作者关锋，用其指代关锋、林聿时。

他的自然观是唯心主义的还是唯物主义的，我们认为这是很难得出一致的可靠的结论的。”孔子极力回避有无上帝，以及有神还是无神这一在当时思想界讨论的重要问题。孔子既然没有讨论自然观问题，所以我们也就无从去讨论他的自然观。但是，“有一点却是极明确、不容歧解，而且在孔子思想体系中占有很重要的地位的，这就是：‘天命’”。孔子所说的“命”，是一种机械的必然性，是从社会外部加进来的异己力量，这种力量主宰着、规定着事物的变化。“他承认有一种‘命’、‘天命’从社会外部决定着社会命运，却是没有疑问的。也就是说，他是唯心主义的机械命定论者。”

关锋得出研究孔子思想的结论：“孔子的政治学说，基本方面是调和阶级矛盾，是改良主义，企图经过改良以维护和恢复西周制度。孔子哲学的方法论是折衷主义，其世界观基本上是主观唯心主义和‘客观’唯心主义的折衷杂拌。他在政治行动方面，尤其在中年以后，更是保守的、反动的，站在没落奴隶主贵族立场。”①

1961年9月27日，北京哲学会举行学术报告会，冯友兰作关于孔子思想的报告，针对关锋、林聿时《论孔子》一文的观点逐一提出反驳。

报告中，冯友兰重点反驳关锋、林聿时关于孔子“仁”的理解，论述了孔子“仁”的思想。② 报告第一部分是“作为一种道德的‘仁’”。冯友兰指出，孔子的“仁”的主要内容就是“克己

① 关锋、林聿时：《论孔子》，《哲学研究》1961年第4期。

② 参见冯友兰：《论孔子关于“仁”的思想》，《哲学研究》1961年第5期。

复礼”。就“克己”一方面看,孔子讲“忠恕之道”,表明了他对个人的发现和对人与人之间有一定平等关系的认识。这在春秋战国时期是思想上的一个重大进步,是新的阶级意识的表现,不可能为奴隶主贵族的思想所具有。另一方面,孔子讲“复礼”,就是要把“周礼”规定的君、臣、父、子这些社会关系重新加以肯定,这就形成“仁”的思想的局限性。它表明由奴隶主贵族转化来的地主阶级跟奴隶社会还保持着密切的联系,他们还需要很多旧的框子来束缚被统治的人民,等级制度便是其中不可缺少的东西。

冯友兰认为,孔子讲“仁”就是“爱人”,这里的“人”是泛指,不能解释为专指奴隶主贵族。孔子不是把劳动者当作“会说话的工具”看待,他在理论上承认应该“博施于民而能济众”,这在奴隶制向封建制转化时期也是可贵的。孔子讲“爱人”,从字面上看是要爱一切的人,是超阶级的;实质上却有着明显的阶级内容,他所爱的只是剥削阶级。可是,也必须承认,孔子的某些话是以普遍的形式提出来的。统治阶级思想的这种普遍形式对劳动人民来说是一种欺骗,但是当一个阶级还处在上升阶段的时候,它的代言人的思想所具有的那种普遍形式,也还不完全是欺骗。孔子所代表的阶级当时正处上升阶段,他的思想就具有一定进步的历史意义。冯友兰认为,孔子的“仁”不只是一种道德,而且也是一种世界观。孔子在中国哲学史上第一个提出人必须有一种自觉的世界观,“仁”就是他认为完全正确的世界观,包括对社会和自然的理解,即所谓“闻道”“知天命”。这种世界观不能超出剥削阶级的局限,维护剥削制度的“礼”构成了它的主要成分。孔子第一个自觉地提出世界观问题,他的“仁”具有人类“自我意识”的意义,这在人类意识发展史上是有很重要意义的。同时,它也集中反映了当时重视“人”的历史趋势,是进步阶级的意识表现。

冯友兰指出,孔子的思想体系不是折中主义的杂拌。关锋、林聿时提出的孔子思想体系中的八对矛盾,有的是当时社会新旧斗争的客观矛盾的反映,有的只是表面的矛盾。孔子的思想不是庸俗的调和或拼凑,而是一个完整的思想体系。孔子的思想在中国两千余年的封建社会居于统治地位,产生很大影响,这也不是一个折中主义的杂拌思想所能做到的。

1961 年 10 月 13 日,北京哲学会又邀请关锋作关于孔子思想的演讲。关锋重申自己对于孔子思想的看法。他说,他的演讲是对他和林聿时《论孔子》一文的补充。《论孔子》一文的第四部分专门论述了孔子的阶级立场,虽然还反映着非贵族出身的知识分子的一些要求。在讲演中,关锋强调指出,要评定孔子的阶级立场必须抓住基本历史线索,即阶级斗争的线索。这个线索,在当时的鲁国就是鲁公室(代表没落的奴隶主阶级)、季氏(代表地主阶级)和阳虎等人(代表社会下层)的三角斗争。孔子基本上是站在鲁公室方面反对季氏的。他说,如果这个基本的历史线索不对,就应该找出另外一个基本的历史线索来;离开基本的历史线索争论孔子的阶级立场,是争论不出所以然的。①

关锋不赞成孔子对周礼作了基本修正的说法。他认为,孔子依据周礼反对晋国铸刑鼎,反对季氏“以田赋”,反对对周礼的僭越等,可以证明孔子所主张的礼,基本上还是周礼。他对

① 参见《首都哲学界展开孔子哲学思想的探讨》,《光明日报》1961 年 10 月 30 日。

周礼的修正,并不是原则上的基本修正。说孔子把礼下到奴隶也找不到根据;即使孔子真的主张把礼下到奴隶,也不能证明礼不是周礼。问题是礼的内容是什么。如果内容还是周礼,下到奴隶也还是周礼。羞愧之心是有阶级性的,在奴隶解放时期,奴隶认为逃亡、起义是正义的,至少用不着羞愧,而奴隶主却认为是可耻的。说孔子用礼来培养奴隶的羞愧之心,并不能证明孔子的礼不是周礼。在奴隶的反抗斗争下,孔子是主张对奴隶有所让步的,如他说"使民如承大祭",等等。

关锋在演讲中,特别强调对孔子的"仁"要作历史的具体的分析。他说,孔子的"仁"的历史背景有两个方面,一个方面是顺乎当时氏族制度瓦解的趋势,孔子提出了"仁",不分族类,来和过时的"以族类辨物"的观点对立,这是其进步方面;另一个方面是逆乎地主阶级从奴隶主手里夺取政权的斗争,站在奴隶主立场调和阶级矛盾,这是其保守方面。由于氏族制度急剧瓦解,当时各阶级纷纷讲仁,但各阶级所讲的仁却又有本质的不同。他概括了《左传》《国语》和其他文献上的材料,指出在当时奴隶主贵族中流行的仁的观念,是"礼让""仁不怨君""仁人不党""爱亲之谓仁",孔子的"仁"就是这种流行观念的集中化、概括化和哲学化。在当时的地主阶级中流行的"仁"的观念则是"度功而行,仁也","杀无道以立有道,仁也",等等。当时也有反映劳动人民的"仁"的观念,这就是阳虎所说的"为仁不富矣,为富不仁矣"。孔子的"仁"是和后面这两种关于"仁"观念相对立的。

关锋认为,孔子的"爱人"也是有具体的阶级内容的。他反对对于孔子的"仁"作抽象的逻辑分析。离开历史和当时的阶级斗争,作抽象的逻辑分析,说孔子的"己所不欲,勿施于人”“己欲立而立人，己欲达而达人”中的人，就是和自己相对待的一切人，似乎可以说得通。但那样一来，人就成为超阶级超历史的人了，这是不真实的。他还指出：孔子说的“己欲立而立人”就是要“立于礼”，这里的阶级性就是周礼。地主阶级要“立”也是有阶级性的。

关锋不同意孔子思想是从有神论到无神论过渡的说法。他认为，这种说法低估了春秋时期无神论思想发展的水平，因为在当时已经有了相当彻底的无神论。他还认为孔子的“天命”思想比西周奴隶主思想代表周公落后，周公对殷人讲天命，对周人却是说“天畏棐忱”“天不可信”，表现了他对“天命”明显否定的倾向。

关锋在演讲中还讲到，在研究孔子的哲学思想时必须注意方法论的问题。他认为，存在决定意识，意识是存在的反映，这是历史唯物主义的根本原则，也是哲学史的根本方法论。它要求我们对历史上的哲学体系作具体的历史的分析，而不是抽象的逻辑的分析，即要根据一定社会制度和一定时期阶级斗争特点来分析一个哲学命题的固有意义，如果离开历史作抽象逻辑分析，就可能把一个哲学命题可能有的意义作为它实有的意义，这就不对了。所以在方法论上要强调具体的历史的分析。

1961 年第 11 期《新建设》发表了关锋、林聿时的文章《再论孔子——兼论哲学史方法论的一个问题》。文章指出，“社会存在决定社会意识，社会意识是社会存在的反映，这是历史唯物主义的根本原则，也是哲学史研究工作的根本方法论”。文章大量套用马克思、列宁、毛泽东等人有关阶级的观点，将学术的争论引向政治的分歧。关锋、林聿时又在 1962 年 1 月 22 日的《光明日报》上发表《三论孔子》，针对其他一些与他们在孔子研究中持不同意见的观点进行反驳。

其后,冯友兰发表了《再论孔子》(《北京大学学报》1962年第4期)、《我对孔子的基本看法》(《学术月刊》1962年第7期)、《关于孔子讨论中的一些方法论上的问题》(《文汇报》1962年11月13日)、《孔子哲学思想的几个问题》(《湖北日报》1962年12月14日)、《再论孔子关于"仁"的思想》(《新建设》1962年第5期)等文章,进一步阐明自己的观点。

冯友兰、关锋关于孔子思想的论争引起了学术界的强烈回应,文史哲各学科的学者纷纷加入论争之中。童书业、车载、周予同、高亨、于省吾、赵纪彬、杨荣国、安作璋、蔡尚思、唐兰、刘节、钟肇鹏、杨向奎、汤一介等纷纷撰写文章,加入这场论争。《哲学研究》《新建设》《文史哲》《学术月刊》等刊物也开辟孔子思想研究专栏,发表不同观点的孔子思想研究文章。孔子思想研究呈现了百家争鸣的局面。

二、冯友兰、关锋关于孔子思想论争的焦点

冯友兰、关锋关于孔子思想论争涉及孔子及其思想的许多问题和层面。从论争的内容上,二者的争论集中在研究孔子的方法论之争、孔子的阶级立场之争、孔子的"天命"之争、孔子关于"仁"的意义之争、孔子的"礼"的归属之争。

研究孔子思想究竟应该用什么方法的方法论之争,是冯友兰与关锋研究孔子思想争论的起点。1957年,冯友兰在《光明日报》上发表了《中国哲学遗产底继承问题》,提出了继承中国哲学的方法。1958年6月15日,关锋在《光明日报》发表《中

国哲学史研究的方向问题》指出,“冯先生提倡从中国哲学史上拣出现成的拿来使用的好东西的方向,这实际上是反马克思主义的,哲学史上没有也不可能有马克思主义哲学中所没有的、可以现成拿过来使用的好东西”。1961 年《哲学研究》第 4 期发表关锋、林聿时的《论孔子》一文,阐述关锋对于孔子的观点。关锋、林聿时《论孔子》一文将孔子思想分为政治学说、哲学思想、教育思想等,寻找大量史料证据,证明孔子的政治学说,有进步的方面,也有保守的方面,并且保守的方面是主要的;他的哲学贯彻着折中主义,其中虽有唯物主义的因素或倾向,但从基本方面看,他的世界观是主观唯心主义和“客观”唯心主义的折中杂拌。冯友兰提出抽象继承法之后,虽然受到许多学者的批判,但他仍然对自己的观点有所保留。他在 1960 年 7 月 22 日和 29 日的《光明日报》上发表《论孔子》一文,认为孔子思想的抽象意义在于:孔子把“仁”作为一个主要的道德原则,这是以前所没有的,孔子和儒家学说“提供了从精神上尤其是从伦理道德上,巩固封建等级制度的武器……也含有民主的人道主义因素”。1961 年第 5 期《哲学研究》上发表冯友兰反驳关锋观点的《论孔子关于“仁”的思想》,将孔子的“仁”区分为道德层面和世界观层面,认为孔子自觉地提出世界观问题,这是人类自觉的一种表现,孔子的“仁”是“人在世界观所可能达到的最高成绩”。1961 年第 11 期《新建设》发表关锋、林聿时的《再论孔子——兼论哲学方法论的一个问题》,文章指出“存在决定意识,意识是存在的反映,这是历史唯物主义的根本原则,也是哲学史的根本方法论,它要求我们对历史上的哲学体系作具体的历史的分析,而不是抽象的逻辑的分析,即要根据一定的社会制度和一定时期阶级斗争特点来分析一个哲学命题的固有意义”,并认为“历史的具体分析,还是脱离历史的抽象的逻辑分析,是争论的关键之关键,或者说是关于孔子仁学的争论的方法论的关键”。1962 年 11 月,关锋、林聿时向孔子学术讨论会提交《关于孔子讨论中的阶级分析的几个问题》,不仅批判冯友兰,而且还认为高赞非、刘节的文章倾向于冯友兰的抽象继承法,而加以批判。冯友兰在 1963 年第 6 期《哲学研究》上发表《关于孔子讨论的批评和自我批评》,对自己持守的观点做出让步。

孔子的阶级立场既是两者研究孔子的重点,又是两者分歧的最后归宿。冯友兰认为,孔子是春秋战国时期从奴隶主贵族转化来的地主阶级思想上的代表,因此是进步的,但是由于跟旧的奴隶制关系很深,所以在政治上采取改良主义路线。关锋一再重复他与林聿时在《论孔子》一文中的观点,认为孔子在中年以后,虽然还反映着非贵族出身的知识分子的要求,但在政治上主要是站在保守的奴隶主立场。

二人对于孔子“天命”思想的争论主要集中于孔子的思想是否是无神论。冯友兰认为孔子不承认有活灵活现的人格的上帝,所以他的“天命”就是“命运”;但他仍然承认有一种神秘的力量支配着社会和人的生活的变化,所以他的自然观基本上是唯心主义的,而孔子对于鬼神抱有比较明确的怀疑态度,表现了鲜明的无神论的观点,说明孔子思想是从有神论到无神论的过渡。就此观点,关锋认为是低估了春秋时期无神论发展的水平,他认为在当时已有相当彻底的无神论思想,孔子的“天命”思想,比西周奴隶主思想的代表周公落后。

关于孔子“仁”之意义之争,两人都认为是孔子思想的核心,并都承认“忠恕之道”是“仁”的主要内容。两人的分歧在

“仁”的社会作用上。冯友兰认为,孔子之“仁”,标志着人与人之间,从一定角度看,有一定的平等关系,在“仁”这个意义下,承认别人和自己有相同的人格,承认下层社会的个人也有独立的意志,因而,孔子的“仁”不仅重视人的作用,而且发现了个人,他讲的“仁”已经冲破了宗法制的范围,“仁者,爱人”中的“爱人”,所说的应该是爱一切人。更进一步,冯友兰认为孔子哲学体系中的“仁”,不仅是一种道德,而且也是一种世界观,这种世界观包括对自然和社会的理解,这又赋“仁”予类意识和类行为的意义,这是人类自觉的一种表现。关锋则强调对孔子的“仁”要作历史的具体的分析,他提出孔子的“仁”的历史背景有两个方面,一个方面是顺乎当时氏族制度瓦解的趋势,一个方面是逆乎地主阶级从奴隶主手里夺取政权的斗争,由于当时氏族制度急剧地趋于瓦解,各阶级均讲“仁”,但所讲“仁”之本质却是不同的,当时奴隶主贵族中流行的“仁”的观念是指“礼让”“仁不怨君”“仁人不党”“爱亲之谓仁”,地主阶级流行的“仁”的观念是“度功而行,仁也”“杀无道以立有道,仁也”等等,而劳动人民的“仁”的观念则是阳虎所说的“为仁不富矣,为富不仁矣”。孔子的“仁”是当时奴隶主贵族中流行观念的集中化、概括化和哲学化,是和后面两种“仁”的观念相对立的。关锋不同意冯友兰将孔子的“爱人”作抽象的逻辑分析。他认为孔子“爱人”也是有具体的阶级内容的,离开历史和当时的阶级斗争,作抽象的逻辑分析,说孔子的“己所不欲,勿施于人”“己欲立而立人,己欲达而达人”中的“人”就是和自己相对待的一切人,似乎可以说得通,但那样一来,人就成为超阶级超历史的人了。

对于孔子“礼”的看法,两者的主要分歧在于孔子的“礼”

是否在本质上与“周礼”是一种东西。冯友兰认为，孔子是拥护“周礼”的，但对“周礼”作了基本的修正。孔子主张“道之以德，齐之以礼”，用“德”和“礼”来培养奴隶和劳动人民的羞愧之心，实际上就是承认奴隶与劳动人民也是人，这就打破了奴隶与奴隶主不可逾越的界限，所以，孔子的思想正是当时奴隶身份逐步得到解放而成为自由人或半自由人这种进步趋势的反映。另一方面，孔子主张“礼”以“仁”为基础，将“礼”与“仁”结合起来，这是对“周礼”最重要的修正，所以他所拥护的已经不是奴隶制的“礼”了，而是封建制的“礼”了。关锋认为孔子依据“周礼”反对晋国铸刑鼎，反对季氏“以田赋”，反对对“周礼”的僭越等，可以证明孔子主张的“礼”，基本上还是“周礼”，他对“周礼”的修正，并不是原则上的基本的修正。另外，说孔子真的主张把“礼”下到奴隶，真的是用“礼”来培养奴隶的羞愧之心，也并不能证明孔子的“礼”不是“周礼”。①

三、冯友兰、关锋关于孔子思想论争的实质

冯友兰、关锋关于孔子思想的争论不但没有达成共识，而且分歧却越来越远。仔细品味两人的争论，其实在深层次上有着方法论上的意义。

第一，在时代的维度上，两人的争论体现了对“剔除其封

① 关于冯友兰、关锋二人的有关争论，本文参考了张立文的《首都哲学界展开孔子哲学思想的探讨》（《光明日报》1961 年 10 月 30 日）一文。

建性的糟粕，吸取其民主性的精华"原则的不同取向。毛泽东于1940年在《新民主主义论》中提出："中国的长期封建社会中，创造了灿烂的古代文化。清理古代文化的发展过程，剔除其封建性的糟粕，吸取其民主性的精华，是发展民族新文化提高民族自信心的必要条件。"①由此确立了对待传统文化的原则，即"剔除其封建性的糟粕，吸取其民主性的精华"。这一原则中的"剔除"与"吸取"本来是一个过程，但是新中国成立后这一原则却被学界二分了。关锋的出发点是将马克思主义与中国的传统文化对立起来，着重论证二者的互斥性。他们研究孔子思想的重点是对其糟粕的发现与批判，似乎孔子思想的糟粕越多，对其批判越深入，就越能证明马克思主义的正确。他认为马克思主义在政治领域取得胜利，就是彻底的胜利，在学理上也应该坚持马克思主义胜利，而马克思主义这一新学的代表与儒学这一旧学的代表是"你死我活"的关系。只要坚持马克思主义，就要从政治上、学理上彻底清除封建传统儒学。因此，他们极力将儒学往"糟粕"中扯，用阶级分析方法将孔子思想斗争下去。他们一开始就紧紧抓住马克思主义在政治领域内的优势，用政治取代学理、取代学术，让学术为政治服务，以达到他们用政治手段清除儒学的目的。冯友兰认为毛泽东提出的对待传统文化的原则的出发点是寻找马克思主义与孔子及儒学的共同之处，重在挖掘、发现孔子及儒学的价值资源，吸取其精华，寻找孔子与马克思主义的对接之点。因而冯氏极力为孔子争得一席之地，在条件许可的情况下维护孔子的价值资源。即使是一定要把孔子分成是哪个阶级，确定他是进步的还是反

① 《毛泽东选集》第2卷，人民出版社1991年版，第707—708页。

动的时候,也要千方百计寻找证据,论证孔子是“奴隶主贵族向地主阶级转化”的代言人,为孔子思想的进步性做辩护。基于此,冯、关在孔子思想研究过程中“势不两立”“不共戴天”。

第二,在研究的方法上,双方体现了历史与逻辑、具体与抽象的对立。从孔子研究的方法来看,尽管冯友兰与关锋都罩上马克思主义阶级分析方法的外衣,但冯友兰注重的是孔子思想的逻辑演进,运用抽象与具体二分原则,强调孔子思想的抽象性。冯友兰的抽象继承是一种逻辑的继承,它是以道德的继承为前提,这是他所真正关心的。冯氏指出,“有些道德是跟着社会来的,只要有社会,就得有那种道德”①,“有一点应该注意,在中国哲学史底丰富材料中,有很大一部分是讲修养方法与待人处世底方法。这些方法按其具体意义说,都是封建社会底东西,没有什么可继承的,但按其抽象意义说,大部分还是可以继承的”②。其实这正是关锋批评冯友兰的超阶级的抽象的方法。在《中国哲学史新编》中,冯友兰又提出了普遍性形式新说,其实和抽象继承法性质相同。在冯友兰看来,所谓对中国传统文化的批判与继承,本身就说明传统文化有其合理的一面,要继承这合理的东西,必须对这些思想进行逻辑分析,抽象出传统思想的超时空、超阶级的价值系统。基于此,冯友兰主张要“接着讲”宋明理学,主旨是使传统文化能够传承下去。政治化倾向的马克思主义者更强调将孔子思想“作历史的具体的分析,而不能脱离历史作孤立的抽象的逻辑分析”,“我们

① 冯友兰:《三松堂自序》,生活 · 读书 · 新知三联书店 1984 年版,第 299 页。

② 冯友兰:《关于中国哲学遗产的继承问题》,《光明日报》1957 年 1 月 8 日。

研究孔子的思想,力求结合历史背景,作历史的具体的分析”,“讨论孔子的阶级立场和他的哲学体系的阶级性,我们认为,必须把握住春秋时代的基本的历史联系,根据基本的历史联系对孔子思想和行动进行具体的分析”。[①] 关锋、林聿时的许多文章就是针对冯友兰的抽象继承法和普遍性形式而进行批判的,《再论孔子——兼论哲学史方法论的一个问题》《关于孔子思想讨论中的阶级分析的几个问题》《关于哲学史研究中阶级分析的几个问题》等,都用了大量篇幅、大段大段地引用马克思恩格斯的话,对冯友兰的抽象继承法与普遍性形式进行批判,直至让冯友兰做出《关于孔子讨论的批评与自我批评》。他们这样做的结果,直接将马克思主义与传统文化对立起来,为“文化大革命”时期的历史虚无主义奠定了理论基础。

第三,在更深层的意义上,折射着价值与理性的背离。众所周知,孔子思想就其本质而言,是对人生终极意义层面的关怀,体现着对人生价值的确认。冯友兰正是看到这一点,才极力地维护孔子“仁”学的地位,将“仁”学提升到世界观层面和人生境界层面,这就凸显出孔子思想的价值,使孔子思想进入了意义世界。关锋却极力将孔子的“仁”拉回现实世界,拉回到“具体的、历史的”背景之中,这样孔子的“仁”就仅仅剩下时代的、具体的、阶级性的内容了,其超越现实层面的意义世界被马克思主义阶级分析的理性遮蔽了。本来,马克思主义是不存在理性与价值的背离的,马克思也非常重视人生的意义世界;但是,在关锋那里,马克思主义只是理性的化身,是科学的化

① 关锋、林聿时:《再论孔子——兼论哲学方法论的一个问题》,《新建设》1961年第11期。

身,其人生意义被科学理性所遮掩,于是关氏就把马克思主义片面理解成“科学之科学”,也就把它与人文价值对立起来。冯友兰与关锋对于孔子思想的不同理解,同样折射出理性与价值背离的倾向。

四、冯友兰、关锋学术论争的非学术终结

1962年11月6日至12日在济南召开孔子学术研讨会,这次会议有的学者称为“建国后首次全国性孔子学术会议”①。“这次孔子学术讨论会,集全国各地的老年、青年史学、哲学工作者于一堂,大家都心情舒畅地发表了自己的意见和进行了‘争鸣’。”②来自全国16个省、市,160多位老年和青年学者出席了会议,几乎聚集了全国史学界、哲学界、文学界等所有有名望的思想工作者,冯友兰、吕振羽、周予同、于省吾、赵纪彬、杨荣国、吴泽、蔡尚思、束世澂、唐兰、刘节、李青田、赵一民、金景芳、关锋、林聿时、高亨、高赞非等在大会上发言,就孔子的阶级归属、孔子的中心思想、孔子的世界观和方法论、孔子在历史上的地位和作用等问题展开了讨论。特别是关于如何继承孔子思想遗产的方针和方法问题,成为会议争论的中心,围绕这一问题,许多学者集中发表了意见,其中有许多真知灼见之处,构成了当时孔子研究闪亮的思想火花。

---

① 参见颜炳罡:《五十年来孔子研究的回顾与展望》,《山东大学学报》(哲学社会科学版)1999年第3期。

② 参见吕振羽:《孔子学术讨论中的几个问题》,《文史哲》1963年第1期。

关锋、林聿时在大会上以《关于孔子思想讨论中的阶级分析的几个问题》为题发言，文章对几年来与其持不同学术观点的人进行了定性式的评议，“曹汉奇和严北溟的文章中所持的孔子站在没落奴隶主贵族立场，一生为挽救垂死的奴隶制度而斗争，但创造了进步的哲学体系和政治学说的论点，是背离了马克思主义的阶级斗争学说，也违背历史实际；……刘节和高赞非的文章，在另外一点上离开了马克思主义的阶级分析方法，1957 年冯友兰提出了超阶级超时代的所谓‘抽象继承法’……现在又从刘节和高赞非的文章中看到了类似‘抽象继承法’的抽象分析”①。关锋、林聿时的文章，后来使一些与他们持不同意见的学者受到批判。

1963 年第 1 期《新建设》发表本刊编辑部文章《从孔子讨论谈继承思想遗产问题》，进一步肯定了关锋、林聿时的观点，并批判了“一味颂扬孔子，把孔子思想现代化；把孔子思想说成超阶级、超时代的东西”等所谓的“不健康的倾向”，以官方的口气对近一年来繁荣的孔子研究定了调子，从而不仅仅结束了孔子研究中的冯关之争，也使孔子研究发生了根本性的转向。因而，1962 年的孔子学术讨论会就具有了划时代的意味，关锋、林聿时的会议发言稿也成了孔子研究方法论的某种标准和方向。这之后的讨论，恰恰是政治定性式的讨论，学术探讨被政治取而代之。所以，“这次学术会议成为孔子研究的转折点。在此以前，孔子研究中的不同观点属正常的学术争鸣，从此以后，孔子研究逐渐带上政治色彩且愈来愈浓，对孔子评价

---

① 关锋、林聿时:《关于孔子思想讨论中的阶级分析的几个问题》,《文史哲》1963 年第 1 期。

高低成为政治态度的表现”①。

1963 年以后,孔子研究转向了纯粹的孔子研究方法的讨论。在政治的高压下,冯友兰不得不做出让步,发表了《关于孔子讨论的批评与自我批评》文章,提出“我的旧哲学思想和思想方法还没有彻底的改造过来,经典著作中的理论没有学好,于是新的理论就成为旧思想的护身符和挡箭牌了”②;并承认自己讲孔子关于“仁”的理论的时候“就有很多错误”,如自己认为孔子的“仁”是超阶级的、抽象的思想;讲孔子的“仁”着重讲它的“真实”,“这就轻重不分,甚至轻重倒置”。

至此,冯友兰、关锋关于孔子思想的学术论争彻底宣告结束。冯友兰与关锋的论争,似乎是关锋取得了“胜利”。他指出冯友兰在孔子研究中,背离了马克思主义的阶级分析法,最后冯友兰不得不做出自己关于孔子研究的一些解释和说明,甚至于“检讨”,对于自己的观点做出某种程度的让步,直到“文化大革命”中的彻底否定。

其实,关锋与冯友兰的论争中,已经远远超出了学术范围,关锋在论争中的“胜利”是以政治的霸权迫使冯友兰做出学术的让步。这使我们不得不反思:政治与学术究竟是一种什么样的关系?政治能否干预学术?以及政治干预学术的后果会怎样?冯友兰、关锋关于孔子思想论争的教训,值得后人深思,也给后人提出了警示。

---

① 颜炳罡:《五十年来孔子研究的回顾与展望》,《山东大学学报》(哲学社会科学版)1999 年第 3 期。

② 冯友兰:《关于孔子讨论的批评与自我批评》,《哲学研究》1963 年第 6 期。

当代儒学发展的机遇及其限制*

20 世纪 90 年代以后，随着西方各种思潮的涌入，儒学如何发展成了学者们共同关心的热点问题。全球一体化凸显了民族文化的个性，这既给儒学的发展带来了机遇，同时也提出了挑战。儒学在 21 世纪如何抓住机遇，克服自身的限制，融入新时代，成为其发展的关键。

一、当代儒学发展的机遇

儒学发展的机遇可以追溯到中国改革开放以及与之相对应的思想解放运动。虽然首先是经济、外交上的开放，然而使人们受益最大的恐怕是文化的开放。文化的开放打破了意识形态一元化的格局，从而衍生出了思想的多元取向。在多元取向中，儒学作为中华民族的传统，也日益受到关注甚至于价值上的青睐。于是，新中国成立后处境极其艰难的儒学在世纪末又峰回路转，迎来了它的发展机遇。儒学的发展机遇主要来源于两个方面，即文化交流与思想互鉴和人类生存困境中的人文

---

* 本文原载于《山东社会科学》2006 年第 2 期。

价值凸显。

第一,文化的交流与思想互鉴。

文化的交流与思想互鉴是中国改革开放的直接结果。中国改革开放后带来了学术界的不断交流,与之相适应的是中西方思想的相互借鉴。学术界的交流首先是港台儒学与内地(大陆)儒学研究的交流,也就是海外及港台新儒家70年代末以来对内地(大陆)思想界的“反哺”。1978年,现代新儒家第三代人物,美国学者杜维明来大陆研讨讲学,立志促进大陆与海外儒学研究的交流。他认为“若我不能了解大陆,我个人的儒学研究必然流于片面”。1980年,他又到北京师范大学研讨一年,其间他串连大陆18所院校创办了《这一代》刊物,以发表两岸学术交流的有关成果。1985年,杜维明应邀到北大开课,并访问诸多大学,发表现代新儒家的演讲和有关文章,在学术界引起振动。

1980年,方克立的“要重视对现代新儒家的研究”项目被国家批准。1987年9月,大陆“现代新儒家思想研究”课题组召开了第一次全国性的“现代儒家思潮学术讨论会”,制定规划推动现代新儒家有关思想的研究。其后,两岸学者在共同参加的国际学术研讨会上达成互相探讨、交流有关儒学研究观点的共识。1991年10月,两岸学者共聚曲阜,就儒学的发展创新问题以及两岸学者在传统文化交流上的共识与差异问题进行对话和交流。这次对话是非常成功的。两岸学者共同认为,“作为中国历史上的显学,儒学有其崇高的历史地位和重要的历史作用,它的固有的凝聚力和平和性,在维护文化传统的连续不断和国家的统一方面,发生过巨大的作用,它的伦理道德观念,长期间渗透在中国人的血液中,不管你是不是喜欢它,你都无法与之分离。不仅如此,儒家学说中的某些带有超越性或普遍性的因素，在现代化建设中仍将发挥巨大作用”①。这次会议专门就“如何进一步加强两岸学术交流”问题展开深入的对话，《光明日报》《走向世界》等报刊邀请两岸学者进行了座谈。学者们回忆了近十年来两岸学术交流的历史，找寻深入交流的有利条件，提出了进一步展开交流的积极建议。

海峡两岸学术交流的最大成果就是现代新儒家思想再次引起大陆学者重视。1991 年会议后，大陆现代新儒家研究学术成果不断涌现，这其中有第一代现代新儒家人物的思想介绍，如《梁漱溟集》《马一浮集》《三松堂全集》《熊十力全集》《现代新儒家论著辑要丛书》《现代新儒家学案》等；有现代新儒家的宏观概论，如《现代新儒家概论》《现代新儒家研究》《当代新儒学引论》等；更有现代新儒家人物的个案研究，如《熊十力思想研究》《唐君毅思想研究》《牟宗三学术思想评传》等。现代新儒家怀着强烈的民族危机意识和使命感，致力于传统文化之精神价值的弘扬、发掘和民族自我的重建。他们极力维护传统儒家的思想价值，从儒家思想的人文价值中开掘出与现代社会相契合的思想，实行儒家的现代思想转换（林毓生语），有的学者甚至称 21 世纪是儒学的世纪。

文化交流的另一个结果是诸多西方思想流派的涌入，这为儒学的研究及其发展提供了方法论的视野。20 世纪 80 年代末期，西方现代哲学思想如现象学、存在主义、结构主义、解释学等等不断被引入。这些思潮和思想与西方 18 世纪的经验主义思想、19 世纪的理性主义思想一起，构成了现代化思想运作

---

① 中国孔子基金会学术委员会编：《海峡两岸学者首次儒学对话·前言》，齐鲁书社 1993 年版，第 2 页。

的背景性参照。中国的现代化虽然从1840年开始经过一个世纪的痛苦挣扎,但始终没有探索出理想途径。中国实行改革开放政策后,许多理论工作者对于中国的现代化道路进行了深刻的反思和反省,确认了“走自己的路,建设有中国特色的社会主义”道路。这样一条道路,其思想背景的理论参照既应该有支持西方工业化的理性主义,又应该包括中国传统的浓郁家庭文化背景下的儒家伦理文化。既然如此,西方思潮对中国传统儒家文化的影响也就不可避免。这种影响主要有下述几个方面:

一是为儒学的现代化提供了各种解构、重建的方法。面对现代化的冲击,传统儒学已显得老态龙钟了。许多学者提出要对其进行思想置换、创造性转换、继承发展等。究竟如何实现儒学的现代化的置换、转换、发展,学者们借鉴了西方思想中的许多方法。如有的学者借鉴了德国哲学家恩斯特·施莱尔马赫力图消除时间距离,跨时代地达到对文本的客观理解的方法,和伽达默尔力图借助于时间的间距以发现文本的真正意义的方法,指出“前者强调忘却自我的个性,强调心理转换和移情作用,带有明显的历史还原主义的倾向;而后者由于过分强调‘前识’、‘先见’和‘前理解’,则染上了某种程度的历史相对主义和主观主义色彩”。为了实现客观理解,我们“必须克服历史的客观主义和主观主义的片面性,在古典解释学和现代解释学之间,在中国古文经学与今文经学之间取以中道,并对他们所谓的‘心理转换’、‘移情’、‘主客和谐’以及‘先见’、‘前识’作出全新的解释,赋予其新的意蕴”。① 在这一背景观

① 颜炳罡:《论传统文化的继承与创新》,《哲学研究》1992年第9期。

照下,有的学者引入康德理性批判建构儒学,有的学者运用海德格尔的存在主义诠释儒学,有的学者用现象学、解释学来重新解读儒学……这些工作为儒学的振兴提供了有益的尝试。

二是西方文化思潮的引入,为中国的传统文化提供了反省坐标。面对现代化,中国传统文化应该如何发展?西方思想的发展历程无疑为中国传统文化提供了反省坐标。“我们希望把西方优秀的文化,通过对话来吸纳,进一步也可以对中国传统文化有一个批判性的反省。”西方现代化历程是从工业化开始,工业化的历程,需要科技理性的支撑,也就是说,科学技术的发展是西方工业化发展的基础。而中国传统文化并没有给科学技术以足够的重视,对此,学者们对中国传统文化提出了“悔悟的更新”,主张对“中国过去的文化须有同情的了解,但对我们的传统曾经造成什么样的灾难,也一定要反省”。[①] 具体地说,就是对传统文化一些“错的地方有反悔,然后能学到别人的长处”。学者们针对西方现代化历程的坐标,检视了中国哲学自身的缺陷。有的学者认为中国少讲超越的上帝;有的学者认为中国哲学不注意科学,知识分子缺乏内在反思;有的学者认为中国传统缺少游戏规则;有的学者认为儒家欠缺对人性挣扎的分析……对于中国文化的反省只能是前提,学者们通过对传统文化的反省,通过与西方思想的比对,试图克服传统的缺陷,重构传统文化,振兴儒学。

三是西方思潮的介入,使儒学以更加开放的姿态回应各种思想,为实现儒学的现代转换创造了条件。将西方现当代思潮

① 梁燕诚、王元化等:《崩离与整合》,东方出版社 2000 年版,第 170 页。

援入儒学,使传统儒学汲取现当代西方思想以丰富自身内涵,提高应变能力。众所周知,传统儒学历来以一种超现实的态度和拒斥科学的姿态而被人们诟病。然而儒学在向现代化演变中,逐步确认了科技成果对于人类生存的作用。例如,虽然现代新儒家在早期大都对科学理性持拒斥的态度,然而到了第二代传人牟宗三先生那里,就已经开始持兼容的态度了。牟宗三试图从学理层面逻辑地整合理性与价值,提出儒学第三期发展要开出民主政治和科学这个新外王。他认为:“科学亦为儒家的内在目的所要求者,儒家并不反对知识。”[①]现代新儒家第三代人物对第二代人物努力的“内圣”开出“外王”(科学、民主)事业的困难有着更加自觉的认识。他们一再强调儒家的终极理想与民主政治的一致性,认为“如何促进民主在中国的落实,同时维护儒家仁道的理想与生生不已的精神于不坠”[②],依然是第三期儒家发展的方向。由此我们可以得知,儒学在回应和解决现实人生问题时,视野更加开放了,内涵变得丰富了,从而提高了它在全球一体化进程中的应变能力。

第二,由人类生存困境引发的对人文价值的呼唤。

科学技术的发展,给人类带来的并不是永恒的福祉,“‘现代化’给人类带来的并不是单一式的进步,而是善恶并举,苦乐同行的过程,至所谓‘省忧喜之共门兮,察吉凶之同域’。中外哲人所臆想的那种‘乌托邦’‘太阳城’‘君子国’式的‘无差别境界’并没有从天而降,展现在现代人面前的,仍然是一个

① 封盛祖编:《当代新儒家》,上海三联书店 1989 年版,第 156 页。

② 刘述先:《论儒家理想与中国现实的互动关系》,刘述先等:《当代新儒家论文集·外王篇》,(台北)文津出版社 1991 年版,第 15 页。

错综复杂的、利弊共存的世界”①。现代化过程给人类带来的生存的困惑与烦恼，主要表现在相互联系天人关系和人际关系之中。从天人关系上看，现代化的基本取向是征服和利用自然界，它要求打破人与自然的原始平衡，不断实现对自然的支配，“这种原则拒斥了对自然的宿命态度，为改造自然，化自在之物为为我之物的历史过程奠定了价值观的基础”②。这种价值观导致了人对自然资源的无休止攫取、掠夺、占有，由此形成了波及整个人类的生态破坏、资源枯萎等一系列后果；从人际关系上看，现代化过程中的技术专制及其非人化倾向导致了日益严重的价值危机，存在意义的失落已成为普遍的社会问题，与此相关联的是，个体原则的突出造成的人与人关系的紧张、疏远。“个人主义与普遍的商品化交互作用，使人与人之间往往只有契约、业务及竞争的关系，而缺乏超功利的、情感的联系纽带，其结果即是人际关系的疏离、淡漠，乃至紧张、冲突，当存在主义宣称‘他人即是地狱’时，便十分典型地折射了西方现代人际关系的特点。”③

现代化过程中由天人关系的对立、人际关系的疏离所造成的人类生存的危机，急需一种人文价值的关怀与规范。尽管西方理论中有法兰克福学派理论对社会异化的批判，有存在主义对人的“在”的肯定和人性的张扬，但是这些理论却不能有效

① 冯天瑜：《元典精神的现代启示》，赵向东编：《中国智慧透析：中国传统哲学的现代意义及未来展望》，华夏出版社 1995 年版，第 137 页。

② 杨国荣：《善的历程——儒家价值体系的历史衍化及现代转换》，上海人民出版社 1994 年版，第 380 页。

③ 杨国荣：《善的历程——儒家价值体系的历史衍化及现代转换》，上海人民出版社 1994 年版，第 379 页。

地对现代化引发的问题进行规范。进入20世纪90年代,学者们把研究的触角转向了中国传统儒学,认为儒学的人文价值追求对于解决现代化的弊病有着重要的作用。于是挖掘传统儒学的价值资源,疏解当代现代化建设中的种种问题,就构成了学术界的一种走向。学者们认为,"儒家价值体系无疑蕴含着多方面的资源,也正是在这方面,进一步展示了儒学与现代化的另一重关系。换言之,在转换儒家价值体系以适应现代化要求的同时,不能忽视其可能的规范作用";"限制现代化负面效应的历史难题又要求我们正视儒家价值体系潜在的规范功能,并努力实现这种传统的精神资源在保证现代化过程健康发展所可能具有的作用"。[①] 更有学者着手用儒学的价值资源疏解当代社会问题的工作。

儒学对于疏解上述两种关系导致的社会危机具有重要意义。儒学在疏解当代社会由天人关系和人际关系所导致的社会危机中,迎来了它的发展契机。众所周知,儒学为人类发展所预设的道德理想,在实际操作中,其价值理性明显强于工具理性,时至今日,儒学弘扬者们充分意识到儒学在现实操作层面上的"迂远不切事情",他们努力挖掘儒学在现实层面上的可操作性的价值资源,让儒学在回应现实人生问题中不断提高其解决现实问题的能力。也正因为如此,今天的儒学,已经将视角扩大到现实生活领域,扩大到现时代的重大的前沿课题。人类生存困境的出现和生存危机的凸显,已经成为世界范围内亟待解决的重大课题。这些问题虽然大都是由于科学技术的

---

① 杨国荣:《善的历程——儒家价值体系的历史衍化及现代转换》,上海人民出版社1994年版,第383、390页。

发展而引起的后果,但是它所产生的一系列问题却远远超出了自然科学范围,解决这些问题不能仅仅依靠自然科学,必须借助于人文学科的力量。人类生存困惑的这一特点打破了原本相互排斥的科学与人文两种视野。作为人文见长的儒学,本来它所重视的是人生的目的、方向,而对于人生各阶段中的具体问题关注得不是很多。然而随着时代的前进,儒学的发展已经开始注重价值理性与工具理性的统一,逐渐把视野扩大到工具理性上,关注现实人生中的每一发展阶段和发展中的每一问题。而解决人类生存困惑所要求的一切,恰恰是今天儒学所要追求的一个结果。在儒学苦于高谈心性而无从去过问当下现实人生问题时,人类生存困境的出现,无疑为儒学走向现实生活架起了一座桥梁,给儒学提供了利用自身价值资源解决现实生活中问题的机会。儒学也责无旁贷地把解决人类生存问题视为己任,为人类生存建立起规范体系。

二、当代儒学发展的限制

儒学在当代发展主要受到两方面的限制:一是儒学体系本身的悖论,一是儒学与现代化关系的异质取向。

从儒学自身体系上看,孔子创立儒学之初,已经潜伏了儒学体系内部的两个悖论。一个是如何由"内圣"达到"外王",一个是工具理性如何保障价值理性的落实。儒学自身体系的内在悖论,成了儒学受到诟病的重要原因。这些悖论,也必然使儒学的发展受到不同程度的限制。

第一,儒学由"内圣"到达"外王"的悖论。

儒家思想中的理想人格就是“内圣”,所以儒家一再强调“成圣”、做君子。《大学》中开篇即说明《大学》的功用是让人“明明德”,“止于至善”。“士希贤,贤希圣,圣希天”更是坚信儒家思想成贤达圣的理想路径。在儒家思想中,人只要达到“内圣”,那么“外王”就是自然而然的事情了。儒家把“内圣”“外王”这两种境界、两个视野看作是一个因果相连的过程。孔子创立儒学之初,就为儒学的目标划定了实践方式,即“克己复礼”、克己成圣、复礼达王、“修己以安百姓”(《论语・宪问》)。他虽然没有直接提出“内圣外王”一词,但他的“仁”学已揭示了其荦荦大端。应该说,“内圣”“外王”作为儒家的理想类型本身并没有错,但关键在于“内圣”“外王”的关系上,“内圣”主要是通过心性修养而使人超凡脱俗,即超凡入圣,而“外王”则必须通过经验层面努力才能达到。“内圣”与“外王”一个为超验层面,一个为经验层面,其实是两种境界、两个视野,而这两种境界和视野并不存在因果关联。这一点荀子看得比较清楚,“圣也者,尽伦也;王也者,尽制者也;两尽者,足以为天下极矣”(《荀子・解蔽》)。然而在儒学的演进过程中,先儒们把这两种境界、两个视野作为一种因果的推证关系,他们或是认为由“内圣”修养即可演进出外在事功层面,因而极力强调道德修养以求入圣,而不注重事功的建设;或者认为外在事功建成,即能推证到内心成圣,因而追求入世求功而不强调内心修养。儒学遭到的困厄应该说与先儒对“内圣”“外王”各有偏重不无关系。先秦时期,孔孟非常注重心性修养,一味强调统治者只要修身养性,实行仁政,就可“使民归之”“使民富之”。事实是,秦始皇用法家的外在事功成霸成王,视儒学的“内圣”为“空谈心性”,而将其摒弃出局;汉儒突出政治功用，对内心修养重视不足，使儒家之学完全成为人们行为的种种“名教”规范；宋明理学注重将内心修养上升到本位，也就有了清代经世致用和西学之风大兴。

第二，儒学价值理性显著，但缺乏工具理性的支持。

孔子提出了以“仁”为核心人格理想模式，其特点就是追求人格的自我实现与完善，因而决定了儒学是一种价值理性。价值理性是对人的终极关切，它应该是超功利的，因而也就失去了工具理性的支持。工具理性是功利的、实用的，其方法应该精确化、程序化，应该具有实践上的可操作性，而这些恰恰是儒家所不讲或很少讲的。孔子虽然有“工欲善其事，必先利其器”（《论语·卫灵公》）的论断，但那仅仅是一个生活中的比喻，实际上他重视的是“君子不器”的践履，不看重工具性的作用。儒学讲的道德实践是与目的直接相联系的，它本身就是目的性，也就是修身之学。由于儒学重价值理性轻工具理性，一方面使儒学自身成了形而上的学说而“袖手空谈心性”，其形而下的层面则由于缺乏应有的操作技能而“迂远而不切事情”。另一方面，儒学一再强调其价值理性，成就了儒学精神，却为工具理性留有空间。这个空间在现实操作层面往往由儒学自身来填补，将儒学这一价值理性变为工具理性，使儒学形而上的关切人类生存的精神沦落为某种君王统治的工具。儒学发展历程一再证明了这一特征。当儒学作为价值理性时，它缺乏工具理性的支持，被视为空谈心性之学；当它作为工具理性时，其目的之意已失。孔子适齐，宣讲他的“仁”政思想，对齐景公说为政之道要“君君、臣臣、父父、子子”，贵在节财，杜绝浪费，齐景公感到愉悦；到卫国，对卫灵公语王道要实行德治与礼治，使民心悦诚服，卫灵公默许。然而最后都没有用孔子的王道，原因就是他们觉得孔子为政之道颇为深远，迂阔而不切实用。孟子、荀子的命运同样如此。他们为了宣传自己的"仁政"思想，游说各诸侯，终不被采用。汉代儒学终于取得官学地位，但经董仲舒神化的儒学沦为统治者迷惑人心的一种工具。尽管儒学经文在汉代日丰，但儒典神化，帝王神化，将儒学引向神秘。宋儒极力恢复先秦儒学，尤其是孔孟一派儒学，建立了庞大的理学、心学体系，弘扬了儒家的"内圣"精神，却疏远了儒家"外王"事功方面。

从儒学与现代化关系的异质取向上看，尽管现代化的深化逐渐显出人文追求的理论背景，现代化所突出的问题更是凸显出儒学的人文价值取向，为儒学的发展带来了机遇；但是，从本质上讲，儒学与现代化的取向是异质的。在现代化大潮不断席卷世界各地的情况下，儒学与现代化的不同取向，注定成为儒学发展的局限。儒学与现代化的异质取向主要有以下几点：

其一，儒家对价值理性的超验取向遮蔽了对工具理性的经验追求。儒家自孔子创立之初，就对理性品格予以极为自觉的关注。但儒家所理解的理性一开始便带有某种伦理化的特征。孔子肯定"仁""知"统一，但在其"仁"学体系中，"知"基本上居于从属的地位，这一思路在儒学的演进中不断被强化，逐渐成为儒家的思维定式。所以，儒家追求的是一种仁道的自觉贯彻，即在知仁合一的形式下，价值关怀超越了事实认知，道德自觉压倒了功利的谋划。这种价值取向导致了对工具理性的相对抑制，与之相联系的则是科学始终处于"技"的地位而难以提升为"道"。特别是宋明理学家强调德性之知对于见闻之知的优先性，使儒家思想的价值理性为本、工具理性为末的格局进一步趋于极端。儒学的这一取向与现代化对工具理性的重视恰恰相反。现代化更多地依赖工具意义上的合理化及与之相关的科学技术,“现代化乃是一种理智化和效率化的过程”①。在当代,从某种意义上说,现代化就意味着科学化、效率化。这与儒家追求的价值理性是背道而驰的。

其二,儒学重“义”的价值取向拒斥现代化过程中正当的“利益驱动”。义利关系是儒家所着重明晰的范畴。尽管在理论上,儒家并不完全排斥“利”,但是,儒家讲的“利”必须置于“义”之下,相对于“义”而言,“利”是次要的、从属的。所以儒家一再强调“见利思义”“见得思义”“君子喻于义,小人喻于利”“穷不失义”,甚至要“舍生取义”。儒家的重“义”成就了儒家思想支配下的个体人格,同时也将“义”与“利”对立起来,认为唯有剔除功利的计较,才能使作为当然之义得到净化。儒家的这种“重义轻利”的价值取向与现代化追求效益、效率显然相去甚远。现代化的前提正是对功利的合理追求。对功利的追求成为现代化利益驱动,使现代化取得突飞猛进的发展。

其三,儒学以群体原则压制个体意识。整体利益与个体利益也是儒家重视的问题。从总体上讲,儒家不但不排斥个体利益,而且把人的自我发展提高到重要位置,提出“成己”“为己”的观点。所谓“成己”“为己”,主要指主体的自我实现,其中内在地蕴含着对个体价值的重视。但是,儒家的个体始终生活在群体之中,并承担着普遍的社会责任。“成己”“为己”总是指向群体价值的实现。“修己以安人”“修己以安百姓”指明了“修己”其实是为了“安人”“安百姓”。相对于个体而言,儒家

① [美]艾恺:《世界范围内的反现代化思潮——论文化守成主义》,贵州人民出版社 1991 年版,第 3 页。

更多地强调这种群体的认同,个体之利常常消融于整体利益之中,导致了用群体利益压制个体利益的取向。所以在儒家思维定式影响下的中国人中,个人服从集体、少数服从多数的集体主义意识非常强烈。然而,现代化是以工业文明为背景的,工业文明的文化底蕴正是人的个性的张扬。个体在张扬个性中,感受到自身的伟大,于是,人们向自然宣战、向太空进军、向科学挑战,才有了今天的现代化。从某种意义上说,现代化正是利于人的个性的张扬和个体利益的满足。同样,现代化在更深层次上总是指向人自身的现代化,就现代人来讲,他们对自我充满自信,勇于开拓创新,自觉参与竞争,充分展示自己的个性,这与儒学突出个体的责任并进一步引向群体原则是相悖的。

其四,儒家提倡的天人和谐关系与现代化的天人紧张关系也是不相容的。天人关系是儒家与现代化的不同取向的焦点。现代文明的基本进路是对自然的征服和支配,天与人之间的这种紧张关系内含着永无止境的进取精神,而儒家将天性转换为德性,将自然人化,肯定天人之间的原始和谐,实质上也就意味着满足于天与人既定的平衡,它与不断变革、进取的现代化要求,显然不易相容。

此外,儒家思想中的尊卑等级观念、宗法关系等等,也或多或少地与现代化的取向相背离。因此,在 20 世纪 80 年代后儒学与现代化的关系的争论中,学者们均注意到了儒学与现代化的异质取向。就是现代新儒家学者也不再一味地对传统儒学持守,而是认为儒学确实存在着很多缺陷。当然,对儒学缺陷的认识并没有导致对儒学价值的否定,许多学者对儒学的价值资源的现代意义做出了有益的探索,并着手解构、重建、创立与现代文明相协调的儒学新体系。在此基础上,儒学的创造性转换、儒学价值的现代诠释、儒学的宏观继承等论说纷涌而出，这无疑标志着儒学未来的发展方向。

三、儒学的未来取向

历史迈入21世纪。新世纪给人带来许多新的发展机遇，新的希望。但是，怎样正确对待孔子思想及其儒学，这一困扰整个20世纪学人的问题不但没有解决，而且更加突出、更加急迫。儒学的发展问题成为新世纪学人必须首先面对的问题。

20世纪孔子研究特别是90年代儒学研究中，学者们进一步认识到儒学价值体系仍然在中国社会中起到很大作用。儒家文化积累丰富，根基深厚，许多内容保存在民间风俗里，流淌在中国人的血液中，人们往往日用而不知。中国人社会生活中的风格、气派、智慧在举手投足间都印有儒家文化的痕迹。以至于中国人想要摆脱儒家文化的影响难上加难。儒家思想的实质到底是什么？为何能够影响中国人如此久远？这些成了学者们必须面对的问题。鉴于此，有的学者自觉地转向对儒学本体澄明问题的研究，探讨儒家思想的主旨究竟是什么。许多学者深入到儒家思想深处，与儒学大师对话①，探讨儒家思想为何在中国人

① 20世纪90年代出版过几部学者与大师对话的著作，如上海人民出版社1997年出版了“贤哲自述丛书”，其中儒家的有《孔子答客问》《孟子答客问》《荀子答客问》。这几部专著通过作者对孔子、孟子、荀子提问的形式，试图揭示圣贤思想深处的内在理路和理论追求。再如宗教文化出版社1998年出版了胡云飞的专著《与孔子对话——涅槃的凤凰》，以与孔子对话的形式，展示了孔子思想的实质及其发展脉络。

意识中如此根深蒂固这样的本体问题,试图对儒家思想怎样成为"中华民族赖以生存之根本"问题给出合理的解答。时至今日,这个问题并没有取得令学者信服的答案。因而,儒学的未来发展,儒家思想内容的本体问题将是学者探讨的重点之一。

如何实现现代转换的问题将是学者探讨儒学未来发展的另一个重点。儒学的现代化问题一直困扰着20世纪的学人。就儒学的现代转换问题,许多学者提出了各种设想。如冯友兰的抽象继承法,牟宗三的"良知自我坎陷"说,中国马克思主义者的批判继承,张岱年的综合创新,林毓生的创造性转换,成中英的宏观继承,杜维明的"儒学复兴",周继旨的解构与重建,等等。这些提法在很大程度上得到了学者的认同。其实,这些提法的精神实质是一致的,就是要实现儒学的现代转换。儒学未来发展的主要任务就是运用这些原则去理解、诠释、筛选、转化儒家思想,推陈出新,供现代社会选择使用。

对儒学价值资源的挖掘也是儒学未来发展重点之一。20世纪80年代末到90年代,学者们充分挖掘儒学的价值资源,论证儒学价值资源的时代意义。在这一背景下,儒学的生态观、人本哲学、诚信观念、修养方法、人际关系等等得到了不同程度的张扬,并"转识成智",为疏解现代社会发展中出现的人类生存与发展的困惑提供价值资源。这是非常有意义的事情。儒学思想博大精深,其思想体系中的一些价值资源仍然没有被充分挖掘出来,这其中有史料的原因①,也有

① 儒家思想的史料虽然很丰富,但是仍有许多重要的思想因资料的遗失而无法传承,如颜回的思想,等等。郭店楚简发现后,先秦儒家发展的许多思想脉络又得以新的呈现,如"性自命出"开出儒家心性思想脉络,等等。

学者的认识问题[①]。随着时间的推移,儒学思想的价值资源会得到更加充分的挖掘,儒学体系也会更加庞大、丰富。

诚然,20 世纪 90 年代中国大陆思想文化不可逆转地朝着多元化的方向发展。多元文化相互碰撞,又相互渗透,因此儒学研究及发展也必然在多元文化的背景下展开。这种多元文化相互影响的局面,一方面使儒学的发展获得了比较自由的学术环境,不可能再出现新中国成立后前 30 年政治对学术干预的状况。另一方面,文化的多元也使儒学研究获得了方法的视野,儒学在多元方法的诠释、解构、转换中也呈多极化发展。当然,既然是文化多元,那么儒学在历史上曾经有过的主体文化地位已经不可能恢复,也就是说不可能再有凌驾百家、万流归宗的儒家了。而随着第三代现代新儒家学者对儒学态度的转变,以儒家思想为信仰、以接续儒学命脉为己任的学者也将淡出学术界,更多的学者将以理性、客观、平实的态度对待儒学。学者们研究儒学,有选择地吸收儒学的价值资源,将其融入现代社会的文化发展之中,使儒学的价值资源成为多元文化体系的有机组成部分。

“人能弘道,非道弘人。”儒学价值是通过历代学者的不断追求和创新实现的。因此,面对时代,面对未来,作为儒家思想熏陶下的学者,应该为弘扬儒学精神进行不懈的努力。

首先,坚信儒学的恒常价值和普遍意义。弘扬儒学精神首

---

①　目前学者研究的儒家人物,大都以冯友兰的《中国哲学史》圈定的儒家人物为代表。冯友兰圈定的儒家人物虽然具有典型性,但不够全面,仍有重要的儒家思想代表人物被忽略。如刘歆、孔颖达、吕祖谦、许衡、陈献章、罗钦顺、王艮等人物,他们也有着丰富的儒家思想,这些人的思想尚须进一步挖掘。

先必须坚信儒学的价值。在两千余年的发展过程中,儒学的价值和意义虽然受到质疑、批判,但都不能否定儒学的价值和意义。时至今日,儒学积极向上的人生观、天人和谐的生态观、"有教无类"的教育理念等,成为人类社会文明发展的有益参照。因此,我们要坚信儒学所具备的超地域的普遍性和超时代的永恒性,树立对儒学发展的信心,坚定儒学对人类发展的终极关切意义。

其次,深入挖掘儒学的价值资源,为现代文明增添异彩。儒家思想积存丰厚,博大精深,为社会的发展提供了许多有益的价值资源。长期以来,儒家的许多价值资源得到挖掘并成为医治社会病态的重要思想资源。但是,儒学仍有许多资源并没有得到充分发掘和利用,如人本思想、诚信观念、仁爱思想等等。因此,我们要进一步挖掘儒学的价值资源,特别要重新发现蕴含在儒家思想中的尚未被人察觉的资源,使这些智慧之光重放异彩。

最后,吸收现代自然科学和社会科学的理论与方法,实现儒学的创造性转换,赋予儒学新的生命力。儒学的现代转换问题一直是学者们着力解决而没有很好解决的问题。在文化多元化发展的今天,自然科学和社会科学的理论和方法已经非常丰富,因此我们要充分利用这些理论和方法,解构、诠释、创新儒学,做到儒学的推陈出新、化古成今。

儒学社会地位的历史考察*

一

20 世纪 90 年代以来，伴随着传统文化热潮的兴起，儒学的社会定位等问题也受到学者们热捧。抬高儒学社会地位者将儒学视为人生的信仰，努力打造新的儒教运动；贬低儒学者，仍然将儒学视为封建的精神鸦片，不断地提醒世人要剔除这些糟粕。儒学到底应该在社会中占据什么样的位置？这个自近代以来困扰着一代代学人的问题再次受到关注。历史是一面镜子，考察历史能够梳理问题的来龙去脉，我们不妨追溯儒学在历史上的社会地位，或许能从中推断出今天社会中儒学所应承担的合理角色。

儒学自产生起，在中华民族的历史长河中就有两个鲜明的不同角色，即两种完全不同的社会地位：一种是作为学术的儒学，一种是作为意识形态的儒学。冯友兰的《中国哲学史》将中国哲学划分为子学时代和经学时代，其实是对学术儒学与意

---

* 本文原载于《山东社会科学》2014 年第 2 期，系教育部人文社会科学重点研究基地重大项目“现代新儒家易学思想研究”（批准号 12JJD720004）阶段性成果。

识形态儒学的精确诠释。

子学时代即学术儒学中,儒学的社会地位只是一种“显学”。自春秋至汉中叶是中国社会大变动时期,“此时期中人所遇环境之新,所受解放之大,除吾人现在所遇所受者外,在中国已往历史中,殆无可以比之者”①。正因为此一时期的“解放”,形成了“圣王不作,诸侯放恣,处士横议”(《孟子·滕文公下》)的局面,于是,“天下大乱,贤圣不明,道德不一,天下多得一察焉以自好。……天下之人各为其所欲焉以自为方”(《庄子·天下》)。《汉书·艺文志》也描述了当时各种学术流派的争鸣局面,“诸子十家,其可观者,九家而已。皆起于王道既微,诸侯力政,时君世主,好恶殊方。是以九家之术,蜂出并作,各引一端,崇其所善。以此驰说,取合诸侯”。这些材料都充分说明,儒学在当时是众多学术争鸣中的一种,它的社会地位也只是诸种学术之一。

随着儒学创始人孔子的名气的提升,他的学生也日益增多,“弟子三千,贤者七十有二”,儒学的影响也日益广播。加之,后起的孟轲、荀况对儒学的进一步诠释、推广,更使儒学根深蒂固于一些士阶层之中。“天下之学,非儒即墨”,儒学成为众多学术中影响最大的学派。尽管如此,儒学在当时的影响也仅限于士阶层。孔子曾经周游齐、卫、楚等国,推行其主张,但都没有被采纳,不得已才教徒讲学,整理文献。孟子也游说梁惠王、齐宣王等推行“仁政”,荀子也讲“王道”,但诸侯国君均未采纳儒家思想治理国家。儒学虽“显”,但没有上升到诸侯

① 冯友兰:《中国哲学史》上册,华东师范大学出版社 2000 年版,第22 页。

国用其治理国家的地位。在子学时代，作为学术的儒学，其地位是士做人的基本原则和升入仕途做事的方法。而士入仕，其学识背景、做人原则及做事方法等也在另一方面将儒学的影响进一步扩大。特别是在鲁、齐等儒学的发祥地和近邻，儒学对士阶层的影响尤其深远。“天下并争于战国，儒术既绌焉，然齐鲁之间，学者独不废也。”[①]这为儒学上升为国家意识形态打下了基础。

经学时代的儒学，其社会地位已经上升到了国家意识形态领域的独尊地位。经过统治者的提倡，再经过经师的阐扬，儒学体系变得庞大，由五经变为十三经，儒学的地位也是至高无上了。正因为有了这样显赫的地位，其在社会中也发挥了重要的作用。“在漫长的中国封建社会里，经学由于统治阶级的反复提倡，经典就具有了宰制万态、牢笼百家的功用。举凡治国的道理、社会的准则、教育的内容、做人的规矩、知识的获得等等，都可以通过研读经书的活动得到‘权威’的答复”，正因为如此，“在中国两千多年的封建社会里，经学具有崇高无上的地位，它对中国古代的政治、经济、文化等各个领域都产生了极为重大的影响”。[②] 不仅如此，在经学时代，作为国家意识形态的儒学还成为士人入仕的唯一途径，这条途径由科举制度完成并进一步巩固。所以，天下之士穷其一生都要学习、研读、传播、阐释儒学，儒学也由之发扬光大。正是由于儒学的意识形态化和士们的传播，儒学长期浸润中华民族的个体生活，使这

---

① 《史记》卷一二一《儒林列传》，中华书局 1982 年版，第 3116 页。

② 许道勋、徐洪兴：《中国经学史》，上海人民出版社 2006 年版，第 410、411 页。

个民族具有了鲜明的个性。"它终于成为汉民族的一种无意识的集体原型现象,构成了一种民族性的文化——心理结构。孔学所以几乎成为中国文化(以汉民族为主体)的代名词。"①

经学时代,在中国人的观念之中,治国、平天下之事均是儒学应有之意。也就是说,儒学可以解决社会、人生中的任何问题。如果社会、人生中出现了问题,那是对儒学的理解不到位,并不是儒学本身出了问题。只要将儒学理解到位,运用于社会发展中,社会就会井然有序地前行。所以,统治者以中华大地有儒学这样的学术、这样的思想而自豪,士、仕群体也以极大的热情专注于对儒学的学习、研究、理解与运用。宋明时期,整个社会从上到下将儒家思想运用到极致,人们的礼仪教化、生活习惯、穿衣戴帽等都完全儒化,甚至国防也要儒化,减少国防军队,降低武官地位,相应地抬高文官地位。这些文官自小受到儒家思想的浸润,更是视儒家思想为自己做官之资本,并以弘扬儒家思想为已任。于是,在长期的社会实践中,儒学的社会地位得到不断巩固和提高,与之相对应,儒家经典的范围也变得繁杂,人们对儒学的社会功能也越来越依重。在传统社会中国人的心目中,儒学使中国这个泱泱大国成为世界上最先进的国家,其他国家之所以不如中国强大,就是没有儒学这样的意识形态。

然而,意识形态毕竟是一个国家的发展理念,而不是这个国家的全部,它承载不了这个国家的所有功能。儒学恰恰就承担了中国传统社会国家运行的所有功能。于是,历史上就出现了许多怪异的现象,国家内部运行井然有序,而与外打交道时

① 李泽厚:《孔子再评价》,《中国社会科学》1980年第2期。

往往被动。宋代商品经济发达程度居世界前列，却饱受周边民族的侵扰。这正是经学时代儒学“超负荷”所带来的结果。儒学“内圣”强而“外王”弱的特点也成为后人对其质疑的重要原因，近代以来许多知识分子认为是儒学使中国的发展落后于西方。

在传统社会中，儒学所扮演的两个角色特别是经学时代所占有的社会地位和功能，至少为我们提供了如下经验。

第一，儒家思想已经浸润到中华民族之中。由于经学时代长达两千多年，在如此漫长时期的浸润下，儒学已经成为中华民族的民族特色。中华民族个体的一言一行、一举一动，均表现出明显的儒化痕迹，举凡仁义、礼、孝、廉等，均成为中华民族的明显标志，外界也常用“礼义之邦”来形容中华民族的特色。经过两千多年的浸润，儒学已经在中华民族个体中根深蒂固，它像我们民族的基因，像我们民族的遗传密码，与我们民族紧密相连。可以说，儒学已经成为中华民族的唯一标志，只要中华民族存在，我们就不可能摆脱掉儒学的影响。

第二，儒学的作用取决于儒学在社会中的地位。传统社会发展的实践表明，儒学究竟在社会发展中起什么样的作用，主要在于儒学处于什么样的地位。子学时代，儒学只是一种学术，一种显学，它的影响只在于士阶层，其主要功能在于提高士的道德境界和文化修养。经学时代，儒学取得了国家意识形态的独尊地位，其影响也不仅是士阶层，更重要的是仕阶层，其作用也不限于道德境界和文化修养范围，而是整个国家的运作、人们的行为规范、礼仪制度，等等。基于此，儒学的社会定位问题显得尤为重要。

第三，儒学仅是一种思想、一种理论、一种学说，承载不了社会发展的全部。《汉书·艺文志》描述儒学为:“盖出于司徒之官,助人君顺阴阳明教化者也。游文于六经之中,留意于仁义之际,祖述尧舜,宪章文武,宗师仲尼,以重其言,于道最为高。”①这表明,儒学是一种以人文教化为主要内容的学说,它的主要作用是“助人君”“顺阴阳”和“明教化”。尽管儒学上升到国家意识形态独尊地位后,其内容不断丰富,宋明理学更是将佛学和道家思想融入儒学,但大体上,儒学仍然是引导人们通过自身的道德修养来提升境界,最终使社会秩序井然的一种学问,其要害在于人的自我修养,即孔子所说的“德治”,孟子所说的“仁政”。所以,《大学》讲“自天子以至于庶人,壹是皆以修身为本”,认为“身修而后家齐,家齐而后国治”。儒家这样一种理论治理国家,应该是没有什么问题的,它对于培养人的自强不息、刚健有为的个体精神是行之有效的理论,但是,儒学不能构成社会发展所需要的全部要素。儒学过于强调形而上层面的建构,而忽略了形而下层面的实际问题,即使是上升到国家意识形态独尊地位后,它也只能是治理国家、社会的理念、思路,而不是治理国家的具体方法和实际操作原则。儒学重视形而上层面建构的结果是,一方面使儒学自身成了高高在上的说教,被视为“袖手空谈心性”,其形而下的层面缺乏应有的操作技能,成了“迂远而不切事情”;另一方面,儒学一再强调其目的理性,成就了儒学精神,却为工具理性留有空间,这个空间在现实操作层面往往由儒学自身来填补,将儒学这一目的理性变为工具理性,使儒学形而上的关切人类生存的精神沦落为某种君王统治的证成工具。儒家文化的特点在于“将事

① 《汉书》卷三〇《艺文志》,中华书局1962年版,第1728页。

实与价值、事实判断与价值判断混淆一道”,“最后结果是,阻碍关于客观事实的科学研究”。[1] 总之,儒学作为国家意识形态,它对于建立国家秩序、人伦纲常确实起到至关重要的作用,但由于它自身的缺陷,显然不能担负使国家强大的重任。

二

儒学在传统社会中的社会地位随着近代西方文化的浸入逐渐瓦解。1905 年科举制度的废除,使儒学失去了对士阶层的高度吸引力;1911 年帝制结束,儒学的国家意识形态地位轰然崩塌;1915 年开始的新文化运动又将儒学分离到了现代文、史、哲学科之中。儒学在现代社会中的地位以及它的社会作用成为近代以来直到今天都没有解决的问题。于是,将支离到文、史、哲等现代学科的儒学重新集结起来,给予其合理的社会地位,就成为现代知识分子的重要使命。在现代社会中,知识分子们也努力从各自的立场为儒学“寻位”。

鸦片战争后,中国步入了近代化的征程。西学的入侵,打破了传统社会儒学意识形态的独尊地位。在近代以来的一个多世纪的历程中,中国文化在西学与中学之间艰难地进行着抉择。作为传统文化核心内容的儒学本身定位也变得异常艰难。中国文化建设不可能绕开儒学,儒学从传统社会的意识形态独尊地位走下来后究竟应该占据什么地位、起什么作用,始终是

---

① 孟旦:《事实与价值的混淆:儒家伦理学的一个缺点》,《哲学研究》1990 年第 3 期。

世人特别是知识分子关注的焦点。传统社会解体后，知识分子围绕中国文化建设问题进行激烈的争论，形成了文化激进主义与文化保守主义两大势力。

文化激进主义表现出了极强的文化再植意识，主张用西方文化代替儒学。他们发动新文化运动，不但要将儒学从意识形态中剥离出来，还原其学术地位，而且将儒学与新文化对立起来，倡导中国建立一种与传统文化迥异的新文化。文化激进主义者其实犯了一个致命的错误，就是将传统割断，就是将中华民族文化的基因剪断。如果真能这样的话，中华民族是否还能成其为中华民族？须知，民族文化的塑造和养护，绝不是一日之功。民族文化需要几代甚至几十代人精心守护，才能培养成本民族的民德、民风、民俗。英国人艾略特曾经描述西方文化，"如果基督教消失了，我们的整个文化也将消失。接着你便不得不痛苦地从头开始，并且你也不可能提出一套现成的新文化来。你必须等到青草长高，羊吃了青草长出羊毛，你才能用羊毛制作一件新大衣。你必须经过若干世纪的野蛮状态。"①对于民族文化来说，实在是破易立难。传统的东西不经意间打破之后，再培养一种文化，就不是一代人或几代人努力所能奏效的。正因为如此，文化激进主义兴起之时，就受到了方方面面的指责和批判，其内部也分化出了自由主义西化派和唯物史观派。自由主义西化派继续其文化再植观念。他们挑起"科玄论战"，发动"整理国故"运动，主张"重新估定一切价值"（胡适语）、"全盘西化"（陈序经语），受到文化保守主义和唯物史

---

① ［英］T. S. 艾略特：《基督教与文化》，杨民生、陈常锦译，汪淼校，四川人民出版社 1989 年版，第 206 页。

观派等的猛烈抨击，不得不做出反省，改变自己对待文化的态度。自由主义西化派对待文化的路数注定了无视传统的悲剧命运。从文化激进主义脱胎出来的唯物史观派对待儒学的态度颇为复杂。当唯物主义成为这一学派的信仰时，他们对待以儒学为主的传统文化持一种拒斥的态度，认为儒学是一种以农业社会为背景的意识形态，只适合于传统的封建社会，中国封建社会结束后，儒学的统治也应该结束。所以，现代中国应该摒弃儒学。唯物史观派只是指出封建社会的结束宣告了儒学作为封建社会意识形态的终结，而没有解决儒学在现代社会究竟占据什么位置、起什么作用的问题。唯物史观派的着力点不在于儒学，而在于建构新的国家意识形态。与自由主义西化派不同，唯物史观派意识到新意识形态的建立不能完全脱离传统，于是，他们试图将中国的传统与国家意识形态进行"有机结合"，提出"从孔夫子到孙中山，我们应当给以总结，承继这一份珍贵的遗产"①，对于传统文化，就要"剔除其封建性的糟粕，吸收其民主性的精华"②。然而，由于受极左思想的影响，唯物史观派曾经把一切非马克思主义拒之门外，更是将儒学当作封建社会思想彻底批判，从器物层面到心理层面都予以彻底否定，并为此付出了代价。唯物史观派不得不重新认识儒学，重新为儒学定位。

与文化激进主义对立的是文化保守主义。文化保守主义分为两种思路。一种试图恢复传统社会儒学的地位，一种旨在

---

① 毛泽东：《中国共产党在民族战争中的地位》，《毛泽东选集》第2卷，人民出版社1991年版，第534页。

② 毛泽东：《新民主主义论》，《毛泽东选集》第2卷，人民出版社1991年版，第707页。

拯救被西方文化冲击的儒学。前一种包括孔教派、东方文化派、国粹派、学衡派等，后一种以现代新儒家为典型代表。

文化保守主义从来没有怀疑过儒学在社会中的作用，他们试图恢复儒学曾经有过的显赫地位。孔教运动中，康有为、陈焕章不仅要恢复儒学的国家意识形态地位，而且更欲将儒学上升为国人的宗教信仰，使其成为国教。国粹派主张“用国粹激动种性，增进爱国热肠”，并将“发明国学，保存国粹”作为《国粹学报》的办刊宗旨。学衡派也以“论究学术，阐求真理，昌明国粹，融化新知。以中正之眼光，行批评之职事。无偏无党，不激不随”①为本派宗旨。东方文化派极力倡明东方文化的特点，认为东西方文化有各自的特点和长处，中国新文化的形成必须在固有传统的基础上调和东西方文化的长处而逐渐形成。现代新儒家则极力将近代以来被西方文化模式支离的儒学重新凝聚起来，并将其传承下去。他们借用西方文化的模式，将中国思想哲学化，为儒学在现代社会生存开辟了新的路途。他们认为，儒学是中国人生命和精神的寄托安顿之处，对于儒学，首先要承认它存在着“活的生命”，要对它寄以“同情和敬意”。中国文化没有死亡，研究它不是整理“国故”、“凭吊古迹”，也不是研究“自然化石”。应该研究它的生命和心血，懂得它有血、有汗、有泪、有笑，有一贯的理想和精神贯注。中国文化的特点是它的“一本性”，即儒家思想之“道统”，从夏商周到如今，有一个“圣人心迹一脉相传”的统绪。中国哲学虽然粗疏简陋，而其所涵之精神意义、文化意义、历史意义，则极丰富极

① 孙尚扬、郭兰芳编：《国故新知论——学衡派文化论著辑要》，中国广播电视出版社 1995 年版，第 494 页。

精深。中国文化建设不能用“加添法”把西方的哲学、宗教“加”到中国文化中来，只能从中国文化本身中伸展出文化理想，“转出”政治主体、认识主体和实用技术主体。[①] 还有一些文化保守主义的支持者也倡扬儒学对于中华民族文化建设的作用，主张将传统文化放在重要位置，如1935年十位教授联名发表宣言指出：“要使中国能在文化的领域中抬头，要使中国的政治、社会和思想都具有中国的特征，必须从事于中国本位的文化建设。”[②]文化保守主义尽管为传统儒学的复兴做着各种各样的尝试，努力将破碎的儒学重新凝聚成一种新的、适合现代社会的儒学。但是，在现代社会中，文化保守主义始终扮演着弱势群体的角色，而主流文化形态是拒斥、批判儒学的。因而，文化保守主义的各种努力可以说都没有达到他们预期的效果。这成为文化保守主义者永久的痛苦以及苦闷、彷徨的根结之所在。

看来，寻找并给出儒学在现代社会发展中合适的位置，成为传统社会解体后儒学首先面临的问题，而且是一个多世纪以来一直没有解决的问题。直到今天，中国社会的发展仍然必须解决儒学的社会地位问题。

值得注意的是，20世纪90年代以来，无论是文化激进主义中的自由主义西化派或者唯物史观派，还是文化保守主义的现代新儒家，他们对儒学的态度均进行了深刻的自我反省。自

---

① 参见牟宗三、徐复观、张君劢、唐君毅：《为中国文化敬告世界人士宣言——我们对中国学术研究及中国文化与世界文化前途之共同认识》，《民主评论》1958年第1期。

② 王新命等：《中国本位的文化建设宣言》，《文化建设》1935年第1卷第4期。

由主义西化派的代表人物胡适晚年试图将自由主义与中国传统文化进行调和,认为"自然主义和人本主义,这两样的历史地位是完全相等的",孔子的人本主义所包含的理性精神形成了中国哲学中注重理性、注重科学精神的优良传统,正因为有了这样的传统,中国人才能心安理得地接受西方近代科学。除了科学精神外,民主、自由等概念对中国人来说也不陌生。"晚年的胡适已经放弃了'打倒孔家店'的偏激心态(他在晚年甚至否认自己曾参与'打倒孔家店'的运动),他试图对儒学作出积极的评价,以自由主义的精神去透视、整理、提升中国固有文化。"①唯物史观派经历了"文化大革命"彻底否定儒家思想所带给中国人的人格裂变的痛苦后,20 世纪 80 年代对自身的行为进行了深刻反省,许多人对待儒学的观点发生了根本改变,由原来的批儒改为尊儒,并试图在马克思主义与儒学之间寻找结合点,将马克思主义与儒学进行整合。也正是唯物史观派这种观念的转变,客观上促成了中国"国学热"的兴起。不仅自由主义西化派和唯物史观派对待儒学的态度发生转变,现代新儒家的学人们也在悄然地改变他们的某些观点。如果说第一代现代新儒家有感于西学对中学的冲击,极力否定西学中的民主、科学精神,那么第二代现代新儒家则极力证明"科学亦为儒家的内在目的所要求者,儒家并不反对知识"②,而第三代现代新儒家更是通过反省现代新儒家的理论缺陷,进行儒学革命,将现代新儒家推向后现代新儒家阶段。

---

① 宋志明、刘成有:《批孔与释孔——儒学的现代走向》,华东师范大学出版社 2004 年版,第 96—97 页。

② 封祖盛编:《当代新儒家》,生活 · 读书 · 新知三联书店 1989 年版,第 165 页。

这些转变其实说明一个问题,即儒学在当代社会中仍然“活着”,并对当代社会发展起着某种作用,中华民族的发展不可能脱离儒学。自由主义西化派、唯物史观派及现代新儒家对儒学态度的转变,也从另一方面说明了儒学定位的空间已经放大,阻力减小。然而,在当代社会,儒学的处境依然非常尴尬,在一波波的“国学热”情势下,儒学的社会地位仍然停留于20世纪初期“无所依附”的状态,仍然支离在西方学科建制中的中文、历史、哲学中间,现代学科建制中仍然没有儒学的地位。这也就意味着儒学的社会地位还没有恢复到先秦的学术儒学状态。儒学社会地位的取得,它至少应该是时代的一种“显学”。如果在学术上连“显学”都算不上,那么也就妄谈它的社会地位,更说不上它在社会发展中所起的作用。看来,儒学要想在现代社会中取得应有的地位,仍然是一个相当漫长的过程,仍然需要学者们不懈的努力。

山东儒学的地域性特征*

儒学作为中华民族文化的主体,在中国经历了两千余年的绵延,它的命脉是由学人继承和创新共同构成的。然而,儒学发展的历程中,继承与创新表现得非常不均衡,出现了强烈的地域性特征。“关注儒学的地域性传统,是揭示其富于民族智慧的意会传统的重要途径。”①山东是儒学的发祥地,鲁儒学是“原生态”儒学,山东地域的儒学传统特色对儒学的发展起着重要的作用。这一点应该引起儒学研究者的关注。

一、从地域文化上升到主流文化
——儒家思想的重大变迁

儒学作为一种学术流派,起源于春秋时期的鲁国,其创始人是鲁国的孔子。

---

* 本文为山东省社会科学规划重点项目“山东儒学的地域性特征”的结题成果,部分内容曾发表于《烟台大学学报》(哲学社会科学版)2011 年第 1 期、《山东社会科学》2011 年第 9 期、《东岳论丛》2011 年第 11 期。

① 陈卫平:《略论儒学发展的地域性特征》,《光明日报》2007 年 4 月 3 日。

“儒”最初是一种职业，专指春秋末期邹鲁一带以相礼为业的“术士”。但是，孔子以前无“儒”名，孔子最早提出“儒”这一概念。孔子所指“儒”的前身是掌管礼、乐、射、御、书、数六艺，专门教养天子、诸侯以至乡里贵族“学子”的文化官吏。在春秋末期的社会动荡与阶层分化中，这部分官吏失去了原有的官位。由于他们原来受过礼乐文化的教养，特别熟悉贵族礼仪，便以卑贱的相礼作为谋生的主要职业。“儒”由相礼职业而得名，而实际上它是春秋晚期掌“六艺”“不治民”的中国知识分子的原型。

孔子年少好礼，也曾以“儒”为业。“吾少也贱，故多能鄙事”，“出则事公卿，入则事父兄；丧事不敢不勉，不为酒困，何有于我哉？”（《论语·子罕》）除此之外孔子尤其精通六艺，具有丰富的文化知识。他逐渐从相礼这一职业中悟出了礼仪中的学问，便将这些学问总结成以仁、义、礼、智的观念为理论核心的儒家学说。孔子 34 岁以后便从相礼行业转向了教育活动，退而修诗书礼乐，“以诗书礼乐教，弟子盖三千焉，身通六艺者七十有二人”①，并将自己总结的儒家学说传授给向他学习的人，从而形成了核心的民间教育团体。这一团体尊崇孔子的学说，推行孔子的主张，便成为“百家”中的孔门学派，自汉代始称为“儒家”。

儒家区别于其他各家的主要特征包括：“博而寡要，劳而少功，是以其事难尽从；然其序君臣父子之礼，列夫妇长幼之别，不可易也”②；“盖出于司徒之官，助人君顺阴阳明教化者

① 《史记》卷四七《孔子世家》，中华书局 1982 年版，第 1938 页。

② 《史记》卷一三〇《太史公自序》，中华书局 1982 年版，第 3289 页。

也。游文于六经之中，留意于仁义之际，祖述尧舜，宪章文武，宗师仲尼，以重其言，于道最为高”①。

在先秦的诸子学说中，儒学是“世之显学”之一。孔子整理古代典籍《尚书》《诗经》《春秋》，这些典籍与《周易》《礼》《乐》成为儒学的基本经典。孔子提出礼治的思想，主张“正名”，维护“君君、臣臣、父父、子子”的社会秩序；又主张实行德治，以仁作为最高道德准则和理想的人格；又提倡中庸之道，忠恕思想。孔子的思想为儒学奠定了理论基础。孔子五十岁左右时曾经出仕鲁国，践行其思想。其后又到齐、卫等国寻求明君，“以道易天下”，推行儒家思想。但是，“孔子明王道，干七十余君，莫能用”②。孔子死后，孔子的学说由其弟子各执一偏的理解，形成儒家内部各派的争论。儒家各派虽然争论不休，但是他们共同以孔子为宗师，以“六经”为经典，主张礼乐、仁义和中庸之道，重视道德教育和心性修养，提倡德治和仁政，维护君臣、父子、夫妇等伦常关系。

战国时期“儒分为八”，其中影响最大的是孟子的孟氏之儒和荀子的孙氏之儒。孟子是战国邹（今山东邹县）人，儒家学派的重要代表人物。孟子曾“受业子思之门人”③，为孔子“私淑弟子”，一生推崇孔子，认为“自生民以来，未有盛于孔子也”（《孟子·公孙丑》），并传播发挥其思想，被后世尊为“亚圣”，儒家学说也被称为“孔孟之道”。孟子提出以“心”释“仁”、以“义”行“仁”的原则，使儒学发展进入新阶段。“仁”

---

① 《汉书》卷三〇《艺文志》，中华书局 1962 年版，第 1728 页。
② 《史记》卷一四《十二诸侯年表》，中华书局 1982 年版，第 509 页。
③ 《史记》卷七四《孟子荀卿列传》，中华书局 1982 年版，第 2343 页。

作为最高的道德精神境界和理想人格,有了"心"作为具体承载物,就从抽象的一般范畴物化落实为具体个人的主观自我认定的心理状态。以达到"仁"的心理状态作行为选择和坚持的标准,就是从"义"或取"义"。他提出"仁,人心也;义,人路也"(《孟子·告子上》),正是以价值理念认定和行为方式选择来界定"仁"的内涵,从而使"仁"充分"人化",而"人"也充分"仁化"。"仁"成了"人之所以异于禽兽"的"几希"所在。由于"仁、义、礼、智根于心","心"有"良知"和"良能","心"有"四端",本质上是"仁"的。由"心"及"性",孟子主张"性善"。孟子开创的"心、性"之学不仅成为后世儒学的重要内容,而且在很大程度上影响全民族的文化心理素质特征的形成。孟子"心"学观点运用到经济领域,就主张以"恒产"来求得"民"之"恒心",而"恒产"的实行就是"分田制禄"。"心"学用到政治上,就是主张以"仁政"和"王道"来"王天下"。"仁政"就是以"不忍人之心"行"不忍人之政"。"民心"是"王天下"的决定因素,"得其心,斯得民","得其民,斯得天下",主张"民为贵,社稷次之,君为轻"(《孟子·尽心下》)。孟子从"心"出发,认为通过"存心"和"求放心"就可以保持善性,扩充善性可以达至善、信、美统一的圣人境界,形成儒家独特的修身养性以"平治天下"的伦理与政治相结合的道德理想主义体系,成为儒家思想的基本传承线路。孟子认为从"心"出发,可以由"尽心"而"知性""知天",并认为养"浩然之气"可以"万物皆备于我",从而继承和发展了西周以来的"天人相关""天人相予"思想,为后世"天人合一"的儒家思维模式奠定了基础。孟子以"平治天下"为己任,提出"富贵不能淫,贫贱不能移,威武不能屈,此之谓大丈夫"(《孟子·滕文公下》)的论断,体现了当时士阶层已有了初步独立人格的觉醒。他还提出重“义”轻“利”以及“劳心者治人,劳力者治于人”的思想,对后世影响也很深远。

荀子是赵国(今山西南部)人,但他的主要学术活动却在山东(战国时期的齐国)。曾三为稷下学宫的祭酒,并为兰陵令,在兰陵著书而终。荀子对孔子思想多有损益。政治上,他继承孔子的“礼治”思想,强调“德治”与“仁政”时,主张“礼法兼治”“王霸并用”,如“礼义者,治之始也”(《荀子·王制》),“法者,治之端也”(《荀子·君道》),“隆礼、尊贤而王,重法、爱民而霸”(《荀子·强国》)。在天道观及天人关系上,荀子批评天命与鬼神的观念,提出“明于天从之分”的观点,认为“天行有常,不为尧存,不为桀亡”(《荀子·天论》),肯定自然运行的规律是不以人的意志为转移的客观存在,并提出“制天命而用之”的思想,主张在尊重自然规律的基础上发挥人的主观作用。荀子首创“性恶”说,认为“人之性恶,其善者伪也”,以此为基础,主张通过“师法之化,礼义之道”的教育,达到“化性起伪”的目的。在认识论方面,荀子首先肯定世界的可知,“凡以知,人之性也;可以知,物之理也”(《荀子·解蔽》),指出认识过程是通过“天官”(感官)接触外界事物,再由“天君”(思维)进行理性加工(“征知”)。其次,提出了认识方法——“解蔽”和“虚壹而静”。“解蔽”即反对认识的片面性“蔽”,以为“蔽于一曲而暗于大理”,主张“兼陈万物而中县衡”;“虚壹而静”指把握正确的“道”,必须采取虚心、专一、冷静的方法或态度。

春秋战国时期山东境内出现过一个非常有影响的学术活动中心——稷下学宫。稷下学宫属当时的齐国政府创办,因在齐国都城临淄稷门附近而得名。学宫始创于齐桓公时期(一说齐威王时期)，在齐国原始民主和自由气息下持续活动百余年，齐宣王时臻于极盛。学宫曾汇集天下贤士近千人，容纳儒、道、法、兵、农、阴阳等百家学说，成为当时各学术流派之荟萃中心。凡来学宫的学者均可发表自己的意见，他们就天人关系、世界本原、名实关系、人性善恶、德治法治等相互争辩和诘难，促使各学派在融合与分化的过程中得以发展。在此期间，学术著作相继问世。荀子是学宫的重要人物，曾三任祭酒。稷下学宫的存在，为当时百家争鸣开创了良好的社会环境，促进了先秦时期的学术繁荣。

正是有了孟子和荀子对儒学的进一步阐发与弘扬，有了稷下学宫这样一个多学派互相辩论与交流的平台，使儒学在先秦时期进一步显著。尽管如此，先秦时期，儒学仍然是以鲁国、齐国为基地的地域文化。

真正使儒学变成主流文化是在西汉时期，这一变化“为稳定和巩固大一统的专制主义中央集权的统治起了重要作用，对于形成以汉族为主体的中华民族的心理特征产生了不可估量的影响”①。汉武帝向“贤良文学之士”求“帝王之道”，董仲舒应对“臣愚以为诸不在六艺之科孔子之术者，皆绝其道，勿使并进。邪辟之说灭息，然后统纪可一而法度可明，民知所从矣”②。汉武帝采纳了董仲舒的建议，实行“罢黜百家，独尊儒术”的策略。“汉武帝与董仲舒君臣之间通过一次举贤良文学对策，完成了中国思想文化史上影响深远的历史转折。董仲舒

---

①　孟祥才、胡新生：《齐鲁思想文化史——从地域文化到主流文化》，山东大学出版社2002年版，第496页。

②　《汉书》卷五六《董仲舒传》，中华书局1962年版，第2532页。

提出的'罢黜百家,独尊儒术'的政策被汉武帝批准,从此,儒家思想作为齐鲁思想文化的核心,由地域文化上升为主流文化,并作为统治思想在中国封建社会的历史上持续了2000年之久。"①

二、儒学作为主流文化的特征及山东儒学的定位

应该说,在成为主流文化之前,儒学的地域性特征是非常明显的。儒学发端于鲁国。孔子曾带着自己的梦想到齐、陈、卫、楚等国推行其学术思想,结果都没有成功,最后不得已回到故国讲学。开始,儒学只是春秋时期鲁国的一个学派。由于创始人孔子的名气以及收徒弟方式等因素的影响,孔门学派越来越大,与墨家成为显学。其后,孔门弟子分散到各诸侯国,儒学又相继传到这些诸侯国,特别是与鲁国相近的齐国,形成"齐儒学"。"齐国自有他的儒学,骨子里只是阴阳五行,又合着一些放言侈论。"②鲁儒学、齐儒学绝对是儒门学派的主要存在状态。司马迁指出:"夫齐鲁之间于文学,自古以来,其天性也。"③在西汉儒学成为主流文化的关键时期,经学成了儒学的支柱,"经学源自齐鲁,经学的创始人百分之九十出自齐鲁,传

---

① 孟祥才、胡新生:《齐鲁思想文化史——从地域文化到主流文化》,山东大学出版社2002年版,第490页。

② 杨佩昌整理:《傅斯年:诸子、史记与诗经文稿》,中国画报出版社2010年版,第23页。

③ 《史记》卷一二一《儒林列传》,中华书局1982年版,第3117页。

经的学者也大部分出自齐鲁。从一定意义上可以毫不夸张地说,经学也就是齐鲁之学”①。然而,齐鲁儒学毕竟是一种地方性文化,影响再大,也只是一个地域性的文化。

董仲舒继承了先秦原始儒家的基本思想、范畴、概念,大量吸收融合了先秦诸子中其他学派的内容,用“阴阳五行”学说构筑起的一个新的儒学“政统”体系,并得到汉武帝的认可。经过董仲舒的努力,汉武帝“罢黜百家,独尊儒术”,儒学从齐鲁的地域文化成为主流文化,占据了自西汉到清代统治阶级意识形态的独尊地位,也因此,儒学在此后的整个中国古代社会成为主流文化,而非仅仅限于齐鲁之地的文化,全国的士都要学习、研究儒学。

按理说,儒学占据统治阶级意识形态独尊地位后,就成为举国之学了,其地域性特征就应该淡化或消解。然而,儒门学派林立中,鲁儒学、齐儒学的地域性特征消融了,但新的特征又出现了。作为主流文化的儒学,在长期的发展过程中,体现出了政统与道统的分野,官学与民间学的对立,文化中心与非文化中心不同,南方与北方迥异四大特征。

1. 道统与政统的分野

所谓道统,是指儒家编制的传道谱系。韩愈指出:“博爱之谓仁,行而宜之之谓义,由是而之焉之谓道,足乎己无待于外之谓德。……斯道也,何道也?曰:斯吾所谓道也,非向所谓老与佛之道也。尧以是传之舜,舜以是传之禹,禹以是传之汤,汤

① 孟祥才、胡新生:《齐鲁思想文化史——从地域文化到主流文化》,山东大学出版社 2002 年版,第 514 页。

以是传之文、武、周公,文、武、周公传之孔子,孔子传之孟轲,轲之死,不得其传焉。"①韩愈的这一道统谱系将儒家的道统追溯到了远古的尧舜。这一观点被后来的儒家人物接受。朱熹将尧舜所传的儒家道统具体化为《古文尚书·大禹谟》中的"十六字心传"②。然而,韩愈的儒家道统谱系并不能完全代表儒家整个传承系统。其一,儒家思想体系是由孔子创立的。孔子虽然继承周礼,儒家思想虽可以上溯到尧、舜、禹、汤、文王、武王、周公等,但儒家毕竟是孔子创设,因此,说儒家思想的传承,也必然自孔子始。这一点,牟宗三先生看得非常清楚。牟宗三虽然承认韩愈道统说,认为:"自韩愈为此道统之说,宋明儒兴起,大体皆继承而首肯之。其所以易为人所首肯,因此说之所指本是一事实,不在韩愈说之之为'说'也。"③但他强调:"然自尧舜三代以至孔子乃至孔子后之孟子,此一系相承之道统,就道之自觉之内容言,至孔子实起一创辟之突进,此即其立仁教以辟精神领域是。"④这样一来,牟宗三就把尧舜禹三代所传的道与孔子的仁道进行了区分,认为三代所传乃是"正规业绩"之道,是"外王"之道;孔子的仁道是"内圣"之道。将孔子的仁道与尧舜禹三代之"政规业绩"合而观之,方有完整意义的"内圣外王之道",所以,孔子对于道统是再建立,儒家道统

---

① 韩愈:《原道》,《韩愈全集》,上海古籍出版社1997年版,第120页。

② 《古文尚书·大禹谟》认为:"'人心惟危,道心惟微,惟精惟一,允执厥中'者,舜之所以授禹也。"

③ 牟宗三:《心体与性体》第1册,(台北)正中书局1968年版,第191页。

④ 牟宗三:《心体与性体》第1册,(台北)正中书局1968年版,第192—193页。

应该从孔子讲起。其二,韩愈的道统论将荀子与汉儒拒斥门外。事实上,儒学由战国时期的显学至后来的发扬光大,孟子固然功不可没,而荀子也功莫大焉。尤其是在传经上,荀子的贡献更是突出。如果只按照韩愈的道统谱系讲儒学,恐怕很难说是完整的儒学。后人将汉儒开创的儒学传承系统称为政统(亦称“正统”或“治统”)①,与道统并列,比较全面地反映了儒学的传承。

道统与政统是怎样形成的呢?其实,这与地缘有着相当大的关系。在一定程度上,春秋时期鲁国的地缘造就了儒学的道统,而战国时期齐国的地缘造就了儒学的政统。

春秋以前,即前孔子时代,儒学作为“礼学”是道统、政统合一的。尧、舜、禹、汤、文王、武王、周公等既具有王位,又践行着一套礼仪,即所谓的“圣王一体”。与上古时期比较,春秋时期的中国社会发生了很大的改变,周朝的分封国逐渐强大起来,其发展势头足以与朝廷抗衡。“礼崩乐坏”是春秋时期士阶层对当时社会的一个主要评价。也因此,恢复周礼便成为时代赋予朝廷和士阶层的重要使命。

春秋时期鲁国的孔子自觉承担起了这一重要使命。鲁国是周武王兄弟周公旦的封地。分封鲁国,是周王朝控制东方的重要措施。“大启尔宇,为周室辅”(《诗经·鲁颂》),《左传》也对此进行了详细的记载:“昔武王克商,成王定之,选建明德,以蕃屏周。故周公相王室,以尹天下,于周为睦。分鲁公以大路,大旂,夏后氏之璜,封父之繁弱,殷民六族,条氏、徐氏、萧氏、索氏、长勺氏、尾勺氏。使帅其宗氏,辑其分族,将其类丑,

① 牟宗三先生将政统定义为“政治形态”或政体发展之统绪。

以法则周公,用即命于周。是使之职事于鲁,以昭周公之明德。”(《左传》定公四年)而孔子又是殷王室的后裔。孔子曾自评“丘也,殷人也”(《礼记·檀弓上》)。据胡适考证,“儒是殷民族的教士,他们的衣服是殷服,他们的宗教是殷礼,他们的人生观是亡国遗民的柔逊的人生观”,孔子的贡献是“把殷商民族的部落性的儒扩大到‘仁’以为己任的儒;把柔懦的儒改变到刚毅进取的儒”。[1]

然而,孔子要想改变春秋时期的“礼崩乐坏”,恢复周礼,实在是太难了。在当时,他必须面对两个问题。第一是身份。与尧、舜、禹、汤、文王、武王、周公等具有王位的儒家道统传人相比,孔子没有王位。没有王位,说的话就会没人听,也就是所谓的人微言轻。孔子也一直做着改变自己身份的努力,他做过鲁国的中都宰、司空、大司寇,并主持过齐鲁夹谷之会的相礼,但时间都很短。他推行的儒学主张也没有得到诸侯国的采纳。他曾试图随叛乱的佛肸、公山弗扰去任职,也曾发出“苟有用我者,期月而已可也,三年有成”(《论语·子路》)的感叹,但很无奈,只能做“素王”。第二是思想。周礼在孔子以前以六经的形式呈现,其内容庞大繁杂,而且礼仪的修订权和解释权均在国王,诸侯国只有听从。但是,春秋时期僭礼的行为非常普遍,“礼乐征伐自诸侯出”(《论语·季氏》),“八佾舞于庭”(《论语·八佾》)等均是对当时僭礼行为的描述,原来的周礼已经不可能维持下去了,必须对其进行“损益”,才能使“礼”的思想得以延续。孔子通过整理六经,进一步概括了儒家学派的

① 胡适:《说儒》,《中央研究院历史语言研究所集刊》第4卷第3期,1934年。

核心——仁的思想,使儒学得以简化而更适应当时的社会。孔子虽然解决了第二个问题,但第一个问题却显得力不从心。孔子聚徒讲学后,倍感第一个问题无法实现,只能对自己的学生感叹“大哉,尧之为君也。巍巍乎,唯天为大,唯尧则之”(《论语·泰伯》),期待着诸侯国君有朝一日能用他的主张治理国家,恢复周礼。然而,周游列国的经验证实了圣王一体的时代已经结束,孔子只能在“成王”与“成圣”之间选择一个。但是,成王(说服诸侯国君采纳儒家的主张)的道路异常曲折,而且孔子实现起来实在是力不从心,他被迫选择了成圣,将周礼之学上升为仁学,创立了儒家学派。由于孔子在学问上的名气,诸侯国中各路学子纷纷来求教于孔子,也由于孔子对鲁国的深厚感情,使鲁国成为儒学的重镇,更由于孔子对周礼的维护,使孔门弟子谨守儒门家法。于是,儒学后来成为鲁国的学术代表,儒门人物也成为邹鲁之士。也由此,我们可以看到,圣王分裂后,周礼的传承就有了不同的理路。

孔子死后,儒门分为八派。八派中,颜氏之儒、子思之儒、孟氏之儒、乐正氏之儒等恪守着孔子开创的鲁国儒学传统。而孙氏之儒(荀子的一派)则开创了齐国儒学传统。齐国儒学是什么样子呢?傅斯年认为它“骨子里只是阴阳五行,又合着一些放言侈论”,“鲁学小言詹詹,齐学大言炎炎”。[1] 当时的孟子曾认为齐学是“野人之语”,庄子也认为齐人为“志怪”,从侧面说明了齐国的特色。孔子生前就已经意识到鲁儒学与齐儒学之间的差别,“齐一变,至于鲁;鲁一变,至于道”(《论语·雍

---

① 杨佩昌整理:《傅斯年:诸子、史记与诗经文稿》,中国画报出版社2010年版,第23页。

也》)，彰显出了鲁儒学比齐儒学更接近于道。孔子死后，“七十子之徒散游诸侯”①，儒学的传承就分化了。留守鲁国的弟子继续着孔子生前谨严守道的传统，而散游诸侯的弟子则不一定要固守这个传统。

春秋之际，诸侯国之间发生了重大变化。鲁国作为原来周朝的重要分封国极力扮演着周朝重镇的角色，奈何周朝自身难保，根本无法顾及鲁国。加之鲁国自身治理不力，便由强变弱。而齐国逐渐强大。儒学经由孔子的弟子传到齐国。“天下并争于战国，儒术既绌焉，然齐鲁之间，学者独不废也。”②与鲁国是周朝的重要分封国不同，齐国则是后兴的开放沿海诸侯国。梁启超曾对齐学、鲁学做了对比，“两汉以前，儒家学派，可以地域区分，所谓齐学鲁学，风气各自不同。鲁是孔子所居的地方，从地理方面看，在泰山以内，壤地褊小，风俗谨严；从历史方面看，自周公以来，素称守礼之国。又有孔子诞生，门弟子极多。鲁派家法，严正呆板狭小，有他的长处，同时亦有他的短处。齐与鲁接壤，蔚为大国，临海富庶，气象发皇，海国人民，思想异常活泼，直接隶属孔门的时候，齐鲁学风，尚无大别，以后愈离愈远，两派迥不相同了”③。梁启超所说的齐国思想异常活跃，指齐国先后容纳了儒家、道家、法家、墨家、阴阳家、纵横家、农家、兵家、术士、方士等百家之子，“天下谈客，坐聚于齐。

---

① 《史记》卷一二一《儒林列传》，中华书局1982年版，第3116页。

② 《史记》卷一二一《儒林列传》，中华书局1982年版，第3116页。

③ 梁启超：《儒家哲学》，《饮冰室诸子论集》，江苏广陵古籍刻印社1990年版，第27页。

临淄稷下之徒,车雷鸣,袂云摩,学者翕然以谈相宗”①。由于鲁、齐的历史文化背景、自然生存环境等因素影响,鲁儒学与齐儒学迥异。鲁儒学严谨、单一,齐儒学多元、包容;鲁儒学守常,齐儒学变通。鲁、齐儒学均尊孔子为宗师,其所传之道却有差异。这一点,在孟子、荀子两人中表现得尤为明显。

战国时期,儒学受到其他各家的攻讦,“儒术既绌”。于是,孟子、荀子等起而捍卫儒学。孟子明显带有鲁儒学特色,恪守孔子的思想理路,“述唐禹三代之德”,“与万章之徒序《诗》、《书》,述仲尼之意”②;荀子则“嫉浊世之政,亡国乱君相属,不遂大道而营于巫祝,信禨祥,鄙儒小拘,如庄周等又猾稽乱俗,于是推儒、墨道德之行事兴坏,序列著数万言”③。孟子遵循三代儒家传统,荀子推重儒家的同时,吸收了墨家、道家等思想。两人虽均以继承孔子思想自陈,但继承的方法却不同。孟子曾指责齐学“此非君子之言,齐东野人之语也”(《孟子·万章上》),荀子则批评孟轲“略法先王而不知其统”,“案往旧造说”(《荀子·非十二子》)。从中可以看出孟、荀在继承孔子思想上的不同。孟子严格遵守儒家的“道统”,荀子则试图建立一种开放、兼容的儒学,为儒学“政统”的传承道路打下了基础。从某种意义上说,孟子、荀子对儒家思想的继承就已经凸显了儒学道统、政统的理路。

沿着荀子的理路,汉代开辟了儒家传承中的政统。董仲舒建议的“罢黜百家,独尊儒术”被汉武帝采纳,儒学政统地位得

---

① 戴表元:《齐东野语·序》,周密撰,张茂鹏点校:《齐东野语》,中华书局1983年版,第2页。

② 《史记》卷七四《孟子荀卿列传》,中华书局1982年版,第2343页。

③ 《史记》卷七四《孟子荀卿列传》,中华书局1982年版,第2348页。

以确立。孔子、孟子、荀子等苦苦追寻的政统地位,由董仲舒完成了。董仲舒明显属于齐国儒学,“这个齐学在汉初的势力很大,武帝时竟夺鲁国之席为儒学最盛者,政治上最得意的公孙弘,思想上最开风气的董仲舒,都属于齐学一派;公羊氏春秋,齐诗,田氏易,伏氏书,都是太常博士中最显之学”①。实质上,董仲舒已经将儒学进行了很大程度的改造。他吸收了阴阳五行学说,作为构筑天人感应神学目的论和循环历史观的重要思想资料;他吸收法家法治主义理论,作为构筑阳爱阴刑思想的重要资料;他吸收墨家关于“尚同而不比”的理论,作为构筑专制主义中央集权的思想资料。② 而且,董仲舒等在推广儒学过程中,大量采用谶纬,为其思想做了神秘主义支撑,这与孔孟所推行的儒学道统有了相当大的距离。政统与道统之间呈现出了分野态势。

儒家道统与政统的分野体现了弘道与取势的分别。道统主旨在弘道,固守儒学的核心价值,将儒家思想的核心观念通过师道家法的形式代代相传,使儒学成为一种纯粹的“形上学”;政统在意的是儒学取势,借助王权政治势力弘扬光大。孔子创设儒学时,既弘扬周礼的道统,也游说诸侯国采纳自己的主张,取势弘道。然而,由于孔子没有王位,儒学的政统地位始终无法落实,只是在道统传承中取得成功,为孟子所继承。经春秋战国后,诸子百家渐渐式微,仅靠道统很难光大儒学。特别是秦朝“焚书坑儒”对儒学的打压,使“儒术既绌”。汉初

① 杨佩昌整理:《傅斯年:诸子、史记与诗经文稿》,中国画报出版社 2010 年版,第 23 页。

② 参见孟祥才、胡新生:《齐鲁思想文化史——从地域文化到主流文化》,山东大学出版社 2002 年版,第 495 页。

黄老之学兴盛,对儒学的冲击相当大。儒学要想再次成为显学,重新获取尧舜禹三代时期的地位,仅仅靠道统是无论如何也实现不了的。于是,董仲舒等一改孟子式的弘道,先取势,将儒学改造成为一种适合王朝统治的学术理论,并用天人感应等神秘的形式说服世人,使统治者采纳,形成儒学的政统。与道统对儒学主旨精神的守护相比,政统注重儒学在现实操作层面的运用,它借助于王权的势力,强行推广于士中间,并通过科举考试制度固定下来,使儒学又恢复到春秋以前的政道合一的局面。

与弘道与取势相联系,道统与政统的分野也体现了对“内圣”与“外王”的不同侧重。荀子曰:“圣也者,尽伦者也;王也者,尽制者也;两尽者,足以为天下极矣。”(《荀子·解蔽》)儒学道统、政统虽然均以继承孔子思想为己任,但道统的接续偏重于“圣”,孟子以“心”释“仁”,以“义”行“仁”,宋明理学直陈性命义理,使儒学转向了性命义理之学。与道统相比,政统更注重儒学建立的事业,看重的是社会的礼乐刑政,因而,政统谱系将六经放在重要位置,从六经中寻找建立王道霸业的理论依据。道统的继承主要通过师承渊源,将儒家思想上升到价值、意义、观念层面,重视的是对儒家思想层面的体悟,这种传道方式虽然不能吸引大规模士人对儒家思想的信仰,却体现了士人的学术自觉;政统谱系重视“政规业绩”,依靠王权之势使儒学发扬光大,虽然能够强迫士人对儒学的信仰,同时也容易造成士人的人格分裂。

从儒学的发展历史中,也能够清楚地看到道统与政统的分野。西汉以后,儒学按照两条路向发展,一条是“政统”,即政治儒学(官学),一条是“道统”,即学术儒学。这两条路向往往是相互对立的。“两汉儒士阶层在做出承继还是疏离先秦人文传统的抉择时,已不可避免地发生了历史性的分裂。这种历史性分裂往往以经今古文之争的形式表现出来,其实质却是代表王权现实政治利益的‘王者之儒’,与代表先秦世俗人文价值取向的‘教化之儒’之间相互冲突的反映。”①

2. 官学与民间学的对立

两汉是儒学作为统治阶级意识形态的奠基时期,也是儒学从学术走向政治中心的关键时期。学术儒学与政治儒学存在着相当大的差异,学术儒学只是治理国家的思想、理念,而不是治理国家的具体方法;政治儒学则不仅是理念,更是方法。所以学术儒学走向政治儒学需要对儒学进行创新,创造一种与时政相契合的新儒学。董仲舒完成了这项工作。然而,随着历史的推进,这种新儒学需要不断地充实、改进和完善的。所以,两汉官学一个重要的任务就是对民间儒学进行政治化改造,由此产生了通经致用、结合现实阐发经书的微言大义的今文经学并受到官方的认可,而今文经学又反过来为朝廷的政治、经济、法律等的合理性提供依据。与此相反,在民间,古文经学兴盛。古文经学的经书出于孔壁或藏于秘府,是一项儒学的整理事业,古文经学重视经传的小学,明故训,与朝廷的政治以及当下的现实问题联系不多。西汉末年后发生了今古文之争。今文经学重视儒学的用,倾向于儒学的实践;古文经学重视儒学的纯,倾向于儒学的学术化。

---

① 杨念群:《儒学地域化的近代形态——三大知识群体互动的比较研究》,生活·读书·新知三联书店 1997 年版,第 52 页。

今文经学与古文经学的对立又在清代泛起。宋明时期是儒学的成熟期,儒学经过宋明理学家们的诠释、改造,已经从心、性层面深入人心,“理”“欲”之别、义利之辩、义理之性与气质之性的分野等已经在深层次上为统治阶级提供了维持社会稳定的理论体系。此外,宋明理学在士的长时间持守中,逐渐演化成了“袖手空谈心性”“迂远不切实际”之学。清初的思想家们企图通过对传统儒家经典的重新诠释,发掘中国文化的精髓,重建中国文化的新体系。于是,遥承两汉学术旨趣的“汉学”路线的乾嘉学术系统逐渐形成并兴盛,影响了整个清代的学术。

乾嘉学派反对宋明理学好发空论言之无物的弊病,走上从书本里寻找疑难问题进行考据的务实道路。顾炎武被公认为开清代考据学先河之人,其后有以惠栋为首的“吴派”和以戴震为首的“皖派”之分。在吴派和皖派两大系统之外,还有以焦循、汪中为代表的扬州学派,以及以全祖望、章学诚为代表的浙江学派。这些学派均以考证实证为基本特征,被通称为乾嘉之学。乾嘉学派之所以重考据,一方面是学术旨趣的原因,更大的一方面是对异族入侵的反抗。这种反抗,主要集中在南方。在乾嘉学派内部,吴派的学风即搜集汉儒的经说,加以疏通证明。它的特点是“唯汉是信”,即推崇汉代经说,遵循汉代经学研究,重视名物训诂、典章制度的传统。凡属汉学,就一概予以采纳而加以疏通解说。皖派则重视对《周礼》《仪礼》《礼记》(“三礼”)中名物制度的考证。其特点是从音韵、文字学入手,通过文字、音韵来判断和了解古书的内容和含义,即以语言文字学为治经的途径。乾嘉学派的这种考据功夫无疑为后辈学子研读古书提供了极大的方便;然而从学问的建树上来说,乾嘉汉学的考据学流于纤巧与琐碎，舍本而逐末，使学术成为逃避现实的掩护所。

乾嘉学派的烦琐引起学者们的反省。检讨、反省乾嘉学派最有影响的当属常州学派。常州学派是清代乾隆、嘉庆年间出现的研究《春秋公羊传》的今文经学派，以庄存与、庄述祖、庄绶甲、刘逢禄为代表。由于他们都是清代常州府人，因此得名。如乾嘉学派一样，常州学派开始也是以汉学为基础进行研究的。但是他们推崇的是《春秋》，尤其是《春秋公羊传》。常州学派的开山者庄存与、刘逢禄等人在研究《春秋》时抛却今古文的界限，呼唤宋明理学的重振。今文经学在其后又经过龚自珍、皮锡瑞和廖平等人的发挥，在晚清产生重要的影响。直到康有为借用今文经学进行变法。

3. 文化中心与非文化中心不同

从西汉到唐代，中国的文化中心全部集聚在北方，而且尽管儒家学派分布呈官学与民间学术对立局面，但随着两汉王权统一局面的巩固，游走四方的儒士被吸摄于政治中心周围，使文化中心以外区域的学派很难崛起。“在唐宋以前，由于受到王权统治区域范围的制约，以及儒学体系中官学化内涵的限制，富有个性的儒学流派始终没有出现，特别是淮河以南地区更付阙如。”①

宋代，统治阶层重新褒扬儒学，抬高儒学的地位。先是宋真宗追谥孔子为“玄圣文宣王”，驾幸曲阜，拜谒孔庙；又是宋

---

① 杨念群：《儒学地域化的近代形态——三大知识群体互动的比较研究》，生活·读书·新知三联书店1997年版，第60页。

仁宗下诏赐封孔子后裔为“衍圣公”。于是,百官视孔子之道如日月经天,江河行地,树万世师表,历百代而常新。所以儒学地位重新显赫,士人习儒风气大涨。宋初三先生、北宋五子等相继引领儒学发展潮流,继之濂学、关学、洛学、临川学派、苏蜀学派等儒家学派兴起。这些学派是以学派代表人物的籍贯或主要学术活动场所命名的,这是当时学派命名的一大特点,不能作为学派地域性的根据。例如,临川学派不能代表江西地区儒学,关学也不能代表甘陕地区儒学。但是,北宋理学形成中门派的地域性还是存在的。

濂学、关学、洛学、临川学派、苏蜀学派是北宋儒学的最主要学派。“由于荆公学派在政治上得到变法派的支持,称之为官学,自熙丰以来‘独行于世者六十年’,学术上亦处于压倒的优势地位,影响亦最大。”①临川学派因其代表人物王安石曾在宋神宗时两任宰相而光大,并成为官学。王安石推崇《诗经》《尚书》《周礼》。该学派凭借王安石当政,在朝廷中专设经义局,王安石兼任提举,他的儿子王雱、助手吕惠卿任副职,这个局的任务就是重新解释五经,称为“新义”。先后撰写的《诗经新义》《尚书新义》《周礼新义》(合称《三经新义》)用皇帝的名义颁发到全国,在变法期间成为科举考试的依据。临川学派带有鲜明的政治儒学色彩。

濂学、关学、洛学是作为临川学派对立面而存在的非文化中心地域的学派。如果说临川学派是意图建构政治儒学的话,那么濂学、关学、洛学则意图建构学术儒学——理学。濂学代

---

①　漆侠:《宋学的发展和演变》,河北人民出版社 2002 年版,第 315 页。

表人物周敦颐的《太极图说》讲述的人之终始“明确地点明了道学的一个主题”①。《通书》进一步将“诚”突出为“圣人之本”“性命之源”,并指出“孔颜乐处”就是“仁”,已经表达了道学的主题。关学以《易》学作为哲学基础,以“气”为宇宙万物的本体,发挥孔子“仁”学。洛学关注人的内心修养,发挥孔子的“仁”和“敬”的思想,提出“理”的范畴。关学、洛学虽然也赋予儒学以新态,但与临川学派的官学有很大的区别。临川学派的新,主要是政治色彩的新,而关学、洛学的新,是开出儒学义理的新,这种义理儒学在北宋时期是绝对不可能成为京城的主流思想的。

苏蜀学派是远离文化中心的学派,它的地方色彩极为浓重。苏蜀学派反对临川学派的主张,推重道家思想,以“道”或“道之大全”为最高范畴,以“无”或“天”为宇宙本原,认为“道之大全”生成万事万物,要以“水”或“气”作为中介,认为“水之无常形,此善之上者,几于道矣,而非道也”。苏蜀学派带有道家神秘主义色彩,这与该派地处巴蜀,长期尊崇道家思想有很大关系。该学派成为当时非文化中心地区的标志性学派。正因为他们脱离文化中心区域,其学派主张也离儒学比较远,所以有些学者对其学术思想,不予以正统地位,目为杂学而予以贬斥。如《宋元学案》的作者就没有把此派按年代序列写入书中,而别附见全书之末,名之曰“苏氏蜀学略”,以区别于其他学派。

由于金军的入侵,南宋国土大大缩小,都城也南迁临安

---

① 冯友兰:《中国哲学史新编》(下),人民出版社 1999 年版,第 69 页。

（今杭州）。南宋初，曾在北宋居于官学地位的临川学派受到打击，“南宋初年，宋学发生了巨大的演变。前此居于主导地位近六十年的荆公新学，在宋高宗反动统治打击下衰落下来；而一直处于民间、影响不大的二程理学，却在南宋初四十年间突然兴发起来，在社会上逐步取得主导地位，成为学术上的暴发户”①。南宋高宗采纳胡安国、赵鼎等的意见对二程理学给予宣扬和提倡，于是，理学大兴。朱熹、陆九渊、吕祖谦等发挥二程思想，建立起各自的思想体系，形成了闽学、心学、金华学派，而与这些学派相对立的是浙东学派，尤其是永嘉学派。这些学派虽然也属理学，但与文化中心地区强调的二程理学是不同的。

朱熹继承二程思想，以“性与天道”为中心，探讨理气（道器）、性、命、心、性、天理人欲、格物致知等范畴和问题。他把孔子、孟子的仁义礼智及君臣、父子、夫妇的伦理纲常概括为“理”，强调“理”至高无上，永远存在，是天地万物的本体。因朱熹在闽讲学，所以，他代表的理学亦称为闽学。同样是承继二程思想，陆九渊与闽学不同，他从心即理出发，强调吾心的反省内求，认为“古人教人，不过存心、养心、求放心”，要达到孔子所说的“仁”的境界，乃在于“发明本心”的扩充。陆九渊形成了儒学的心学学派。

永嘉学派，又称“事功学派”“功利学派”等，是南宋时期在浙东永嘉（今温州）地区形成的、提倡事功之学的一个儒家学派，是南宋浙东学派中的一个重要分支。因其代表人物多为浙

---

① 漆侠：《宋学的发展和演变》，河北人民出版社 2002 年版，第 511 页。

江永嘉人,故名。永嘉学派的最大特点,就是与当时朱熹的"理学"、陆九渊"心学"大讲身心性命之学相异,他们强调功利,注重事功。

元、明两代将程朱理学定为官学。明代以后,儒学的区域分化愈趋于细腻多变,而且多集中于南方。明成祖朱棣迁都后,文化中心又移到北方,但从南宋以来的文化兴盛的趋势却没有随着都城的迁移而归于沉寂,相反,大有南方取代北方文化中心地位之势。阳明学派、蕺山学派、东林学派、白沙学派、甘泉学派等影响都比较大,而阳明学派又分化出许多支派。所以,学者感叹"儒家学派区域分化的重心已移至南方则是不容置疑的事实"①。

4. 南方与北方迥异

儒门学派南北方地域差别自儒家思想诞生之时就已经存在。"自孔子卒后,七十子之徒散游诸侯,大者为师傅卿相,小者友教士大夫"②,这些散居各诸侯国的孔子弟子,后来纷纷自立门派。梁启超曾分析指出,"孔墨之在北,老庄之在南,商韩之在西,管邹之在东,或重实行,或毗理想,或主峻刻,或崇虚无,其现象与地理一一相应",到了汉初,"虽以窦后文景之笃好黄老,然北方独盛儒学;虽以楚元王之崇饰经师,然南方犹喜道家。《春秋繁露》及其余经说,北方之代表也;《淮南子》及其

① 杨念群:《儒学地域化的近代形态——三大知识群体互动的比较研究》,生活·读书·新知三联书店1997年版,第61页。

② 《史记》卷一二一《儒林列传》,中华书局1982年版,第3116页。

余经说,南学之代表也”。①

魏晋南北朝时期,已经有了明显的南北学风之别。北学承袭汉代古文经学的特点,《周易》《尚书》《毛诗》、三礼都采用郑玄注,《左传》用服虔注,《公羊传》用何休注。北学拒斥老庄之玄虚,以章句训诂为学问,墨守经师家法,不敢别出新意。南学则远远超出今古文之争,南朝经师发展魏晋学风,除《诗》、三礼采用郑玄笺注外,《周易》用王弼注,《尚书》用孔安国传,《左传》用杜预注。南学讲经兼采众说,不拘家法,兼引佛入儒,所作义疏比经注更为详尽。所以,学者评论当时的情况是“南北所治,章句好尚,互有不同……大抵南人简约,得其英华,北学深芜,穷其枝叶”②。

唐宋之际,儒学得到极大的空间拓展,出现了多流竞争的复杂态势。随着金人的入侵,儒家学派的区域重心也从北方移到南方。在南宋甚至出现“南北道绝,载籍不相通”的局面。元代统一后,理学始传入北方,并被朝廷定为官学。然而,传入北方的理学与南方的理学有着明显的不同。北方儒学可以说是纯正的朱熹理学,而南方儒学则努力调和朱陆。当时的鲁斋学派与草庐学派可以代表南北方的儒学。鲁斋学派以许衡、赵复为代表,崇信程朱之学,并广泛传播于北方,强调“以纲常治国”。此派以兴孔学、振纲常、行仁义为己任,认为“理”是事物的“所以然”和“所当然”,“所以然者是本原”,“所当然者是末流”;“所以然者是命”,“所当然者是义”。“每一事每一物须

① 梁启超:《中国地理大势论》,《饮冰室专集》第九册,台湾中华书局1973年影印本。

② 《隋书》卷七五《儒林传》,中华书局1973年版,第1705—1706页。

有所以然与所当然。”“道”不是远离人间的东西,而是“民生日用”。讲求修身、齐家、治国、平天下,不能仅仅“徒事于言语文字之间”,更重要的则是“践履力行”。因此,他们特别提倡养民“治生”之说。草庐学派以吴澄为代表,其学以折中朱、陆为特点。他们认为“理者,非别有一物在气中,只是为气之主宰者即是。无理外之气,亦无气外之理。人得天地之气而成形,有此气即有此理,所有之理谓之性。此理在天地,则元亨利贞是也。其在人而为性,则仁义礼智是也。性即天理,岂有不善”。心与天为一,心为本源、为大体,“圣人之教,各因其人,各随其事,虽不言心,无非心也”,主张“大其心”“发明本心”。

自秦以来,文化重心移至京畿之地,齐鲁之地成为非文化中心地区,也成为远离主流文化之地的边缘文化。然而,由于作为主流文化的儒学发源于齐鲁之邦,这使齐鲁之地的文化相当另类,呈现出了只有齐鲁之地才有的地域性特征。

第一,以传承道统自居,却更重视利用政统儒学来弘扬道统。儒学发展中,道统与政统分野后,一般情况下,非文化中心地区在儒学传承过程中注重的是儒家的道统,也就是学术化儒学的发展。但是,齐鲁儒学却更倾向于政统儒学的发展。他们通过自身的努力,跻身于政统儒学行列,实现传承儒学的使命。秦汉是儒学发展的黄金时代,而山东儒生起到了中流砥柱的作用。汉初,五经七家八位传经大师,山东有五经六家。东汉设十四家博士,山东居八。山东诸儒传经立说,广聚生徒,桃李满天下。或参与政治,或从事文化教育,人才济济,名儒辈出。从某种意义上说,两汉时期的山东儒生左右着儒学的发展。

第二,处民间儒学之地而以官方儒学为荣。自孔子创立儒学后,鲁地学者就以传承儒家文化为己任。在齐鲁大地,孔门学派的特色并没有因时代的变迁而削弱，孔门学派谨守周礼的传统一直坚持下来。“天下并争于战国，儒术既绌焉，然齐鲁之间，学者独不废也。”即使是刘邦“举兵围鲁”，“鲁中诸儒尚讲诵习礼乐，弦歌之间不绝”。[①] 这其中的原因，孟子给予很好的诠释。孟子曰：“由孔子而来，至于今，百有余岁，去圣人之世，若此其未远也。近圣人之居，若此其甚也。然而无有乎尔，则亦无有乎尔。”(《孟子·尽心下》)孟子所说的要传圣人学问，其条件一是“去圣人之世”，二是“近圣人之居”。满足这两个条件的只有鲁国了，所以，鲁国学者自觉担负起传承孔门学派的使命。孟子认为自己“未得为孔子徒也，予私淑诸人也”(《孟子·离娄下》)，自觉承担起将孔门学派发扬光大的重任。荀子一面在稷下学宫游学，吸取各家思想阐扬孔门学派，使孔门学派经久不衰，另一面积极承担六经的承传任务，延续孔门学派经典的传承。“盖自七十子之徒既殁，汉诸儒未兴，中更战国、暴秦之乱，六艺之传赖以不绝者，荀卿也。周公作之，孔子述之，荀卿子传之，其揆一也。”[②]所以，司马迁说：“孟子、荀卿之列，咸遵夫子之业而润色之，以学显于当世。”[③]

儒学上升为主流文化后，齐鲁之地学者的心态仍然没有发生太大的变化，依然认为传承儒家思想是齐鲁之地学者的重大甚至是唯一的使命。于是，“邹鲁守经学”，为学谨严，遵循师法奠定了山东儒学的地域性特征。(1)汉初五经七家八位传

① 《史记》卷一二一《儒林列传》，中华书局1982年版，第3116、3117页。

② 王先谦撰，沈啸寰、王星贤点校：《荀子集解·考证下》，中华书局1988年版，第22页。

③ 《史记》卷一二一《儒林列传》，中华书局1982年版，第3116页。

经大师,山东有五经六家。五经传承中,《诗》三家中山东占据了辕固生、申培两家,现在所传的《诗》是由齐人毛亨、毛苌所传;传《书》的三家欧阳生、夏侯胜、夏侯建均出自山东;传《易》的四家中,孟喜、梁丘贺出自山东;传《春秋》的颜安乐亦出自山东。可以说,山东是经学传承中的重镇,经学的传承几乎出自山东。山东的传经系统一直延续至东汉。(2)东汉设十四家博士,山东居八家。更为可贵的是,东汉时期的郑玄博贯群经,“囊括大典,网罗众家”,成为汉代经学的集大成者,在学界开创了“郑学”道统。晋代的王肃,由于“不好郑氏”而遍注群经,创立了“王学”。“郑学”“王学”成为当时学术界影响最大的两个学派。由此可以看出山东在传播儒家经典方面的影响和作用。正是由于经博士们的努力,儒家经典变得庞大起来。汉初设五经博士,主治《诗》《书》《礼》《易》《春秋》,东汉及魏晋时期又将《论语》《孝经》列入经学,出现七经之说。东晋又流行十经,唐代有九经取士之制度。儒家典籍越来越庞大,加之各代学人对经的训诂、义疏、正义、疏证、笺等,形成了儒家典籍浩如烟海的局面。

第三,无文化中心之位,而自居文化中心的心态。因为儒学的创始人孔子生活于山东,孔子死后不断得到朝廷的封祭,孔府、孔庙等成为儒家文化的象征,也成为儒家文化信仰的圣地。自汉高祖刘邦以太牢之礼祭祀后,历代皇帝都非常重视孔府、孔庙、孔林的地位,不断下旨维护祭孔并对孔子后裔给予特殊待遇。所以,山东地区因孔子的关系与朝廷有了密切的关联。皇帝要到曲阜祭孔,孔子后裔也要向朝廷朝觐。而山东地区的儒生也以生活在此为幸,以文化中心之位置而自豪,并自认为天下文化尽在齐鲁,想要在文化上有所建树,必须到齐鲁之地朝圣。所以,他们尽最大能力理解、诠释儒家经典,保存原汁原味的儒学。

第四,典型的北方儒学特征。儒学作为主流文化之后,南北方儒学出现了迥异的状况,而齐鲁之地的儒学带有典型的北方儒学特征,即谨守古文经学,传承儒家经典。正因为齐鲁之地的儒学在努力塑造着"纯粹儒学"的形象,原教旨式的传播、发展儒学成为这一地区典型的地域特色。所以,齐鲁之地在历史长河中不仅成为儒学的"圣地",也成了儒家典籍的资料库,扮演着儒家典籍"字典"的角色。

三、学派与书院:山东儒学的弱势地位

从地域性特征来看,自汉至清,儒学的发展过程中,居于中心地位的京城及其属地绝对是文化的中心,也无可争议地成为引领文化时尚的地区。然而,从整个儒学发展的进程看,这些引领文化时尚的京城却成为固守统治集团意识形态的坚强壁垒,也成为正统儒学的坚决拥护者和有力支持者。正因为这样的维护与固守,这些地区在文化发展中的创造性作用就难以呈现。儒学发展就印证了这一特征。儒学创造性表现最突出的就是学派和书院。在儒学发展的长河中,不断兴起的儒学内部学派,从不同的视野诠释着儒学的不同特征,构成了儒学创新的主要力量;而书院作为儒者聚徒讲学、文化交流、著书立说的重要场所,进一步支撑着儒学内部学派形成自己的特色。从某种意义上说,儒学内部学派与书院构成了儒学发展的主要成分。恰恰是这两个因素,在文化中心地区很难形成规模,也无

法得到很好发展。山东地区在历史上虽没有京城之位,也非文化中心,但是,由于山东是主流文化的发源地,历来山东地区均以文化中心自居,与京城文化保持着呼应状态。

学派指一门学问中由于师承不同而形成的派别。一般说来,学派的构成取决于以下几个要素:(1)学术特色,(2)学派主要代表及追随者,(3)学术的影响力。

学派的生存在于其特色和主要影响力,而学术特色和影响力则依赖于该学派代表人物的学术地位及其追随者对本学派的维护和弘扬。通常情况下,学派的特色会在历史的演进和递嬗中逐渐衰弱、失真,需要该学派的继承人不断地予以自觉强化和振兴。在不断强化和振兴中,学派的继承人会将时代特色植入本学派,以期保持学派与时代的契合,维持学派的生命力。因而学派传承历程中,为学派增添时代内容构成了学派生存的重要条件。当然,在这个历程中,也会对学派原有内容进行损益。这样,在一门派发展的历史中,会因为时代、师承、地域等因素,衍生出本门派内不同的学派。这些衍生的学派虽然同属于一个门派,尊崇本门派的重要代表(或创始人),但学术特色则不尽一致,学术传承中的取舍不尽相同。这些学派呈现不同的学术特色,有的观点甚至相反,也许还会彼此争论不休,然而这些学派的争论、攻讦等并不会削弱本门派的影响力,相反,却使本门派的学术内容得到拓展、知识得以更新,更有助于消融异体文化(学派)的内容,形成本派文化生存的兼容系统和自我保护机制。因此,一种门派发展至一定程度,必然会衍生出内部不同的学派,而门派内部不同学派的林立,则构成了本门派生存的主要方式。大体上,一种门派生存的时间越久,其内部学派就会越多。儒学就是如此。儒学自孔子创立以来，在中国绵延了两千余年，至今仍生生不息。儒学在两千余年的生存历程中，内部学派林立的局面始终是其生存的主要方式。

儒家内部学派被人评论得很多。韩非子指出，“故孔、墨之后，儒分为八，墨离为三，取舍相反不同”，他还指明了儒家八派“有子张之儒，有子思之儒，有颜氏之儒，有孟氏之儒，有漆雕氏之儒，有仲良氏之儒，有孙氏之儒，有乐正氏之儒”（《韩非子·显学》）。郭沫若曾对儒家八派进行考证和批判。儒家思想的继承人荀子也对儒门派别进行过自我反省，指出有“俗儒”“雅儒”“大儒”“陋儒”“贱儒”等，并区分了子张氏之贱儒、子夏氏之贱儒、子游氏之贱儒。两汉之际，儒学由地域文化上升为主流文化，儒学内部又分今文经学和古文经学；魏晋南北朝时期，儒学又分为南学、北学；宋代以降，儒门学派林立，巍巍壮观，“宋儒之学，派衍支分，不可殚述”，以至于“必无一定义以赅之也”。[①] 宋至清，关学、洛学、闽学、心学……都是非常有影响的学派。

学者对于儒门学派的研究，大都从师承关系入手，这是精当的。因为学派的创设、传播，主要是按照师承的顺序进行的。尤其是古代，交通、通信不发达，消息闭塞，往返拜师又需要时间，因而，学生向往拜于名师门下，时日长久，耳濡目染，登堂入室，应对洒扫，自然就成为本门派的弟子了。这些弟子看待其他门派思想时，先有本派学术观念的坐标，自觉不自觉地对其他门派带有排斥观念，维护本门派的思想主张。因此，本门派

---

① 柳诒徵：《中国文化史》（中），（台北）正中书局1949年版，第213页。

在入室弟子们的维护下会不断壮大。

师承确实可以壮大一个门派，尤其是这个学派的代表人物影响力比较大时，弟子会越发展越多，学派变得越来越强大。然而，师承关系也容易出现另一种结果：弟子经过学习、思考、体悟，学术观点会与老师有出入，甚至与老师的观点相反，这时，弟子往往会另立门派。这样，虽有师承关系，门派却是不同。如阳明学派，后来分化出许多学派，按照思想特点分化出“良知现成”派、“良知日用”派、“良知归寂”派、“良知修正”派，按照地域分为浙中王门、江右王门、南中王门、楚中王门、北方王门、粤闽王门、泰州学派等。

事实上，学派的形成并不是一件简单的事情，也不是一朝一夕的过程。学派要经过时间的打磨、历练，才能在学派林立中间占有一席之地。师承关系是儒门学派发展的重要因素，但不是全部。在学派的形成发展中，同样一个不可或缺的因素就是地域性。傅斯年认为，鲁国盛行秉承周代的礼乐文化传统，“于是拿诗书礼乐做法宝的儒家出自鲁国，是再自然没有的事情”，孔子的一些弟子将儒学流播他国，但“儒学一由鲁国散到别处便马上变样子”，从中“我们清清楚楚的认识出地方环境之限制人”。[①]《宋元学案》和《明儒学案》也主要是以地域性学派为基干来展开叙述的，其学派的名称大都是用该学派代表人物的籍贯或主要活动场所来命名的。

孔子开创了儒学。孔子死后，儒分为八。在儒学的发展历程中，不断涌现出各具影响力的儒家内部学派。特别是宋明时

① 杨佩昌整理：《傅斯年：诸子、史记与诗经文稿》，中国画报出版社2010年版，第23页。

期，儒学呈现出学派分立的局面，学派之间的争辩与融合使儒学的发展呈现繁荣态势。然而，宋明时期儒家的主要学派均不在文化中心的京城，而是在地方。宋明时期是理学兴起和发展的时期，也是儒学发展的鼎盛时期，更是儒学学派林立的时期。大的学派有程朱理学和阳明心学，再细一点有洛学、关学、临川学派、草庐学派、永嘉学派、金华学派、鲁斋学派、甘泉学派、泰州学派、蕺山学派，等等。这些深刻影响儒学发展的学派，从地域上来讲大都是地方性儒学，而非主流儒学和京城儒学。临川学派因王安石做宰相一度在官学中确立地位，其他学派均与官学相去甚远，呈现了与官学某种程度上的对立与紧张。官学无疑是正统的经学（南宋以后变为程朱理学），因为其对儒学的严守导致缺乏灵活式的、时代性的、生活化的解读，使其成为一种非常寂静、严谨甚至刻板的意识形态。当一个时代结束后，这种呆板的儒学也会终结。儒学会转化为下一个朝代的正统的意识形态。如果从儒学发展史的长河中考量，正统（官方）儒学尽管在当时具有绝对的权威和影响力，但时过境迁，它给作为学术的儒学留下的东西少之又少，远不如地方上活生生的生活化的儒学对人们的影响。所以，当儒学被尊为国家意识形态之后，在儒学发展史上能够产生重要影响并左右儒学发展方向的恰恰是地方的、民间的儒学，而非官方的儒学。山东本处于地方。儒学成为主流文化后，山东儒学亦属于民间儒学。然而，耐人寻味的是，两千余年来，山东的儒生以正统儒学自居，并以生在儒学发祥地而自豪。他们认为，自己居圣人之地，传承圣人的学问是理所当然的事情。而恰恰是这理所当然的事情被山东儒生误解了，他们将儒学等同于经学，认为只要是孔子删述的经就是圣经，只要是历史上传承下来的经典就应该奉行。这样一来,山东地域的儒学在某种程度上与官学保持着高度的统一,与京畿的学术协调一致。所以,在地域性学派兴盛的宋明时期,山东地域的学派不但少,其影响力也相当弱。①这恐怕与孔子在此创立儒学的地位是极不相称的。

书院作为儒家的大讲堂,一定程度上代表着儒学的兴盛和衰败。对于这样一种儒家标志性的讲堂,孔子的诞生地山东理应是书院最兴盛的地区。孔子讲学时,曾吸引了各个诸侯国的学生前来学习。照理,山东这块儒学的圣地也应该成为各地儒生前来参拜、朝圣、学习的宝地,然而,事实并非如此。就书院来讲,无论是数量上还是质量上,山东地域均不处于领先地位,甚至在许多时期属于落后地区。

书院的初始形态产生于唐代,到宋代渐趋成熟,明清逐渐向官学化发展。从书院的数量上看,江南地区书院的数量最多。“书院最多的是江南一带,如江西、浙江、湖南一带,从地域上看恰好是处于长江流域。有统计资料表明,在大部分时间里,江西的书院都是最多的,其次是浙江。”②唐和五代全国创建书院 47 所,江西 13 所,湖南 8 所,浙江 6 所,福建 6 所,四川 5 所③;山东地区很少。宋代建有书院 711 所,其中江西 224 所,浙江 156 所,福建 85 所,湖南 70 所,四川 31 所,江苏 29

① 山东地域内比较落后但有影响的儒家学派当属泰山学派。泰山学派是由山西人孙复所创。

② 金敏、周祖文:《儒家大学堂——长江流域的古代书院》,浙江大学出版社 2005 年版,第 2 页。

③ 参见金敏、周祖文:《儒家大学堂——长江流域的古代书院》,浙江大学出版社 2005 年版,第 5 页。

所,安徽 20 所。[①] 而山东宋代书院 5 所,金代 2 所[②],这与长江流域省份的书院数量不在一个水平上。元代建有书院 296 所,其中江西 94 所,浙江 49 所,湖南 21 所,安徽 15 所,福建 11 所,湖北 10 所,江苏和上海共 10 所。[③] 山东元代书院 20 所。[④] 明代书院数量有了较大的增加,建有书院 1699 所,其中江西 287 所,浙江 199 所,福建 107 所,湖南 102 所,安徽 99 所,江苏 66 所,四川 63 所。[⑤] 山东宋代书院 70 所。[⑥] 清代建有书院 3868 所,其中浙江 395 所,四川 383 所,江西 323 所,湖南 276 所,福建 162 所,湖北 120 所,江苏 115 所,安徽 95 所。[⑦] 山东清代书院 142 所。[⑧] 由此可以看出,自有书院以来,山东地域书院的数量大都是中游偏下,与儒学发祥地的地位极不相称。从书院的质量来看,古代有名的书院当属白鹿洞书院和岳麓书院。古代有四大书院(吕祖谦、范成大、全祖望等推举)、六大书院(王应麟、全祖望推举)、八大书院(范成大推举)之说,只有范成大推举的四大书院和八大书院中有山东地区的徂徕书

① 参见金敏、周祖文:《儒家大学堂——长江流域的古代书院》,浙江大学出版社 2005 年版,第 5 页。

② 参见白新良:《明清山东书院述论》,《齐鲁学刊》1992 年第 4 期。

③ 参见金敏、周祖文:《儒家大学堂——长江流域的古代书院》,浙江大学出版社 2005 年版,第 5 页。

④ 参见白新良:《明清山东书院述论》,《齐鲁学刊》1992 年第 4 期。

⑤ 参见金敏、周祖文:《儒家大学堂——长江流域的古代书院》,浙江大学出版社 2005 年版,第 5 页。

⑥ 参见白新良:《明清山东书院述论》,《齐鲁学刊》1992 年第 4 期。

⑦ 参见金敏、周祖文:《儒家大学堂——长江流域的古代书院》,浙江大学出版社 2005 年版,第 5 页。

⑧ 参见白新良:《明清山东书院述论》,《齐鲁学刊》1992 年第 4 期。

院。这也证明了山东地区的书院并不是当时最有名的。书院的发展,再次说明了山东儒学在地域性儒学发展中的弱势地位。

四、山东儒学与儒学的发展

儒家思想由春秋时期孔子创立。孔子居鲁国,因而,山东在春秋时期就成为儒家思想的中心。春秋时期,各家思想并立,孔子在周礼的基础上创立了孔门学派。孔子创立学派之初,孔门学派只是当时学派分立中的一派。孔门学派的特点是以孔子为宗师,以六经为经典,主张仁义、礼乐、中庸之道等,维护君臣、父子、夫妇等伦常关系的门派。

孔门学派以六经为经典。孔子在聚徒讲学中秉承周代礼乐文化传统,“行夏之时,乘殷之辂,服周之冕”(《论语·卫灵公》),“周监于二代,郁郁乎文哉,吾从周”(《论语·八佾》),“其或继周者,虽百世可知也”(《论语·为政》)。由于孔子讲学的影响越来越大,逐渐形成了孔门学派独特的传统——谨守周代礼乐文化。这一传统在孔子讲学的鲁国扎根生长,演变成为日后当地的文化特色。

应该承认,孔子虽然谨守周代礼乐文化,以六经为经典,但他讲学并没有完全照搬周礼和六经。孔子特别注重启发式教学,善于因人、因时、因地进行个别施教,因此,孔子学生中,从孔子那里学到的知识并不完全相同。“循循然善诱人”是孔子弟子对老师的印象,每个学生都会从教师那里得到不同的启发,而每个学生理解老师的思想也有差别。颜渊认为孔子思想的核心是“仁”，曾参认为孔子的“一贯之道”是“忠恕”。所以，孔子弟子也形成了各自不同的特色。“德行：颜渊、闵子骞、冉伯牛、仲弓；言语：宰我、子贡；政事：冉有、季路；文学：子游、子夏。”（《论语·先进》）而孔子弟子的再传弟子，其思想的分化就很大了。尤其孔子死后，“儒分为八”，“七十子之徒散游诸侯”。但是，在齐鲁大地，由孔子形成的孔门学派的特色并没有因弟子的离散而削弱，孔门学派谨守周礼的传统一直坚持下来。

鲁国学者为何独独钟情于孔门学派？这恐怕是学者的使命使然。孟子曰：“由孔子而来，至于今，百有余岁，去圣人之世，若此其未远也。近圣人之居，若此其甚也。然而无有乎尔，则亦无有乎尔。”（《孟子·尽心下》）孟子所说的要传圣人学问，其条件一是“去圣人之世”，二是“近圣人之居”。满足这两个条件的只有鲁国了，所以，鲁国学者自觉担负起传承孔门学派的使命。孟子认为自己“未得为孔子徒也，予私淑诸人也”（《孟子·离娄下》），自觉承担起将孔门学派发扬光大的重任。荀子一方面在稷下学宫游学，吸取各家思想阐扬孔门学派，使孔门学派经久不衰，另一方面积极承担六经的传承任务，延续孔门学派经典的传承。“盖自七十子之徒既殁，汉诸儒未兴，中更战国、暴秦之乱，六艺之传赖以不绝者，荀卿也。周公作之，孔子述之，荀卿子传之，其揆一也。”①所以，司马迁说：“孟子、荀卿之列，咸遵夫子之业而润色之，以学显于当世。”②

---

① 王先谦撰，沈啸寰、王星贤点校：《荀子集解·考证下》，中华书局1988年版，第22页。

② 《史记》卷一二一《儒林列传》，中华书局1982年版，第3117页。

孔门学派经过战国和各派争鸣以及秦代的焚书坑儒后，如其他学派一样呈现衰败之势。特别是秦代尚法术，秦始皇怕诸子的“私学”诽毁秦王朝，下令除《秦记》以外，其他各国历史书一律焚毁，尤其是民间的《诗》《书》百家语更要烧掉，又把诽谤秦政的方技之士和部分博士儒生坑于咸阳。于是，孔门学派的显学地位受到了非常致命的打压，由显而隐。

真正使孔门学派的地域性特征得到凸显的是汉代。西汉更秦后，前期崇尚黄老之学，博士诸儒不能尊显，处于“具官待问”状态。汉武帝即位后，丞相卫绾上奏认为，目前“所举贤良，或治申、商、韩非、苏秦、张仪之言，乱国政，请皆罢”①。后董仲舒献对策认为，“诸不在六艺之科孔子之术者，皆绝其道，勿使并进”②。汉武帝采纳了董仲舒的建议，“罢黜百家，表章六经”③，只设五经博士，由此确立了儒家及儒家经典的权威地位。孔门学派也变成了儒家思想和儒学。

儒学由先秦孔门学派的显学压落到秦代，又经西汉前期的隐匿，终于被抬升到了国家意识形态领域的独尊地位，这无疑为儒学繁荣带来了最佳契机。“故汉兴，然后诸儒始得修其经艺，讲习大射乡饮之礼。”④汉武帝时期，在设立五经博士的基础上又出现了经学。经学是对儒家经传的注释解说、阐发经义的学科。兒宽“见上（汉武帝），语经学”⑤，欧阳生“初见武帝，

---

① 《汉书》卷六《武帝纪》，中华书局1962年版，第156页。

② 《汉书》卷五六《董仲舒传》，中华书局1962年版，第2523页。

③ 《汉书》卷六《武帝纪》，中华书局1962年版，第52页。

④ 《史记》卷一二一《儒林列传》，中华书局1982年版，第3117页。

⑤ 《汉书》卷五八《公孙弘卜式兒宽传》，中华书局1962年版，第2629页。

语经学"[1],说明在汉武帝时期经学已经作为一门学科被学者认同。经学的出现使儒家经典分化越来越细,儒学的传承分支越来越多。在官方,《诗》有齐、鲁、韩三家,《书》有欧阳、大夏侯、小夏侯三家,《易》有施、孟、梁丘、京氏四家,《春秋公羊》有严、颜二家。在民间,古文经学泛起。

与经学的细化相对应,儒学的地域特色也越来越浓。特别是作为儒学的原生地——山东的儒学特色突出出来。"邹鲁守经学",为学谨严,遵循师法奠定了山东地域性儒学的特征。汉初五经七家八位传经大师,山东居五经六家。五经传承中,《诗》三家中山东占据了辕固生、申培两家,现在所传的《诗》是由齐人毛亨、毛苌所传;传《书》的三家欧阳生、夏侯胜、夏侯建均出自山东;传《易》的四家中,孟喜、梁丘贺出自山东;传《春秋》的颜安乐亦出自山东。可以说,山东是经学传承中的重镇,经学的传承几乎皆出自山东。

山东的传经系统一直延续至东汉。东汉设十四家博士,山东居八家。更为可贵的是,东汉时期的郑玄博贯群经,"囊括大典,网罗众家",成为汉代经学的集大成者,在学界开创了郑学道统。而晋代的王肃,由于"不好郑氏"而遍注群经,创立了王学。郑学、王学成为当时学术界影响最大的两个学派。由此可以看出山东在传播儒家经典方面的影响和作用。

正是由于经博士们的努力,儒家经典变得庞大起来。汉初设五经博士,主治《诗》《书》《礼》《易》《春秋》,东汉及魏晋时期又将《论语》《孝经》列入经学,出现七经之说。东晋又流行十经,唐代有九经取士之制度。儒家典籍越来越庞大,加之各

① 《汉书》卷八八《儒林传》,中华书局1962年版,第3630页。

代学人对经的训诂、义疏、正义、疏证、笺等,形成了儒家典籍浩如烟海的局面。儒家典籍的丰富,为儒学发源地山东增光添色的同时,也为儒学经典的传承带来了障碍。儒家典籍的不断增多,削弱了出现通经式学人的概率,取而代之的是熟习某一部典籍的专门人才。然而,固守着儒家某一典籍的专业人才中,由于对经典理解水平有高有低,加之对经典的注疏采取的不同方法和视野,使得注疏后的经典变得异常繁杂,难分伯仲。于是,对儒家经典的权威注释成为相当困难的事情。与之相关联,山东地域建立起来的传经特色也湮没在浩繁的经典注疏之中。

宋代至清代,是儒学发展的成熟阶段。两汉儒学虽然处于国家意识形态领域的独尊地位,然而,魏晋后佛学兴盛,唐代又倡道家,儒学的尊位就被大打折扣。魏晋隋唐时期,研习儒家经典之士也不如两汉时期地位显赫。宋代,统治阶层重新褒扬儒学,抬高儒学的地位。先是宋真宗追谥孔子为“玄圣文宣王”,驾幸曲阜,拜谒孔庙;继而,宋仁宗下诏赐封孔子后裔为“衍圣公”。于是,百官视孔子之道如日月经天、江河行地,树万世师表,历百代而常新。所以,儒学地位重新显赫,士人习儒风气大涨。宋初三先生、北宋五子等相继引领儒学发展潮流,继之濂学、关学、洛学、新学等儒家学派兴起。然而,从宋至清,山东儒学的地方特色不再突出,甚至被其他地方兴起的特色儒学所覆盖,一度变得可有可无。这与“近圣人之地”的地缘极其不相符。诚然,我们不否认这里有南宋朝廷南迁、文化重心南移的因素,但这不能成为山东儒学地域特色被遮蔽的原因,毕竟,山东的“近圣人之地”是不能改变的,在“圣人之地”发扬光大圣人之学是天经地义的事情。这期间,出现了许多影响比较大的儒学学派,如宋明时期推崇《诗经》《尚书》《周礼》并给以新解释的临川学派;发挥孔子"仁"和"敬"理念的洛学;以《易》为基础的关学;强调"理"的程朱理学、鲁斋学派、东林学派;调和朱陆的草庐学派、金华学派;重事功的永嘉学派;强调心学的甘泉学派、阳明学派;注重下层人士修养的泰州学派;对王学"补偏救弊"的蕺山学派……这些学派共同支撑起儒学林立的事业,促进了儒学的进一步发展。而宋明时期地处"圣人之地"的山东,仅宋初三先生中的石介、孙复①在宋初儒学的发展中起到过奠基作用。作为儒学发展重要载体的儒学大讲堂——书院,山东地域也仅有徂徕书院闻名,但徂徕书院兴起较晚,远没有岳麓书院、白鹿洞书院、鹅湖书院等影响大。清代儒学发展中又出现了许多学派,如颜李学派、常州学派、吴派、皖派等,同时也出现了一些有名的书院,如诂经精舍、南菁书院、广雅书院、万木草堂等。山东儒学地域特色仍然没有彰显。

仔细考察儒学的发展历程,即可明确山东地域儒学的兴盛与沉寂的因缘。其实,居"圣人之地"的学人们始终没有放弃儒家思想的传承。先秦时期儒家只是诸子中的一家,弘扬儒家思想最有效也最直接的办法就是延续儒家经典。然而,儒家经典的延续只是弘扬儒学的一个方面,并不完全等同于儒学的光大,这一点,孟子和荀子非常清醒。孟子光大孔子思想但并不像孔子那样一味强调"仁",而是以"心"释"仁"、以"义"行"仁";荀子光大儒学则是依"礼"成"仁"。孟子、荀子都根据

---

① 孙复为晋州平阳(今山西临汾)人,在山东泰山聚徒讲学,号称"泰山先生"。

时代的特征对儒学进行了创造,二者被后世公认为巨儒,一个被称为“亚圣”,一个被称为“复圣”。这说明,自孔子后,儒学的传承其实是按两条理路行进的,一条是忠于儒家经典六经的注释和传播(继承或传经之儒),另一条是对儒学的创造性改造(创新或创造之儒)。这两条理路依据时代不同而各有彰隐。大体上,儒学受到当时统治者的打压和其他学派猛烈抨击,面临断裂局面时,传经成为首要任务;而当儒学成为显学时,对儒学的创造性改造尤为重要。战国时期,群雄并起,儒家思想与道家、墨家等相攻讦,孟子通过对儒家思想的改造使儒学再次得以凸显。荀子一方面传播儒家经典,另一方面对儒学进行改造,为儒学的弘扬起到承接作用。由于秦代以法家思想治理国家,儒家思想面临着断裂的危机,所以,汉初儒学传承中儒家经典的地位变得显赫,“经”之真假,“经”之注疏等就成为儒学得以发展首先正视和必须解决的问题。因此,具有传经功能的五经博士成为儒学发展至关重要的人物。即便如此,儒学发展的另一条理路在汉初也同样显示出它的重要性和显赫地位。陆贾、贾谊、董仲舒等人以儒学为基础,兼宗道、法。特别是董仲舒以儒学为核心,融摄阴阳法术、名家、道家等建立了一个庞大的儒学体系,提出新王制说,并开启了儒学谶纬化的先河。董仲舒“罢黜百家、独尊儒术”的建议被汉武帝采纳后,儒学登上了国家意识形态领域的独尊地位。应该说,整个汉代,儒学传承的两条理路同样彰显,既有对儒家经典的注疏,又有对儒学思想的创造。儒家经典在汉以后,经过几代人的注疏,已经达到浩如烟海时,经的传承很自然就由显而隐了。这时,儒学的发展必须与时代契合,并吸纳其他学说进行改造。也因此,创造之儒自然成为儒学发展的主要理路。宋明理学的崛起就是很好的证明。山东的学人因处“圣人之地”，自荀子以后就选择了注疏儒家经典这条理路，而荒于对儒家思想的创造。所以，山东的儒学研究在汉代显赫，自宋以后就略显沉寂，出现这种地域性特征也就成为理所当然之事了。

近代以降，儒学的存在状态发生了根本性变化，儒家思想在意识形态领域的独尊地位不再。一方面，在西方坚船利炮和各种思潮的冲击下，儒学地位一降再降。特别是在西学冲击下，传统经学解体后，传经之儒已经走入历史，儒学的传承只能是对儒家思想的重新诠释和创造。20世纪出现的现代新儒家群体担负起了这个使命。另一方面，由于交通条件和通信技术等的发展，儒学的地域性存在变得模糊了。然而，居“圣人之地”的山东人却依然凭借对儒学的固守欲保持儒学“圣地”的显赫地位，利用一切机会试图重振儒学。例如，民国初期康有为、陈焕章等发起孔教运动时，劳乃宣、卫视贤在青岛发起尊孔文社，王锡蕃等人在济南发起孔道会，孔祥霖等在曲阜成立曲阜经学会，与北京的孔教会遥相呼应，支持孔教运动。1912年在上海创立的孔教会，其总部迁址北京后，又于1914年迁址曲阜，形成了北京、曲阜两个活动中心。再如，1929年6月8日，山东省立第二师范学校公演林语堂改编的独幕剧《子见南子》，引起很大轰动。一封署名“孔氏六十族人”的信就递到了教育部，状告山东省立第二师范学校侮辱他们的祖宗，要求撤换校长。此事惊动了南京政府的许多要员，包括国民党中央执委、国民政府委员兼中央研究院院长蔡元培，教育部长蒋梦麟，工商部长孔祥熙，甚至于蒋介石。最后以山东省立第二师范学校校长“调厅另有任用”结束。这些事例都为山东这块儒学“圣地”维护儒学提供了证明。而事实上，尽管山东地域对儒学的维护在接续儒学命脉中起到一定作用,但远不如现代新儒家学人对儒学的创造所起的作用大。

在当代,文化的多元化意欲将任何民族文化均纳入整个多元文化之中,也因此,民族文化如何在多元文化中复兴显得尤为重要。诚然,民族文化的复兴离不开文化经典的诠释以及对文化本身的敬仰和固守,但更重要的是对民族文化的创造和转换,使民族文化与多元文化有机契合。对于作为中华民族主体文化的儒学来说,儒家思想典籍的整理出版、祭孔大典的举行、儒学国际会议的召开等,无疑具有光大儒学的意义;但从儒学的传承来讲,更重要的恐怕不是这些,而是对儒学的创造(哲学化改造),赋予儒学以时代内容,增强儒学发展的生命。这一点,一度被居“圣人之地”的学人所忽视,造成山东地域儒学守成有功、创造乏力的局面,与“圣人之地”儒学所应有的特色不相适应。今天,作为“原生态”儒学发祥地的山东,应该怎样通过反省儒家思想的发展历程,再造儒学的区位优势呢?这值得我们深思。

儒学与当代生命伦理*

当代生命伦理学肇始于第二次世界大战至20世纪70年代，它与生态环境伦理、法律伦理等共同构成应用伦理学的主要内容，成为理论界追逐的全球化浪潮的重点之一。20世纪后半叶，由于生物学和医学特别是空前发达的医术操作等技术手段，打破了传统道德理论和规范对现实问题的无奈和空泛，在传统伦理学理论与现实操作之间出现了许许多多新的困惑，把伦理学带入了一个新的领域。理论工作者也试图从各种视野寻求解决这些困惑的办法，因而使当代生命伦理学备受关注。

儒学作为中国优秀传统文化的主要资源，在当代，它时时刻刻关注着全球化浪潮的进程，并自觉融入这一浪潮之中。当代生命伦理学的出现，无疑也对儒学提出了挑战：儒学如何应战？儒学与当代生命伦理学是一种怎样的关系？儒学的传统资源能否解决当代生命伦理学中的困惑？在多大程度上解决？儒学怎样在回应当代生命伦理学的挑战中寻求自身的发展？

---

* 本文为山东省社会科学规划项目，载周立升、颜炳罡等：《儒家文化与当代社会》第五章“儒学与当代生命伦理”，山东大学出版社2002年版。部分内容曾发表于《山东社会科学》2001年第1期、《山东师范大学学报》(人文社会科学版)2001年第3期、《中华文化论坛》2001年第3期。

这些都成了儒学自觉走向全球化浪潮进程的重要内容,也成为儒学在当代发展中的主要课题。

一、当代生命伦理学的兴起及其人文关注

1. 当代生命伦理学的兴起及其特点

传统意义上的生命伦理学专指19世纪末至20世纪初流行于德、法两国的一股现代伦理学思潮,其代表人物为狄尔泰、居友和柏格森。他们主张伦理学应以个人现实的生命存在现象和运动现象作为唯一对象,达到对生命存在的本体把握和动态说明。例如,狄尔泰把"生命本身"和"生命的充实"作为人类思维、道德和一切历史文化的解释本体;居友以"生命的生殖力"作为人类道德的本源;柏格森同样是以"生命的冲动"和"生命之流的绵延"解释人类各种道德现象。这种生命伦理学是坚持从个人本体的内在性出发,以生命存在的价值为理论中心的对生命的人文观照。当代生命伦理学的出现,却是一反现代生命伦理学对生命的人文观照,从科技层面首先向传统伦理学规范理论发难。

当代生命伦理学科并不像现代生命伦理学那样有自己的系统理论和群体组织,而是一些对生命科学和医疗保健从伦理维度进行系统研究的科研机构。1969年,海斯汀中心在美国纽约建立了一个社会、伦理学和生命科学机构;1971年,美国华盛顿乔治城大学建立了肯尼迪伦理学研究所,该所1975年出版了《医学哲学杂志》,1978年该所组织编写的四卷本《生命伦理学百科全书》问世,使当代生命伦理学的发展渐成规模。

从此以后,北美、西欧、日本等地的大学里面出现了越来越多的生命伦理学研究中心,各国和国际有关生命伦理学的学术会议、研讨会连绵不断,出版了大量的学术论文和专著,并且引起了医学界和哲学界以外的学术界、司法和立法部门、新闻媒介和公众关注。① 随着当代生物学和医学,特别是医术操作水平取得了空前发展,导致了传统伦理学对现实操作层面上的意义危机和理论空泛。1978 年世界上第一个试管婴儿乔治·布朗的诞生,1997 年克隆羊“多莉”的出现等,都引起了包括伦理学界在内的社会各界的普遍关注。与此相联系,20 世纪 50 年代后产生的安乐死问题、试管婴儿的血缘认定问题、器官移植的合法性问题、堕胎绝育的人道问题、克隆技术的伦理问题、基因革命的道德问题等等,已日益成为人们关注的实际问题,而就此所展开的丰富讨论已逐渐构造出一整套逐步成熟的当代生命伦理理论和体系。

什么是当代生命伦理学？研究的机构不同,研究的侧重点不同,因而对这一学说的理解程度也不同,所以对这一学说的定义也非常多,“但是目前的伦理学正处于一种‘缺乏最终根据’的危机之中,不同的价值观念之间的争辩似乎永远也不会有一个结果”②。把生命伦理学定义为“希望从事生物科学、医学研究和实践的人,能与伦理学家、哲学家、法学家和社会学家一道,以崭新的伦理道德观念对人类所面临的、由生物科学高

① 参见邱仁宗:《生命伦理学》,上海人民出版社 1987 年版,第 1—2 页。

② 甘绍平:《伦理智慧》,中国发展出版社 2000 年版,第 89 页。

技术发展所带来的难题作出正确的反应”①几近于科学。

尽管人们对于当代生命伦理学有着不同的理解，但是当代生命伦理学发端后所出现的新特点却是得到了共同认可。其一是现实性和紧迫性。“传统伦理学常以事例来说明和讲解有关的道德原则，而这些事例都是臆想出来的。”②当代生命伦理学讨论的问题不是杜撰出来的，而是现实中已经存在的，并且是让人们普遍感到困惑的紧迫问题，这些问题急需理论求解。例如，转基因道德问题、克隆问题，等等。其二是广泛性。传统伦理学所涉及的往往是独特情形下的个体行为，其实用范围一般仅局限在个人这个狭小的领域，要求个体针对道德悖论进行决断。而当代生命伦理学讨论的问题已不仅仅是个人的伦理，它研究的对象都是关乎人类生存条件的普遍问题，涉及整个社会的行为关联，甚至涉及人类全球性的、未来的责任与义务，社会中的个体对于这些问题显然已经无能为力，必须靠社会群体的共同协作才能寻求解决的办法。其三是价值冲突与规范冲突。当代生命伦理学所遇到的问题都不是凭借简单的道德直觉与洞见就可以解决的，这些问题的产生都包含着价值冲突和规范冲突。所谓价值冲突，就是指当代生命伦理学的问题与人的发展目标之间存在的困惑。本来，人的发展是由简单到复杂、由一元到多元最后到自由而全面发展的过程，但当代生命伦理学发展的结果却恰恰与人的发展方向和价值目标背道而驰，使原本复杂的人又向简单化、一元化复归了，尤其是

① 高崇明、张爱琴：《生物伦理学》，北京大学出版社 1999 年版，第 6 页。

② 甘绍平：《伦理智慧》，中国发展出版社 2000 年版，第 10 页。

克隆技术和转基因技术的出现,更加重了人们对价值冲突的疑虑,使人们备感困惑。当代生命伦理学对传统伦理规范的冲突也是显而易见的,它将给已有的人伦规范带来颠覆,使传统的伦理道德丧失必要的生物学前提。其四是技术条件的不确定性。由于技术条件的限制,人们无法精确地预知某一事件的后果到底怎样。在当代,实践的利害两重性一再给人们敲响警钟,人们每次对技术成果的错误判断,都会给人类造成不可估量的损失,尤其是当代生命伦理学的问题,都直接关系到人的生命。当代生物学、医学技术的运用结果往往不是人们所能估计到或不能完全估计到的,一旦出现技术上的失误,后果将不堪设想。也正因为如此,1973 年转基因技术获得成功后,欧盟一直冷眼对待转基因技术,明令不准进行转基因作物的商业生产,禁止进口转基因作物产品,直到 1998 年才解冻;而 1997 年克隆羊“多莉”出现后,联合国、世界各国政界和学术界领导人,纷纷表示反对克隆人,1997 年 5 月 13 日,在世界卫生组织年会上,191 个成员国一致通过反对克隆人的决议。

2. 当代生命伦理学引起的理论困惑

当代生命伦理学是生物学和医学的发展所带来的革命,其结果却远远地超出了生物学和医学的范围,“社会的技术进步把所有期望的事情都付诸实现,还存在技术上所不能解决的问题”,“今天许多问题并没有技术上的解决办法”。[①] 于是,技术上的问题迅速扩而大之成了整个社会的问题,由技术而引发的

---

① 参见[美]D. L. 米都斯等:《增长的极限——罗马俱乐部关于人类困境的研究报告》,李宝恒译,四川人民出版社 1984 年版,第 172 页。

问题也摆到了理论家的面前,成为理论工作者关注的热点问题,也成了理论的困惑。

困惑之一:生与死的精确定义。邱仁宗先生认为,“生物学技术进步引起的伦理问题,主要集中在生和死的两端”①。在传统的伦理学中,生与死的界限是非常明确和简单的,在人的出生问题上,一般认为人的脑活动开始与人的降生是同一时间和过程,因而将人的降生赋予真正的人的意义;而关于死则一般认为只要脑活动一结束,人也就宣告死亡。这样的生死定义成立的前提是人的脑结构的形成和脑活动的开始、脑活动的结束和身体细胞的死亡是同一时间和过程。但是,现代科技的发展已经证伪了人脑结构的形成和脑活动的开始为同一过程,也分离了脑活动的结束和身体细胞的死亡,于是,人的生死定义向两边延伸了,生死界限也变得模糊了,这就必须重新对人的生死概念进行精确定义。从生的方面讲,人的生命从其诞生时开始的观念已经显得陈旧了,代之而起的是人的生命应始于精卵结合之时或始于受精卵着床之日。然而,如果这一概念成立,那么胎儿就是完全意义上的生命了,人们也就无权对胎儿进行处置了,那些人为流产、引产等堕胎现象与故意杀人没有本质的区别了。更何况在现代人工生殖过程中,产生出大量的多余胚胎,这些胚胎“死亡,由主动的杀害或分解,或由一自然的死亡方式;用于胚胎学或基因学等之控制的实验;用于在试管中培养超过胚泡期‘即成孕八天后’,迄能生存之期限为止

① 邱仁宗:《生命伦理学》,上海人民出版社 1987 年版,第 175 页。

的试验”[①]。这些做法在理论上就更加说不通了。在今天的现实生活中，堕胎现象、随意处置胚胎现象经常发生，仿佛人们处置的不是生命而是随时随地可得到的物品。当然，也有人认为生命也分阶段，“相对来说，胚胎不可能具有任何与现实生存的人相应的感觉能力，因此，胚胎不可能说为是一具有人格意义的生命体”[②]。但是，“只要此一生命过程的载体还没有过渡到理性之人的阶段、还没有具备自我认定的能力，那他都应作为前期之人受到人们的保护，其利益要由理性之人来替他维护”[③]。从人的死的方面来讲，由于脑死亡与身体细胞死亡的分离，带来了植物人生存是否合理的困惑。按传统伦理学的观点，脑死亡就意味着生命的结束，但现代医学却能在脑死亡的情况下，利用医疗器械仍维持包括心脏在内的体细胞的成活，形成了所谓的“植物人”。这样的植物人是否还算真正意义上的人？其存在是否合理？说他是人，那么“人之为人所符合的一些重要的表现都是我们平常所谓成年人，诸如有意识，能自觉、能意识到过去、现在、未来等，能自我控制，联系到他人，关心他人，与人沟通，控制生存的能力，有好奇心，有转变和可转变，有平衡的情感与理性，个人的独特性，有大脑皮层活动等”[④]他都不具备；说他不是人，那么也就没有维持存在的必要

---

① 李瑞全：《儒家生命伦理学》，（台北）鹅湖出版社 1999 年版，第 98 页。

② 李瑞全：《儒家生命伦理学》，（台北）鹅湖出版社 1999 年版，第 101 页。

③ 甘绍平：《伦理智慧》，中国发展出版社 2000 年版，第 97 页。

④ 李瑞全：《儒家生命伦理学》，（台北）鹅湖出版社 1999 年版，第 101 页。

了，可是，这样处理人们在感情上又无法接受，认为与杀人无异。对于死亡的另一个困惑是安乐死问题。当医生确诊病人身患绝症，凭借现有的医疗条件已无能为力，而病人又处在病痛之中时，这样的情况下是让病人痛苦地活下去，还是帮助病人以死来解脱痛苦，这样帮病人解脱痛苦算不算预谋杀人？如果病人当时正处于痛苦的昏迷状态，而病人家属要求为病人实行安乐死，医生是否能满足病人家属的要求？在病人没有授权或已经无法授权的情况下，其家属的意见能否代表病人的意见？等等。这些都成了现实中人们备感困惑的问题。

困惑之二：人类生殖方式的改变。人类的繁衍是一种自然的过程，它包括男女性交，输卵管受精，受精卵子进入子宫，子宫内妊娠，十月怀胎，婴儿出生。但是，当代医学的发展却改变了这一自然过程。1978 年 7 月 25 日，在英国的一家医院里诞生了世界上第一个试管婴儿，全世界为之感到震惊；1997 年克隆羊“多莉”的问世，又一次让世界震撼，美国《科学》周刊说：“多莉代表着一个令人震惊的科技进步。它不仅带来了医学上的好处，也带来了重要的伦理学问题。”

人工授精是人类生殖方式改变的第一种形式。人工授精生殖技术，是用人工的方法将精子注入女子子宫，实现受孕和生育。目前常见的有同源人工授精和异源人工授精。人工授精的出现，无疑可以帮助因病不能生育孩子的夫妇实现生养孩子的愿望，但是，另一方面，它也改变了原本简单的人际关系。“它的主要问题是，人工授精是否切断了婚姻与生儿育女的纽带，并从而破坏了婚姻和家庭的关系？”①有人认为，人工授精

① 邱仁宗：《生命伦理学》，上海人民出版社 1987 年版，第 36 页。

“把生儿育女变成‘配种’，与夫妻之间的结合分开，把家庭的神圣殿堂变成一个‘生物学实验室’，使妻子认为为了满足有孩子的愿望，无需丈夫和家庭，从而破坏了婚姻关系”，“尤其是异源人工授精，是妻子的卵子与第三者的精子结合，这与通奸致孕实际上没有什么不同，或者会使妻子认为宁愿用自然的方式（性交）接受供体的精子”。①

与人工授精相联系，试管育儿和代孕生儿这两种生育方式也引起了社会的关注。试管育儿是一种体外受精的生殖技术，它的主要特点是精子和卵子在试管中受精结合，形成胚胎后再植入子宫。试管育儿作为治疗不育症的办法，是生育技术的一种创造，它为患有不育症但又想生养子女的家庭创造了条件，然而，它至少带来了两种困惑，一是这样的生殖方式是自然生育还是制造婴儿？二是它使生育夫妻与所生子女的关系变得异常复杂，婴儿的精子可以来自丈夫或第三者，卵子也可以来自妻子或第三者，妊娠的场所可以在妻子或第三者的子宫，这三个变量带来了16种非自然的生殖方式，最为复杂时这个婴儿可能有5个父母，即提供精子和卵子的遗传学父母，养育孩子的社会学父母，十月怀胎的孕育母亲。这使传统伦理中的夫妇、亲子关系，家庭中的义务、权利和责任发生变化，“这种非自然生殖方式告诉我们，生殖过程的诸变量之间可以分离，生殖过程与情爱、天伦、家庭似乎也可以分离”。“在这样的新世界中，传统的义务、权利、伦理、价值、家庭、社会会不会沦丧？

---

① 余谋昌：《高科技挑战道德》，天津科学技术出版社2000年版，第19页。

这给人类提出了空前的难题。”①代孕生儿的出现，主要是由于夫妻不能生育而又想要孩子，因而借助婚姻之外的第三者来代为受孕。代孕生儿引起关注的原因主要有两个，一是“这种生殖方式把传统合而为一的生（血缘或基因）、育（怀孕或孕育）、养（养育或教养）拆散，成为三个可以独立组合的过程”②。它把传统意义上的母亲分为血缘或基因母亲、孕育母亲和抚养母亲，因之而来的是谁是孩子真正意义上的母亲？虽然代母受孕之前都订合同或协议，但当婴儿真正降生后，其孕母往往又难以割舍母子亲情，给孕母带来巨大痛苦，有的甚至于为要孩子而走上法庭。当然，有的夫妇为了避免这种现象发生，让自己的亲人帮助受孕生育，据报道，有一对夫妇让男方的妹妹为其受孕，有一对夫妇让女方的妈妈为其受孕，其结果不但没有减轻当事人的痛苦，反而搅乱了家庭的伦常关系。二是代母孕儿把生育婴儿当作商品推向市场，使孕母和婴儿都商品化了。如美国已经成立了不少代孕公司开展这项业务，代孕一个孩子收入约 2 万美元，有的妇女为了赚钱而沦落为生孩子的机器。代孕公司运作的结果也造成了社会的混乱，“代孕，事先虽然会有合同，但它的有效性常常有问题，有的代孕者在孩子出生后，鉴于对孩子的感情舍不得交出孩子；有的生出了一个畸形儿，谁也不肯接受这个孩子；等等”。代母孕儿，“这是把生儿，或把婴儿，当成商品推到市场，把人当物，因而是泯灭人性的行

---

① 邱仁宗：《生命伦理学》，上海人民出版社 1987 年版，第 29 页。

② 李瑞全：《儒家生命伦理学》，（台北）鹅湖出版社 1999 年版，第 105 页。

为,它可能彻底冲击固有的家庭伦理观念和社会伦理观念”①。值得一提的是,美国《时代》周刊 1998 年 1 月号发布科学家预测,2022 年人造子宫将孕育胎儿,但是,许多人对此持反对态度,认为胎儿孕育与母亲分离会使母亲难以与婴儿产生亲密关系,婴儿可以在工厂中生产,会使整个社会伦理崩溃。

克隆技术是改变人类生殖方式的又一种形式。克隆是指以细胞融合的方式完成生物单一亲代的无性繁殖,它作为基因工程(遗传工种),是定向地操纵遗传物质,有目的地进行生物繁殖。无性生殖本来是一种低级的生殖方式,生物进化的层次越低,越有可能采取这种生殖方式。而克隆技术却是用低级的生殖方式来进行人类的生产。1997 年克隆羊在英国诞生,意味着克隆人在理论上成为可能,一时间,传媒骚动,舆论沸腾,支持者有之,反对者有之。支持者认为,克隆人具有极大的诱惑力,它可以为患致命疾病的人复制“副本”,甚至于希望复制天才,克隆技术还可以满足年纪偏大的或独身者实现生育孩子的愿望。英国生物学家罗伯特·温斯顿说:“克隆羊多莉的产生,不应看作是一种道德上威胁,而应看作是一种令人振奋的挑战。”②反对者认为,克隆人是违背自然法则的生殖,人类无权操纵人类的基因,这种反自然的行为必定会带来许多恶果,如克隆人在现代家庭中处于什么样的地位,是否被所有家庭成员接受?如果有了克隆技术后,夫妻制家庭是否还有存在的必要?然而人们最担心的还是克隆技术的滥用。世界亿万富翁

---

① 余谋昌:《高科技挑战道德》,天津科学技术出版社 2000 年版,第 22 页。

② 余谋昌:《高科技挑战道德》,天津科学技术出版社 2000 年版,第 44 页。

穆罕默德·阿尔·法耶兹宣称，他要克隆2000个自己，他准备以万贯家财，为克隆自己提供物质保证①；法国巴黎一位名叫路易·杜格的基因学家声称，他正在设法“克隆”耶稣基督②；许多人认为，克隆人与纳粹曾试图制造出一个“优等人种”并没有本质上的区别。诺贝尔和平奖获得者约琴夫·罗特布拉特把这项技术突破与制造原子弹相提并论，他说：“我们担心的是，在人类科学领域取得的其他进展可能会导致比核武器更能得到的其他大规模的毁灭性手段。遗传工程有可能就是这样的一个领域，因为它具有令人恐惧的可能性。”③

困惑之三：基因技术革命的负面影响。基因是决定一个生物物种所有生命现象的最基本的因子。决定一个物种之所以是这个物种，是由它的遗传信息决定的，而遗传信息的载体就是DNA（脱氧核糖核酸），DNA就是基因的实体。基因技术又叫转基因技术，或生物工程技术，是一种改变生物的遗传物质，通过遗传改性培育新的物种的技术。基因技术用于植物育种，产生转基因作物，即人工改变基因的农作物。基因技术应用于动物育种，产生转基因动物，即人工改变基因，使之成为具有人类需要的优良特性的家畜家禽新品种。这种基因技术对于提高农作物产量，减少农作物病虫害以及改进家畜品种等都起到了不可估量的作用，带来了可观的效益。“有了基因技术，人类就无需等待大自然缓慢的自然选择，并且可以按照人的意

---

① 余谋昌：《高科技挑战道德》，天津科学技术出版社2000年版，第43页。

② 雨浪主编：《生命的发现》，山东人民出版社2000年版，第86页。

③ 清水岩主编：《干预生命——科学技术对人类命运的巨大冲击》，煤炭工业出版社1997年版，第32页。

愿,在一个很短的时间内创造生物新种,大大地加快生物进化速度,改变生物进化方向。”①有人把它称为生物学一次伟大的革命。应该承认,基因技术改变遗传特性,创造新的生物物种,是一个了不起的进步,然而它又是一个令人疑虑的进步。一是基因作物对人体健康是否有害?大部分基因作物都包含一些非食用性生物,如细菌、病毒和昆虫的基因。“两个星期就育成的鸡、长得像水桶那么大的西红柿,‘最好千万别吃这样的东西’。”②世界上许多国家对转基因技术持谨慎态度,英国分子遗传学家指出:“我们正面临一场潜在的健康灾难,这场灾难将使疯牛病相形见绌,只要对一种主要作物实施的转基因失败,就能导致一场大规模健康危机的发生。而我们现在谈论的是在出售的每一种转基因粮食作物,其风险甚至连最优秀的科学家也无法预测。”③二是基因技术是否对自然生态系统构成危害?地球上的物种和生态平衡是经历千百万年的演化形成的,现在人为地在短期内改变它的遗传特性,改变了基因的生物会不会不受控制地繁殖和传播,从而打破现有的生态平衡?科学家们指出,改变了遗传特性的生物可能会把这种特性传给其他生物(基因自行转移),这样产生基因突变,会在这些生物中形成不受欢迎的、对人和其他生命有危险的物种,而人类又无法控制这样的物种,其后果可想而知了。

20世纪最后20年,科学家们又把研究的重点转向了对人

---

① 余谋昌:《高科技挑战道德》,天津科学技术出版社2000年版,第108页。

② 余谋昌:《高科技挑战道德》,天津科学技术出版社2000年版,第116页。

③ 参见英国《欧洲人报》1998年5月18日。

类基因的探索。1981 年,建立了包含有 579 个基因的人类基因图;1988 年,国际人类基因组(HUCO)机构成立;1997 年人类基因组物理图完成;2000 年,人类基因组“草图”绘就。这一系列探索的成功,令人振奋,令人鼓舞,令人激动,也把人类带入了可以享受基因成果的一系列梦想:基因技术能防衰老,使人类的平均寿命达到 150 岁,甚至于长寿者可达 1200 岁;基因技术能攻克癌症等疑难病症,使人类身体更健康;基因技术能激活人的智力,提高智商,使人类变得更聪明;基因芯片能揭示人类在各个生活阶段容易生发的种种病症,提高人类的健康质量;使用基因技术,能在动物身体中培育人身体上的各种器官,供病人移植用;基因技术能准确识别罪犯……正因为如此,人类基因的研究和探索也备受人们关注。当人类基因组“草图”绘就后,法国、德国、日本、中国、英国、美国等国家的政界或科学界均通过媒体发表了对这一成果的看法,并提出了今后的打算和希望。正当人们对基因“草图”看好时,许多科学家和学者却敏锐地承担起为人类基因技术诊脉的责任。邱仁宗认为,现有的生命技术是个半吊子技术,它可以延长人的寿命,但不能延缓衰老,如果人人都活到 150 岁,而 80 岁以后不能再生产,那么就会产生严重的人口老龄化问题。[①] 医学专家陆广莘认为,现代医学一直把治愈疾病和阻碍死亡作为首要目标,然而迄今为止,人类只真正消灭了“天花”这一种疾病,而其他疾病特别是被视为现代人类社会主要杀手的心脏病、糖尿病、高

---

① 参见清水岩主编:《干预生命——科学技术对人类命运的巨大冲击》,煤炭工业出版社 1997 年版,第 3 页。

血压等文明病与老年病,想完全治愈仅仅是一种奢望。[1] 然而耐人寻味的是,在基因技术这样发达的今天,人类的疾病不但没有减少,其种类反而越来越多,甚至于已经销声匿迹的传染病也死灰复燃。1996 年 5 月,世界卫生组织发表的报告中写道,近 20 年间新出现和复出的传染病至少有 30 种,许多传染病威胁着世界 1/2 的人口,有专家断言,每消灭一种传染病将伴随着 100 种新型传染病的生成。[2] 对于基因芯片,有人指出它会带来基因歧视,如美国已经发现由于检测基因发现病情而丢了工作或根本就找不到工作的事例,保险公司也拒绝为这样的人做人身保险;对于器官移植,有人认为这是再造人体,会使病人在心理上乃至人格上发生变化;等等。美国《自然》杂志上发表的研究报告称,基因技术“会使作为一个整体的人类聚集越来越多素质差劣的遗传基因,由于有害的基因得不到剔除,今后的人类可能会变得一代比一代体弱多病,长此以往,人类在基因素质上会变得一代不如一代”。这似乎又为人们的疑虑做了一个注解。

困惑之四:生物多样性的单一性回归。生物的多样性是地球上的生命经过几十亿年发展、进化、遗传、变异的结果,它与人类的生存和发展息息相关。生物多样性作为生物及其环境形成的生态复合体以及与相关的各种生态过程的总和,它包括数以百万计的动物、植物、微生物和它们所拥有的基因,以及它们与生存环境形成的复杂的生态系统。生物的多样性本身是

---

① 参见清水岩主编:《干预生命——科学技术对人类命运的巨大冲击》,煤炭工业出版社 1997 年版,第 1 页。

② 参见清水岩主编:《干预生命——科学技术对人类命运的巨大冲击》,煤炭工业出版社 1997 年版,第 93 页。

一个自足的、平衡的系统,生物的种类越多基因越复杂,整体的免疫力也就越强,物种灭绝的可能性就越小,反之,生物种类越少,基因越简单,整体的免疫力也就越差,物种灭绝的可能性就越大。目前兴起的克隆技术、基因技术等,都与生物多样性发展背道而驰,这些技术成果的潜在效应,恰恰意味着对生物多样性的严重威胁,克隆动物或人以及利用基因技术改造动植物等,将使生物自身的缺陷超出个体范围而被放大为整个物种本身的普遍缺陷。"在这种情况下,一旦遇到恶劣环境的侵害,该物种就将在总体上丧失免疫力,从而面临灭绝的危险。"①

困惑之五:当代生物学和医学的商业价值。科技成果市场化一直是令人困惑的问题,科技成果一旦通过市场进行转化,就变成了一把双刃剑,造成科技成果的乱用问题。生物学和医学的成果尤其如此。人类研究出人工授精生育技术,就出现了专门提供精子的"精子银行","美国加州有一个'诺贝尔精子库',专门收集诺贝尔获奖者的精子;原西德一家医院宣布它提供的精子是优等的,'没有胖子、长耳朵、鹰钩鼻子';现在美国、法国等主要国家都有几十家精子库"②。人工授精技术的商用价值取代了其帮助人类生育的作用。人类开发出基因技术,于是,转基因技术就成了摇钱树,转基因植物变成了天然药厂,转基因动物变成了人体器官加工厂,基因技术也因此成了

---

① 何中华:《从生物多样性到文化多样性》,《东岳论丛》1999 年第 4 期。

② 余谋昌:《高科技挑战道德》,天津科学技术出版社 2000 年版,第 18 页。

专利技术。“目前,美国已经有2000多个功能基因申请了专利”①,基因技术完完全全成了医药企业之间竞争的焦点。克隆人在理论上成为可能后,有人就想建立克隆人的工厂赚取利润。还有,当代生命伦理学产生之初,学者们就提出的医学歧视问题,高精科技的大量应用、过多的检测仪器、迅速更新的药品使得医疗费用不断上涨,器官移植、诊病芯片、延长寿命等,都只是富人的专利,贫穷人是支付不起昂贵的医疗费用,也无法享受现代医学成果的,浏览一下身边的媒体,经常有急诊病人因无钱医院不接受治疗的报道,这与医院的济世救人的美好初衷背道而驰。更有甚者,有的人为了赚钱,竟在民间帮助别人实施安乐死。有鉴于此,学者们指出,“科学”是把双刃剑,它既可以造福人类,给人类带来许多福祉;但如果运用不当,也会产生众多社会问题,也许有一天,那锋利的剑会落到人类自己的头上。

3. 当代生命伦理学的人文关注

伴随着当代生命伦理学的产生,生命伦理学走入了人文学科的殿堂,无论如何,这应该是幸运的事。“生命伦理学最早是在分析哲学基础上发展起来的。分析哲学提供了一种哲学分析方法,因而可广泛应用于不同领域。”②因而,当代生命伦理学与现代西方哲学中的科学技术哲学有很深的关系。但是,当代生命伦理学一经产生,就成为医学家、哲学家、生物学家、

---

① 王如君:《人类基因组草图绘制完成 美公私研究机构竞争激烈》,《人民日报》2000年6月28日。

② 邱仁宗:《21世纪生命伦理学展望》,《哲学研究》2000年第1期。

社会学家、宗教界人士、新闻界人士、立法者、决策者和公众共同关心的问题。人文学者对当代生命伦理学的问题的关注尤其强烈，他们密切注视着问题的动向，积极寻求各种解决问题的办法。

对生命伦理问题进行人文关注，其实质是现实问题在理论中的一种求解。理论对现实问题的关注其实并不是新鲜事情，苏格拉底曾讨论过不公正的判决是否仍然应该被服从；中国的儒学也是关注现实人生的生存。而对生命伦理学的关注也可追溯到很远，康德讨论过何种性行为才是合乎道德的；边沁讨论过同性恋行为是否不道德；穆勒也讨论过人应否有无限制地生育的自由；等等。这些讨论无疑为人文学者提供了解决当代生命伦理学问题的重要资源。现代伦理学崛起后，对人的生命存在的关注更加明显。以达尔文、斯宾塞、赫胥黎为代表的进化论伦理学，依据现代生物学、遗传学、人类学、社会学等科学理论和成果，区分了动物的正义、亚人类的正义、人类的正义；法国生命伦理学家居友从人的生命存在和运动这一事实出发，认为人类生命力的扩张和生殖首先表现为性生殖，性生殖是人类道德生活中最重要的，没有它，就无所谓生命；元伦理学理论和情感主义伦理学理论为生命伦理学提供了研究方法，用"范式"和案例分析指导人们应该做什么；存在主义从本体论的视野对人的生命的裸然注视；宗教伦理学对人格的规范、对人性的界定……几乎当代生命伦理学中的所有问题都能在传统伦理学中找到根据。诚然，由于时代发展水平的限制，在20世纪中叶以前，生命伦理的问题并不是非常凸显，因而对生命伦理问题的关注也没有构成理论界的热点，即使是法国生命伦理学的兴起和发展，存在主义伦理学的观照，也难以称得上是当时必须解决的时代课题,然而当代生命伦理学产生后,它“不但发展迅速,而且很快地体制化。大概没有一个学术领域能像它那样,曾在这么短的时间内,受到人们如此热烈的关注”①。当代生命伦理学的人文关注,主要表现就是科学家和人文学者对当代科技成果应用于生物学、医学领域的检讨和反省。由于当代生命伦理学出现了一些新特点,涉及的范围非常广泛,人文关注生命伦理问题对当代伦理学的发展、对科技成果的应用、对人文科学的走向等都带来了一些新的变化。

第一,当代生命伦理学的出现,使高高在上的伦理学理论走向现实生活,“医学挽救了伦理学”。众所周知,20世纪后半叶,现代西方两大伦理学思潮无论是人本主义伦理学还是元伦理学似乎都已走到穷途末路了,人本主义伦理学过分偏重对人的生存的本体论追求,其结果使伦理学完全演变成一门本体化或存在式的现代人学,失却了对人类道德生活的必要承诺,丧失了其规范、引导人们寻求合理生活的天职。而元伦理学则偏重于对伦理形式的元化追求,从而把伦理学的人文精神完全混同于宗教信仰而无以独立。两种伦理学的各个分支似乎对问题研究得很深、很细,他们的分歧也越来越大,离伦理学的主题也越来越远。并且两种伦理学的各个分支之间陷入了无休止的纠缠之中,而回到现实中,这些伦理学理论却显得异常空洞,于是这些理论也就逐渐式微了。特别是二战后应用伦理学的兴盛,人们越来越感到这些理论的无力,于是,伦理学的转向也就成了不可避免的了。生命伦理学的崛起,无疑使伦理学的视野转向了现实生活。在理论伦理学正面临如何更新传统而求

① 邱仁宗:《21世纪生命伦理学展望》,《哲学研究》2000年第1期。

得更普遍的现实合理性之相对徘徊之际,生命或医学伦理的这种蓬勃发展不啻是西方伦理学前景的一种“柳暗花明”式预兆,以至当代著名规范伦理学家S.图尔明发出了“医学如何挽救了伦理学”①的感叹。

第二,当代生命伦理学促进了伦理学发展的多歧性指向。随着20世纪后半叶现代西方伦理学的式微,伦理学在当代的多歧性指向越来越明显,传统规范伦理学的复兴、科技伦理学的勃发、宗教伦理学领域的拓展、应用伦理学的兴起……使当代西方伦理学发展纷繁杂乱、铺展过广,多元化、技术化、相对主义和价值理想主义等理论倾向已初露端倪,“这一切汇成了一股巨大的浪潮已经或正在盖过各种既定的理论,随着时代的大潮涌向前方”②。生命伦理学的出现,一方面为伦理学的多歧性指向做了注解,另一方面也促进了伦理学的这种多歧性指向。生命伦理特别是生物学、人体科学、医学等的突破,给人们的生活观念、道德观念带来了深刻的影响。伦理学理论也把视野拓展到生命伦理学领域,视解决生命伦理学中出现的困惑为己任。生命伦理学的问题涉及面大,范围广,渊源复杂,不可能是一两种理论所能完全解决得了的,需要多种理论从不同的视角进行共同规范,这一特性正迎合了当代伦理学的多元发展,如境遇伦理学家约瑟夫·弗莱彻尔就从重新解释爱、生命价值、性道德等观念入手,对医学伦理、生命伦理展开了宗教性研

① [美]S.图尔明:《医学如何挽救了伦理学》,约瑟夫·P.德马科、理查德·M.福克斯编:《现代世界伦理学新趋向》,石毓彬等译,中国青年出版社1990年版,第323页。

② 万俊人:《当代西方伦理学的主题嬗变与传统回归》,《哲学研究》1993年第5期。

究;新功利主义伦理学家斯马特从人的行为上对生命进行规范;罗尔斯从政治学的角度对人的现实生活行为进行伦理关注,等等。即使在生命伦理学内部,学者也存在着不同的理解,如对待生命的正确态度这一生命伦理学的核心问题上,就至少存在着以哈里斯、库瑟为代表的主张对生命进行精确定义和以施悲曼为代表的反对对生命进行精确定义这样两种态度相反的派别。① 而这些对生命伦理学的理论关注,使不同的伦理学派之间互相交流,彼此借鉴,促进了伦理学理论的进一步发展。

第三,当代生命伦理学为伦理学主题回归提供了市场。当代伦理学的突出特点是规范伦理学的主题回归。西方伦理学在经历唯科学主义元伦理学与非理性人本主义的两极演进后,又重新回到了伦理学的传统形态——规范伦理学发展轨道上来。虽然当代伦理学正以空前的速度向多样化、专门化和科学化迈进,但是在当代伦理学三大学派中,无论是新功利主义还是美国政治伦理学,抑或是科学-人道伦理学,都明显突出了规范这一传统伦理学的主题。而生命伦理学的人文关注,其目的恰恰就是对医学、生物学出现的问题进行伦理规范,在理论伦理学回归规范主题之际,诞生了当代生命伦理学,这无疑为理论伦理学在现实生活层面提供了很好的市场,使理论伦理学在关注生命问题、解决生命伦理出现的困惑中充实资源、完善体系,找回理论伦理所固有的生命力。

第四,当代生命伦理学表征着人类努力的方向。20 世纪人类历史进展过程中,科学与人文的整合已经以空前迫切的姿态被提上人类的议事日程,不论是科学家还是人文学家都在追

① 参见甘绍平:《伦理智慧》,中国发展出版社 2000 年版,第 96 页。

求科学与人文的整合方面做出了不懈的努力。人们越来越感到,科学和人文的分裂与冲突,在某种程度上成了科学至上的悲剧和人文主义乌托邦的主要根源,科学所造成的恶果,人类精神的困惑等必须通过科学与人文的整合来控制和解决。当代生命伦理学的建立,意味着人们开始用科学和人文两种尺度来审视生命现象特别是人的生命过程和生存状态。按照生命伦理学的范式,在医学的诊疗过程中,在人类的生死判断中,在人类运用生物学、医学先进科技成果等方面,仅仅有理性视野及事实判断是远远不够的,还必须同时具有伦理视野和价值判断的参与,这样才能提供医学选择上的充分理由。因而,当代生命伦理学的诞生,体现了科学与人文关系上的健全态度。

值得注意的是,从 20 世纪 80 年代后期开始,在中国和世界华人范围内掀起了中国文化热潮,尤其是儒学热,可以说波及世界许多国家的理论界。其原因就是第二次世界大战后,西方国家的科技失控给人类造成了严重后果,而这些灾难性后果用科技本身已无法解决,所以人们把目光投向了儒学等的人文价值资源上。其中表现突出的就是儒学对当代生命伦理问题的关注,因为儒学作为一种人文科学,它关注现实人生的特点、道义的规范体系等,正是当代生命伦理学所要追求的目标。也正因为如此,儒学的价值资源在关注和解决当代生命伦理问题时得到了充分挖掘。用儒学的价值资源疏解包括当代生命伦理学在内的应用伦理问题,也汇入了当代伦理学多元走向的洪流之中。

二、儒学视野下的当代生命伦理问题

1. 儒学的时代价值

当代生命伦理学产生的问题既是现实的，又是紧迫的，其引起的价值冲突与规范冲突是广泛的，而生物学、医学技术的不确定性又使生命伦理问题无法预测。当代生命伦理学的这些特点决定了它必须被纳入人文学科的视野，对其进行人文规范，因而20世纪后半叶以来，伴随着理论发展的多元化，挖掘其自身资源解决生命伦理学的困惑也成了理论界的一种潮流。儒学作为多元发展中的一元，从当代生命伦理学产生之初，就主动将其纳入自己的视野之内，并主动用本身具有的价值资源回应生命伦理问题。在众多对生命伦理问题进行的人文回应中，儒学的地位越来越受到重视，用儒学的资源来疏解当代生命伦理学中的困惑，也成为理论工作者的努力方向，如台湾李瑞全教授试图建立儒家生命伦理学体系①；《应用伦理研究通讯》则开辟专栏对儒学与生命伦理学的关系进行探讨，这些研究都取得了一定的成绩。然而时至今日，用儒学的传统资源是否能解决当代生命伦理困惑仍然是有争议的问题，许多学者对此还莫衷一是。

儒家传统资源能否回应和解决当代生命伦理的诸多困惑？我们的回答是肯定的。原因如下：

---

① 李瑞全：《儒家生命伦理学》，(台北)鹅湖出版社1999年版，第2页。

第一，儒学与当代生命伦理学都是对现实人生的关注。对现实人生的关注是儒学和生命伦理学的共同使命，所不同的是当代生命伦理学是用现代的科学技术手段从形而下层面对现实人生进行关注，而儒学则是从人的终极关切的角度，为现实人生提出理想的形而上的生存模式。虽然两者关注现实人生的视角不同，但对于具体的现实人生来说，两者是不可或缺的。儒学为现实人生的发展从终极关切的角度指明了方向，当代生命伦理学则为现实人生发展提供科技手段。生命伦理学如果没有儒学等的人文观照，就会失去方向，儒学如果离开生命伦理等具体层面上的现实操作，它所提出的人生理想也就成了高高在上的空想。从这一点来说，用儒学传统资源解决当代生命伦理问题，既是儒学发展的题中之义，也是当代生命伦理学发展的题中之义。

第二，儒学的开放性品格既是其发展的生命力，又为儒学在实际操作层面提供了广阔的实践空间。儒学的开放性品格在其创始人孔子那里已经初具规模，正因为孔子所创儒学是一个理想的形上模式，所以孔子的儒学只是提出了人生的终极目标，而具体论及的实践操作却不多，并不是孔子不重视现实人生的操作，而是他认为实现人生理想有许多途径，个人可根据自己的理解进行具体操作，这就形成了儒学的开放性和丰富性。儒学的开放性使得儒学在关注和解决现实人生问题中积累了大量资源，也赋予了儒学恒久的生命力，使两千多年来儒学的发展异常丰富，其解决问题的能力变得愈来愈强。当代生命伦理学作为20世纪后半叶兴起的应用伦理，在其产生之初，就已经被纳入儒学视野内。儒学中的见利思义原则、经权原则，天人合一、“生生之谓大德”思想等，就被许多学者直接用来规范生命伦理问题。儒学也视疏解生命伦理问题为己任,利用和挖掘资源,对生命伦理问题进行规范。

第三,儒学的规范体系与当代生命伦理追求的目标是一致的。当代生命伦理的困惑就在于没有一种规范的伦理学体系能够解决由现代生物学、医学产生的诸多社会问题,而被人们共同接受,所以它追求的目标就是建立一种伦理学体系能够尽可能地规范这些由生物学、医学所带来的诸多困惑。儒学恰恰是以道义论为基础的规范伦理学体系。两千多年来儒学应用它的思想和资源建立起张力较大的伦理纲常规范,这些规范体系对于大到稳定社会、小到解决现实人生问题都起到了相当重要的作用。正因为如此,儒学在解决现实人生问题方面留下了丰厚的资源,成为人类的共同财产。“以儒家为主流的中国哲学,对人性及伦理道德有不同于西方的体验与理解,对上述的现代伦理问题(当代生命伦理问题)实可以提供一个全新的视野,由此进而成为世界哲学主流。”①

2. 儒学对当代生命伦理困惑的疏解

无疑,用儒学的传统资源来解决当代生命伦理问题表征着人类发展的走向,这种努力也将在未来人文-科学的整合过程中逐渐展开。儒学作为一种人文科学,其对现实人生的关注是从形而上层面的终极关切,也正因为它的终极关切,才创造出儒学一些永恒的价值资源,赋予儒学以恒常的价值。这些价值资源对于各个时代的现实人生问题具有了“本体”的意义和参

---

① 李瑞全:《儒家生命伦理学》,(台北)鹅湖出版社 1999 年版,第 64 页。

照价值,因而,用儒学的价值资源疏解当代生命伦理问题也就成了理论界与现实中合乎情理的要求。

第一,儒学的生死智慧与当代生命伦理的生死态度。儒家关注的是当下的现实人生,关注人的生生死死的整个过程。儒家在关注现实人生的过程中,积累了许多人生的生死智慧,其含义有这样几层:其一,儒家对现实人生的关注是一种终极的人文关切,它不关注人的生死时间和生存寿命,而是关注人生的意义和人的价值。儒家认为,“人不可能通过永远保存生命肉体而达至不朽,但却能通过生前自强不息的努力所做出的贡献而成为不朽”①。其二,儒家的“天人合一”观念也体现在人生智慧上。“死生有命,富贵在天”,儒家把人的生生死死看作大自然生生灭灭的表现形式,人的生与死既是自然的也是必然的,是天经地义之事,任何人都无法改变生命的过程和结果,任何手段也无法更改人的生与死。其三,儒家生死观念中,具有超越死亡的意义和价值。人生的意义和价值就是要为实现仁、义而奋斗,因而儒家认为人之生有善恶智愚功过之分,死亦有鸿毛泰山之别;为仁义而生存,其生存价值也大,为仁义而献身,其死亦重如泰山。

由是观之,儒家对人的生死观念的价值判断是比较现实的,同时又是非常深刻的。它提出了衡量人生死的价值标准,揭示出了人生的意义和人的价值。用儒家的生死智慧来审视当代生命伦理中的生死问题,其对当代生命伦理中的生死问题的提升应该是没有任何疑问的。众所周知,人的生命是由物质之“身”与精神之“心”共同构成,“心”的生存不能离开“身”,

---

① 张书琛:《生死问题与价值哲学》,《哲学研究》2000 年第 4 期。

离“身”之“心”没有生命载体，不会成其为生命，“身”也不能离“心”而存，离“心”而存之“身”将是只有不正当欲望的行尸走肉。人生活于现实之中，既需要保护身体不受皮肉之苦，提高生命的物质生活质量，又需要不断超越自身的肉欲，提升自己的精神品位，使人的生命最终成为有一定价值和意义的存在。当代生命伦理中的生死问题是一种科技带来的问题，是科技发展对人生命的一种关注和解读，它解决的只是身体本身即生命的物质生存质量问题，而对生命的意义和价值却无法解读。所以对待生死问题，需要儒学这样有关生命价值和意义的思想，对人的生命进行提升和超越。

用儒家的生死智慧来提升人的现实存在，那么，人就应该正视自己的当下存在。儒家认为，人的生命存在是一个自然的过程，生生死死是自然的，不是人力所能改变的，所以人应该“面死而生”。在生命这个自然的过程中，人的物质生命并不重要，杀身成仁、舍生取义等赋予仁、义以高于生命的意义。人生的意义就在于追求仁、义等精神生命，人在追求的过程中不断提升精神价值，相对于人的精神追求而言，人的生命的物质存在虽然也是首要的、必需的，但它不是人生所追求的方向。正因为如此，儒家认为人的生死应该任其自然，自然而生，没有必要去制造生命，那样会破坏人与自然的天人合一；自然而死，没有必要用各种手段机械地延长生命，那样既改变不了死的命运，也给人带来不必要的痛苦，消磨人面对死亡的勇气。对于植物人，因其脑已死亡，没有知觉和意识了，从精神的意义上说他的生命已经失去了，人们想继续维持他的生命，只是人们对他的感情在起作用。对于安乐死，儒家认为人应该勇敢面对死亡，在生命无法挽回的情况下，应该选择死亡而不应该选择痛苦。

当然,在世界的一体化进程中,人文观念并不只是儒家终极的一元标准,而是呈多极化发展。这一趋势也直接体现在对待人的生死态度上。其中表现最为明显的是人生命主观价值的不确定性。现实中,人们的生活是五彩缤纷、多姿多样的,因而对于生命价值的主观判断也是极其丰富的。儒家的人文价值标准只是多元化趋向中的一元,“生命的价值是通过几项指标反映出来的,即寿命的长短、身体是否健康和精神是否充实愉快。个人对其生命的主观价值的态度就体现在如何对这几项指标进行排列。维持生命是身体健康和精神愉快的先决条件,长寿也是许多人努力追求的目标。但并非所有人都将寿命的延长看成是其需求的最优先的考量,有的人会认为快乐比寿命或健康更为重要,精神充实是生活中的最高价值”①。儒家追求的是精神生活的充实,而当代生命伦理学对于生死的态度,既有其追求精神价值的一面,也有其追求生命延长和身体健康的一面。正因为如此,儒家人文价值标准对于生死问题的解决也只是相对意义上的解决,只是对于追求精神生活充实的人具有绝对意义,而对于追求生命价值在于寿命的延长或身体健康的人来说,其意义就相对弱化了。至于现实中的人,因其对个人的生活具有主观的选择权,其主观的生命价值也是多姿多彩,造成了对于生命态度的多元取向,也使得任何一种人文观念在解读人类生命所有问题时出现无奈和乏力。

第二,儒家对待人之生的过程所应遵循的秩序和原则与当代生殖方式的改变。儒家对于人的生死态度虽然主张“死生

① 甘绍平:《伦理智慧》,中国发展出版社 2000 年版,第 99 页。

有命,富贵在天”,把人的生死看作自然的过程,但是儒家对于人类的生死交替却也不是完完全全放任自然。人之生是一件非常重大的事情,儒家对此也是相当重视。儒家认为,一方面,人之生与自然界中万物之生是一样的,是自然万物生生灭灭的一个过程,因而人之生应是男女交媾、阴阳化生的自然过程,也就是经过男女性交、受精、妊娠等过程,最后降生婴儿。另一方面,在自然界运行变化之中,人也不是完全被动的,“生生之谓大德”,人作为自然中的一员,应该积极参与自然界的生化万物之中,帮助万物生化,帮助人之生。“唯天下至诚,为能尽其性,能尽其性则能尽人之性,能尽人之性则能尽物之性,能尽物之性则可以赞天地之化育,可以赞天地之化育则可以与天地参矣。”(《礼记·中庸》)李瑞全先生把儒家这种促进生生之德的实现称之为“参赞天道原则”①。儒家同时又提出了经权原则,“守常则与通权变”,即要求据道行权,行权归道,来调节其他原则之间的冲突。由此我们可以确立儒家对待人之生的过程所应遵循的秩序和原则:首先,要自然而生;其次,“生生之谓大德”,人应参赞天道帮助人类的生产;最后,当这两种原则发生冲突时要遵循经权原则。

按照儒家对待人之生的过程所应遵循的秩序和原则来考量生命伦理的问题,当代生命伦理学中生殖方式的改变,就其初始意义而言,目的是想帮助因先天生理缺陷无法生育子女的人实现生育子女的愿望,应该说这与儒学所主张的“生生之谓大德”、参赞天道原则是一致的,但是把男女交媾、阴阳化生的

---

① 李瑞全:《儒家生命伦理学》,(台北)鹅湖出版社 1999 年版,第 1 页。

自然生殖过程改变,代之以试管生育、体外受孕等生殖方式,这又是与儒家所倡导的自然生殖相冲突的,特别是克隆这种生殖方式,把人当作一种机械,这是儒家直接反对的,儒家主张“君子不器”。这说明儒家的原则在回应当代生殖方式改变问题中本身就存在着冲突,必须用经权原则进行调节。自然而生是儒家对待人之生的第一原则,然而生殖方式的改变却违反了自然而生之原则,从人工授精到代母受孕,从试管婴儿到克隆技术应用,每一次生殖方式的改变,都是对自然而生的方式的叛逆,与儒家的原则相悖。在人之生的态度上,儒家又主张“生生之谓大德”,而生殖方式的改变就是为了解决人之生中的一些困难,变不能生育之人为能生育之人,这一点与儒家生生之原则完全相符。所以儒家的价值资源如何回应现代生殖方式的改变,成了一个非常复杂的问题。按照儒家的观念,男女交媾、阴阳化生的自然生殖方式也是轻易不能改变的,而生生却又视为大德,在这种情况下,所谓改变生殖方式,只能是在不可能进行自然生殖情况下的一种权宜之计,即当且仅当夫妻不能进行自然生殖时,采取人工受孕、试管育儿、代母受孕等进行生产,是合情合理的。

然而时代的不断发展,使得人口的生殖问题变得越来越复杂。现代医疗技术的改进使人口的成活率不断上升,人口的死亡率不断下降,因而造成世界范围内的人口急骤膨胀;但在人口的急骤膨胀中,又表现得非常不平衡,有的地区人口增长比例非常高,而有些地区非常低,甚至于出现了人口的负增长。这些情况的出现为包括儒家价值资源在内的各种人文理论对生殖方式改变的疏解制造了困难的局面。以儒家为例,自然而生是儒家首要的生殖观念,如果完全按照这一原则运行,就会出现有些地区人口拥挤、有些地区荒无人烟的极度不平衡的现象;“生生之谓大德”也被视为儒家人之生的重要原则,然而按照这一原则运行的结果,却恰恰成了人口爆炸的原因,如果这一观念被视为错误,那么一些人口负增长地区的人口就会越来越少。儒家的经权原则在当代全球一体化的时代面前也发生了变化。自然而生之“经”已不再是经了,“生生”之“权”也已不再是权,这似乎标志着儒家价值资源在解决生殖方式的问题上已经显得乏力,然而在当代,文化的发展正呈多元化走向,单纯用一种理论来解决现实人生问题似乎成了不可能的了。文化的民族性和观念的多样性造成了人文理论与具体操作层面的分崩离析,某一种人文理论对于具体问题的解决只具有相对意义或地区意义,而不具备全局意义。儒家对于生殖方式改变问题的疏解也必须依据时代的特征而进行“权宜”。

与生殖方式改变问题相关,由生殖方式改变所带来的家庭伦理关系的变化,应该说儒家的价值资源是具有至上意义的。“君君、臣臣、父父、子子”,这是儒家一再提倡的社会和家庭的人伦关系,它使得儒家在两千多年来中国的社会发展中,起到了很好的稳定社会和家庭的作用。在生殖方式上,儒家认为自然生殖是最合理的生殖方式,不主张将生父与养父、孕母与养母分开,所以在儒家那里,无论是生父还是养父,不论是生母还是养母,都是自己的父母,子女都要尽其义务。而一旦将生父与养父、生母与养母分开,就会产生多重父母关系,子女应该认可这种多重关系,对每一位父亲或母亲都要尽孝。当然,儒家也认为在多重父母之中,确实存在亲疏关系,一般都承认以家庭为单位,与子女在一个家庭中生活的父母是子女最亲近的父母,其他则较之家庭父母要次一些。至于那种让自己的亲人来代替母孕,特别是与自己血缘关系非常近而又是辈分不同的亲人代替母孕,在儒家的观念中这是大逆不道的事情,要坚决制止;对于克隆人类,儒家认为这是不符合人伦常规的,也应该诛之伐之。

第三,儒家天人合一思想与人类发展的多歧性走向。世界的发展已经呈现多元化趋势,就人类的发展方向和目标而言,却是由简单到复杂、由一元到多样、由低级到高级的发展。尽管目前世界的发展越来越趋于全球一体化方向,但在全球一体化的格局之中,人类发展的多样性特征也越来越明显,这与自然界本身的发展规律是一致的。儒家的主张与人类的发展方向是一致的。在自然之天面前,儒家认为人与天浑然一体,天道即是人道,天道生生,不息不止。“天何言哉!四时行焉,百物生焉,天何言哉!”(《论语·阳货》)在天道生生过程中,人应该尽己性、尽人性、尽物性,来成己、成人、成物,来“赞天地之化育”,最终达到“与天地参矣”。这些思想中都蕴含着对人类多样化进程的肯定,对生物由简单到复杂发展过程的赞同。儒家的这一系列思想主张自然界的发展要由简单走向复杂,人类的发展必须从一元走向多元,违背这一规律,就是对于天道的叛逆,就是对于人道的叛逆,就会遭到来自自然界、人类社会的报复。

当代生命伦理学的出现,使得自然界的进化方向和进程以及人类发展的方向和进程都变得极其复杂。高科技成果广泛应用于医学界和生物学界,一方面加快了自然界和人类的发展进程,使得原来几十年、几百年甚至于上千年才能完成的进化过程缩短为几百年甚至几十年;另一方面,也改变了自然界和人类发展的方向,使得原来由简单向复杂、由一元向多元、由低级向高级的发展方向出现逆向发展。

按照协同进化论的观点，世界上的生物是不断进化的，从纵向看，生物进化是有序的，是由低级向高级进化的，其进化过程是协同的，每种生物之间的发展是相互协调的；从横向看，生物多样性是绝对的，是低等与高等同在，简单与复杂并存，多彩纷呈，和谐共处，协同进化发展。然而18世纪爆发了产业革命，使人类的生产能力实现了神话般的质变，人类与自然界的协同进化理论也伴随着人类的自我膨胀而遗失，代之而起的是人本位发展所产生的各种威胁。人类的发展进程确实加快了，然而这种速度的加快是以生态环境的破坏甚至于生物物种的灭绝为代价，所以人类的自我膨胀不断遭到来自自然界的报复，这使人类认识到自我中心主义的后果。如果说，产业革命带来的人类自我膨胀只是改变了人类进化速度的话，那么生命伦理学的出现则改变了人类发展的方向。基因技术的普遍应用，克隆技术的不断推广，带来的已不仅仅是动物、植物等物种的变化和转化或人类生殖方式的改变，更重要的是破坏了人类和自然界的协调发展。基因技术改变了植物、动物的品种，使植物产量增加，动物品种优化，然而这些却是以剥夺动植物的多样化生存为代价的，使动植物由复杂的生存变成简单的生存。基因技术应用于人类，表面上看，似乎是为人类创造了很大利益，能为人类治病，延长寿命……但是，有了基因技术后，人类的疾病种类在不断增加而不是减少，人类延长寿命后却又带来了人口老龄化等一系列问题。克隆技术的不断进展，曾经令人们兴奋不已，然而克隆出的动物乃至于人都是“千篇一律”“千人一面”。世界将会变得如何？有科学家指出，人类的产业革命所造成的恶果，或许还没有超过人类生存的临界参数，人类凭借自身的智慧或许还能进行挽救，而基因技术、克隆技术等的应用，人类一旦对这些技术失控，后果将不堪设想。所以基因技术应用于植物，欧盟一直不准生产，并禁止进口；克隆羊“多莉”的出生，在世界范围内响起一片噤声。

对于生命伦理学中的基因技术、克隆技术等改变人类发展方向的现象，儒家是坚决反对的。儒家认为“天行有常，不为尧存，不为桀亡”。天命不可违，天道不可背，天人合一是儒家的最高理想境界，人类的一切手段都要围绕这一目标进行。基因技术、克隆技术等改变了人与自然由简单到复杂、由一元到多元、由低级到高级这一必然规律发展的方向，这是与天道背道而驰的，违反天道运行的结果是注定没有好结果的。

第四，儒家的见利思义与当代生命伦理技术的商用价值。利与义是儒家哲学的一对重要范畴，儒家既重利又重义，但对于义与利的重视是有层次的。“君子喻于义，小人喻于利。”（《论语·里仁》）“正其谊不谋其利，明其道不计其功”①。在义与利面前，义具有优先价值和本体意义，相对于义来说，利始终处于从属的地位。在现实人生当中，儒家主张“君子义以为上”“见利思义”，如果不合乎义，则虽有利，亦不足取：“不义而富且贵，于我如浮云。”（《论语·述而》）

义与利同样是生命伦理学中令人困惑的问题，现代生物学、医学中每一项技术的发明，都预示着巨大商业利润出现的可能，而现代生物学、医学中每一项技术的运用，又都与人的生存质量甚至于人的生命直接相连，试管婴儿、基因技术、克隆技术等既与人类个体的生存质量休戚相关，又与整个人类的命运

---

① 《汉书》卷五六《董仲舒传》，中华书局1962年版，第2524页。

紧密相连。从科学的理性角度考虑,人类运用这些高科技成果必须谨慎,不应该出现丝毫的失误,如果出现小小的差错,就有可能使人们陷入非常尴尬的境地。然而现代生物学、医学的高科技成果的巨大利润是相当诱人的,在巨大的诱惑力面前,谁又能保证所有人不为所动呢?如果有人为追求商业利润而乱用这些用来造福人类的科技成果,出现破坏人类生存现象的恶果,那么谁又对这些后果负责呢?

儒家的见利思义原则无疑为当代生命伦理中出现的义利困惑指明了一条可操作之路径。按照儒家的见利思义原则,人类的一切行为包括高科技成果的应用等,都要以义为准则,而儒家所谓的义就是"仁"的外在形式。"仁者爱人",也就是说,人的一切行为必须以爱护人类自身为基础,人们追求利益时必须是合理的、正当的,不能有损人利己的现象。见利思义原则要求医疗工作者在为患者进行医疗过程中,必须不折不扣地落实"救死扶伤,治病救人"的伦理规范。在医治病人过程中,相对于治病的费用来说,医治好患者的疾病,尽快让病人恢复健康具有绝对的优先性,不能因病人付不起治病费用而将其拒之门外。见利思义原则还要求一切生物学、医学的高科技产品的应用,必须有利于人类自身的发展,不能仅仅追求高科技产品的商用价值,而破坏社会发展的正常秩序,如试管婴儿、代母受孕、克隆技术等应用的对象必须是不能生育的夫妇,而且这对夫妇非常想要自己的子女,绝对禁止出租子宫、造婴儿公司等见利忘义的情况出现;人类基因密码的破译必须用来服务于全人类,不应该只为少数有钱人服务,拒穷人于基因技术促进健康之门外,更不应该出现因为金钱而泄漏个人基因机密,给个人生活造成不必要的烦恼。

三、当代生命伦理的发展与儒学的振兴

在当代,生命伦理学已不再仅仅是生物学、医学范围内的事情,而是关系到整个人类未来命运的重大课题。因为对生命伦理问题的态度和实践将直接影响人类的存在方式和思维方式,从而与人类的发展方向密切相关。特别是全球一体化趋势的快速发展,更使当代生命伦理学迅速超越了它的学科界限和地域范围,成为人类迫切需要解决的问题。

正当当代生命伦理学从生物学、医学界走向人文领域之时,世界范围内又掀起了振兴儒学的热潮。应该说,儒学的振兴是与第二次世界大战结束后,西方科技的不断开发和滥用而造成的恶果密切相关的。二战后,人们过于沉醉科技开发和利用,科技的开发和利用也确实给人们带来许多福祉,但是人们也发现这些科技成果是“福祸同源”,在给人们带来福祉的同时,又使人们非常惧怕这些科技成果的失控给人类造成的灾难,以及与此相关的人类的孤独、寂寞、没有归属感,等等。科技成果给人带来了物质享受,却使人类丧失了精神家园,于是人类的人文价值取向也日益凸显,成为理论界急需解决的突出课题。在诸多的人文科学理论中,儒学以其对于人类的终极关切为价值目标体系而深受青睐,其天人合一的观念,其“仁爱”的人生理想等价值资源正适合于对科技成果滥用的规范。在这样的背景下,振兴儒学的呼声不断涌现并且越来越高。正因为如此,由生物学、医学等引发的当代生命伦理问题也与儒学发生了联系:当代生命伦理学的发展迫切需要儒学这样的人文

科学对其进行价值规范,儒学的振兴同样也需要其对当下现实人生问题的关注,从现实生活中提升自己的品味,丰富自身体系。两者在发展与振兴的过程中,互相走入了对方的视野,从对方的视野中,寻求着自己前行的路径。

应该说,对于当代生命伦理学问题的研究,我国还处于起步阶段。虽然20世纪80年代后有许多关于生命伦理学方面的专著和文章相继问世,但是这些成果却呈现人文与科学分野的趋向。科学工作者大都从医学、生物学的角度进行探讨,从而淡化了生命伦理学的人文价值取向,使其失去了人文根基。而社会科学工作者对于生命伦理问题的探讨,大都注重人文价值取向而忽略了其科学取向,将生命伦理问题视为科技带来的问题加以否定。近几年来,无论是科学工作者还是人文学者都开始注重用科学与人文整合的角度来探讨生命伦理学领域的问题,如李瑞全、邱仁宗等学者就非常注意生命伦理学研究中的科学与人文之间的会通与融合。

将生命伦理问题纳入儒学视野虽然是近几年的事情,但是它一经被纳入,就成了儒学和生命伦理学最紧迫的也最现实的课题。实际上,儒学的振兴是伴随着儒学对全球一体化的不断推进而兴起的。在全球一体化进程中,生命伦理学仅仅是其中一项内容,它和环境伦理、法律伦理等共同构成应用伦理学,然而当代生命伦理学的特点决定了它在全球一体化进程中的地位,它以对社会影响的广泛性、紧迫性、价值冲突性等从应用伦理学中凸显出来,成为全球一体化进程中引发出的问题的一个缩影。从某种意义上说,儒学对生命伦理问题的解读,也正反映了儒学对全球一体化进程的态度,因而研究儒学的振兴与当代生命伦理学的发展的内在关系,也就超出了两者本身的界域,被赋予了普遍而深远的意义。

毋庸置疑,儒学观照下的当代生命伦理学的发展,已经成为人类努力的方向。而在观照当代生命伦理问题的过程中,儒学也将实现自身的振兴。面对时代,面对未来,儒学的振兴与当代生命伦理学的发展的联系会越来越紧密。两者之间的内在联系主要表现在以下几个方面:

第一,生命伦理学的发展为儒学的价值系统提供了展示的空间,架起了儒学走向现实生活的桥梁。众所周知,儒学作为对人类终极关切的人文价值目标,在实际操作中,其目的理性明显强于工具理性。儒学的创始人孔子提出了以"仁"为核心的人生理想模式,其特点就是追求人格的自我实现与完善,因而决定了儒学是一种目的理性。既然是目的理性,就应该是超功利的,因而也就失去了工具理性的支持。工具理性是功利的、实用的,其方法是精确化、程序化,其实践上是可操作的,而这恰恰是儒学所不讲或很少讲的。孔子虽然有"工欲善其事,必先利其器"(《论语·卫灵公》)的论断,但那仅仅是一个生活中的比喻,实际上他重视的是"君子不器"的践履,因而很少看重工具性的作用。儒学讲的道德实践是与目的直接相联系的,它本身就是目的性,也就是修身之学。儒学重视目的理性轻视工具理性的结果,虽然成就了儒学精神,但是这样儒学在现实的操作层面上留有空间,使其自身成了高高在上的形而上的说教,被视为"袖手空谈心性",其形而下的层面因缺乏应有的操作技能,成了"迂远而不切事情"。经过两千多年来坎坷的发展,时至今日,儒学弘扬者们充分意识到儒学在现实操作层面上的"迂远而不切事情",他们努力挖掘儒学在现实层面上的可操作性的价值资源,让儒学在回应现实人生问题中不断提高其解决现实问题的能力。也正因为如此,今天的儒学,已经将视角扩大到现实生活领域,扩大到现时代的重大的前沿课题。

当代生命伦理学的兴起和发展,已经成为世界范围内急迫的重大课题。当代生命伦理学虽然肇始于生物学、医学领域,但是它所产生的一系列问题却远远超出了自然科学范围,解决这些问题必须依靠人文科学。当代生命伦理学的这一特点打破了原本相互排斥的科学与人文两种视野,因为由生命伦理引发的困惑涉及的不仅仅是理论的层面,而且在现实操作中也出现了许多困惑,这使得人文理论必须走出自身的视野,去解决由科学技术引发的理论困惑、现实困惑,甚至于人生意义层面上的困惑。作为人文科学的儒学,本来它所重视的是人生的目的、方向,而对于人生各阶段中的具体问题关注得不是很多,然而随着时代的前进,儒学的发展已经开始注重目的理性与工具理性的统一,逐渐把视野扩大到工具理性上,关注现实人生中的每一发展阶段和发展中的每一问题。而当代生命伦理学所要求的一切,恰恰是今天儒学所要追求的一个结果。在儒学苦于高谈心性而无从去过问当下现实人生问题时,当代生命伦理学的兴起和发展,无疑为儒学走向现实生活架起了一座桥梁,给儒学提供了利用自身价值资源解决现实生活中的问题的机会。儒学也责无旁贷地把解决当代生命伦理问题视为己任,为当代生命伦理学建立起规范体系。

应该承认,儒学在疏解当代生命伦理问题时,自身的人文倾向还比较浓厚,对科学的拒斥还是比较明显的。在儒学的视野内,当代生命伦理学所产生的困惑,无论是生与死的精确定义还是人类生殖方式的改变,无论是基因技术革命还是科学技术的商用价值,都与儒学所倡导的人文精神相背离。然而这并不能否定用儒学资源来解决当代生命伦理所带来的问题,恰恰赋予了当代生命伦理以人文价值取向,为其发展树立了一个人文价值坐标。儒学在回应当代生命伦理问题过程中,必须接触当代科学技术发展的最前沿问题,同时必须对于科学技术的发展给予足够的重视,正视科学技术的发展给人类带来的各种正负效应,从而实现对生命伦理问题的超越。正因为如此,儒学在回应当代生命伦理问题过程中,自身也被时代的前沿课题所回应;在用自身的价值资源疏解当代生命伦理问题的同时,也从对方中汲取新的“血液”。在这个相得益彰的过程中,儒学这门古老的人文学科增添了时代性、科学性,这使得儒学在全球一体化进程中,“老当益壮”,“焕发了青春和活力”。

第二,当代生命伦理问题的复杂性、不确定性,给儒学带来新的挑战的同时,也提高了儒学在当代社会中的应变能力。当代生命伦理学兴起于全球一体化进程的时代,它的发展构成了全球一体化进程的重要组成部分。全球一体化进程中全球性问题的出现,把人类抛入了生存困境和危机之中,当代生命伦理问题更是加大了人们在生存困境和危机中的迷惘,使得人们在高科技成果面前无所适从。因为生命问题涉及整个人类的存在方式,所以无论是科学家还是人文学者都必须谨慎地对待这些问题;生命问题的复杂性,使得每一种已有的人文理论在这些问题面前都显得困惑和软弱无力;生命问题的不确定性又把各种人文理论抛入了两难选择之中,如果肯定并支持生命问题中的科技成果的作用,但是这些科技成果的运用与人类进化的方向相背,一旦出现差错,后果不堪设想,如果反对将科技成果应用于生命问题中,但这些科技成果确实能够解决人类生活中的许许多多的难题。所有这些都表明,生命伦理问题的出现,使各种理论受到前所未有的挑战。

对当下现实人生问题的关注和回应,既是人文理论责无旁贷的义务,又是它的生命力之所在。儒学的这一特点尤为明显。儒学之所以两千多年来具有持久和深邃的魅力,其重要一点就在于它深切地关注并回应当下的现实人生,为解决现实人生问题提供价值资源,为人类生存树立价值坐标。当代世界发展过程中,全球一体化的出现,使得人类共同面临着许许多多的新问题,而解决全球一体化进程中出现的这些新问题,构成了理论界最迫切的也是最重要的课题。在解决全球一体化进程中出现的问题时,儒学的价值尤为凸显。全球一体化进程中的问题,主要是由于近代以来,人类理性不断膨胀,由此产生人与自然、人与人关系的紧张,而儒学的价值之特长,就在于它对人类理性膨胀的贬抑,对天人合一的尊重,对人与人和谐关系的倡扬。全球问题的症结所在,也是儒学所贬抑之处,解决全球问题所追寻的目标,恰恰是儒学一以贯之的原则。所以在解决全球一体化进程中出现的问题时,响起了儒学振兴的呼声,这是一种历史的必然。当代生命伦理学的问题作为全球问题的一个缩影,也自然是儒学价值资源解决全球问题的一个重要组成部分。

然而全球问题的出现已经不是一个简单的事情,它涉及范围之广、问题之复杂是前所未有的,生命问题表现得尤为如此。在生命伦理问题内部,特别是在医学的诊疗过程中,理性的视野与伦理的视野,事实的判断与价值的判断,二者的分歧非常明显,甚至经常处于对立状态,因而形成了二者之间的两难选择。这就决定了儒学在回应这些问题时,也增添了把握和解决问题的难度。无疑,现代科技成果应用于生物学、医学领域,对于改善人类的生存环境、提高人类的生存质量等的确起到相当重要的作用，享受到高科技成果的人生至少能够感觉肉体的快乐，增添了社会对人的吸引力；现代科技成果应用于生物学、医学领域，从总体上来说，也确实存在着与人的价值选择、人类发展方向相背离的现象，因而给人类的生活制造了许多麻烦，增添了许多烦恼。一个是从物质享受层面上的理性追求，一个是从人伦关系上的伦理规范；一个是对现实人生的肯定，一个是要超越现实人生而寻求人生的意义。在传统儒学那里，事实判断与价值判断浑然一体，密不可分，然而儒学回应全球问题时，却必须对事实与价值进行剥离，这种选择对于儒学无疑是痛苦的，然而又是必需的。因为只有对事实与价值进行剥离，才能将当下的事实与人生的终极目标区分开来，在两者之间进行权衡与选择，赋予生命以生存的合理性和存在的价值，也因此使得儒学超越了传统的人文界域，具有了现实意义。

对于生命问题的回应，促使儒学必须首先完成由传统到现代的转变。儒学生命力就在于它的开放性品格。从儒学的演进中我们可以了解到，儒学在各个时期的发展都打上了时代的烙印。汉代董仲舒将阴阳五行说引进儒学，使儒学神学化；宋明理学家援引佛道，形成儒释道合一的理学；近代则引进西学，建立起“中学为体，西学为用”的新学体系。正因为儒学吸取了时代的内容，才使儒学具备了普遍意义和恒常价值。生命问题作为关系人类生存与发展的重大课题，其时代特性是非常鲜明的，儒学在回应生命问题时，必须超越传统意义上的儒学，使儒学由传统转向现代，实现儒学自身的现代化。也正因为如此，儒学在回应生命问题中，不能像传统意义上的儒学那样，简单地否定生与死的人为延长而只注重人生的精神存在，也不能简单地只看到生殖方式的改变、基因技术革命对于人类存在的负面影响,而不主张这些技术的推广和应用,更不能因高科技的应用会带来某些义利冲突就否定生物学、医学科技产品的商用价值,而是应该将生命问题放在全球一体化进程的大背景下,全盘考虑问题的取舍。这样,儒学就必须进行现代意义上的改造与转换,重新用现代意义的儒学来审视生命问题。基于此,儒家对于生命问题的态度会有许多改观。对于生殖方式的改变,"总而言之,儒家的观点为,代母的生殖方式可以补救人类不能孕育的一种道德行为,是一种以人道补天道和使不孕的人也可以借此得尽其性分的要求"①。"依儒家之义,人类在生殖上的缺陷即属于应当运用我们所能掌握的知识技能去补救的,不论这种缺陷属于自然与否。"②对于基因技术,"也就是说,'天道生生','生'是本质。基因技术应用于生,它并没有抛弃'生命的自然性'的存在论本质,而是在新的演化水平上认同'生命的自然本性'"③。儒学在回应生命问题过程中,实现了向现代化的转变,而儒学在向现代化转化过程中,又与现时代紧密结合,被赋予了时代特色,为儒学的振兴奠定了基础。

儒学在回应生命问题的同时,其自身不仅内涵丰富了,而且提高了在社会中的应变能力。儒学实现向现代化转变的过程,也就是它回应和解决全球化问题的过程。儒学在回应生命问题中,它自身也被现实化和科学化了。儒学历来是一种超现

① 李瑞全:《儒家生命伦理学》,(台北)鹅湖出版社 1999 年版,第 112 页。

② 李瑞全:《儒家生命伦理学》,(台北)鹅湖出版社 1999 年版,第 132 页。

③ 余谋昌:《高科技挑战道德》,(台北)鹅湖出版社 1999 年版,第 118 页。

实的态度和拒斥科学的姿态,然而儒学在向现代化演变中,对科学的态度存在着某种变迁,因为生命伦理学的出现,表征着科学与人文的整合方向。儒学如果仅仅以人文价值去回应生命问题,势必会造成科学与人文两种视野的相互拒斥,从而带来儒学对现实人生问题回应的乏力。儒学要想解决生命问题,必然要融合科学知识,承认并肯定科技成果对于人类生存的作用,只有这样,儒学才能正确回应生命问题。儒学的这一特征在现代新儒家的演变中表现得尤为突出。现代新儒家在早期大都对科学理性持一种拒斥的态度,然而到了第二代传人牟宗三先生那里,就已经开始持兼容的态度了。牟宗三试图从学理层面上逻辑地整合理性与价值,提出儒学第三期发展要开出民主政治和科学这个新“外王”。他认为:“科学亦为儒家的内在目的所要求者,儒家并不反对知识。”①由此我们可以得知,儒学在回应和解决现实人生问题中,其内涵变得丰富了,从而提高了它在全球一体化进程中的应变能力。

总之,当代生命伦理学的发展既给儒学带来了挑战,同时也为它的振兴带来了契机。在全球一体化进程的大背景中,儒学应该迅速实现其现代转换,充分利用自己的价值资源回应人类所共同面临的生存困境和危机,特别是回应类似于当代生命伦理学这类急需规范和解决的人类重大问题,从回应现实人生中,提高儒学自身的生命力,使儒学立于世界文化之林。这些既是儒学当前面临的重大的课题,同时也是每个儒学工作者责无旁贷的共同使命。

---

① 黄克剑等编:《当代新儒家》,生活·读书·新知三联书店 1989 年版,第 165 页。

现代新儒家

返本与开新:现代新儒家的复兴儒学*

五四运动后,现代新儒家群体崛起,与自由主义西化派和中国马克思主义引进西方文化的主张相反,他们从传统的儒家思想中升华出中国文化的灵魂,从儒家文化中开显出中国文化的内在理路,构成中国文化的未来走向。现代新儒家与自由主义西化派和中国马克思主义学派就中国文化的选择问题展开了激烈的辩论,成为五四运动后20世纪中期中国儒学发展的最重要的流派。

一、文化保守主义的发展

近代对于中国文化的固守并非始于现代新儒家。毋庸置疑,近代以来,中国文化受到欧风美雨的浸润和涤荡,儒学的生存优势逐渐消解。但是,围绕儒学的生存及其如何生存问题,知识分子展开过激烈的争论。在争论中,形成了一种文化保守主义。

---

* 本文为拙著《20世纪儒学发展研究》第6章"返本与开新:现代新儒家的复兴儒学",山东文艺出版社2010年版。

文化保守主义是一个借鉴西方的概念,也是一个非常模糊的概念。据美国学者艾恺的研究,“文化保守主义”(又称“文化守成主义”,Cultural Conserva-tive)是伴随着西方现代化运动的产生和发展而最早在西方世界出现的,代表者主要有德国的哈曼、谢林,英国的柏克,法国的格斯特等。他们的出身、经历及其所具有的学术知识、承受的历史文化背景等均有所不同,对于很多问题的具体见解亦有歧义,但“都以各种传统形式(或理想化)的社会当作社会完善的试验”,并都对个人的物质私利“有深刻的厌恶,唯恐它会毁坏所有建基于道德原则的人群关系。他们对工业化的结果不是心存疑惧,而是彻底仇恨,特别是现代都市生活及其病态与非人性化。他们强调社会重于个人,有机的群体关系高于法律关系及法定权利……渴望共有的道德价值和对真理的共同认识与分享……高度评价人类存在的非理性、非功利方面——艺术、宗教等等”。此外,他们面对着启蒙运动腐蚀性批判的理性主义,“却常亟思建立一种认识论,为道德价值建立一个基础”。① 中国近代文化保守主义既受西方文化保守主义的影响,又有着自身形成发展的源流。他们“既是中西文化‘双重危机’在思想文化领域里的反映,又不可避免地打上中西文化‘双重危机’的深刻印记,并由此规定了它的思想内容:一方面在维护传统的基础上反省传统,一方面又在批判西方的前提下学习西方,主张以中国传统文化为主体、为本位,融会调和西方文化,重建中华民族的文化系统”②。

---

① 参见[美]艾恺:《世界范围内的反现代化思潮——论文化守成主义》,贵州人民出版社 1991 年版,第 76—77 页。

② 郑大华:《民国思想史论》,社会科学文献出版社 2006 年版,第 84 页。

中国的文化保守主义目前在学术界的分歧还比较大。有学者认为这一思潮在我国发端于19世纪末康有为的今文经学及其建立孔教之说[①],也有的学者将其上溯到洋务派的“中体西用”观[②],也有的学者认为“中国最早具有近代意义的文化保守主义思潮应以辛亥革命时期的国粹主义为代表”[③]。然而,无论分歧多大,中国近代文化保守主义仍然体现出一些学者们公认的共性。一般来说,大多数学者将清末“国粹派”、民初康有为及其“孔教派”、五四时期的“东方文化派”和“学衡派”、20世纪30年代的“本位文化派”以及现代新儒家称为文化保守主义者。其中国粹派、学衡派、现代新儒家为文化保守主义者的典型代表。

1905年2月,国学保存会的成立标志着国粹派的形成。国粹派成员多为具有传统学术根底的知识分子,主要代表人物有章炳麟、邓实、刘师培、黄节、黄侃、马叙伦等人,主要发行《国粹学报》和《政艺通报》两种刊物。国粹派思想繁杂,品流不一,就其主流而言,其所谓国粹(即中国固有文化之精华)主要包括中国有史以来的语言文学、典章制度和人物事迹的“可为法式者”三项。[④] 其主张,一是“用国粹激动种性,增进爱国热肠”,即借助国粹宣传“排满革命”以救亡图存;二是提出“国

---

① 参见欧阳哲生:《中国近代文化流派之比较》,《中州学刊》1991年第6期。

② 参见何晓明:《近代中国文化保守主义述论》,《近代史研究》1996年第5期。

③ 胡逢祥:《试论中国近代史上的文化保守主义》,《华东师范大学学报》(哲学社会科学版)2000年第1期。

④ 参见章太炎:《演说录》,《民报》1906年第6期。

学、君学对立论”，颂扬“国学”，批判“君学”，反对帝制；三是从“国学”中寻找变革政体、实行民主共和的根据；四是提出其独特的“中西文化观”，强调在效法西方、改革中国政治的同时，必须立足于复兴中国固有文化，从传统文化中发掘为中国近代化所需要的东西。

国粹派高扬“国学”旗帜，“不自主其国，而奴隶于人之国，谓之国奴；不自主其学，而奴隶于人之学，谓之学奴。奴于外族之专制谓之国奴，奴于东西之学，亦何得而非奴也。同人痛国之不立而学之日亡，于是瞻天与火，类族辨物，创为《国粹学报》，以告海内”①。在“复兴古学”宗旨下，《国粹学报》发表了大量宣传国粹的论文，并汇集当时国学权威著作六七百种，明末遗民和乾嘉以来诸儒遗文四五百篇，刊录名人画像图片六百余张。此外国学保存会还大规模从事古籍校勘整理，编辑出版《国粹丛书》《国粹丛编》《神州国光集》及国学教科书等著作，在上海设藏书楼、印刷所，并拟设国粹学堂。同时，开办国学讲习会，由刘师培主讲，并编写《伦理教科书》《经学教科书》等。后又成立章太炎任社长的国学振起社，“振起国学，发扬国学”，广泛开展国粹主义宣传。国粹派认为孔丘是国学的创始人，中国文化的“祖师爷”，是圣人、“国魂”。孔子所创的儒学反映了中国历史的客观实际，它既统一了诸家学问，又包含了各派学说。在此基础上，国粹派也对两千余年来儒学的发展进行了检讨。“提倡国粹不是要人尊信孔教”，“今日实行革命”，“孔教是断不可用的”。② 章太炎还对孔丘的行为、作风、中庸

① 章太炎：《国粹学报发刊词》，《国粹学报》1905 年第 1 期。

② 参见章太炎：《演说录》，《民报》1906 年第 6 期。

思想、伪善面目做了一定的批评,批判孔丘鼓吹富贵利禄思想,斥责儒生利用孔子专为历代皇帝服务。[①] 国粹派把这种被皇帝所利用的儒学斥为“伪儒学”或“君学”,大加批评。邓实指出:“自汉立五经博士,而君学之统开;隋唐以科举取士,而君学之统固;及至宋明,士之所读者,功令之书,所学者,功令之学,遥遥两千年神州之天下,一君学之天下而已。”他又称:“真儒之学只知有国,伪儒之学只知有君,知有国则其所学者上下千载洞流索源,考郡国之利病,哀民生之憔悴,发愤著书以救万世,其言不为一时,其学不为一人,是为真儒之学。若夫伪儒学者,所读不过功令之书,所业不过利禄之术,苟以颂德歌功,缘饰经术,以取媚时君,固宠富贵而已。”[②]

国粹派在弘扬国粹基础上,也承认西学。“国粹也者,助欧化而愈彰,非敌欧化以自防,实为爱国者须臾不可离也”,“于泰西学术其有新理精识,足以证明中学者,皆以阐发”。[③] 国粹派虽然承认西学是“良种”“佳实”,但认为西学这种“良种”永远不可能在中国的土地上生根、发芽、开花、结果。

学衡派是围绕1922年1月创刊于南京的《学衡》杂志而形成的文化保守主义学派,成员大多是文学和史学界精英。《学衡》杂志主编是吴宓(1894—1978),发起人和参与者包括梅光迪、胡先骕、刘伯明、汤用彤、柳诒徵等。学衡派的核心人物(吴、梅、胡、汤等)曾先后留学哈佛,归国后任教于东南大学,称得上是纯正的“学院派”。《学衡》的宗旨是:“论究学术,阐

① 参见章太炎:《诸子学略说》,《国粹学报》1907年第20期。
② 参见邓实:《国学真论》,《国粹学报》1908年第27期。
③ 参见章太炎:《国粹学报发刊词》,《国粹学报》1905年第1期。

求真理,昌明国粹,融化新知。以中正之眼光,行批评之职事。无偏无党,不激不随。”①学衡派核心人物留学哈佛时,曾亲炙于文学教授、新人文主义者白璧德。白璧德认为孔子“克己复礼”的“仁学”与古希腊哲学家亚里士多德及其以后的西方人文主义者的精神是一致的。他一再强调在中国开展一个以扬弃儒家思想千百年来累积的学院与形式主义的因素为特质的“新孔教之运动”的重要性②,并对他的中国学生寄予了殷切的希望。学衡派既不满于激进派的彻底改造和自由派的“弃旧图新”,对设想西洋文化破产而主张复兴东方文化的呓语也颇有微词,而认同于以“存旧立新”“推陈出新”或“层层递嬗而为新”相号召的新人文主义。

胡先骕 1919 年在《东方杂志》发表《中国文学改良论》,对胡适、陈独秀倡导的文学革命论所表现出来的“因噎废食”的“偏激”进行了公开的批评。其后,留学美国的梅光迪立即向胡适叫板,尖锐地批评五四新思潮的提倡者不了解历史,对中西文化源流缺少广博精深之研究,不过争奇炫新、震骇流俗、沽名钓誉而已,因此,“模仿西人,仅得糟粕”,“甫一启齿,而弊端丛生,恶果立现”。他坚信,我国旧有文化“必有可发扬光大,久远不可磨灭者在”,不能一律视为土苴,新文化的建设宜从长计议,心急不得,不能为一时的功利所驱动,也不能以是否吸引群众为成功与否的标准,而应唯真理是求。文化不论古今中西皆须先有“彻底研究”和“明确之评判”,而后“合千百融贯中

① 孙尚扬、郭兰芳编:《国故新知论——学衡派文化论著辑要》,中国广播电视出版社 1995 年版,第 494 页。

② 参见孙尚扬、郭兰芳编:《国故新知论——学衡派文化论著辑要》,中国广播电视出版社 1995 年版,第 39—48 页。

西之通儒大师,宣导国人,蔚为风气,则四五十年后成效必有可睹也"[①]。吴宓也指出:"进步是传统的不断吸收与适应","个人之价值取决于他所吸收的传统的量与质",进步不是跳跃式的突变,而是"有机生长"。[②] 吴宓认为,旧者多含恒久之价值,新者也有真伪之辨,新旧是相对的概念,昨日为新,今日则旧;今日之新,乃层层递嬗而来;不知旧物为何,断无资格言新;"凡论学论事,当究其终始,明其沿革,就已知以求未知,就过去以测未来",故"不应拘泥于新旧。旧者不必是,新者未必非。然反是,则尤不可"。他把物质科学与人事之学做出区分,前者以积累而进步,愈晚出愈精妙;后者因与社会环境和个人天赋有关,"后来者不必居上,晚出者不必胜前"。[③] 学衡派并不满足于理论的阐述,而是将他们的文化理论运用于实践。1925 年,清华大学在西学气氛十分浓烈的情况下,成立了国学研究院,由原《学衡》主编吴宓任主任,聘请了王国维、梁启超、陈寅恪、赵元任四位学贯中西的大学者为导师。他们到清华后,极力提倡一种中西兼容、贯通古今的学风。国学研究院的宗旨,是学衡派文化观的延续,旨在在新旧交嬗、中西会通的新形势下,博采中西古今文化之长,熔铸出一种新的中国文化。这种学风对清华大学的金岳霖、冯友兰、张岱年等思想文化哲学的研究和建构,产生了不可低估的影响,在现代中国思想文化史和哲学史上可谓独树一帜。

---

① 梅光迪:《评提倡新文化者》,罗岗、陈春艳编:《梅光迪文录》,辽宁教育出版社 2001 年版,第 1—7 页。

② 参见吴宓:《文学与人生》,清华大学出版社 1993 年版,第 76 页。

③ 参见徐葆耕:《会通派如是说——吴宓集》,上海文艺出版社 1998 年版,第 5—6 页。

二、现代新儒家对儒家思想的创新发展

五四运动虽然提出了“打倒孔家店”的口号,批判了以儒家为代表的封建社会思想,然而,五四运动后,中国文化的出路问题不但没有解决,而且论争得越来越激烈。文化激进主义与文化保守主义的争论,分化成了西化派自由主义、中国马克思主义和现代新儒家三大思潮的争论。而现代新儒家对于儒家文化的固守和建构,是五四运动后儒家发展的最重要的取向。

应该承认,中国自进入近代后,救亡图存成为重中之重。救亡图存首先从器物层面开始,经历制度层面的构建,逐渐使中国知识分子认识到中国贫穷的根源实质上在于文化心理层面,也就是建立一个什么样的文化才能拯救中国于危难之际。这一问题争论异常激烈。经历辛亥革命特别是五四运动后,中国的知识分子(尤其是激进的知识分子)极力主张西化。然而,西化面临的最大问题是如何对待传统文化。须知,中国人受儒家文化浸润达两千余年之久,完全西化是一个相当漫长的过程,不可能在短时间内实现弃儒家文化植入西方文化,所以,即使是主张西化的胡适,也认为应该“全力的现代化”。那么,在“全力的现代化”过程中,儒学扮演着什么样的角色,儒学在这个过程中应该起什么样的作用?这是中国文化建设所必须解决好的问题。

由于封建帝制时期官方意识形态为儒学,当中国结束封建帝制的统治并建立新政权时,也必然意味着对传统儒学的摒弃。但是,儒学是中华民族文化的根基这一事实是否认不了

的。中华民族得以延续的文化标志是儒学,当彻底抛弃儒学时,中华民族就失去了文化根基,也就在文化意义上不能成为一个民族了。从儒学的角度讲,当封建帝制结束后,儒学占据官方意识形态的主导地位时期已经不复存在了,所以,文化保守主义者建立孔教的主张遭到各方面的批判。儒学要在新的形势下发展,必须充实新鲜血液,才有可能在现代生活中发挥作用。所以,五四运动后,中国知识分子们在文化的选择上,实际上是徘徊于儒学与西学之间,究竟怎样取舍,其实他们有着基本一致的看法:既不能全盘照搬西学(陈序经等主张全盘西化的知识分子毕竟是极少数),也不能照用传统儒学,必须将西学与传统儒家实现有机整合。所不同的是,自由主义西化派、中国马克思主义选择的是西学(或马克思主义)为主,现代新儒家选择的是儒学为主。

现代新儒家的形成既有深刻的文化背景,也有现实的因素,更有知识分子理性的思考。

从文化背景看,儒学产生后的两千余年时间中,被官方奉为主流意识形态,成为中国人的心理积淀因素已经时长日久。正是儒家思想的浸润,才形成了中华民族的特色。毋庸否认,儒学作为主流意识形态起着被官方利用巩固社会秩序的作用;也不能否认,儒学作为主流意识形态被灌输到一代代中国人中间,不同程度地削弱了中国人的民主意识和科学的求真精神;更不能否认的是,正是在儒学的熏陶下,养护了中国人的勤劳勇敢、自强不息、刚健有为、顾全大局的特性。这些都是事实。近代国门打开以后,中国人认识到了中国与西方世界的差距,于是,许多知识分子开始寻找中国图强自救的道路。其中不乏主张移植西方文化的知识分子,但更多的知识分子认识到中国走西化道路是行不通的，西方文化不适合中国的国情，必须另寻出路。于是，关于中国的新文化建设的争议越来越激烈。正是在这一背景下，现代新儒家提出了中国仍然要以儒家学说为主建构新文化的主张，认为中国未来文化必须是建立在儒学的基础之上，这无疑是对儒家思想的重新诠释。

如果说，文化背景是现代新儒家产生的大环境的话，那么，在这个大环境中，许多知识分子对儒家学说进行了批判。特别是五四运动中，知识分子们更是提出了“打倒孔家店”的口号，认为儒家思想及利用儒家思想的封建帝制是造成中国落后的根本原因。于是，拒斥儒学、否定封建帝制成了五四运动的主旋律。然而，中国是否结束帝制，废弃儒家就能走向富强，这一问题并没有在知识分子中间达成共识。基于此，一些知识分子开始反思儒学及其与现实社会的关系。他们发现，中国社会的落后并非源于儒家思想，而恰恰是因为对儒学的错误利用；中国走向富强的正确选择应该是继续坚持“走孔家的路”“过孔家的生活”，中国只有将儒学发扬光大，才能走向真正意义上的富强。他们还发现，19 世纪后半期到 20 世纪初，许多知识分子对儒家思想的误读、误斥已经到了很深的程度，需要进行正本清源式的修正。这构成了现代新儒家产生的现实因素。

现代新儒家的代表们开始就提出了解决人生观问题是中国走向富强道路首先应该解决的问题。于是，20 世纪初期，张君劢与丁文江之间发生了“科玄论战”；梁漱溟、熊十力等要开出儒家生命的进路，奉儒家内圣之学为道统，彰显出儒家的基本精神；冯友兰提出要“接着宋明理学讲”，力图恢复儒家思想的真精神……现代新儒家人物从不同的角度对当时知识分子的斥儒进行了回应，剥离了作为学问的儒学和为封建帝制服务的儒学，指出被封建帝制利用的儒学并不能代表儒家思想的精髓，现在的任务是重建儒家的形上学体系，彰显儒家的基本精神，由儒家的内圣开出外王，由生命进人文，由人文进道德，转仁成智，并由此进路使中国走向真正意义上的强大。现代新儒家的知识分子们认为这是当时中国文化的一个必然选择，也是最合乎中国实际的选择。

更进一步，新儒家的知识分子们对中国的文化进行了理论的思考，并予以理性的选择。他们认为，自近代以降，中国的文化走向问题就一直在知识分子中间争论不休，其根源在于没有从哲学层面上建构起一个理论体系，作为中国人的信仰，从而指导中国人的文化生活。到了20世纪初，近代已经走过了半个多世纪，但中国的文化建设其实主要做着两个方面的工作：一是争论传统儒学能否使中国强大，一是争论中国是否适合于移植西方文化。两个方面的争论异常激烈，而深层的文化建构却不多，即使建构起各种文化体系，也难以让人信服，很大程度上成了自话自说的体系，被其他知识分子批判。可以说，五四运动以前整个知识界努力的方向在于批判儒学，引进西方文化。五四运动后，传统儒学已经在相当大程度上被打压下去了，其所占据的主流意识形态地位被知识分子们摒弃（尽管北洋政府仍然打出祭孔牌，但大部分知识分子并不认同），建立什么样的文化就成为首先要解决的问题。与文化传统主义不同，现代新儒家不是从传统的义理考据出发来弘扬儒学，而是从更高的哲学层面建树一个新的儒学体系。尽管熊十力等人标榜尊陆王的道德体系，由内圣开出外王，冯友兰直陈“接着宋明理学讲”，但他们的思想体系并非程朱陆王的翻版，而是将异质文化引入儒学，在更高的理论层次上建设一种儒学的新理论。梁漱溟的文化哲学能够很清楚地显示柏格森生命哲学的进路;熊十力的《新唯识论》借佛学义理重新诠释儒学;冯友兰的“新理学”更带有新实在论的印记;贺麟新展开的儒学很大程度上带入了新黑格尔主义的“心”学思想。可以说,现代新儒家是在另一个层次上融合着中西文化,只不过他们是以儒学为本体。

1. 梁漱溟的文化理论

1922年,梁漱溟的《东西文化及其哲学》由商务印书馆出版。五四运动后,举国上下谈及中国旧文化,谈及孔子之道羞于开口之时,梁漱溟公开主张“走孔家的路,过孔家的生活”,并从东西方文化的内在理路来阐释儒学何以能实现中国的救亡图存。这在当时引起轩然大波,也开启了现代新儒家的先河。

在《东西文化及其哲学》中,针对当时的新文化运动,梁漱溟主张要用东方精神文明去挽救西方资产阶级物质文化的破产。在他看来,民族危机到最后就是文化危机,因而他从哲学的高度,确定了中西文化的不同价值内涵,找出了中国文化的特点,从而奠定了现代新儒家的致思取向。

梁漱溟比较了中国文化、西方文化和印度文化,回答了五四新文化运动的主流派对儒家学说的责难。他认为,无论是从精神生活、物质生活,还是从社会生活方面看,东方文化都远远不及西方。尤其是西方近代以来的科学与民主精神,更是世界上无论哪一个民族都不能自外的东西。据此,他强调东方文化是一种未进的文化,西方文化是一种既进的文化。但是,不能据此推导出中国应该向西方学习。中国社会的再发展必有待于文化上开辟新局面,寻找新的生机,“必须翻转才行。所谓翻转,自非努力奋斗不可,不是静等可以成功的。如果对于这个问题没有根本解决,打开一条活路,是没有办法的”①。在他看来,中国文化未来发展的唯一机会,就是旧传统上的新创造,就是回归到儒家的真精神然后再开出现代化,而根本不存在全盘西化或东西调和的可能。

梁漱溟认为,文化离开了它所赖以生存发展的社会生活便无从判定其优劣。文化的发展并不是单向的进程,中国文化与西方文化不同的根源是文化体系、思维路向和人生态度的根本不同。中国人的人生态度之所以与西方不同,除了农业生活的影响外,更主要的是由于儒家思想的作用而使中国人的宗教意识太淡薄。儒家的理想没有别的,只是要求人们顺着自然的道理,一任直觉,遇事随感而应,活泼流畅地去生发,便可得中,便可调和,便所应无不恰好。这种直觉来不得半点有意识的作为,而是如孟子所说的不虑而知的“良知”、不学而能的“良能”,是人的“本然敏锐”。这也是孔子所谓的“仁”。这一点恰恰是世界未来文化所需要的东西。他宣称,西洋人没有看到孔子的学说则罢,一旦看到,便不怕他不走孔子的路。他既看到人类生活本来是怎么一回事,则他将不能不顺着生活本性而听任本能冲动的活泼流畅,一改那抑制冲动的态度。

进一步,梁漱溟引用西方生命哲学家柏格森的“意欲”观念解释不同的文化。他认为,文化的根本在于人的“意欲”。文化是“一民族生活的样法”,人类无非是“创造的活动,意欲的趋往”,即人类“意欲”的产物。由于“意欲”具有向前、向后、

① 梁漱溟:《东西文化及其哲学》,商务印书馆 1999 年版,第 61 页。

持中的不同作用，所以形成“以意欲向前为根本精神”“以意欲反身向后要求为根本精神”“以意欲自为调和、持中为根本精神”的文化“三路向”。“（一）向前面要求；（二）对于自己的意思变换、调和、持中；（三）转身向后去要求。这是三个不同的路向。这三个不同的路向，非常重要，所有我们观察文化的说法，都以此为根据。”①进而他指出，西方人是走第一路向的，中国人是走第二路向的，印度人是走第三路向的。这三条路，代表着人类不同的时段。西方文化的“意欲”向前，代表着人类已经走过的路途；印度文化的“意欲”向后，代表着人类文化的未来发展方向；中国文化的“意欲”持中，正是当今及今后相当长一段时间人类文化建设的步骤。所以人类文化的走向，首先要复兴中国文化，“世界未来文化就是中国文化的复兴”②。

中国文化最重要的是孔子及其创立的儒学。“中国之文化全出于古初的几个非常之天才创造”，在古圣人创造中国文化过程中，“似乎中间以孔子作了个枢纽，孔子以前的中国文化差不多都收在孔子手里；孔子以后的中国文化差不多都由孔子里出来”③，孔子的人生哲学“为中国文明最重要之一部”。孔子的人生哲学首先“就是以生活为对、为好的态度”，“孔家没有别的，就是要顺着自然道理，顶活泼顶流畅的去生发”④；其次“孔子有一个很重要的态度就是一切不认定”，“平常人都是求一条客观呆定的道理而秉持之。孔子全不这样，制定这个

---

① 梁漱溟：《东西文化及其哲学》，商务印书馆 1999 年版，第 61 页。

② 梁漱溟：《东西文化及其哲学》，商务印书馆 1999 年版，第 202 页。

③ 梁漱溟：《东西文化及其哲学》，商务印书馆 1999 年版，第 150 页。

④ 参见梁漱溟：《东西文化及其哲学》，商务印书馆 1999 年版，第 127 页。

是善那个是恶,这个为是那个为非,这实在是大错”[①];最后,孔子唯一重要的态度是不计较利害,“告诉你最好不要操心。你根本错误就在找个道理打量计算着去走”[②]。“所有的忧苦烦恼——忧国忧民全在内——通是私欲。”[③]“没有哪件事值得计虑——不但名利,乃至国家世界。秋毫泰山原无分别,分秋毫泰山,是不懂孔子形而上学的。”[④]由之,梁漱溟指出尽宇宙是一生活,生活就是没尽的“意欲”,主张要“走孔家的路,过孔家的生活”。这样,孔子及其创立的儒学被梁漱溟注入了“新鲜血液”,儒学在梁漱溟那里又“活”了。如果说康有为对儒学的发挥萌生了儒学由传统向现代转换的新芽的话,那么梁漱溟则进一步从义理上对儒学进行阐发,“使孔子的生命与智慧亦重新活转而披露人间”,并开启了宋明儒学之门,使其后的新儒家学者能接上宋明儒的生命与智慧。[⑤]

2. 熊十力以佛学释儒

循着梁漱溟开创儒学救国的足迹,熊十力、张君劢、冯友兰、钱穆、贺麟从不同的方向对儒学进行了发挥,并着力于建构现代新儒家体系,复兴儒学。

---

① 参见梁漱溟:《东西文化及其哲学》,商务印书馆 1999 年版,第 128 页。

② 梁漱溟:《东西文化及其哲学》,商务印书馆 1999 年版,第 130 页。

③ 梁漱溟:《东西文化及其哲学》,商务印书馆 1999 年版,第 142 页。

④ 梁漱溟:《东西文化及其哲学》,商务印书馆 1999 年版,第 142—143 页。

⑤ 参见牟宗三:《生命的学问》,(台北)三民书局 1984 年版,第 112 页。

熊十力早年原本倾向于王夫之、顾炎武等人的学术,胸中怀有革命之志。其后在支那内学院师从欧阳竟无,究心于佛教。当此时,他受章太炎的思想影响甚深,崇佛贬儒,认为佛学不仅哲理精微,而且可以使人摆脱小我之见和利欲之私,而儒学虽讳言利,但其思想本质则每每为谋私利者所利用。1922年,他应蔡元培之邀到北京大学讲学,和梁漱溟一样,也在那里彻底改变了佛教信仰,遂不敢以观空之学为归宿,于是反求诸己,忽悟于《大易》,归宗于儒家大易生生之旨,转而倾心于儒家思想。冯友兰评价道:泛滥于佛老者数十年,返求于六经,而后得之。熊十力对于自己的求学参悟经历,也曾做过反省:"若参实究,老夫挥了许多血汗;求之宋明,不满;求之六经四子,犹不深契;求之老庄,乍喜而卒舍之;求之佛家《唯识》,始好而终不为然;求之《般若》,大喜,而嫌其未免耽空也。最后力求反之自心,久而恍然有悟,始叹儒家《大易》、佛氏《般若》皆于真实根源甚深处确有发明…… 自此,复探《华严》《楞伽》《涅槃》等经,更回思无著、世亲之学,以及此土晚周诸子,逮于宗门大德,宋明诸老。众贯群圣,造诣不齐,而皆各有得力处。乃至西哲所究宣者,亦莫非大道之散著,析其异而会其通,去其短而融所长。则一致而百虑之奇诡,殊途而同归之至妙,乃恢恢乎有诸己。"①

1920年,熊氏进入南京支那内学院,问佛法于欧阳竟无先生,学习唯识论理论。唯识宗远尊印度弥勒菩萨为宗主。玄奘从戒贤、智光诸论师习受瑜伽、唯识等,归国后其弟子窥基依玄

① 熊十力:《摧惑显宗记》,《熊十力全集》第5卷,湖北教育出版社2001年版,第486页。

奘大师口授,撰《成唯识论述记》,发畅奥义;又撰《成唯识论掌中枢要》以释之,而蔚然成唯识宗学。此宗名目繁多,义理深邃,侧重分析。认为世界上一切现象都是由人们精神的总体——“识”所转变显现出来的(内识生时,似外境观),即所谓“万法唯识,识外无物”“三界唯心”。按“识”的变现和作用可分为三类八识:前六识即眼识、耳识、知识、鼻识、身识、意识,主要职能是了别和认识事物,以各自相应的器官(眼、耳、舌、鼻、身、心脏)认识外界的事物(色、身、香、味、触、法)。第七识即末那识,起思量和度量的作用,是前六识和第八识(阿赖耶识)的中介。它以阿赖耶识为自身存在的前提和认识对象。熊十力“追寻玄奘、窥基宣扬之业,从护法诸师,以上索无著、世亲,悉其渊源,通其脉络”,对大乘宗有较深入的了解。在内学院两年,深得欧阳竟无接引,比照《唯识学概论》和欧阳竟无的《唯识讲义》,精研大乘有宗经典。

1922 年秋,熊十力被蔡元培聘为北京大学特约讲师,主讲唯识学。1923 年 4 月,北京大学出版部印制《唯识学概论》,“此书区分二部,部甲境论,法相法性,目之为境,是所故知。部乙量论,量者量度,知之异名,虽谈所知,知义未详,故量论次焉。又境论虽自所知而言,据实而云,乃量论发端,则此书通作量论观可也”①。境论相当于本体论,量论相当于认识论。量论始终没能写出。《唯识学概论》在境论下分为识相篇和识性篇,后者有目无文。1926 年版《唯识学概论》,将识相篇改为法相篇,将识性篇改为法性篇,量论下列出分别篇和正智篇。

---

① 熊十力:《唯识学概论 因明大疏删注》,上海古籍出版社 2018 年版,第 3 页。

1930年《唯识论》出版，仅有“辩术”“唯识”“转变”“功能”四章。“辩术”实为《新唯识论》“明宗”章雏形。此书中，熊十力对中土唯识宗独尊护法一系表示不满，认为窥基译《成唯识论》摒弃众说，独采护法一家，大失其趣。护法立说只用分析排比术，构画虽密，而不必应理。批评护法“博量构画”，坚执种子的同时，即盛赞空宗的不立一义，随说随扫。“变不从空无生，空无莫为能变故”，这个实实在在的变不是种子，而是大用，“其名恒转”。“恒转”“渊兮无待，湛兮无先，处卑而不宰，守静而弗衰”。恒转为能变，复有“屈伸二行”同时相感，成功此变。“大用恒转，翕辟成变。”“辟”形容健往伸者，“翕”形容顺来屈者，一翕一辟，其变无穷。

1932年《新唯识论》由浙江省立图书馆出版。马一浮在序中称其“自吾所遇，世之谈变者，未能或之先也”。蔡元培在序中称其“以哲学家之立场解宗教”。

熊十力解释为何出佛入儒。儒家比佛教有五个方面的长处：一是宇宙观、人生观“无虚妄分别”，对本体“得到了真实的了解”，主体用不二，体即流行，不偏执心物一方，以人生实践为体。二是规模宏大，能容纳百家之长，兼收并蓄，得以长新不衰。三是不反对知识，能与科学相得。四是言正德利用厚生，制器利用，人欲可用，与科学不相违戾。五是重经济，有治国修齐之道，有泛爱万物的大同理想。

进一步，熊十力站在儒学的角度，首先对佛教轮回说予以彻底否定。中国从来学佛人，其发心痛切专在轮回一事上，明明是一个自私自利的心，还怕死后没有小己存在，要为他求福果，哀哉！宇宙万物毕竟是大生大有，日新不已，人生毕竟是大生大有，日新不已。人如果真正做到不坠于小己，不离其大体，便无小己之死亡可顾念。其次，对种子说提出批评。区分种子说有法相、唯识之不同，认为法相家虽说种子，以色心诸行本身即具生的势用，故依诸行假说种子；唯识家说种子，便异诸行而有实物，这便将体用截成两片。唯识宗既立种子为现行之因，已是一种本体，然又要遵循佛家一贯相承之旨，以真如为万法实体，“如此，则何可避免二重本体之嫌？”按照无著学派说法，种子潜藏于阿赖耶识中“自为种界”，现界虽从种子亲生，但现在已生，即离异种子而别有身体。这样，种子和现行世界便成两重世界。最后，对空、有二宗融合，特别是对中观思想的吸收和发挥。空、有二宗谈法性，一彰空寂，一显真如，空宗的“性相双遣”“实证空寂”比有宗的宇宙构造论要高明。又吸收三论、天台以及华严宗思想，更吸收禅宗“顿悟”“本心”思想，将禅宗“顿悟”“本心”等说与王阳明心学联系起来，指出禅家只是自养其灵，自耽禅悦，尽管灵光独耀，而于群生现前疾苦却是默然遗照。求识本心，佛家自宗门兴起，而儒家远在孔子已揭求仁之旨，此后孟子到阳明一脉相承，无不直指本心之仁。儒家的仁与禅宗的心确有相通处，特别是王阳明的“即工夫即本体”与禅宗的“体用见性”更是遥相发明。

对唯识学的改造，最终归本大《易》。中国人做人与立国的特殊精神实在六经，六经即内圣外王之学。内圣学的主干就是本体论，就是大《易》。孔子集夏（《连山》）殷（《归藏》）之长，演文王之绪，而成《周易》之大典，中国古代本体之说的萌芽即在孔子以前的三易之中。三易首卦不同，表现了人们对宇宙本体的不同认识。夏易首艮，艮为山，宇宙本体以山为象；殷易首坤，坤为地，万物莫不归于藏中，故名归藏；周易首乾，有二义，一曰即用显体，二曰注重觉性主体。即用显体是融汇夏易

“以本体虚静而发现万象”,“以心物皆就用上名”,乾坤皆是用,即用识体,以用显体;注重觉性主宰即表现在乾居首,而又以乾与坤相联并称,便是“融摄了殷易唯物之精神”。以乾坤为用,即用显体,成为体用不二义,“遂为中国哲学立定宏规”。

在由佛转儒的过程中,熊十力提出了本体论构造。他认为哲学核心就是本体论,本体观又以“体用不二”为纲宗。

考证儒释,衡论中西,熊十力对古今中外体用观念做了一次全面而彻底的清理和批判。他认为中外哲学家的体用观有三大谬误:一是求绝对于相对之外;二是无体之用;三是以用为体。这些均因将体用看作是两事,“执用失体”或“离用求体”所致。坚主“体用不二”,即如大海水与众沤之关系,实体与功用、根源与现象是相互变现的动态整合过程,既不能离现象把握本体,也不能抛却本体说明现象。

“体用不二”论证包含四个层面:以空破除一切实体观念,扫相证体;以“翕辟成变”为枢机,于大化流行之中识体;即用显体;摄体归用。

(1)以空破除一切实体观念,扫相证体。所谓“空”,并非虚无,而是以空破除本体意识中的一切实存观念,由辩证的否定达到泯绝体相和对体用一如的深刻理解。证本体空寂,受到空宗“破相显性”影响,亦吸收“缘生”“刹那生灭”等,巧妙分析了本体的非实在性。但彻底空观又会流入虚无主义,怎样才能补救?

(2)以“翕辟成变”为枢机,于大化流行之中识体。用《周易》大化流行的宇宙观补救空宗一往破尽、体归寂灭的缺失,提出“翕辟成变”理论,成为本体论的核心。本体之变化即显现为翕辟两种势用,宇宙万物的生灭“只此翕辟之流”,离翕辟则无所谓本体,无所谓宇宙,所以本体即翕辟。将本体描绘成一舍故取新、变动不居的过程,这个过程无始无终,无消歇,无滞留,既是万物存在的根据和样态,也是我们认识和把握现象界的唯一背景场所。本体即流变,而非实存。

(3)即用显体。因为本体流行即全显为万殊的大用,用外无体。用是完整的显现,离用无从识体,只能从相对中认识绝对,从现象中认识本体。对现象的把握和认识,即是辨用,也是明体。

(4)摄体归用。将本体含摄于万殊大用之中,销体以归用,用外本无体,本体与现象界达到完全合一。

《新唯识论》是熊十力会通儒佛及诸子之学而形成的“亦佛亦儒,非佛非儒”的特殊哲学体系,其对儒学的发展之处颇多。五四时激进的学者情绪地执迷于西方思想的皮毛表象,比起毫不拣择地接受西方的那种心态,前者更叫熊十力担心。所以,熊十力认为一定要重建中国之“体”,并以此作为了解西方之体的真实途径。同样道理,他主张对西方之体的了解将反过来加深中国自我认知的层面。唯有如此,才可能有创造性的相辅相成。基于此,熊十力创建自己的思想体系。概而言之,一是继承、发挥了孟子以及宋明等儒学大师的哲学思想,提出了“本心即实体”的本体论;二是以《周易》的生生之旨为中心,吸收佛家的“转变”等思想因素,创立了“翕辟成变”“体用不二”的宇宙观;三是将儒学的操存涵养、居敬思诚的修养方法同佛教禅宗“当下即是”等方法结合起来,建立“自识本心,直彻真源”的人生道德论。其体系结构严谨、内容深邃、论证细密,堪称将中国儒、佛等传统哲学近代化的一种有益尝试。熊十力自己也自谥其哲学为破门户之见,深造自得的“伟大的体系”,更有海外学者尊奉熊十力为现代新儒家的“开山大师”。

3. 贺麟以西方哲学发挥儒家理学

1937年抗日战争爆发后，贺麟提出重建儒家精神、复兴儒家文化的文化救亡论主张。“老实说，中国百年来之受异族侵凌，国势不振，根本原因还是由于学术文化不如人。”①基于此种认识，贺麟认为，近代以来的中华民族危机说到底乃是文化的危机，民族复兴在本质上是民族文化的复兴。“民族文化的复兴，其主要的潮流、根本的成分就是儒家思想的复兴，儒家文化的复兴。假如儒家思想没有新的前途、新的开展，则中华民族以及民族文化也就不会有新的前途、新的开展。换言之，儒家思想的命运，是与民族的前途命运、盛衰消长同一而不可分的。”②贺麟认为儒家思想的复兴必须经历西方文化的考验。“儒家思想是否复兴的问题，亦即儒化西洋文化是否可能，以儒家思想为体、以西洋文化为用是否可能的问题。中国文化能否复兴的问题，亦即华化、中国化西洋文化是否可能，以民族精神为体、以西洋文化为用是否可能的问题。”③儒家思想包含有三层面：格物穷理、寻求智慧的理学；磨炼意志、规范行为的礼教；陶养性灵、美化生活的诗教。因此，儒家思想的新开展，首先，必须以西洋的哲学发挥儒家的理学。苏格拉底、柏拉图、亚里士多德、康德、黑格尔的哲学与中国孔孟、老庄、程朱、陆王的哲学会合融贯，而能产生发扬民族精神的新哲学，解除民族文

---

① 贺麟：《抗战建国与学术建国》，《云南日报》1938年5月22日。

② 贺麟：《儒家思想的新开展》，《思想与时代》1941年第1期。

③ 贺麟：《儒家思想的新开展》，《思想与时代》1941年第1期。

化的新危机,是新儒家思想发展所必循的途径。这样可以使儒家的哲学内容更为丰富,体系更为严谨,条理更为清楚,不仅可作道德可能的理论基础,且可奠定科学可能的基础。其次,必须吸收基督教的精华以充实儒家的礼教。儒家的礼教本富于宗教的仪式与精神,而究竟以人伦道德为中心。宗教则为道德注以热情、鼓以勇气。宗教有精诚信仰、坚贞不二的精神,宗教有博爱慈悲、服务人类的精神,宗教有襟怀广大、超脱尘世的精神。基督教为西方文明的骨干,如中国人不能接受基督教的精华而去其糟粕,则绝不会有强有力的新儒家思想产生出来。最后,必须领略西洋的艺术以发扬儒家的诗教。过去儒家因乐经佚失,乐教中衰,诗教亦式微。今后儒家的兴起,与新诗教、新乐教、新艺术的兴起,应该是联合并进而不分离的。总之,儒学是合诗教、礼教、理学三者为一体的学养,也即艺术、宗教、哲学三者的谐合体。因此,新儒家思想的开展,大约将循艺术化、宗教化、哲学化的途径迈进。① 1947 年,贺麟出版了《当代中国哲学》(胜利出版公司 1947 年版)和《文化与人生》(商务印书馆 1947 年版)两部著作。在两部著作中,贺麟力图将程朱理学特别是陆王心学同西方新黑格尔主义哲学结合起来,建构自己的"新心学"体系。

4. 冯友兰用"贞元六书"建立"新统"

在抗日战争时期,真正对儒家思想做出新的解释的是冯友兰。冯友兰师承美国新实在主义哲学和实用主义哲学流派,在抗战之前就用新实在论研究和诠释程朱理学,表现出营构新理

---

① 参见贺麟:《儒家思想的新开展》,《思想与时代》1941 年第 1 期。

学体系的思想倾向。全民族抗战爆发后,冯友兰怀抱诚挚而悲愤的忧患意识,坚定中华民族必然复兴的信念,一方面吸收外来之学说,一方面不忘本民族之地位,从 1939 年到 1946 年著成《新理学》《新事论》《新世训》《新原人》《新原道》《新知言》六部书,俨然构成一套相对完整的哲学体系。

据冯友兰自己说,这六部书实际上只是一部书分成六个章节而已,故而合称“贞元六书”,著述宗旨“是对于中华民族的传统精神生活的反思”。凡是反思,总是在生活中遇到了什么困难,受到了什么阻碍,感到了某种痛苦,然后反观经验,提供方案。因此从这个意义上说,“贞元六书”实际上是抗日战争的现实在冯友兰头脑中的反映。《新原人》自序说:“‘为天地立心,为生民立命,为往圣继绝学,为万世开太平。’此哲学家所应自期许者也。况我国家民族值此贞元之会,当绝续之交,通天人之际,达古今之变,明内圣外王之道者,岂可不尽所欲言,以为我国家致太平,我亿兆安身立命之用乎?虽不能至,心向往之。非曰能之,愿学焉。”[①]由此可知,冯友兰之所以当此贞元之际著此六书,主观上是期望中华民族经此抗战以达民族复兴、民族重振之目的。

冯友兰说“贞元之际所著书”,寓贞下起元之意,故有此命名。何谓“贞元之际”?《周易》“乾卦”有云,“元亨利贞”,先哲释之为自然界的循环发生,“亨”,成长也,“利”,成熟也,“贞”消亡也,正如从春到冬,春又复始一般。“贞元之际”亦即冬春之际,表示民族抗战虽在艰苦之时,但亦处在觉醒和复兴

① 冯友兰:《新原人·自序》,生活·读书·新知三联书店 2007 年版,第 1 页。

的前夜。《新理学》(该书后来被评为抗战以来最佳学术著作)是“六书”的核心和总纲,是专门分析共相和殊相(即一般和特殊)的纯哲学论著。《新理学》在自然观方面的主要内容是“共相和殊相的关系问题”,也就是《周易》中的“形上”与“形下”或程朱理学中的“理”与“气”的关系问题。进而,冯友兰将自然观应用于人生问题上,解决“人之为人的道理”,这是他“最哲学的形上学”。这部分中,他在儒家道德学说的基础上提出了“四境界”的人生哲学,将人的精神境界分为自然境界、功利境界、道德境界和天地境界依次递进的四个层次,敦促人们向更高的境界奋斗,以求得到自己最后的“安身立命之地”。在《新理学》中,冯友兰提出了“真际”与“实际”、“理”与“气”、“道体”与“大全”等哲学范畴,将传统哲学阐释到一个比宋明理学深入得多、明晰得多的境界,而他对西方哲学方法的了解和运用,又使中国旧哲学在他的思想体系中获得了现代哲学的意义。《新事论》是以共相和殊相的哲学分析为基础,解决中西文化问题,主张中国学习西方是要学习其共相,共相即现代化。该书试图用《新理学》中的“理”来解决当时的实际问题,所涉及的是有关人类社会、历史发展的“根本大事”。在《新事论》中,冯友兰对清末洋务运动及五四以来的东西文化论战、20世纪30年代的中国本位文化论战做了一个全面总结。他认为,东西文化的差异“并不是一个东西的问题,而是一个古今的问题,一般人所说的东西之分,其实不过是古今之异”。在他看来,中国的落后主要在于经济上没有经过产业革命。与《新事论》同年发行的《新世训》是冯友兰所写的关于青年修养问题的著作,论述了现代社会中人的生活行为的基本规律,谋求从古代的圣人道德向现代以个人为基础的道德生活的转变。

《新原人》是关于人的境界论的体系性著作，是冯友兰将新理学应用于人生的成果。该书综合古代儒、道、佛各家的伦理学说，针对当时社会上存在的“人生方面的哲学贫困”现象，提出了人与周围各方面可能出现的四种关系，即“四种境界”：自然境界、功利境界、道德境界、天地境界，指出现代社会的人在不违反道德的生活方式之上，追求道德境界和天地境界的意义。《新原道》是冯友兰所写的向国外宣传中国文化的著作。该著作中，冯友兰论述了他所认识的中国哲学的优良传统和主流：“极高明而道中庸”，即哲学的思考从不脱离具体的生活。冯友兰强调，“新理学”的哲学体系是“‘接着’宋明道学中底理学讲底”，其宗旨是“继往开来”，建立“新统”。《新知言》是论述哲学方法论的著作。这六部书构成的新理学体系，是一个谋求促进并适应于中国现代化的中国哲学体系。

冯友兰把自己的哲学体系称为“新理学”，自觉地以程朱理学为自己的直接先驱，申明自己不是“照着讲”而是“接着讲”，即以继承为基础，以改造、发展中国传统哲学为目的。尽管他也吸取、承继了名家、道家、玄学、禅宗等的“不着实际”的哲学特色，但其基本核心和主要内容却是承继和发展宋明理学而来。其中，冯友兰构造的以“理”“气”“道体”“大全”为中心范畴的新形上学，构成了新理学哲学体系中最重要的一部分。“在新理学的形上学的系统中，有几个主要的观念，就是理、气、道体及大全。”新理学的“形上学”的逻辑结构，就主要表现以“理”“气”范畴为基础而展开的一系列概念、范畴的逻辑安置。

所谓“理”就是各个事物之所以为各个事物的依据，即他所说“某种事物之所以为某种事物者”，如“山之所以是山而不是非山,必因山有山之所以为山”。这个“所以为山”就是“山之理”。

总所有这些“理”就是“理世界”,也就是“太极”。这个“理世界”之“理”是先于实际而存在的。在新理学中,“理”不但是指同类事物的共同属性,而且还是独立于实际事物之外的抽象共相,是“可离一件一件底实际的事物而独有”的东西。

“理”怎么能离开事物而“独有”呢?冯友兰又将理之“有”与事物之“有”区别开来:“‘有某种事物’之有,新理学谓之实际的有,是于时空中存在者。‘有某种事物之所以为某种事物者’之有,新理学谓之真际的有,是虽不存在于时空而又不能说是无者。前者之有,是现代西洋哲学所谓存在,后者之有,是现代西洋哲学所谓潜在。”①经过这种“实际世界”与“真际世界”的二重区分,“理”就变成一种超越时空、超越动静的永恒存在,成为决定事物之所以为某事物的第一性的精神本体。

“真际”的理又是如何表现为“实际”的事物的呢?冯友兰提出了“气”的概念。所谓“气”就是指一切事物之所以存在的基础。他说:“一切事物所有以能存在者,新理学谓之气。”这个“存在”并不是指具体事物的具体存在,而是指这具体事物存在的基础。“气”和“理”同事物的关系是:“理”是此物之所以成为此物的依据、规律,但此物能否存在却非“理”所能保证,而必须靠“气”的可能性的存在;而“气”也并不是某种具体的事物,它仍然只是一种逻辑上的可能存在,它对于事物是什么仍然没有决定意义,“气并不是什么,所以气是无名,亦称为

① 冯友兰:《新原道》,商务印书馆 1945 年版,第 191 页。

‘无极’”。“气”是通过“对于事物作理智的分析”而得到的一个“哲学底逻辑观念”,“在我们的系统中,气完全是一逻辑底观念,其所指既不是理,亦不是一种实际底事物。一种实际底事物,是我们所谓气依照理而成的”①。“气”不是物质一类的东西,而属于精神性的范畴。这是“理”由真际见诸实际的契机,是事物存在所依据的条件。实际的存在便是“理”“气”不离,是“理”(太极)在“气”(无极)中的实现。冯友兰对“理”“气”范畴做了有别于程朱理学的新的解释。在朱熹那里,“理”“气”具有形而上与形而下的意义区分,“气”是由理派生出来的物质性的东西。但在冯友兰这里,“气”的物质性被抽除了,“理”“气”都是通过分析经验中的事物而得来的共相,都是纯粹的逻辑观念。

既然“理”“气”不离,二者对于实际事物来说都是不可缺少的,那么,它们又是通过什么途径结合而成实际事物的呢?为了说明这个问题,冯友兰提出了“道体”的概念。“存在是一流行。凡存在都是事物的存在。事物的存在,都是其气实现某理或某某理的流行。总所有的流行,谓之道体。”②冯友兰把理与气相结合的运动过程(“流行”)称为“道体”,认为理和气是在运动的过程中相结合而派生出事物的。冯友兰认为,存在的概念应当蕴含“动”的概念。事物的存在过程就表现为一个连续不断的动的过程,本质上就是其气实现某理的过程,而这一过程就是“无极而太极”,即“无极”向“太极”的运动,此运动

---

① 冯友兰:《新理学》,生活 · 读书 · 新知三联书店 2007 年版,第 33 页。

② 冯友兰:《新原道》,《三松堂全集》第五卷,河南人民出版社 1986 年版,第 153 页。

被看作是气依照理取得自身规定性而成为具体事物的过程。“道体是总一切的流行”,因此,“道体就是无极而太极的程序”。“道体”从根本上讲,是指作为“形上”之动的所谓“无极实现太极的流行”,是一种脱离了物质的神秘的纯粹流变,是太极借助于无极衍生出事物的运动过程。在新理学中,“理”着眼于事物的性质,“气”着眼于事物的存在,“道体”则旨在说明事物如何(或怎样)存在。

冯友兰认为,仅有三者还不能形成“宇宙”。为了使其新形上学更加圆融,冯友兰又提出了“大全”这个宇宙观念。何谓“大全”呢?按照新理学的逻辑,既然每个理为某种事物之“极”,那么,众理之全体便成了整个实际世界的“太极”。“所有理之全体,我们亦可以之为一全而思之,此全即是太极。”既然“太极”为众理之全,故又称为“大全”。“总一切的有,谓之大全,大全就是一切的有。借用中国旧日哲学家的话说‘一即一切,一切即一’。”此所谓“一切的有”,既包括实际的有,也包括真际的有,这个“总一切的有”的“大全”,就是“哲学中所说的宇宙”。这个“宇宙”并不是物理学或天文学中所说的物质的宇宙,而是“太一”或“大一”。从范围上讲,它大于实际世界;从逻辑上讲,它先于实际世界。它是整个世界的本原。

由此看来,同前面的理、气、道体一样,“大全”仍然是形式的、逻辑的观念性存在,是将理世界与事世界通通包融于自身的所谓“哲学中所说的世界”,其目的在于想依此而说明世界的统一性问题。这就是冯友兰构造的以“理”“气”“道体”“大全”为中心范畴的新形上学,它构成了冯友兰新理学哲学体系中最重要的一部分。

这一套“不着实际”的新形上学体系是通过什么样的方法

建立起来的呢？建立形上学的方法有两种：一是"逻辑分析"的方法，即从正面提出"形上学"的观念，所以又称为正的方法；一是直觉的方法，即从反面表现"形上学"，所以又称为负的方法。新理学的"形上学"是以正的方法为主兼采负的方法而建立的。所谓正的方法，"是以逻辑分析法讲形上学，也就是对于经验作逻辑底释义"，"其方法就是以理智对于经验作分析、综合及解释，这就是说以理智义释经验"，这里所谓"逻辑底"，意思就是指"形式底""空底""没有内容底"，它与科学方法追求的"实质底""有内容底"目的恰相对立。因此，逻辑分析的方法又称为形式主义的方法。

这种方法的突出特点在于：它说到事实，"但对于事实，只作一种形式的说法，不能作一种积极的肯定"，而它在进行概念推演时，又"只能从分析内容多的概念，推出内容少的概念"。也就是说，正的方法，乃是一种"说到事实"，进行概念推论的方法。这种形式主义的正的方法，正是新理学方法论的核心。

哲学或真正的形上学之所以要采取这种形式主义的正的方法，是由哲学或真正的形上学的性质决定的。"哲学乃自纯思的观点，对于经验作理智底分析、总括及解释，而又以名言说出之者。""哲学中之观念、命题，及其推论，多是形式的、逻辑的，而不是事实的、经验的。"哲学的观念、命题和推论，对于实际并无所主张，无所肯定，亦没有或甚少实际的内容。哲学的内容就是以涵盖一切之"共相"或"真际"为对象。而对于"真际"或"共相"，也只是形式地有所肯定，而非事实地有所肯定。哲学的或形上学的方法（即形式的正的方法），说到底就是囿于名词概念的逻辑分析方法。

所谓"负的方法"，就是"讲形上学不能讲。讲形上学不能讲,亦是一种讲形上学的方法”。没有讲“形上学”,不等于否认“形上学”,而恰恰是从反面表显肯定了“形上学”。这种用直觉主义讲“形上学”,犹如画家烘云托月的表现手法,“画家画月的一种方法,是只在纸上烘云,于所烘云中留一圆的空白,其空白即是月”。这就是说,对于“真际”这样的本体界,“不能说它是什么,只能说它不是什么”,而至于它到底是什么,则只可意会,不能言传。因此,“负的方法,在实质上是神秘主义的方法”。所谓“神秘主义”,是指肯定有某些不能够完全为人们的思想所能把握,或者不能够完全为人们的语言概念所能表达的存在或境界,也就是肯定某种不可思议、不可言说者的存在。

就总体特征而言,两种方法正体现了中西方不同的哲学传统,西方哲学长于分析,正的方法占支配地位;中国哲学崇尚直觉,负的方法则充分发展。新理学中两种方法的运用,目的在于体现其“洋为中用,古为今用”的精神,并试图通过调解逻辑与直觉、理性主义与非理性主义的对立来达到会通中西哲学的目的,但他并没有获得完全的成功。在他的新理学中,逻辑分析的方法最终还是屈从于直觉的方法,从而使新理学的方法论带上了浓厚的非理性主义的神秘色彩。

冯友兰以正的方法和负的方法建构起来的这一套“不着实际”的形上逻辑体系,究竟有什么意义呢?冯氏的回答非常明确:没有什么实际的用途和意义,唯一的作用在于能提高人的境界。“新理学知道它所讲的是哲学,知道哲学本来只能提高人的境界,本来不能使人有对于实际事物的积极的知识,因此亦不能使人有驾驭实际事物的能力。”“这些观念可以使人知天、事天、乐天以至于同天。这些观念可以使人的境界不同于自然、功利及道德诸境界……则哲学的无用之用,也可称为大用。”①哲学之所以为哲学，并不在于能使人获得任何具体的才能、知识、经验和智慧，而只在能使人提高自己的精神境界。为此，他提出了体现其哲学功能的人生境界说。

“人对于宇宙人生在某种程度上所有底觉解，因此宇宙人生对于人所有底某种不同底意义，即构成人所有底某种境界。”“觉解”，在功能上类似于“自我意识”，在本质上同“直觉”没有多大差别。它是一种不以事物为认识对象、无须借助概念的纯思，是内心的自我体验，而所谓“境界”，就是指人对于“真际”的体认程度以及由此形成的主观精神状态。

冯友兰根据人之“觉解”程序的不同，而把人生之境界由低至高分为四种类型：一是自然境界，这是最低层次的一种境界。“在此境界中的人，其行为是顺才或顺习底”，这里的“才”指人生理上的自然之“性”，“习”指社会的习俗、习惯。处于自然境界中的人，对于他的行为及行为的性质和意义都没有明白的了解（但并非全无了解）。二是功利境界，这是较高一层次的境界。“在此境界中底人，其行为是‘为利底’。或者说，都是为我的，都是‘自私底’”。生活于此境界中的人，已明显地意识到自己的存在，所为皆为他自己，但结果未必是损害他人。三是道德境界，这是更高一层次的境界。“在此境界中底人，其行为是‘行义底’……在此境界中的人，对于人之性已有觉解。他了解人之性是涵蕴有社会底。”因此，处此境界中的人，他之所作所为是处处为社会着想，置社会利益于个人之上，其行为时则表现为“尽人之伦”和“尽人之职”的道德行为，这样

① 冯友兰：《新原道》，《三松堂全集》第五卷，河南人民出版社 1986 年版，第 121 页。

的人是人中之“贤人”。四是天地境界,这是最后也是最高的境界。“在此种境界中底人,其行为是‘事天底’。”处此境界中之人,已完全地觉解到宇宙的存在并自认为宇宙之一员,自认是“天民”,因而他的行为皆符合宇宙“大全”之利益。他与宇宙“大全”相融无间,因而能超成败、超顺道、超生死,最终达于“极高明而道中庸”的圣人境界。处于自然境界和功利境界中的人即是现实生活中的一般大众,这两个境界是人不求而自达的;生活在道德境界与天地境界中的人分别就是贤人和圣人。圣贤是人所应当努力成为的人,而这两种境界也正是作为人应该不懈追求而努力达到的境界。对于人生的努力来说,只有后两种境界才有意义和价值。

人的努力与追求无需外在的行动,只需不断加深自我“觉解”的程度,直至达到最高程度的“觉解”,实现“成圣”的终极目的。帮助人提高“觉解”的程度,正是冯氏建构哲学形上学的最高目的和意义。新理学虽从最不着实际、抛开任何现实具体内容的形式的、逻辑的观念开始,但最终的目的却仍然落在“使人成为圣人”这一非常具体、实际的结论上,这便是新理学的旨趣之所在。

新理学的建立,标志着新儒家哲学发展到了一个新的成熟的阶段。新理学突破了梁漱溟等早期新儒家学者将中西文化对立起来的偏狭观念,以一种开放的心态和宽容的精神,寻求中西文化之共同点,并以此为基础,取长补短,互相融合,表现出前所未有的包容性和开放性。冯友兰鉴于中国传统哲学中重总体概括、轻逻辑论证,重直觉体悟、轻理性思维的缺陷,试图引进现代西方哲学界较为流行的“逻辑分析”方法,以改造传统哲学的思维方式,从而开辟一条研究哲学的新路径,这对促进中国逻辑学的发展大有裨益。冯友兰是继梁漱溟、熊十力之后新儒家学派的又一位重要代表,他的新理学是 20 世纪 30—40 年代有相当影响的哲学思想体系。新理学的建立,标志着新儒家哲学发展到了一个新的成熟阶段,新理学不袭今,不仿古,而是力求在继承和发展前人思想的基础上,致力于中西哲学的融会贯通、博采众家、自成体系。从而在现代中国哲学界独树一帜。

三、20 世纪上半期现代新儒家对文化传统的维护

现代新儒家是在不断与其他学派论争中阐发自己的主张,并逐渐确立自身的学术地位和学术观点的。其中"科玄论战"奠定了现代新儒家的基本理论方向,而反击"整理国故"运动、参与辩证法论战以及乡村建设实践等,使现代新儒家从理论到实践逐步走向成熟。

1923 年 2 月 14 日,张君劢应邀在清华大学作了题为《人生观》的演讲,对科学主义"科学万能"的思想倾向提出批评。张君劢开宗明义地指出,科学与人生观是根本不同的:"科学之中,有一定之原理原则,而此原理原则,皆有证据";然而"同为人生,因彼此观察点不同,而意见各异,故天下古今之最不统一者,莫若人生观"。他接着将科学与人生观加以比较,认为"科学为客观的,人生观为主观的;科学为论理的方法所支配,而人生观则起于直觉;科学可以以分析方法下手,而人生观则为综合的;科学为因果律所支配,而人生观则为自由意志的;科

学起于对象之相同现象,而人生观起于人格之单一性”。张君劢总结道:“人生观之特点所在,曰主观的,曰直觉的,曰综合的,曰自由意志的,曰单一性的。”这一切都是与科学的特点截然不同的。关于这种人生观问题,张君劢列举了以下九个方面说明,即我与我之亲族之关系,我与我之异姓之关系,我与我之财产之关系,我对于社会制度之激渐态度,我在内之心灵与在外之物质之关系,我与我所属之全体之关系,我与他我总体之关系,我对于世界之希望,我对于世界背后有无造物主之信仰。“凡此九项皆以我为中心,或关于我以外之物,或关于我以外之人,东西万国,上下古今,无一定之解决者,则以此类问题,皆关于人生,而人生为活的,故不如死物质之易以一例相绳也。”张君劢认为,科学是关乎物质的,而人生观是关乎精神的。他对中西文明进行了对比,强调中国的是“精神文明”,西方的是“物质文明”。“自孔孟以至宋元明之理学家,侧重内心生活之修养,其结果为精神文明。三百年来之欧洲,侧重以人力支配自然界,故其结果为物质文明。”而西洋的“物质文明”的文化或人生观到底不足以解决人生观问题,所以导致了“一战”的灾难;唯有中国的“精神文明”的文化或人生观才能解决人生问题。我们不难看出,张君劢之用心所在实乃中西文明的比较。他对西方现代文明基本是持批评态度的,而对中国传统文明则是颂扬有加的。他立论的根据是“人生观”与“科学”的区分,其结论是:“科学无论如何发达,而人生观问题之解决,绝非科学所能为力,惟赖诸人类之自身而已。”①

---

① 参见张君劢:《人生观》,张君劢等:《科学与人生观》,黄山书社2008年版,第31—38页。

张君劢“人生观”演讲发表以后，丁文江于1923年4月12日在北京《努力周报》第48、49发表长文《玄学与科学——评张君劢的“人生观”》，由此拉开了“科玄论战”的序幕。

“科玄论战”涉及的问题十分广泛，但争论的焦点可以归结为科学究竟能否解决人生观问题，或者说科学的人生观是否可能？围绕这一核心问题，双方展开针锋相对的批评。现代新儒家的代表人物张君劢试图通过对科学与玄学的划界，来为玄学存在的合理性进行辩护；胡适、丁文江、王星拱等从科学主义立场出发，主张科学与哲学没有界限，科学就是哲学，科学方法万能。“科玄论战”最后并没有取得大家共同认可的结果，但是，论战本身却是意义深远：“科学派与玄学派的对峙，在时代性、民族性和人类学本体论等不同维度上，表现为新学与旧学、西学与中学、理性与价值之间的冲突。”①“‘科玄论战’既是东西方文化论争的一个总结，又是马克思主义与新儒家论争的开端。”②“科玄两派分别为马克思主义哲学的中国化与现代新儒家的兴起提供了思想史背景。”③张君劢的许多关于人生观的论点，直接被现代新儒家学者吸收和继承，而张君劢也走上了现代新儒家的道路。

1919年，胡适发起“整理国故”运动不久，现代新儒家对此进行了抨击。现代新儒家强调对传统文化应抱有“同情与敬

---

①　何中华：《“科玄论战”与20世纪中国哲学走向》，《文史哲》1998年第2期。

②　李毅：《中国马克思主义与现代新儒学》，辽宁大学出版社1994年版，第77页。

③　何中华：《“科玄论战”与20世纪中国哲学走向》，《文史哲》1998年第2期。

意”。他们无法容忍“整理国故”运动将“国故”视为“已死的东西”或是“送进博物院”的“古董”。熊十力指责说:“今人对旧学观念,除唾弃不顾外,只有玩古董之心理。”①马一浮也谆谆教诲其门人曰:“诸生欲治国学,有几点先须辨明,方能有入。一、此学不是零碎断片的知识,是有体系的,不可当成杂货。二、此学不是陈旧呆板的物事,是活泼泼的,不可目为古董。”②唐君毅更将中国传统文化的“花果飘零”归咎于“整理国故”运动,认为“中国五四运动以来流行之整理国故之口号,亦是把中国以前之学术文化,统于一‘国故’之名词之下,而不免视之如字纸篓中之物,只待整理一番,以便归档存案的。……于是一切对中国学术文化之研究,皆如只是凭吊古迹。这一种观念,我们首先恳请大家将其去掉”③。牟宗三谈到中国文化时也说:“我们的文化不是个死的,而是个现在还活着的生命,还需要奋斗、要自己做主往前进。若是把我们的文化限在过去,而只划定为考古的范围,直成了死的古董,这样不是把中国文化看成活的文化,这种态度根本上即是错误的,骨子里即是认为中国文化是死的、现在已不存在了。……这个态度本身即是个轻视中国文化的态度,是相当不友善的。”④而对于作为中国文化主体的儒学,现代新儒家更是以接续儒家“道

① 郭齐勇编:《熊十力学术文化随笔》,中国青年出版社 1999 年版,第 176 页。

② 马镜泉编:《马一浮学术文化随笔》,中国青年出版社 1999 年版,第 5 页。

③ 黄克剑等编:《唐君毅集》,群言出版社 1993 年版,第 480—481 页。

④ 王岳川编:《牟宗三学术文化随笔》,中国青年出版社 1996 年版,第 90 页。

统”、复兴儒学为己任。他们不能接受“整理国故”运动对儒学地位的评价。熊十力即曾针对胡适等人的诸子学研究发表看法:“当今之世,讲晚周诸子,只有我熊某能讲,其余都是混扯。”①冯友兰与胡适等人围绕“老子年代”的问题展开过激烈争论,“这个老子年代的问题原来不是一个考据方法的问题,原来只是一个宗教信仰的问题!像冯友兰先生一类的学者,他们诚心相信,中国哲学史当然要认孔子是开山老祖,当然要认孔子是‘万世师表’。在这个诚心的宗教信仰里,孔子之前当然不应该有一个老子。在这个诚心的信仰里,当然不能承认有一个跟着老聃学礼助葬的孔子”②。现代新儒家更不满意“整理国故”运动较为浓厚的考据色彩而忽略儒家心性哲学。冯友兰在评论胡适《中国哲学史大纲》一书时就曾指出:“他的书既有汉学的长处,又有汉学的短处。长处是,对于文字的考证、训诂比较详细;短处是,对于文字所表示的义理的了解、体会比较肤浅。……胡适的《中国哲学史大纲》对于资料的真伪,文字的考证,占了很大的篇幅,而对于哲学家们的哲学思想则讲得不够透,不够细。”③熊十力对胡适“仅及于考核之业……无可语于穷大极深之业”④,以至于造成“从来治国学者,惟考核之业,少招浮议。至于义理之言,不遭覆瓿,即是非纷至”⑤的

① 转引自牟宗三:《五十自述》,(台北)鹅湖出版社 1989 年版,第 86 页。

② 《胡适留学日记》(上),海南出版社 1994 年版,第 8 页。

③ 冯友兰:《三松堂自序》,人民出版社 1998 年版,第 212 页。

④ 郭齐勇编:《熊十力学术文化随笔》,中国青年出版社 1999 年版,第 247 页。

⑤ 黄克剑等编:《熊十力集》,群言出版社 1993 年版,第 66 页。

状况表示不满,认为“考据之科,其操术本尚客观。今所谓科学方法者行之。然仅限于文献或故事等等之探讨,则不足以成科学”①,他还申明:“我深信读经之难,不仅在名物训诂。训诂弄清了,还不配说懂得经。这是我殷勤郑重向时贤申明的苦心。”②马一浮更是严厉指斥:“自号历史派者,以诬词为创见,以侮圣为奇功,向壁虚造,而自矜考据,此曹直是不可救药。但当屏诸四夷,不与同中国。”③钱穆虽然最初以考证而知名,却也批评“整理国故”运动过于偏重考据而忽略讲求大体的倾向。他将中国近世史学划分为传统派、革新派、科学派三派,并具体剖析说:“‘科学派’,乃承‘以科学方法整理国故’之潮流而起。……缺乏系统,无意义,乃纯为一种书本文字之学,与当身现实无预。”他还尖锐地针砭“科学派”乃“震于‘科学方法’之美名,往往割裂史实,为局部窄狭之追究。以活的人事,换为死的材料。……彼惟尚实证,夸创获,号客观,既无意于成体之全史,亦不论自己民族国家之文化成绩也”④。他在致其弟子的信中再次重申:“近人治史,群趋杂碎,以考核相尚,而忽其大节。”⑤

1927年到1937年,梁漱溟进行了复兴民族、救亡图存、寻求救国道路的一种探索和尝试——到乡村进行儒学理论建设

---

① 黄克剑等编:《熊十力集》,群言出版社1993年版,第185页。

② 黄克剑等编:《熊十力集》,群言出版社1993年版,第288页。

③ 马镜泉编:《马一浮学术文化随笔》,中国青年出版社1999年版,第99页。

④ 钱穆:《国史大纲》(修订本)上册,商务印书馆1996年版,第3页。

⑤ 《钱穆纪念文集》,上海人民出版社1992年版,第17页。

和实践。梁漱溟乡村建设理论的出发点和落脚点是重建已被破坏了的伦理本位的社会组织，恢复固有的崇尚礼俗的社会风气。他认为近代的中国问题不是革命问题，而是由此引发的“文化失调，极严重的文化失调。其表现出来的就是社会构造的崩溃，政治上的无办法。”怎样解决中国问题？梁漱溟指出“西洋戏法，中国人是要不上来的”①，“一个民族的复兴，都要从老根上发芽；所谓老根即指老的文化，老的社会而言”②。因此，他提出要“亟当回头认取吾民族固有精神作吾民族之自救运动耳”③。怎样进行“文化改造，民族自救”？这就必须从乡村开始。“中国建设（或云中国经济建设）必走乡村建设之路者，就是说必走振兴农业以引发工业的路。换言之，必须从复兴农村入手，以达于新社会建设的成功。”“乡村建设运动，实为吾族社会重建一新组织构造之运动”，“乡村建设是中国民族自救运动的一个最后的方向”。④ 乡村建设的内容就是“建设一个新的社会组织结构——即建设新的礼俗”。新礼俗“就是中国固有精神与西洋文化的长处二者为具体事实的沟通调和”；乡村建设的目的就是“辟造正常形态的人类文明”，梁漱溟称“中国要完成共产主义亦只有走我们这条路，我们这条路

---

①　梁漱溟：《主编本刊（〈村治〉）之自白》，《村治》（创刊号）1930年。

②　《梁漱溟全集》第2卷，山东人民出版社1989年版，第178页。

③　梁漱溟：《主编本刊（〈村治〉）之自白》，《村治》（创刊号）1930年。

④　参见《梁漱溟全集》第2卷，山东人民出版社1989年版，第179页。

与共产同其方向,所差只在分寸不同"。[①]

20 世纪 30 年代以后,中国马克思主义不断走向成熟,马克思主义哲学的传播逐渐规范化和系统化。其中,唯物主义辩证法成为中国马克思主义的重要思想武器。这引起了反马克思主义者的反感。五四运动时期大力提倡基尔特社会主义的张东荪首先向中国马克思主义发难,挑起关于辩证法的论战。现代新儒家的人物张君劢、牟宗三也对唯物辩证法进行批判,加入辩证法论战之中。在论战中,张君劢、牟宗三秉承现代新儒家哲学的道德形上学立场,坚持哲学与科学分离,区分事实世界与意义世界、自然世界与应然世界的立场。牟宗三从他所谓的"纯粹哲学"观点出发,认为辩证法、唯物辩证法、辩证逻辑等都是无意义的名目,而它唯一可残存的东西,就是一种元学理论。元学理论不能成为一种逻辑或方法。[②] 牟宗三认为,元学包含本体论和宇宙论两部分,元学"即是居在超然的地位而客观存在地摹状或解剖宇宙一切现象的学问"[③]。辩证唯物论是元学宇宙论的一个分支,黑格尔的元学逻辑不是解析具体世界发展的宇宙论,而是本体论上范畴之逻辑地推演,所以,他的辩证法不能与他的系统分离。"如果不按黑格尔的意义而只取其形式,则唯物辩证法的内容则完全投降了另一种东西而

① 参见《梁漱溟全集》第 2 卷,山东人民出版社 1989 年版,第 416 页。

② 参见牟宗三:《辩证唯物论的限制》,张东荪编:《唯物辩证法论战》,北平民友书局 1935 年版。

③ 牟宗三:《辩证唯物论的限制》,张东荪编:《唯物辩证法论战》,北平民友书局 1935 年版,第 122 页。

不成其辩证法，同时，辩证形式也只成了一个空壳。"[①]唯物辩证法理论"只取了黑格尔的辩证形式作外衣，而骨子里则完全不是辩证的意义"[②]，这样的理论"就不配谈什么唯心唯物，总之不配谈哲学"[③]。进一步，牟宗三批判了唯物辩证法的规律，把总结自然、社会规律的哲学统统归入实证科学的范围，认为质量互变规律、对立统一规律所揭示的质量互变、对立统一不过是浅显的事实，它们早就被物理学、生物学等学科所证明，这根本算不上辩证法；否定之否定规律也完全是具体事实之发展过程，用否定之否定没有意义，辩证论者名目上所讲的否定之否定，不过是在讲事物之发展的内部因果关系。[④] 牟宗三从康德纯粹理性出发，发挥了康德关于逻辑对象的形式主义观点，认为逻辑是藏于人类思维的东西，"这东西有它的客观性绝对性，我们认识它解说它，犹之乎认识自然解析自然而从其中发见自然律一样"[⑤]，逻辑不等同于知识，逻辑也与经验无关。客观上讲，牟宗三、张君劢等现代新儒家对唯物辩证法的偏见及其批判，并没有动摇唯物辩证法的宣传和影响。然而，这不能否认现代新儒家的价值。"从严复开始的科学逻辑的译介到

---

① 牟宗三：《辩证唯物论的限制》，张东荪编：《唯物辩证法论战》，北平民友书局1935年版，第126页。

② 牟宗三：《辩证唯物论的限制》，张东荪编：《唯物辩证法论战》，北平民友书局1935年版，第133页。

③ 牟宗三：《辩证唯物论的限制》，张东荪编：《唯物辩证法论战》，北平民友书局1935年版，第132页。

④ 参见牟宗三：《逻辑与辩证逻辑》，张东荪编：《唯物辩证法论战》，北平民友书局1935年版，第96页。

⑤ 牟宗三：《逻辑与辩证逻辑》，张东荪编：《唯物辩证法论战》，北平民友书局1935年版，第72页。

30年代张东荪、牟宗三等对名学逻辑的宣传,对于长期缺乏逻辑思维训练的中国社会的思想传统来讲,应该说是极有见地和价值的。40年代冯友兰等人致力于哲学体系的创立,同学习、吸收西方的逻辑思想均有密切联系。"①而现代新儒家站在自然与社会、物理世界与人类对立的立场,认为哲学应是以人、人生、人的社会生活作为研究的对象,引导人们追求人生境界和完美人格的思路,确是随着时间的延续,得到更多人的认同。

20世纪80年代后,在中国又掀起研究现代新儒家的热潮。与之相关的是如何评价第一代现代新儒家的价值。

对于现代新儒家的贡献,蔡仁厚先生认为有五个方面:"表述心性义理,使三教智慧系统焕然复明于世;发挥外王大义,解答中国文化中政道与事功的问题;疏导中国哲学,畅通中国哲学史演进发展的关节;消纳西方哲学,译注三大批判融摄康德哲学;会通中西哲学,疏导中西哲学会通的道路。"②

作为第二代现代新儒家人物的弟子,蔡仁厚先生的观点难免对他的老师和前辈有誉美之词,而其中的第四方面也仅只是其老师牟宗三先生所做的工作,第一代现代新儒家其他人物并没有涉及此领域。然而,蔡仁厚先生对现代新儒家的贡献的评价确实是比较中肯的。现代新儒家对于中国文化的发展,特别是对于儒家文化的传承起到了至关重要的作用。可以说,没有现代新儒家学者对儒学义理的梳理和阐发,儒学的发展仍然会停留于思想史领域内。现代新儒家在20世纪经历了80年的

① 李毅:《中国马克思主义与现代新儒学》,辽宁大学出版社1994年版,第154页。

② 蔡仁厚:《当代新儒家的学术贡献》,(香港)《成报》2005年6月1日。

历程，产生了三代代表人物，他们着重于儒家义理层面的阐发，使儒学在哲学层面上开出了新路。

第一，现代新儒家使儒家思想重回本体论。现代新儒家虽然与当时的其他文化保守主义者同样以接续儒家道统为己任，然而，现代新儒家代表人物在阐发儒家义理时，能将儒学本体论阐发出来。梁漱溟在比较中西文化中提出重塑儒家生命哲学。他认为"代表儒家道理的是生"，"这种形而上学本来就是讲'宇宙之生'的，所以说'生生之谓易'"。① 他把宇宙归结为"生活"，又将"生活"归结为"意欲"，从主体方面探讨宇宙的本体，又把"意欲"落实到唯一的主体——"我"上面，形成了以"我"为核心的宇宙观。由此，梁漱溟采取了生命的进路，以"生命—意欲—我"为框架提出了现代新儒学的本体论学说。由于梁漱溟草创儒学本体论后转向了实践层面，因此对儒学本体的论证并不充分。而熊十力、冯友兰、贺麟等对儒学本体论进行了充分地展开。熊十力认为20世纪初中国的问题除了富国强兵之外，关键在信仰问题，辛亥革命以后的诸多问题，以及五四运动中的讨论，都要解决信仰问题。"盖自清末以来，浮嚣之论，纷纭而起，其信仰已摧残殆尽。宣圣曰：人而无信，不知其可也。"②他认为清末以来造成信仰危机的主要原因，在于西学的冲击以及所导致的中国传统价值的失落，中国人所需要的不仅仅是科学，还应该加上玄学。因此，熊十力致力于建构新儒家的本体论——内圣学。他提出"本心"本体，建立了"体用不二"的本体论，为儒家形而上学的重建奠定了根基。他提

---

① 梁漱溟：《东西文化及其哲学》，商务印书馆1999年版，第121页。

② 熊十力：《十力语要》，（台北）明文书局1989年版，第147页。

出的形而上学,既是存在的本体论,又是价值的本体论。冯友兰接着宋明理学中程朱一派讲,他试图弥补朱熹“理世界”的缺陷,运用逻辑分析的方法证成“理世界”的本体论意义,从而建构新理学的“新形上学”。

第二,现代新儒家的最大贡献在于对儒家思想的哲学化建构。“儒家思想是否复兴的问题,亦即儒化西洋文化是否可能,以儒家思想为体、以西洋文化为用是否可能的问题。中国文化能否复兴的问题,亦即华化、中国化西洋文化是否可能,以民族精神为体、以西洋文化为用是否可能的问题”,儒家思想的复兴“必须以西洋的哲学发挥儒家的理学”。[①] 贺麟对儒学的理解,道出了现代新儒家学者的心声,他们就是要重建儒学的形上学体系,提高中国人的道德境界,从而达到拯救中国的目的,即由儒家的“内圣”开出新“外王”。所以,早期现代新儒家学者着力建构自己的哲学体系,试图改造中国人的主观世界,提升中国人的道德层次,这一点在熊十力、冯友兰、贺麟等学者的思想体系里显现得非常突出。众所周知,儒学经过20世纪的洗礼对中国社会的影响已经被知识分子充分论证,其与现代社会的不相适应已经让学者感到遗憾和无奈,而儒学是中国的母体文化,又不能抛弃,于是,怎样在现代社会中发扬光大儒学,已经成为20世纪学者必须面对的问题。现代新儒家对儒家思想的哲学化提升无疑是一条行之有效的路途。历史上,宋明理学曾对汉唐儒学进行心性学改造,使儒学以新的面貌呈现,为其带来了生机和活力。现代新儒家继续走宋明理学的路子(冯友兰更是提出“接着宋明理学讲”),其主旨就是对儒学

① 贺麟:《儒家思想的新开展》,《思想与时代》1941年第1期。

进行哲学化改造。这无疑开拓了儒学在现代社会发展的新道路。

四、拯救中国文化的“慧命”与“返本”“开新”

20世纪50年代到70年代,港台的现代新儒家仍旧固守传统儒学。1949年后,现代新儒家第二代代表人物也由大陆移居港台,他们沿着第一代现代新儒家开创的文化救国之路,继续高扬“走孔家之路”的旗帜,以接续中国文化的“慧命”为己任,形成了独特的、并且影响较大的学术思想。

港台现代新儒家所谓学术思想影响大,主要体现在他们对以孔子为代表的儒家文化的持守上。1958年第二代现代新儒家的《为中国文化敬告世界人士宣言》、“返本以开新”思想等都构成了他们对传统文化守护的重要标志。然而,半个世纪过去了,港台现代新儒家学者的文化救国方略并没有实现,而第三代现代新儒家人物的思想呈多元化发展。如何评判港台现代新儒家对文化的固守,以及如何看待第三代现代新儒家人物的多元分化等等,成了我们研究20世纪后半期儒家发展的重要内容。

1. 拯救中国文化的“慧命”

1958年元旦,牟宗三、张君劢、徐复观、唐君毅联名发表了《为中国文化敬告世界人士宣言》一文,集中阐明了港台现代新儒家对文化的认识及中国文化的发展方向。《为中国文化敬告世界人士宣言》发表后,引起了海外学者的很大反响,也成了港台现代新儒家思想的标志性宣言。

《为中国文化敬告世界人士宣言》共分五个部分:(1)申明发表《为中国文化敬告世界人士宣言》的理由;(2)批评国外研究中国传统文化的三种动机和作者们认为研究中国文化所应取的态度;(3)关于中国传统文化的特点、内容、本质及其核心;(4)关于中国文化今后发展的方向;(5)对西方文化、世界文化所寄予的希望。

关于发表《为中国文化敬告世界人士宣言》的理由,作者们认为,该文是他们在中国遭到所谓"空前大变局",在"四顾苍茫"的忧患意识下,"零根自植",对中国传统文化提出的"共信"。他们认为"真正的智慧生于忧患"。只有忧患,"可以把我们之精神,从一种完型的生活中解放出来,以产生一超越而涵盖的胸襟,去看问题的表面和里面、来路和去路"①。中国文化对世界文化做出过巨大贡献。现在,占世界总人口数四分之一的中国,其"生命和精神,何处寄托,如何安顿",早已为"全人类的共同良心所关切"。中国文化如果未被了解,中国文化若没有未来,将成为全人类的"良心负担"。《为中国文化敬告世界人士宣言》的作者们"恳求"世界人士研究中国文化,首先要承认它存在着"活的生命",要对它寄以"同情和敬意"。中国文化没有死亡,研究它不是整理"国故"、"凭吊古迹",也不是研究"自然化石"。应该研究它的生命和心血,懂得它有血、

① 《为中国文化敬告世界人士宣言》第一节,参见唐君毅:《中华人文与当今世界》,(台北)学生书局1975年版,第876页。(以下引文凡不注出处,均同此书)

有汗、有泪、有笑,有一贯的理想和精神灌注。

《为中国文化敬告世界人士宣言》阐述了中国文化的特点、内容、本质及其核心。作者认为,中国文化的特点是它的“一本性”,即儒家思想之“道统”,从夏商周到如今,有一个“圣人心迹一脉相传”的统绪。中国文化虽亦曾受到印度、阿拉伯、希腊罗马文化的影响,亦有不同的文化地区和“多根”,但在本源上只有一个统绪。自夏至清,在政治上虽有分合,但从未影响到文化学术思想的大归趋。由于中国文化的一本性,表现在哲学上,则不把哲学家个人的思辨看成一家的天地。中国哲学虽然粗疏简陋,而其所涵之精神意义、文化意义、历史意义,则极丰富极精深。

《为中国文化敬告世界人士宣言》把儒学上升到宗教的高度,认为中国文化虽没有宗教教会和宗教战争,但“中国诗书中之原重上帝或天之信仰,是很明显的”,一般家庭中有“天地君亲师之神位”。在认识中国人生道德伦理实践中,“明明涵有宗教性之超越感情”。作者强调,中国孔孟老庄以来的思想家,都重视“天人合德、天人合一、天人不二、天人共体”,其中“天”的意义,是“超越现实的个人自我与现实的人与人关系的”,“明明指有人格上帝”。中国古代对天之宗教信仰,贯注在思想家关于“人”的思想中,融合于人生伦理道德中。作者认为,不是中国“无神、无上帝、无宗教”,而是能“天人交贯”,一方面,“由上彻下以内于人”,另一方面,“由下升上而上通于天”。这种“天人交贯”存在于“中国义理之学之中”,这种人格把义理放在第一位,不把利害、祸福、得失、生死放在第一位,虽然把生死问题摆到人们面前,但却让仁义的价值超越个人生命的价值凸显出来。儒家教导人们持守“气节”为“最高理想献身”,此中若没有对“义”之绝对信仰,对于“仁”之价值、“道”之价值的绝对信仰,是不能做到的。这种“留天地之正气”,“行心之所安”的境界,不必是上帝的“诫命”或“旨意”,而是一种对宗教性的超越感情的信仰。

作者特别重视宋明儒的“心性之学”,指出它是中国文化的“神髓”,认为古文《尚书》三圣口传的十六字“心法”,为“中国道统之传的原来所在”。作者断定中国的心性学是人生道德实践的基础,又随道德实践的深化而深化,“自包含——形上学,却又由道德实践所证悟的形上学”。对心性学的境界,不从事于道德实践的人,或虽从事于道德实践,但却只服从于一定社会道德规律或神的命令的人,都是不能有亲切了解的。这种心性学只能通过“觉悟”“领悟”的途径,“依觉悟而生实践,依实践而更增觉悟”。实践行为是外对于他人和物的,而觉悟纯是内在自己的。实践关涉无限量,此心性亦无限量,从而证悟吾人与天地万物为一体。故“此心此性,上通于天”,人性即天性,人德即天德,人之尽性成德之事,皆所以赞天地之化育。故而,“此心性之学,乃通贯于人之生活之内与外及于天之枢纽所在,亦即通贯于社会之伦理礼法、内心修养、宗教精神,及形上学等而一之者”,作者认为,这“乃中国文化之神髓所在”。

《为中国文化敬告世界人士宣言》在反复申斥儒家文化“正面价值”之后,进而说明了中国文化发展的方向,并“反照出”中国文化的“不足”及其“现实缺点”,提出了中西文化汇合的主张。作者指出,要从中国文化自身伸展出文化理想,须使中国人不仅由心性之学,自觉其一道德实践之主体,同时要自觉为一“政治主体”;在自然界、知识界自觉为一“认识主体”及“实用技术活动之主体”。作者认为中国要有真正的民主建国、科学和实用技术，必须接受西方或世界文化；但他们又认为，这种“科学”和“民主”是中国道德人格自身更高完成的要求。其所以需要接受西方或世界文化，“乃在于使中国人之人格有更高之完成，中国民族之客观精神的精神生命有更高的发展。人格有更高之完成，与民族之精神生命之更高的发展，正是中国人之要自觉地完成道德实践之主体之本身所要求的，亦是中国之客观精神生命之发展的途程中，原来所要求的”。在中西文化的联结中，他们反对用“加添法”把西方的哲学、宗教“加”到中国文化中来，认为只能从中国文化本身中伸展出文化理想，“转出”政治主体、认识主体和实用技术主体。

在科学、实用技术方面，《为中国文化敬告世界人士宣言》强调中国古代文化是注重实用技术的。传说中的“圣王”，都是器物的发明者，儒家有“形上之道”见于“形下之器”的传统，又有“正德、利用、厚生”原则，天文、医学、数学知识都发展最早，只是应承认中国文化缺乏“超实用技术动机之上的科学根本精神”。作者承认由于中国缺少这种科学精神，致使中国的理论科学未能发展，实用技术不能扩充，“利用、厚生”未尽量伸展。中国文化在“正德”与“利用、厚生”之间少了一个理论科学的媒介，其根本症结在“中国思想之过重道德的实践，内在的道德修养，闭塞了道德主体向外通的门路，以致使道德主体趋于寂寞和干枯”。为了改变这种状态，作者们提出了“建立学统”的口号，以求在中国传统道德观念上面，建设一纯理论的、科学知识的“传统”。如何建立学统呢？要从道德主体之内“转换”出一个认识主体来。在转换过程中，让道德主体暂时退归于认识主体之后，成为认识主体的支持者，直到认识主体完成认知任务之后，然后再施行道德价值判断，再从事道德实践。

关于政治民主,《为中国文化敬告世界人士宣言》承认“中国文化历史中,缺乏西方近代之民主制度之建立”。民主建国问题,亦是中国传统政治发展的“内在要求”。中国传统文化中也有民主思想的“种子”,比如“天视自我民视,天听自我民听”,就是“以民意代表天命”的,后来发展出代表知识分子力量的宰相制度、谏诤御史制度,提拔知识分子的征辟制度、选举制度和科举制度,都使君主权力受到一定的限制。只因没有一种君主、人民共认之根本大法(宪法)的限制,中国知识分子往往被君主利用、压迫、放逐乃至杀戮,至多亦只能以“气节”之士,对君主权力和意志加以抗争。作者们主张,中国须从宰相御使制度中“转出”一种政府外部的人民权力,对政府权力做有效的限制,即由全体公民所建立的宪法之下的政治制度,取消君主专制,使政权的转移成为政党间的“和平转移”。

如何评说《为中国文化敬告世界人士宣言》,也就是《为中国文化敬告世界人士宣言》为拯救中国文化所预设的道路能否可行?

其实,如果将《为中国文化敬告世界人士宣言》单纯放在现代新儒家发展史上来看,它仍然没有超出第一代现代新儒家所提出的拯救中国文化之路。在第一代现代新儒家那里,学术与政治的两分就已相当明显。现代新儒家学者大都以学术取代政治,认为中华民族的危机在于文化意义上的危机,拯救中国危机在于发掘中华民族的本位文化,批判改造成为新文化,这种新文化就是拯救中国的关键性之所在。所以,他们主张儒家思想文化作为中华民族的本位文化,具有不为特定社会形态所制约的“常道”性格,而这恰是中华民族精神之“理性”所在。

并且，社会危机、民族危机越紧迫，他们对儒家“常道”之价值坚信程度越高。

《为中国文化敬告世界人士宣言》沿着第一代现代新儒家设计的道路，将文化从社会中独立出来，为中国设计一条以儒家文化为本位的道路来拯救中国文化。《为中国文化敬告世界人士宣言》不在“复古”，而是企图光畅民族文化生命洪流，护卫民族文化的主体性，接纳西方的民主与科学，使传统儒家文化现代化，发展现实和未来的民族文化。对民族文化的强烈自我意识，要求发扬和复兴民族文化的高度责任感及其对传统文化所进行的疏导、发掘工作来说，其功绩是不就座抹杀的。

但是，《为中国文化敬告世界人士宣言》设计的这条道路却又是令人困惑的。

首先，《为中国文化敬告世界人士宣言》以接续宋明“心性之学”为己任。作者把人的道德意识、道德境界夸大为所谓“天人合德”的形上学和宗教精神，建立了高高在上的“精神贵族”的价值观。作者把熟谙儒家“心性之学”的“圣贤”“精英”看作是现代化的主要力量。他们的逻辑是，现代化主要是文化价值的变革和重整，而接续文化价值的唯一主体则是“圣贤”“精英”，他们是疗治时代疾患的“精神贵族”。牟宗三更是对这一点做了进一步的阐发。他认为，历史是人的精神的贯注，研究历史，研究文化，应该“是把文化收进来，落于生命上，落于生活上。看历史文化是圣贤豪杰精神之表现，是他们精神之所贯注；看圣贤豪杰是当作一个道德智慧的精神人格来看”①。

① 牟宗三：《道德的理想主义》，(台北)学生书局1985年版，第227页。

这样,现代新儒家不仅最终离开了社会结构深刻变革的正常轨道,而且离开了这种变革的主要力量。这种价值观的困惑在于他们告诫人们要以同情、理解的态度对待儒家传统,要通过自身的修养达到一种非常高的道德境界和宗教境界。这又如何可能?一方面,他们在告诫人们时,实际上正是把他们自己的价值观强加于别人身上,这与他们所说个体的精神境界在于个人的自觉修养本身并不和谐;另一方面,他们视孔子为"圆满的圣贤型"人格时,占中国人口最大多数的社会阶层(如农民)的历史文化传统却不在他们的视野之内,也就是说,在现代新儒家"精神贵族"的价值理想中,只是极少数人(即圣贤)的人的价值观,这种价值观只能是用来作为一种价值导向,却不能作为拯救文化的道路。

其次,在《为中国文化敬告世界人士宣言》那里,将价值与事实两分,追求人生的意义与价值,却又无法在事实中得到落实。

《为中国文化敬告世界人士宣言》对人类自身终极价值的关怀,体现了其对人生价值和意义追求的努力。作者眼见变革时代人生的困惑和危机,努力探寻人生的意义。寻求生命意义的根基,也就是寻求对人类具有普遍适用性或普遍约束性的终极价值,企图发现一条适用于中国及人类的正确的人生之路。由此可见,怀抱着"救世悲愿"的现代新儒家,它们所表达的对人生终极存在,终极价值的渴望与关怀,以及对儒家理想人格和价值取向的张扬,在一定程度上都在于要表现这样一种本体论追求。《为中国文化敬告世界人士宣言》的基本理路是从人之所以为人的终极意义出发的,并以此作为"形上本体"内在性的根据。他们遵循着传统儒学"尽心知性知天""尽性成德"

的理路,对于这种"形上本体"的论证采用了非理性的思想方式,"冥悟证会"的直觉,则是其主要方式。这种以"道德的形上学"为核心的理论,通过形而上学的进路和方法,为我们展示了道德法则的先验性、普遍性。他们指出,自主自律的道德良知(善良意志)就是"人人所皆固有的'性'",并赋予其"仁"的内涵。在这种人生观中,"道德自我"具有重和谐轻竞争、重道德轻知识、重理想轻事功、重自觉轻自愿、重义务轻权利、重动机轻效果、重心成轻身成的价值取向。应该说,现代新儒家在开掘人的内心世界,重建中国的终极关怀的人生观上做出了独特的学术贡献,但也暴露出他们价值框架中致命的缺陷。《为中国文化敬告世界人士宣言》强调通过自身的道德实践,使"良知"得以呈现和以"格物致知"的路数成就人生的最高境界,但究竟如何保证在个体的道德实践中,呈现出的必然是道德人格,是以什么来保证心性修养的结果一定能悟出"天道",悟出"天理"? 又如何保证不同的人悟出的"理"或"道"在价值上保持同一性?

2. 牟宗三的"返本"与"开新"

20 世纪 60 年代中期以后,现代新儒家思潮渐趋活跃,相继在中国香港、中国台湾和新加坡等地兴起了研究热潮,其影响亦逐渐波及内地。其中,牟宗三是最具典型的代表人物。

牟宗三被学界称为最有创见的哲学家,他的思想体系也最具有哲学精神。这种精神实质上是陆王心学的精神,亦被称"现代陆王学"或"陆王心学的现代形态"。

牟宗三哲学从康德哲学那里吸收了运思方式和论说架构,并将其应用于陆王心学之中,以极其思辨的方式讲陆王哲学,却又不失陆王哲学的基本精神。其哲学的建构,高扬人的道德主体性,主张“心即理”、心性天通一而无隔,追求一条反求内省、明心见性的“逆觉体证”之路。牟宗三用“道德的形上学”概括儒家哲学精神,其全部理论都是围绕这一核心展开的。

牟宗三哲学宗旨就是要说明:本心(良知)何以同时即是超越的道德本体?天道性命何以内在的就是“通而为一而无隔”的?这也就是所谓内在与超越、存有与活动、心与理、心性天的关系问题。除所用概念外,问题是儒家哲学的老问题。传统儒家对这个问题只是以一种启示的、结论的、随处点拨的方式说出,让人自去体会。牟宗三以一种清晰明白的、逻辑的、理性思辨的方式,层层展开说明和论述。

牟宗三经由康德有关“现象与物自身”之超越的区分来建立体系。人们对康德物自身概念最普遍的一个误解就是把它视为“事实上的原样”。现象与物自身的区分不是程度的区分,而是“超越的”区分,感性、知性不能达到物自身不是量的不能,而是质的不能;物自身的不可知,不是技术的不可知,而是原则上不可知,“因为,‘物自身’根本不在知识范围内”,物自身不是一个事实概念而是一个“高度价值意味的概念”。

“物自身之概念似乎不是一个‘事实上的原样’之概念,因此,也不是可以求接近之而总不能接近之的客观事实,它乃是根本不可以我们的感性与知性去接近的。”①对于现象世界来说,物自身乃意味着一种“价值上的决定与封限”。牟宗三这里既是对康德哲学的诠释,也包含了对康德哲学的扭转和批

① 牟宗三:《现象与物自身》,《牟宗三先生全集》第21卷,(台北)联经出版事业公司2003年版,第7页。

评。牟宗三根本否定了康德物自身概念的实在论倾向，认为那只是由于康德有关理论的含混不清和不够完善使人们产生的误解。物自身概念只能从实践、伦理、自由、目的方面加以理解和界定。

在牟宗三那里，现象与物自身的区分展示了科学与哲学（儒家意义上的哲学）、知识与道德（“即道德即宗教”意义上的道德）、“为学”与“为道”、“闻见之知”与“德性之知”、理论理性与实践理性的不同性质、领域和范围。物自身不可知的真实含义是：感性直观（“感触直觉”）和理智分析（知性）都不能运用于道德宗教领域。道德宗教领域只能采取一种道德的、实践的进路。

牟宗三把康德的物自身概念完全伦理化了，由此开显出了一个价值世界、意义世界、生命世界。这个伦理世界与感性的现象世界相对待、相区别，而又在终极意义上影响、统摄和决定现象世界。这就是牟宗三所建构的道德形上学。牟宗三认为，人可以由内在的心性通出去建立天道的客观性，即是“透至其形而上的宇宙论的意义”。由此所建立的天道的客观性，并不是科学认知意义上的客观性，而是关联人的生命体验和价值创造的客观性，它所要回答的不是天道本身如何存在的知识论问题，而是如何在生命创造、价值创造的意义上实现与天道统一的问题。

本心仁体在其无限感通中，不是以事物作为对象知之，而是完全超越了主客、能所、内外、物我、天人的对立，设身处地、体物入微。一方面使事物“得其所而然其然”，另一方面又在宇宙之为一生命有机体的意义上，赋予万物以某种形而上的、目的论的意义，实现万物作为表现真善美价值的存在。这是一种超时空的境界,所以只能是一种智的直觉。

牟宗三认为,道德形上学应当包含两层存有论。由无执的存有论展露一超越的形上世界,说明道德实践、价值创造及成圣成贤的根据;由执的执有论开显感性的现象世界,说明科学知识及其对象如何可能的问题。执是"识心之执","执"与"无执"就主体言,同是一心,执着就是识心,不执着就是无限心。佛家的智心、道家的道心、儒家的良知明觉是无限心;佛家的识心、道家的成心、儒家的气灵之心是有限心。牟宗三不同意康德的从感性、知性到理性,从理论理性到实践理性,认为这一顺序应该颠倒过来,"不是从下面说上去,乃是从上面说下来"。"从上面说下来"就是"先立大本"的进路,不仅指由本体到现象,从理性到知性,而且是指由道德到知识,由实践到认识。"从上面说下来"的理论前提是,实践理性被提升为普遍的、绝对的、能动的、创造的、无所不在亦无所不能的形上实体,不只是道德实践所以可能的根据,同时也必须成为科学知识所以可能的根据。

在"道德的形上学"体系下,牟宗三提出了"返本""开新"的中国文化发展道路。所谓"返本",就是返儒家传统之本,守儒家人伦道德之常;所谓"开新",就是适应现代化之变,开民主、科学之新。

"返本"与"开新"理论的主要内容包括:

(1)延续"道统",重开"生命的学问"。韩愈提出"道统"观念,被宋明儒加以强化,更被牟宗三确立为儒家精神生命的第一义,视为传统儒家文化的"骨髓"和"灵魂"。弘扬儒家文化第一位的历史使命,是要延续光大"道统"。把"道统"判定为"生命的学问"。天道生生,是生命的学问;仁道亦生生,也是生命的学问。天道生生是生化万物,仁道生生是从道德心发出命令,发动道德创造,不断表现为道德行为,成就道德的价值。故就德而言,仁是生生之德;就理而言,仁是生生之理。天道、仁道是相贯通的,儒家道德之学,是上达天德,下并人文,成就个人人格及家国天下全面价值,实现天人通一的“浩浩大道”。

牟宗三将儒学发展划分为三期。第一期是以孔、孟、荀为代表的儒学铸造期,此一时期“孔子以人格之实践与天合一而为大圣,其功效则为汉帝国之建构”,其特点是“积极的,丰富的,建设的,综合的”。第二期是“宋明儒之彰显绝对主体时期,此则较为消极的,分解的,空灵的,其功效见于移风易俗”。第三期指的则是当代新儒学,“此特殊性之规定,大端可指目者,有二义。一,以往之儒学,乃纯以道德形式而表现,今则复其转进至以国家形式而表现。二,以往之道德形式与天下观念相应和,今则复需一形式与国家观念相应和”。①

儒学为什么需要“第三期之发扬”呢?牟宗三认为,作为中国文化主干的儒学,虽然有着极高深的思想和形上原则,但又不仅仅表现为一思想一原则,而是始终与社会生活和日常生活相连贯的。换句话说,儒学既以历史文化为其立言根据,又反过来为历史文化的发展所运用。然而,自有清入关特别是鸦片战争以来,儒学遭到了前所未有之厄难,民族生命一直未能复其健康之本相。如想求得中国问题之解决,其前提就必须是复兴儒学。

① 牟宗三:《儒家学术之发展及其使命》,《牟宗三先生全集》第9卷,(台北)联经出版事业公司2003年版,第7页。

儒学第三期的发展不仅是必要的,而且也是可能的,其根本原因就在于儒学为一常道。儒学作为一“常道”,主要有两个方面的表现:第一,孔子仁义并重,强调仁义于人生的精神价值,此“仁义”二字构成了“常道”的核心内容,后来经孟子、宋明儒者大力阐发,已经成为千百年来中国人的内心准则;第二,孔子所言仁义,紧扣着历史文化,而非单纯的道德规范,所以中国的一切典籍皆是“理性之客观化”,或曰“客观精神之表现”。

基于儒学发展的这种必要性和可能性,牟宗三进而提出了儒学第三期发展的基本内容,这就是“三统”说。所谓“三统”,即道统、学统和政统。“三统”说是牟宗三针对中国儒学乃至全部中国文化的未来发展而提出的建设蓝图。如果说道德的形上学是牟宗三全部学说的理论基础的话,那么“三统”说则是其全部学说的理论归宿。对于“三统”的内涵,牟宗三曾有一简短的说明:“一,道统之肯定,此即肯定道德宗教之价值,护住孔孟所开辟之人生宇宙之本源。二,学统之开出,此即转出‘知性主体’以融纳希腊传统,开出学术之独立性。三,政统之继续,此即由认识政体之发展而肯定民主政治为必然。”①儒学要想进一步发展,这“三统”是一样不可缺少的。首先,要肯定儒学的道统,以接续民族文化生命之大本大源;其次,要把儒学的道德精神落实到外王事业上以开出“新外王”,即发展科学(学统)与民主(政统)。牟宗三虽然肯定科学与民主对民族文化发展的重要性,但是他更强调科学与民主的发展不可以采取某种外在的“加添法”,而必须经过民族文化的自我调整,即

① 牟宗三:《道德的理想主义》初版序,吴文兴主编:《牟宗三文集》,吉林出版集团有限公司2010年版,第3页。

从民族文化生命的内部开显出来。学统和政统应由道统开出，具体来说，就是由儒家的“内圣”之学开出科学与民主的“新外王”。在中国历史上，儒家文化向来“没有开出来”科学与民主，“中国不出现科学与民主，不能近代化，乃是超过的不能，不是不及的不能”。只要儒家的道德理性（即良知、性体或仁体）主动让开一步，从“往上讲”转为“往下讲”，或者转一个弯，从“直通”转为“曲通”，便可以“转出知性”，从而开出外王事功。

（2）由“内圣”开出“新外王”。牟宗三借用传统儒家的“内圣”“外王”学重构道德形上学。《大学》所确立的“由内圣开出外王”的理念，得到了历代儒家学者的认同，虽然他们对内圣与外王关系的理解或略有差异，但对这一理路却从未有过怀疑。一直到了明末，随着心性之学的突显，儒家“重内圣而轻外王”的倾向日益加剧，从而引发了倡导实学的顾炎武、黄宗羲、王夫之等人的批评。尤其是19世纪以来，随着西方文化的不断深入，儒学经受了前所未有的冲击，面临万劫不复的危局，这才再一次引发了当代新儒家学者对内圣外王之道的深刻反思。牟宗三明确提出了“本内圣之学以解决新外王问题”的口号，并以“良知自我坎陷”建构了道德的形上学，对儒家的内圣外王之道进行了重新诠释。

牟宗三认为，传统儒家的内圣外王理念主要存在两大问题，或者说主要是两个方面的不足。

第一，“重内圣而轻外王”。牟先生说：“儒家立教是内圣外王合而为一，虽然提倡内圣外王合而为一，但是以前两千多年来的发展，儒家的学问是重视内圣这一面，在内圣这一面，用功用得深。外王这一面就比较差。”[1]而这一点在宋明理学家那里表现得最为明显。牟先生又说:“儒家的学问原来讲的是‘内圣外王’,宋明儒则特重‘内圣’这一面,亦即强调道德意识,讲求道德意识、自然意识的自我体现。‘内圣’是个老名词,用现代的话说,即是内在于每一个人都要通过道德的实践做圣贤的工夫。”“我们对‘内圣’一词作一确定的了解,即是落在个人身上,每一个人都要通过道德的实践,建立自己的道德人格、挺立自己的道德人品。这一方面就是理学家讲学的重心。可是儒家原先还有‘外王’的一面,这是落在政治上行王道之事。内圣、外王原是儒家的全体大用、全幅规模,《大学》中的格致诚正修齐治平即同时包括了内圣外王;理学家偏重于内圣一面,故外王一面就不很够,至少弘扬不够。”[2]正如前面曾经考察过的那样,内圣外王是自孔子以来所确立的儒家基本理念,但自《大学》提出“自天子以至于庶人,壹是皆以修身为本”以来,其对内圣的重视超过了外王,而且还一步一步将外王归于内圣,认为外王可以由内圣中推出,只要做到了内圣,外王自然而然即可实现。到了宋明理学,以体用来处理内圣与外王的关系,更是以心性之学为主导,将外王之学完全归于心性之学中,失去了独立性价值,从而表现出“重内圣而轻外王”的倾向。

第二,“由内圣直通外王”。牟先生说:“讲内圣必通着外王。外王是内圣的通出去。但以前的人讲外王是由内圣直接

① 牟宗三:《文化建设的道路——现时代文化建设的意义》,《牟宗三先生全集》第 23 卷,(台北)联经出版事业公司 2003 年版,第 380 页。

② 牟宗三:《从儒家的当前使命说中国文化的现代意义》,《牟宗三先生全集》第 23 卷,(台北)联经出版事业公司 2003 年版,第 333 页。

推衍出来。如《大学》所说：‘古之欲明明德于天下者，先治其国；欲治其国者，先齐其家；欲齐其家者，先修其身；欲修其身者，先正其心；欲正其心者，先诚其意；欲诚其意者，先致其知；致知在格物。’反过来，则说：‘物格而后知至，知至而后意诚，意诚而后心正，心正而后身修，身修而后家齐，家齐而后国治，国治而后天下平。’这一来一往，便表示外王是内圣的直接延长。内圣的核心是在正心诚意，而致知格物是归宗于正心诚意的工夫。修身，齐家，治国，平天下，都是内圣的通出去。如果外王只限于治国平天下，则此外王亦是内圣之直接通出去。如是，外王只成了内圣之作用，在内圣之德之‘作用表现’中完成或呈现。但如果治国平天下之外王还有其内部之特殊结构，即通着我们现在所讲的科学与民主政治，则即不是内圣之作用所能尽。”①显然，牟先生并不反对“由内圣推出外王”，他认为传统儒学这样做无可厚非，即“外王是由内圣通出去，这不错”，但要看这个外王指的是什么。假若这个外王指的是齐家、治国、平天下，这完全没有问题。但假若这个外王指的是科学与民主，那么由内圣则不能直通出来。

基于以上两个方面的原因，牟宗三先生提出了“由内圣开出新外王”的理论。其所谓的“新外王”，不再是传统的齐家、治国、平天下，而是科学与民主。他说：“儒家学术第三期的发展，所应负的责任即是要开这个时代所需要的外王，亦即开新的外王。”②“要求民主政治乃是‘新外王’的第一义，此乃新外

---

①　牟宗三：《政道与治道》，《牟宗三先生全集》第 10 卷，（台北）联经出版事业公司 2003 年版，第 61 页。

②　牟宗三：《政道与治道》，《牟宗三先生全集》第 10 卷，（台北）联经出版事业公司 2003 年版，第 14 页。

王的形式意义、形式条件,事功得靠此解决,此处才是真正的理想主义","另一面则是科学,科学是'新外王'的材质条件,亦即新外王的材料、内容"。① 显然,牟宗三先生所说的"新外王"即是科学与民主,"由内圣开出新外王"即由内圣开出科学与民主。正如前面所说,由内圣直通出科学与民主是不可能的,只能曲通。他说:"外王是由内圣通出去,这不错。但通有直通与曲通。直通是以前的讲法,曲通是我们现在关联着科学与民主政治的讲法。我们以为曲通始能尽外王之极致。如只是直通,则只成外王之退缩。如是,从内圣至外王,在曲通之下,其中有一种转折上的突变,而不是直接推理。这即表示:从理性之运用表现直接推不出架构表现来。然则从运用表现转架构表现亦必不是直转,而是曲转。这曲转即表示一种转折上的突变。""这层转折有两方面的意义:一、内圣之德性与科学民主有关系,但不是直接关系;二、科学民主有其独立之特性。这两方面的意义即表示既独立又相关。"②

立足于20世纪中国所面临的问题,牟先生提出以科学与民主作为"新外王"。然而,在对于内圣的认知上,他仍然沿袭了宋明理学的观点。他说:"外王之充分地实现,客观地实现,必须经过一个曲折,即前文所说的转一个弯,而建立一个政道,一个制度,而为间接的实现:此为外王之间接形态。亦如向上透所呈露之仁智合一之心需要再向下曲折一下而转出'知性'来,以备道德理性之更进一步的实现。"又说:"夫既曰外王,则

① 牟宗三:《政道与治道》,《牟宗三先生全集》第10卷,(台北)联经出版事业公司2003年版,第18页。

② 牟宗三:《政道与治道》,《牟宗三先生全集》第10卷,(台北)联经出版事业公司2003年版,第62页。

其不能背乎内圣亦明矣。并列言之,曰政道、曰事功、曰科学。总持言之,皆赅于外王。内圣之学即儒家之'心性之学'。其直接之本分乃在道德宗教之成立。然儒教之为教与普通宗教本不同。其以道德实践为中心,虽上达于德,成圣成贤,而亦必赅摄家国天下而为一,始能得其究极之圆满。故政道,事功与科学,亦必为其所肯定而要求其实现。反之,政道,事功与科学亦必统摄于心性之实学,而不能背离此本源。"[①]在牟先生看来,"由内圣开出新外王"之内圣即是儒家的心性,内圣之学即是心性之学,而"由内圣开出新外王",即本心性之学以解决新外王的问题。正是在此基础上,牟先生提出了著名的"良知自我坎陷说",从而建构起自己的道德的形上学。

牟宗三的"良知坎陷说"最早是在《王阳明致良知教》一书中提出的。他认为良知要转化为认知,需要在致良知过程中,为了了别而坎陷自己,从而才能够开出并融摄知识。"吾心之良知决定此行为之当否,在实现此行为中,固须一面致此良知,但即在致字上,吾心之良知亦须决定自己转而为了别。此种转化是良知自己决定坎陷其自己:此亦是其天理中之一环。坎陷其自己而为了别以从物。从物始能知物,知物始能宰物。及其可以宰也,它复自坎陷中涌出其自己而复会物以归己,成为自己之所统与所摄。如是它无不自足,它自足而欣悦其自己。此入虎穴得虎子之本领也。此方是融摄知识之真实义。"这是牟宗三最早的形诸书面文字的"良知坎陷说"。随后,牟宗三又在1949年完成的《认识心之批判》中做了阐释:"格度之成立

① 牟宗三:《政道与治道》,《牟宗三先生全集》第10卷,(台北)联经出版事业公司2003年版,第38页。

是自理解之陷于辨解中而言之。理解陷于辨解中始能成知识,而陷于辨解中必有成就其辨解之格度。是以格度之立全就理解之坎陷一相而言之。此一坎陷是吾人全部知识之形成之关键,是以论知识者皆集中于此而立言,寝假遂视此为全部理解相状之所在,而不复知其只为一坎陷之相状。”牟宗三又讲道:“以上所言之辩证是在认识心范围内,就认识心而言之。(坎陷之辨解与跃起之寂照俱是认识心。)尚有一种辩证,则为超越形上学中之辩证,乃顺承本心之呈露及习气执着之破除而表现,此为道德实践中之辩证。此不在本书范围内,将不论及。”①坎陷不只有认识论的含义,还有另一种含义,这种新的含义是一种道德实践中的辩证。

“良知坎陷说”得到进一步丰富和展开,是牟宗三在1953年出版的《历史哲学》。牟宗三认为,中华民族的历史,按中国古史的记载,是从尧舜历经夏商以至周代开始的,而此一历史之背后则是以“修德爱民”为其首要观念的,此即二帝三王之道。所以,中华民族首先把握的是“人”和“生命”,而不是外在的自然。由此,牟宗三认为,价值观念是中国历史的一个首出观念、领导观念,必须由此来了解中国历史之发展形态。牟宗三通过对史官职责的追溯,对此观念做了进一步的阐释。中国古代的史官,自始就有政治教化和天文律历这两个主要职责,即“本天叙以定伦常,法天时以行政事”。“本天叙以定伦常”,是从组织行为中显示出普遍的道德原理,这是一种道德实在,此一面即为仁之事;“法天时以行政事”,则是从组织行动中显

① 牟宗三:《认识心之批判》(下),《牟宗三先生全集》第19卷,(台北)联经出版事业公司2003年版,第610、611、612页。

示出理智的活动,这是窥测自然而见其条理,此一面即为智之事。不过,智的一面也具有道德的意义,把握运用这些知识来为政事服务,所以这一面也为普遍的道德实在所涵盖。此仁智两方面,在中国古人是一种综合之型范,由一虔敬的实践之心而笼罩地涌现之,故成为一超越而普遍的统一体。这一仁智合一、由仁笼罩的仁智之全的精神实体,就是支配中华民族历史的中心观念,“领导华族历史发展之‘光’”。而中国古人正是因为首先重在修德爱民之政治伦理,所以窥测自然正岁年之事也为道德所覆盖,致使智隶属于仁而为其用,未尝被推出去以客观化成为理解之智,这就是中国历史自孔子之后,仁一面特别彰显突出,而智一面则终隐伏于仁未能独立发展的原因。“智只润于仁中,调适而上遂。并未暂离乎仁,下降凝聚,转而为理解。故名数之学及科学,皆不能成立也。”因此,中国文化生命,“在全幅人性的表现上,从知识方面说,它缺少了‘知性’这一环,因而也不出现逻辑数学与科学;从客观实践方面说,它缺少了‘政道’之建立这一环,因而也不出现民主政治,不出现近代化的国家政治与法律。”①对于中国文化“将如何顺吾之文化生命而转出科学与民主”,牟宗三认为,应当“融综合的尽理与分解的尽理之二精神而成一更高之综合。此即中西文化自然谐一远景之所存,亦即形上道体之全幅彰露于形下之世界”。“西方的文化生命虽是分解的尽理之精神,却未尝不可再从根上消融一下,融化出综合的尽理之精神;而中国的文化生命虽是综合的尽理之精神,亦未尝不可再从其本源处转折一

---

① 牟宗三:《历史哲学》,《牟宗三先生全集》第9卷,(台北)联经出版事业公司2003年版,第218页。

下,开辟出分解的尽理之精神。这里将有中西文化会通的途径。"①中国文化之综合的尽理精神实可含分解的尽理精神,不过,此含不是直接的含,需要有一曲折才能转出。也就是说,综合的尽理之精神即仁智合一之心,需要再向下曲折一下而转出"知性"来,建立一架构性客观性的东西,补足中国文化在分解之尽理精神方面的缺失,从而使道德理性(即仁智合一的心性)得以更进一步的实现。

牟宗三在《历史哲学》一书中对"良知坎陷说"做了历史的纵贯的阐述,但是理论的说明却因此受限而没有过多展开,所以,他在1955年正式发表的《理性之运用表现与架构表现》一文中,对其"良知坎陷说"做了进一步的理论阐释。牟宗三认为,中国文化生命偏重在理性之内容表现与运用表现,因此,要想改变中国文化生命中,政道之不立、事功之萎缩、科学知识之停滞的局面,关键就在于理性之架构表现与外延表现的转出。因为"政道之转出,事功之开济,科学知识之成立,皆源于理性之架构表现与外延表现"。但运用表现(内圣)却不能直接推出科学、民主政治等架构表现(外王),因为内圣之德性与科学、民主不是直接的关系,科学民主有其独立的特性,这里就需要曲通。"从理性之运用表现直接推不出架构表现来。然则从运用表现转架构表现亦必不是直转,而是曲转。这曲转即表示一种转折上的突变","没有德性,固不能有科学与民主政治,但有了德性,亦不能直接即有科学与民主政治。即在此义上,我们说这其中有一种转折上的突变"。"道德理性不能不

---

① 牟宗三:《历史哲学》,《牟宗三先生全集》第9卷,(台北)联经出版事业公司2003年版,第200页。

自其作用表现之形态中自我坎陷，让开一步，而转为观解理性之架构表现。当人们内在于此架构表现中，遂见出政治有其独特的意义，自成一个独立的境域，而暂时脱离了道德，似与道德不相干。"[1]于是，在此一坎陷中，道德从无所不包的状况中"让开一步"，走向"道德中立"，理性之运用表现遂转出理性之架构表现，理性之内容表现转出理性之外延表现，而科学与民主政治也由此转出成立。不过，牟宗三认为，转出后的外延表现与架构表现，还应以道德理性的运用表现和内容表现予以统摄。因为理性之内容表现虽然在建立民主政体上是不够的，但它是有价值的，因为它把握了社会世界的理性律则、政治世界的坚实可靠基础；理性之外延表现在出现科学与建立民主政体上，是当行的，然而又是不够的，因为人的"生活之全"并不只是科学与民主政体所能尽。所以，牟宗三主张在开出科学民主等架构表现和外延表现之时，还要以"内容的表现"提升并护住"外延的表现"，令其理性真实而不蹈空，常在而不走失；以"外延的表现"充实开扩并确定"内容的表现"，令其丰富而不枯窘，光畅而不萎缩。

牟宗三认为，讲儒家学问不是"述古"，而是"返本开新"，以期将民族文化慧命"相继光大"。中国传统文化具有一种开放、融摄精神，能随时变移，日新又新。在内圣一面，中国文化生命向上透的境界，已经极为高明，今后只需在外王一面"补足"政道和知性，便可以"向下撑开"，获得坚实稳固的基础。故牟宗三自信地认为，激发民族文化意识，畅通民族文化生命，

---

① 牟宗三：《政道与治道》，《牟宗三先生全集》第10卷，（台北）联经出版事业公司2003年版，第65页。

树立民族文化理想,使道统、政统、学统并建,恢复民族文化创造活力,不仅是其个人的精神方向,亦是整个中华民族共同奋斗的中心目标。

牟宗三“返本”与“开新”理论如何可能?牟宗三自己也感觉到了这种理论本身的困难,也试图进行修正。

所谓“返本”,是指返回儒家精神的本根,亦即中国文化“最崇高的精神理念”。但是,“返本”“开新”的困难并不在于“返本”本身,而在于“返本”与“开新”的合乎逻辑地融通。“内圣”作为中国的“常道”不能失掉,“外王”却要从现代化那里找出路,从亘古不变的“内圣”中开掘出为时代所要求的新“外王”就成了牟宗三的世纪性问题。

牟宗三等学者对这一点有明确的认识,他们并不急于建构某种体系来为二者融通,而是把着眼点放在审视儒家传统的意义上,他们以一种谨慎的态度剥夺离着儒家传统的不同层面以及优点和缺陷,指出儒家传统所固有的理想与现实、抽象与具体两个层面、双重意义。儒家传统是理想的,而现实上这种儒家理想发生了变化,成了儒家理想的变种。这种理想性越强,其恒长的价值越久远。儒家传统的理想化既是优点,又是缺陷,理想性太强,以至于对人性的阴暗面注意不够,“过于重视人性中‘高层’的一面,忽略了‘低层’与‘深层’的一面”①,这种理想过于“理想化”,以至于把“修身”“齐家”“治国”之间的曲通变为直通,“必要条件”变成了“充分条件”②。他们认为,

---

① 参见辛华、任菁编:《内在超越之路——余英时新儒学论著辑要》,中国广播电视出版社1992年版,第49页。

② 参见景海峰编:《儒家思想与现代化——刘述先新儒学论著辑要》,中国广播电视出版社1991年版,第32页。

指出儒家的缺点,正是为了说明其自身的完善,于是他们对传统儒家进行了一番梳理,将其理成近乎“天真无邪”。这种“理想”的“价值系统”越完善,新儒家“返本”的根据在一定意义上就成了其“开新”的理由。他们对于儒学传统的现代转化的理解,或者说由“返本”走向“开新”的关键,在于对儒学理想的认同。

这样,牟宗三就陷入了理想与现实难以跨越及整合的困境之中。把儒家传统的理想性从儒家意识形态中分离出来,实质上已把儒家传统推向绝境;承认这种儒家理想在现实中的落实是一“变种”,等于承认儒家理想不能变为现实,或者说儒家理想没有保证其思想实现的机制,这实际上说明儒家理想不过是空想。所谓“开外王”不过是一句空话,儒家传统不过是“温室里的花朵”,她再高贵,也只是儒者自我欣赏的“装饰品”。“要让良知通过自我否定(所谓‘坎陷’)而显示其科学、民主的理路,无异于无中生有,其中既缺乏必然性,也没有可能性。牟先生试图在中国文化的预设内‘证成’新外王,为其在学理上提供合法性。他认为,只要具备了民主政治的形态,西方的事功精神就能充分地展现。但这只是一个十分独断的悬设,它始终是悬浮着,假设依然是假设,难以在学理上落实。中国文化的旨趣压根不在科学与民主,所谓新外王又何以能够在中国文化的架构中找到自己的位置来安顿自身的存在?把应当的误认为可能的,乃是牟宗三的误区。它给了人们一个缺乏保障的承诺,虽令人陶醉,但却靠不住,只是使人在跌入怪圈之前有瞬间的安慰罢了。”①

---

① 何中华:《重估传统》,《洛阳师专学报》1996 年第 4 期。

五、儒家思想重构与现代新儒家转化

既然“儒家传统”在几千年的社会发展中“没有起到应有的作用”,又怎么能指望它在现代化社会发展的今天发挥作用呢?对此,当代新儒家以一种“文化早熟”的标签框定儒家传统,同时又把儒家理想的实现寄托于转型期的“现代”与“后现代”社会。

刘述先认为,现代西方对自己的文明和人类前途的已有信念发生了根本的怀疑,人们在一种大死大生的氛围下重新探索未来文化的应然图景,这种背景正好为中国儒家传统的重新估价提供了机缘。刘述先针对西方社会的巨大病症,提出传统中国一向尊崇的一种“精神贵族”式的儒家理想,可以疗治这一时代的疾患,这样,“恢复我们传统中已开发的慧解”,就成了中国现代化的前提。于是,在第三代新儒家那里,重构儒学思想,适应现代化,解决现代化出现的病症,就成了急需解决的重大课题。

在强大的“道统”意识支配下,第三代新儒家把现代化的希望诉诸儒家人文精神的超越性上,将“开新”的筹码全压在儒家之本的诠释上。成中英诉诸现代诠释学;刘述先对儒家精神的认同,要凭借“内在心中的体验以及高度善巧的解释学技巧”;余英时则致力于搜寻“内在超越”价值系统中与科学、民主相同的要素;杜维明向中国古代科技甚至《大学》的“格物致知”中找寻现代的科学精神,向儒家的民本思想找寻民主制度建构的基因……并且,他们把在大陆推行“儒学复兴”计划,看成是其儒学发展成败的关键。由此可以看出,第三代新儒家欲图复兴儒学的悲愿,具有明确的针对性和现实感。

在此基础上,第三代新儒家开始了重构儒学的工作。杜维明认为,在当代社会,儒学应对西方文化的挑战有一个创建性的回应,儒学至少在三个层次上展开对话,即(1)在超越层次上同以基督教为代表的宗教传统对话,(2)在社会政治经济层次上同马克思主义对话,(3)在深度心理学层次上同西方心理学思潮对话,以此完善儒学传统。而从解释学的道理上,实现儒学传统的现代语言创造转化显得尤其重要。刘述先以“理一分殊”为其接续传统与现代的思路,指出“我们的责任就是要通过现代的特殊条件去表现无穷不可测的天道”①。这样,就必须在现代特殊的社会思想文化条件下,吸纳现代西方思想所提供的丰盛资粮,重新阐发传统中国哲学生生而和谐的宗旨,实现新儒家心性之学的终极理想。余英时肯定了“外在超越”对于科学、民主发展的便利,认为从后现代的观点来看,“中国文化重建的问题事实上可以归结为中国传统的基本价值与中心观念在现代化要求之下如何调整与转化的问题”②。

值得一提的是,第三代新儒家在时代的变迁和个人的心路历程的影响下,出现了更加明确的变化。这种变化有的学者称之为“后现代新儒家时代的来临”。

首先,后现代新儒家学者从“道统”转向“学统”“政统”。

刘述先认为:“当代新儒家的重心,由于种种原因,逐渐由

---

① 参见景海峰编:《儒家思想与现代化——刘述先新儒学论著辑要》,中国广播电视出版社 1991 年版,第 32 页。

② 参见辛华、任菁编:《内在超越之路——余英时新儒学论著辑要》,中国广播电视出版社 1992 年版,第 62 页。

道统的担负,转移到学统的开拓、政统的关怀。"[①]如果说当代新儒家浸润在传统之内,着力于对传统的护卫,那么,后现代新儒家时代的所谓"第三代现代新儒家"由于受到现代西方教育的训练,方法上有更大的自觉,受到现代问题与外来的冲击也越大,同时更关注传统与现代接通的大问题,从而用心于传统的转化之上。也许可以换一种说法,当代新儒家把自己的生命贯注在学问之中,而成就了"生命的学问"。但是,在笔者看来,这种把重心由"道统"移往"学统"的过程绝非始自受西化感染更深的"第三代现代新儒家"。实际上,牟宗三于 1990 年 12 月在台北举行的"当代新儒学国际研讨会"主题演讲中,就明确提到"知识""学"是不可缺少的条件,光讲大学正心修身即可进而治国平天下是不够的。[②] 成中英通过对现代新儒家与新儒学的区分,更清晰地揭示了现代新儒家时代与后现代新儒家时代的区别。成中英认为,新儒学不同于现代新儒家的是:前者以批判的理性为方法裁决真实性与现实性,而后者则以内在体验为裁决真实性与现实性的方法;前者力求在客观性的基础上建立知识,而后者则力求在主体体验的基础上印证价值;前者力求在知识研讨的基础上做出价值判断,也以知识为条件重建或选择价值,后者仅先行肯定价值,是否再寻求知识的手段或工具以实现价值理想或目标则因人而异。总之,前者

---

① 刘述先:《对当代新儒家的超越内省》,《中国文哲研究通讯》1995 年第 5 卷第 3 期。

② 参见牟宗三:《客观的了解与中国文化之再造》,牟宗三等:《当代新儒学论文集 · 总论篇》,(台北)文津出版社 1991 年版,第 2 页。

是跳出固定的儒家传统讲，后者则是接着儒家传统讲。① 依此之见，所谓“新儒学”不过是一种新时代氛围中的儒学研究，由此大陆流行的“第三代现代新儒家”的说法也就失去了其特有的规定性，消融在当代儒学多元发展的视域之中。

其次，后现代新儒家强调多元的文化视野。

余英时曾尖锐地指出，自熊十力起，现代新儒家都有一种强烈的“道统”意识。新儒家不但坚持中国的“道统”必须继续占据原有的中心地位，而且还赋予“道统”以前所未有的更积极的功能：开出“政统”与“学统”。总之，现代新儒家的主要特色是用一种特制的哲学语言来宣传一种特殊的信仰。余英时站在“史学立场”上，强调“整个文化大传统即是道统”②。这样一来，他就把当代新儒家的一元“道统”（“教”）改造成了多元“道统”（“学”）。从这种多元的文化价值取向出发，实际上被大陆称为“第三代现代新儒家”的杜维明、刘述先、成中英、余英时等人则只能算得上当代新儒家学者。因为他们在一定意义上都已经突破了传统的儒家道统观。因此，后现代新儒家时代将是在世界文化思潮的发展之中肯定民族文化的价值，阐明中国文化特性的时代。这一时代将包容如下几种主要倾向：第一，“第三代现代新儒家”超越现代新儒家。他们比其前辈有着更为开放、平实的心态，并且对于现代新儒家的理论困境有着更加清醒的认识。杜维明所关心的主要在于儒学作为一种思想资源对于现代人的生活、社会之可能发生的影响，在他

---

① 参见成中英：《当代新儒学与新儒家的自我超越：一个致广大与尽精微的追求》，《中国社会科学季刊》1995 年秋季卷。

② 余英时：《钱穆与中国文化》，上海远东出版社 1994 年版，第 53 页。

看来,“重新确认儒家传统为凝聚中华民族灵魂的珍贵资源是学术、知识和文化界的当务之急”。刘述先从文化动力学的角度对儒家理想与中国现实之间的复杂关系做了深刻检讨,他反复强调中国的希望在于马列、西化和传统儒学人文思想三者的健康互动、三项资源形成良性循环。余英时揭示了现代新儒家的心理构造和“良知的自我坎陷”理论引起的“实践上的困难”,与此同时,他激烈地批评了现代新儒家所独有的“良知的傲慢”,倡导“当代新儒学与现代新儒家的自我超越”,主张实现现代新儒家与新儒学的互动和互通。第二,20 世纪 90 年代大陆的国学研究,大陆国学研究比现代新儒学研究有更开阔的视野。国学之提倡“返本”,是返回中国多元文化之本即返回中国多元文化所共有的优良传统之本;国学也提倡“开新”,但并不认为只有“返本”才能“开新”,而是认为“返本”可以帮助“开新”。在此基础上,有的学者借助于西方的后现代困境来确认东方的文化和文明。具体来说,他们所关注的不是中国传统文化如何适应现代化,如何转化出支撑科学和民主的因素,而是中国传统文化对西方工业文明本身弊端的医治作用。

应当严格区分当代新儒学与现代新儒学*

——评《新世纪大陆新儒家研究》

在中国史学界，包括思想史研究界，“现代”和“当代”是严格区分的；然而同时，迄今为止，在中国哲学界，人们并不区分“现代”和“当代”，故也称“现代新儒学”为“当代新儒学”。这似乎是有理由的，主要是由于两个原因：其一，现代新儒学主要是一种哲学形态，而哲学史的分期和思想史（史学）的分期是不必一致的；其二，不论是“现代新儒学”还是“当代新儒学”都是对西语“Modern Neo-Confucianism”的翻译，即同一个词。但是，这些理由其实未必成立：第一，“现代新儒学”已经成为一个特定的概念，是特指20世纪中国儒学的某个群体，尤其是指熊—牟系列的儒家哲学学派。第二，英文没有“现代”和“当代”的区分，都是“modern”，这是英美观念的一种表现，我们未必要遵循。事实上，就中国的历史而论，现代和当代的区分是十分必要的。第三，更重要的是，进入新世纪以来，在中国大陆兴起的儒学复兴运动中，已出现了一个与现代新儒学迥然不同

---

* 本文原载于《社会科学研究》2013年第2期。

的儒学群体,被称为“新世纪大陆新儒家”,也称为“当代新儒学”。[①] 因此,实有必要严格区分“现代新儒学”和“当代新儒学”。本文将20世纪中国儒学的那个特定群体称为“现代新儒学”,而将新世纪大陆新儒家称为“当代新儒学”。

这样一来,一个重要的任务就摆在了学界面前:如何区分“当代新儒学”和“现代新儒学”?他们之间存在哪些一脉相承的地方?又有哪些根本的区别?这些区别究竟意味着什么?

崔罡等著的《新世纪大陆新儒家研究》[②]为我们提供了一个方便观察的文本。此书可以说是这个方面的第一部著作,值得重视;同时,在笔者看来,此书也存在着一些不足之处,是值得商榷的。

一、当代新儒学与现代新儒学的一脉相承

由孔子开创的儒家学说,自汉至清,一直处于官方意识形态的统治地位。然而,近代以后,与国家命运一样,儒学的生存与发展一直受到方方面面的冲击。承载儒家思想内容的经学

---

① 关于对“当代”概念的辨析是一个大话题,这里简要分析一下。从中国史学上分,1840年鸦片战争至1919年五四运动为近代,1919年至1949年新中国成立为现代,1949年至今为当代。从学术研究来说,1949年新中国成立至1976年“文化大革命”结束,这段近30年的时间由于中国大陆继起各种政治运动,学术研究为政治运动服务,很难有真正的学术研究。因此,说当代中国大陆的学术研究,大体上应该从20世纪80年代开始。

② 崔罡等:《新世纪大陆新儒家研究》,安徽人民出版社2012年版。

解体,使儒学成为一种在现代社会中无所依附的游魂;科举考试制度的结束,又进一步拉开了现代知识分子与儒学的距离。儒学如何在现代社会生存和发展已经成为现代知识分子必须面对的问题。在各种批孔声音中,儒学复兴的声音也在20世纪中持久地回响着。其中最有影响的当属现代新儒学。他们对儒家思想进行哲学化改造,期望重新振兴儒学。但是,经过三代学人的努力,现代新儒学并没能完成儒学复兴的使命,相反,他们对儒学的哲学化改造却受到越来越多的人的质疑。

20世纪90年代后,中国大陆又出现了这样一个学术群体,他们继续从事现代新儒学的重构儒学事业,延续着复兴儒学的使命。到21世纪,这个学术群体已经蔚然成风,构成儒学研究的亮丽风景,被学人称为“新世纪大陆新儒家”。诚如《新世纪大陆新儒家研究》所说,“在学术渊源上,此群体既呈现出与现代新儒家的承继关系”①。那么,新世纪大陆新儒家在哪些方面承继了现代新儒学呢?

第一,当代新儒学继承了现代新儒学积极回应当下问题的特点。这其实正是儒学积极“入世”的特点:儒学的生命力在于关注当下生活,回应当下生活中的问题。这一点已经为儒学发展的实践所证明。现代新儒学与当代新儒学恰恰都关注当下的问题。

冯友兰说:“我经常想起儒家经典《诗经》中的两句话:‘周虽旧邦,其命维新。’就现在来说,中国就是旧邦而有新命,新命就是现代化。我的努力是保持旧邦的同一性和个性,而又同

① 崔罡等:《新世纪大陆新儒家研究》,安徽人民出版社2012年版,第29页。

时促进实现新命。……这就是我已经做的事和我希望做的事。"①对现代性问题的回应,则被现代新儒学表述为两个方面:"由'返本'而求'内圣'所指向的中华民族的民族性生活;由'开新'而求'外王'或'新外王'所指向的中华民族的现代性生活。"②

这一问题意识并未随着新中国的成立而消亡,而是在基本问题未发生改变的前提下,具体的问题由原先的"救亡图存"转化为"中国的制度安排""中国的文化问题"等等。当代新儒学以更高的姿态加入到今天具有全人类意义的问题讨论中去。③"就其传承性而言,新世纪大陆新儒家则从现代新儒家处继承了大量的关于当代性问题的思想。"④"以上学人(杜维明、林安梧等)的工作可被视为新世纪大陆新儒家的先驱。当代新儒学……将以完全独立的姿态对西方的观念展开批判,并开启当代性问题全新视野。"⑤

第二,当代新儒学和现代新儒学都是在儒学发展遭遇困境之时寻求新突破、实现儒学复兴的尝试。这一点上,当代新儒

---

① 冯友兰:《三松堂全集》第一卷,河南人民出版社 2000 年版,第 312 页。

② 黄玉顺:《现代新儒学研究中的思想视域问题——〈现代新儒学的现代性言说〉导论》,黄玉顺主编:《现代新儒学的现代性哲学——现代新儒学的产生、发展与影响研究》,中央文献出版社 2007 年版,第 4 页。

③ 参见崔罡等:《新世纪大陆新儒家研究》,安徽人民出版社 2012 年版,第 30 页。

④ 崔罡等:《新世纪大陆新儒家研究》,安徽人民出版社 2012 年版,第 33 页。

⑤ 崔罡等:《新世纪大陆新儒家研究》,安徽人民出版社 2012 年版,第 40 页。

学承继了现代新儒学。近代以来，儒学受到欧风美雨的冲击，五四运动更是喊出了“打倒孔家店”的口号，使儒家文化难以生存。正是在儒家文化面临断裂的困境中，现代新儒学群体崛起，承担起接续儒学的使命。

当代新儒学也是在儒学发展出现困境时，学人对儒学命脉延续的一种自觉行动。众所周知，1949年新中国成立后，儒学的地位一落千丈。“文化大革命”十年，儒学被当作封建遗毒批倒批臭，儒家文化在中国大陆彻底断裂。“文化大革命”结束后，中国大陆实行改革开放政策，各种文化尽显蓬勃生机，然而，儒学究竟如何发展？仍然众说纷纭。一些自由主义知识分子和左派人物始终抵触儒学的复兴与发展。可以说，当代新儒学面临的境遇比现代新儒学的境遇更为恶劣。五四运动的批儒，只是批判为封建帝制服务的儒学，而对儒家思想本身的批判并没有深入。“文化大革命”的批儒，却是从表到里、从器物到思想上的彻底清算儒学，使民族传统断裂。而续起的“文化热”中，又是扬西抑中、扬今抑古。在这种环境下，儒学的发展境遇相当恶劣。正是在这样一种情形下，当代新儒学群体高举起复兴儒学的旗帜。可以说，他们与现代新儒学在逆境中倡导“走孔家的路，过孔家的生活”的脉络是相同的。

第三，以重建儒学本体论为己任。这一点无论是现代新儒学还是当代新儒学都表现出了强烈的自觉意识。

现代新儒学中，梁漱溟被公认为是开山人物，其《东西方文化及其哲学》已明确“走孔家的路，过孔家的生活”的致思取向。被誉为现代新儒学奠基之作的《新唯识论》《新理学》《新心学》均建构起了儒学本体论。《新唯识论》力证心性本体即宇宙本体，《新理学》以“理”“气”“道体”“大全”等概念建构起一个“不着实际”的本体理学世界。而第二代现代新儒学的学者牟宗三借助康德的“现象”与“物自身”,建构起了道德的形上学本体理论。在现代新儒学那里,儒学的复兴就在于建立一种与传统儒学有别的儒学本体论,使这种理论更能适应现代生活,从而达到儒学复兴的目的。

当代新儒学的儒学建构理路与现代新儒学的儒学本体建构如出一辙。《新世纪大陆新儒家研究》列举了六家新世纪大陆新儒家人物,尽管他们建构的儒学理论不同,但均以建立儒学本体论为主旨。蒋庆对“心性儒学”与“政治儒学”进行二分,将“心性儒学”定义为“内圣之学”,将“政治儒学”定义为“外王之学”。蒋庆认定此二者属于不同的传统,并以儒学史上的两个不同时期的儒学形态来对应这种分派,认为“宋明儒学为心性儒学,公羊学为政治儒学”,由此建构起“政治儒学”本体理论。① 陈明的“即用见体”更像是熊十力“体用不二”理论的翻版。张祥龙的“现象学儒学”的建构与牟宗三的道德形上学的建构并无二致。黄玉顺的“生活儒学”也是旨在建立一种儒学本体论,“当代的张祥龙、黄玉顺两先生之现象学化的儒学研究,则在相当程度上正是针对此传统的儒家形而上学的无根性,要求解构传统的形而上学式的心性本体论,从而回归作为存在本身的本源性的生存体验或生活境域之中,以期让儒学重新恢复它的思想活力”②。而在“生活儒学”当中,我们能够感受到梁漱溟“走孔家的路,过孔家的生活”的

---

① 参见崔罡等:《新世纪大陆新儒家研究》,安徽人民出版社 2012 年版,第 49 页

② 崔罡等:《新世纪大陆新儒家研究》,安徽人民出版社 2012 年版,第 89 页。

传承关系。

第四,现代新儒学与当代新儒学均借鉴西方文化理论建构新儒学。“从思维模式上来看,现代新儒家是一种以儒学为基本价值取向、同时深受西学学术理念和学科模式影响的学术类型。无论是熊十力、梁漱溟,还是冯友兰、牟宗三,乃至余英时、杜维明。换言之,现代新儒家采取的几乎都是‘中西比较’的进路。”①

当代新儒学也是延续了现代新儒学借鉴西方文化诠释儒家理论的理路,赋予传统儒家理论以“新”的状态呈现。当代新儒学群体中任何一个人物、任何一种理论,均有中西对比并会通的印迹,均借鉴西方文化来“解构”传统儒学、建构新儒学。在这一点上,他们与现代新儒学的思路基本一致。

二、当代新儒学与现代新儒学的根本区别

但是,以上几个方面的一脉相承并不能掩盖当代新儒学与现代新儒学之间的根本区别。或许是现代新儒学与当代新儒学所遭遇的际遇不同,亦或许是这两个群体的思考问题的角度不同,尽管当代新儒学表现出很大的对现代新儒学思想的传承脉络,但在具体的儒学发展和复兴的理路、方式以及建构新儒学的形态上,都表现出了不同于现代新儒学的一系列根本特

① 崔罡等:《新世纪大陆新儒家研究》,安徽人民出版社 2012 年版,第 41 页。

征,以至于有的学者认为当代新儒学是对现代新儒学的超越。例如,“当代的张祥龙、黄玉顺两先生之现象学化的儒学研究,则在相当程度上正是针对此传统的儒家形而上学的无根性……如果说,以冯友兰、牟宗三等人为代表的现代新儒家学者的中西哲学之比较研究仍然局限在传统的形而上学的架构与视域中,那么,以张、黄等人为代表的新一代大陆新儒家学者则在相当程度上已经突破了传统形而上学的框架,进入了一种比形而上学更加本源的生存体验或生活境域之中,或者更确切地说乃是一种前概念化、前形而上学的思想观念层级,在此本源性的生存体验或生活境域中所蕴含乃是一种纯构成的终极意义。后者无论对于中国哲学自身来说,还是对于中西哲学之间的比较研究来说,都意味着一种转向,因为它开启并呈现出的乃是一个完全崭新的意义领域。”①

那么,当代新儒学与现代新儒学的不同,抑或对现代新儒学的超越究竟体现在哪里呢?

首先,当代新儒学与现代新儒学重建儒学的理路是不尽相同的,尤其表现在思想资源和关注层面的差别上。

现代新儒学有感于传统儒学的解体与西化对儒学的影响,他们摒弃了传统儒学的乾嘉考据学以及今文经学,引入西方哲学来建构哲学化的儒学。因此,就思想资源而论,他们以传统儒学中最接近哲学化形态的宋明理学为基准建构儒学的新形上学体系。接着宋明理学讲成为现代新儒学复兴儒学的重要标准与标志。正因为如此,方克立在给现代新儒学定义时提

① 崔罡等:《新世纪大陆新儒家研究》,安徽人民出版社 2012 年版,第 89 页。

出:“现代新儒家是在20世纪20年代产生的以接续儒家‘道统’为己任,以服膺宋明理学为主要特征,力图用儒家学说融合、会通西学以谋求现代化的一个学术思想流派。”①与此相关,就关注层面而论,他们尽管也希望“开出新外王”,但更注重于“内圣”方面。

当代新儒学显然与现代新儒学的建构理路大相径庭。就思想资源而论,当代新儒学复兴儒学的理路不是将宋明心性儒学作为儒学的嫡传道统,而是抛弃了儒学哲学化的宋明理学,回到汉代经学甚至先秦儒学和“六经”中寻找儒学发展的思想资源。无疑,在当代新儒学成员的视野里,宋明理学只是儒学的一种哲学化形态,而不是儒学的全部或真正的儒学(本源性儒学)。在当代新儒学群体的视野中,宋明心性儒学虽然承接了儒家思想道统,却只是“均得孔子之一体”(蒋庆语),即儒学的“内圣”层面,而于儒家的“外王”层面殊难建树。当代新儒学群体不仅要建“内圣”儒学,更重要的是要建立“外王”层面的儒学。蒋庆的“政治儒学”、陈明的“即用见体”、盛洪的“经济儒学”、干春松的“制度儒学”等,还有黄玉顺近两年所致力的“中国正义论”建构,都表现出了强烈的“外王”儒学层面。②黄玉顺的“生活儒学”,更强调儒学的本源,构建起“我们的全部观念、我们整个精神生活的生成过程”③。用黄玉顺自己的

① 方克立:《要重视对现代新儒家的研究》,《天津社会科学》1986年第5期。

② 参见黄玉顺:《中国正义论纲要》,《四川大学学报》(哲学社会科学版)2009年第5期。

③ 黄玉顺:《爱与思——生活儒学的观念》,四川大学出版社2006年版,第3页。

话说,“生活”不是什么,既不是“意志主义、生命哲学所谓的‘生命’(Leben),也不是存在主义,包括海德格尔所谓‘生存’(Existent);既不是梁漱溟所谓‘生活’,也不是唐君毅所谓‘生命’”①。他所要寻求的儒学本源(真正的儒学)才是建构新儒学的基点,也只有在儒学本源中开出的儒学,才能够称得上是真正意义上的儒学,也才能适应当代社会的发展。这一理路的建构与现代新儒学的建构迥异。

其次,与上述理路相关联,当代新儒学与现代新儒学所建构的新儒学形态也不同。

当代新儒学与现代新儒学虽然都致力于儒学本体论建设,但两个群体对本体的理解显然不同。现代新儒学所理解的“本体”就是“形而上存在者”,就是哲学性。他们的主要任务是建立儒学的形而上的“体”,哲学性的“体”。现代新儒学有感于考据学对儒学的支离,有感于今文经学对儒学的歧出,有感于现代知识分子对儒学的猛烈批判和声讨,他们勇敢地站出来,要将被支离与解体的儒学重新凝聚起来,使其在现代社会的发展中继续发挥作用。在经学解体的背景下,儒学要想恢复在传统社会中的地位和作用已经不可能了,必须对其进行现代性转化。现代新儒学选取的转化方式就是将儒学哲学化、观念化,意图建构一个西方哲学式的形而上世界。按照他们的理解,“体”建立起来了,“用”的层面自然就实现了,当儒学的形而上世界建构完成后,其形而下世界的各种问题自然解决。正基于此,熊十力提出“体用不二”;冯友兰提出“理”“气”“道

① 黄玉顺:《爱与思——生活儒学的观念》,四川大学出版社 2006 年版,第 193 页。

体”“大全”等概念，划分哲学与科学界限；牟宗三极力建构道德形上世界，认为可以由“内圣”开出“新外王”。现代新儒学群体内部虽有方方面面的争论，但他们建构新儒学形态——哲学化这一点是不争的事实。他们建构的儒学本体论基本上是以“体”代“用”。

当代新儒学群体显然不认为形而上的存在者或哲学性是儒学的“体”，而是寻找更为本源的“体”，用这个本体来建构新儒学，才更适合儒学的发展。他们一开始就抛弃了现代新儒学的哲学化儒学形态，认为哲学化儒学不是儒学发展的必然之路。“以牟宗三等人为代表的新儒家‘可能是为了让儒家现代化，让西方人能听得懂，使儒家能在全球传播，但是为此而失去了儒家的最根本的东西’，这样的传播是没有意义的，‘新儒家织就的这张网是有漏洞的’。”①在当代新儒学的视野中，比“体”更为本源的是“用”，是儒学的当下存在。他们意欲建构的新儒学从某种程度上抛开了现代新儒学的哲学化建构，而是热衷于儒学“外王”层面的政治化建构。蒋庆提出了让儒教“进入到政治权力中心”的“上行路线”和“在民间社会中建立儒教团体法人”（即成立类似于中国佛教协会的“中国儒教协会”）的“下行路线”。② 张祥龙提出的“儒家文化保护区”等都想借助于政治力量的支持，主张儒学的复兴要有国家行政权力的参与。黄玉顺则是从儒学的本源——仁爱情感出发，建构一种“生活儒学”。显然，当代新儒学建构的新儒学形态不像现

---

① 崔罡等：《新世纪大陆新儒家研究》，安徽人民出版社 2012 年版，第 143 页。

② 参见蒋庆：《关于重建中国儒教的构想》，《中国儒教研究通讯》2005 年第 1 期。

代新儒学那样单一,而是多元化。相对来说,黄玉顺的“生活儒学”、陈明的“即用见体”等更接近于现代新儒学的哲学形态的儒学建构,尽管他们追寻一种比哲学性的“体”或“形而上存在者”更为本源的“用”或“存在”;而蒋庆的“政治儒学”、盛洪的“经济儒学”、干春松的“制度儒学”,其建构的形态完全不是哲学形态,而是现实层面的思想。相对于现代新儒学来说,当代新儒学所建构的儒学本体论是“用”强而体“弱”。从这一角度来看,当代新儒学更像是现代新儒学的超越,或者说两个群体的关联并不大。

三、当前儒学发展中所存在的问题

鸦片战争以后,西学东渐之风劲吹,在中国形成了东西学对峙的局面。20世纪后,传统经学的解体,科举制度的终止,新文化运动的兴起等等,使中国文化建设陷入了传统模式和西方模式的两难抉择。于是,如何在现代社会中传承、接续(复兴)儒学就成为20世纪后儒学发展中的最主要问题。围绕着如何建立中国文化问题,各种思潮纷纷陈述己见,并给出了中国文化建设的具体范式。其中西化派自由主义、马克思主义和现代新儒学被称为20世纪前半期三大思潮。三大思潮中,现代新儒学对儒学的理解最为深刻,坚持儒学的本体文化建设也最为彻底。他们在“打倒孔家店”的余势中主张要“走孔家的路,过孔家的生活”,并且以西方哲学的范式将儒家思想哲学化,使其成为有别于传统儒家思想的新儒学。现代新儒学因其对儒家思想的新建构,开始时受到学界的猛烈批评和质疑,而后又得到学术界的同情、理解和一定程度的认可,成为20世纪保守主义的中坚力量,也因此,在学术界产生了相当程度的影响。

但是,现代新儒学所开拓的儒家思想哲学化的路径并没有解决儒家思想在现代社会中如何存在和发展问题,甚至现代新儒学所开创的儒家思想哲学化的路径也受到多方的质疑。许多学者试图超越现代新儒学,建立一种新形态的儒学,解决儒家思想在现代社会中存在和发展的问题。当代新儒学群体就是这样的一群学人,他们试图超越现代新儒学,在更本源层面上建立一种新的儒家思想。当代新儒学尽管与现代新儒学有着许多志趣和观点上的一致,但他们所要建构的儒学是分属于不同形态的,应该严格进行区分。在这一点上,无论是现代新儒学后辈还是当代新儒学群体,均不承认二者之间有着承接关系。

有感于现代新儒学由形而上("内圣")开出形而下("外王")的困惑,当代新儒学群体几乎抛弃了现代新儒学对于儒学的形而上与形而下之分,而是寻求一种更本源的本体(如"生活儒学")或直接从现实层面复兴儒学(如"政治儒学""制度儒学")。那么,当代新儒学对现代新儒学的超越是否真正解决了近代以来儒家文化的传承问题?是否真正能够达到儒学复兴的目的呢?

与现代新儒学重建儒学的思想一致不同,当代新儒学成员中建构新儒学的思路开始就是分化的,他们之间只是复兴儒学的愿望相同,而复兴儒学的思路相左(从这一点来说,当代新儒学群体能否成立,尚存疑问)。《新世纪大陆新儒家研究》中,列举了"政治儒学""现象学儒学""生活儒学""经济儒学"

“制度儒学”“即用见体思想”[①]为当代新儒学思想，并概括其特点为“强调儒学在今天社会问题中的优先地位，也就是认为，儒学作为一种思想资源，能够为今天的诸多社会问题，提供更佳的解决方案”。从思想上来看，他们表现出三个共同点：“其一，在问题意识上，此群体呈现出现代性问题与当代性问题相互纠结的特征；其二，在学术渊源上，此群体既呈现出与现代新儒家的承继关系，又有决裂的倾向；其三，在思维模式上，此群体对二十世纪以来形成的‘中西比较’表现出足够的警醒。”[②]

其实仔细分析一下这六种形态的儒学，前三种应该说比较成型，具备了一定的理论形态；而后三种显然还处于初建阶段，将其作为一种成型的理论形态有点牵强。“即用见体思想”只是解读儒学的一种思路，这种思路对儒学的来龙去脉以及由此思路引发的儒学复兴之路并没有展开。而且，这种思路将“用”更多地对应于“政治建构”“文化认同”“安身立命”等层面，这样的“用”所涵盖的内容是否还是儒学的本义？以此思路建构的儒学是否还属于儒学范畴？这是学者质疑此思路的根本点所在。如果靠这一思路复兴儒学，结果不但不会使儒学复兴，恐怕还会使儒学受到批判。

“经济儒学”如果将其划为一种理论形态则有些勉强，它更像是站在儒家的立场上解决当代经济贸易领域出现的问题，

---

① 《新世纪大陆新儒家研究》对于六种儒学的排列顺序为政治儒学、即用见体思想、现象学儒学、生活儒学、经济儒学、制度儒学，本文为了论述方便，将原书所列的当代新儒学次序进行重新排列。

② 崔罡等：《新世纪大陆新儒家研究》，安徽人民出版社 2012 年版，第 29 页。

即儒家思想在当代经济界的具体应用。在“经济儒学”的视野中，今天的现代化是一个“非道德提升过程”，其逻辑基础是社会达尔文主义，今天的世界运行规则是“战国原则”①，要解决现代化出现的诸多问题，必须用儒家的“为万世开太平”原则，构筑“天下主义”②。这太抬高儒学了。对当代社会诸多问题的化解，儒学确实能够提供许多方面的资源与经验，但这与儒学的发展、传承是两回事。20世纪90年代以来，“亚洲四小龙”的崛起与这些国家和地区所处的儒家文化圈有着一定关联，但我们不能说他们运用儒家资源就代表儒学复兴。这种运用儒家文化资源疏解当代社会问题的思路只能证明儒家文化在当代社会中的作用，而不代表儒学的复兴。也就是说，儒学复兴是不能靠这条进路的。

“制度儒学”很大程度上是从知识社会学的视角对儒家政治制度的一种反思，反思之后意图理清儒家思想与政治制度的内在关联程度，以此确立儒学复兴之路。这种反思工作还没有结束。诚如“制度儒学”的提倡者所说：“我基本上还没有能力上升到背后的那个问题（指儒学的形而上问题——引者注），因为我觉得那些具体的问题还没有处理好。”③这就意味着，至少，“制度儒学”提倡者目前还没有提出儒学复兴

---

① 参见崔罡等：《新世纪大陆新儒家研究》，安徽人民出版社2012年版，第186页。

② 参见崔罡等：《新世纪大陆新儒家研究》，安徽人民出版社2012年版，第191页。

③ 干春松：《多元化的儒学面向——在四川大学“儒学讨论会”上的演讲》，崔发展、杜霞等：《生活·仁爱·境界——评生活儒学》，安徽人民出版社2012年版，第82页。

的具体设想。

在三种比较成型的理论形态中,“政治儒学”与“现象学儒学”均是从操作层面对儒学复兴进行的设计。政治儒学强调儒学政治方面的功用,主要理路是通过政治上的设计达到儒学复兴的目的。政治儒学的核心内容是“三重合法性”。政治儒学的提倡者蒋庆认为,“无论古今中外,凡政治秩序欲合法,必同时具有此三重合法性的基础,即必同时具有民意(世俗)、超越(神圣)、文化(传统)的合法性基础,缺一必不能合法”①。蒋庆的“三重合法性”构造了一个政治操作模型:“王道政治在‘治道’上实行议会制,行政系统由议会产生,对议会负责。议会实行三院制,每一院分别代表一重合法性。三院可分为‘通儒院’‘庶民院’‘国体院’,‘通儒院’代表超越神圣的合法性,‘庶民院’代表人心民意的合法性,‘国体院’代表历史文化的合法性。”②无论蒋庆出于什么样的目的,他提出的复兴儒学的思路基本上具有非常强的操作功能,如果按照这条思路进行操作,确实能够达到儒学在某种意义上的复兴。但是,这些工作应该是政治家的职责范围,由政治家提出或实施再恰当不过了,由学者提出、提倡就有些“僭越”了,在很大程度上就是一种“乌托邦”。20 世纪初康有为曾在“国弱”“世乱”之时兴起儒教运动,受到知识分子的猛烈攻击和政治家们的强烈反对,“政治儒学”复兴儒学的路数和康有为的儒教运动如出一辙。更何况现在的中国早已远离了“国弱”“世乱”的局面,当代的

① 蒋庆:《政治儒学——当代儒学的转向、特质与发展》,中国人民大学出版社 2003 年版,第 210 页。

② 蒋庆:《王道政治是当今中国政治的发展方向》,《原道》2005 年第十辑。

政治家们绝对不会放弃自己的资源,听一群书生指手画脚。因此,这种复兴儒学的道路也注定是行不同的。

“现象学儒学”其实是以现象学的视域和进路阐释儒家思想,这并不是新路子。广义上讲,现代新儒学走的就是这条道路。当代许多学者也借用西方的某种思潮来阐释、重构儒家思想。“现象学儒学”的提倡者还提出了一条“建立儒家文化保护区”的儒学复兴之路,这大概是张祥龙被列入当代新儒学的主要原因吧。我们看看这个保护区的设计:“首先要有国家与地方行政的支持,一开始必有大量的行政工作与财力的投入,有土地的动用。可先在穷乡僻壤、少有人烟处,以承包土地植树造林为起点,继之以文化生态的建设,并与当地官员签订互惠互助条款,说明双方的权利和义务。其次,要成立一个由有志于创办保护区的儒者、官员、专家组成的筹备会,具体拟定保护区的规模、建制、基本设施和实施步骤。有关的讨论向全社会公开,欢迎一切有兴趣者参与。其三,向全国,甚至全世界的华人征募愿意进入保护区生活者,有严格的筛选条件与程序。其四,保护区建立的试验阶段。这一阶段中,应逐步建立起保护区与外界的合适关系,适应新的技术方式和生活方式,尤其是形成区内的临时组织机构和基本法规,走上自治道路。这时保护区一般不接待外来的参观者。区民的去留要符合有关规定。保护区可分为核心区(尽量恢复传统的生活方式、文化与社会的形态)、缓冲区与外缘区(与大社会有某种形式的来往)。其五,保护区进入正常运行的阶段,形成和谐有序、自身调节的机制。这就是,社会结构、法制、领导层、对外关系等等都得以确立,各项原则得以贯彻。这些都要求保护区居民的创造性才智和诚信忠悃的不懈努力。”①无疑,这与蒋庆的政治儒学在操作层面上具有非常相似之处,也同样存在着政治儒学的困惑,即学者的构想与政治家的工作相左。

“生活儒学”是当代新儒学中最具形而上形态的理论。有感于现代性与民族性的纠结,黄玉顺以“面向生活”的态度打量这种纠结,提出“生活儒学”观念。“生活儒学”是怎样复兴儒学的呢?黄玉顺认为,人们的观念是分层级的,“本源情感(存在)→本体(形而上存在者)→人伦物理(形而下存在者)”②这三个观念层级的转递,就是我们的全部观念,就是我们整个精神生活的生成过程。进一步,黄玉顺指出:“从这三个观念层级出发,我们很容易切入生活儒学的核心观念:生活。生活就是三个观念层级之最本源层级。”③黄玉顺认为,儒学的一切必须“从‘生活本源’说起”,“在生活本源的层级上,所谓历时与共时的时间观念本身尚待生成;并且,生活本身也还没有‘我们的’与‘他们的’之‘分别相’”。④ 也就是说,在生活本源的层级上,中国的民族性与现代性还没有生成。“现代性的诉求,源于我们当下的生活情境,此乃生活本身的演流的一种历时样态,也就是现代性的生活样式;民族性的表达,源于我们在这种生活情境中的生活领悟,而这种领悟中涵摄着我们的共

---

① 张祥龙:《建立儒家文化保护区的理由与方式》,《思想避难:全球化中的中国古代哲理》,北京大学出版社2007年版,第17—18页。

② 黄玉顺:《爱与思——生活儒学的观念》,四川大学出版社2006年版,第3页。

③ 崔罡等:《新世纪大陆新儒家研究》,安徽人民出版社2012年版,第175页。

④ 黄玉顺:《爱与思——生活儒学的观念》,四川大学出版社2006年版,第185、186页。

同传统。然而，所谓‘传统’绝非存在者化地、对象化地、现成化地摆在那里的‘客观’的东西，可以供我们来打量、研究、继承或者不继承；而是被收摄于我们当下生活‘共在’之中的事情，传统就在生活之中。”①这样，“生活儒学”在形而上和形而下之外，又开创了另一个本源层级，这个层级比形而上层级更为本源。我们所谓的纠结等都是在形而下层级出现的，而在本源层级并没有这些纠结。如果回到本源层级，转换观念，由“以物观之”的视角转换成“以道观之”的视角，那么“人天然是儒家”，儒学复兴也就是再自然不过的事情了。“生活儒学”开出了儒学复兴的新视角，同时也赋予了儒学复兴的新内涵，即儒学复兴不在于儒家思想能够解决当下多少问题，也不在于世俗层面对儒学的热度，而在于人们把儒学作为信仰、作为生活方式、作为精神支柱。无疑，这种复兴是儒学的根本复兴。当初现代新儒学所追求的就是具有这样效果的儒学，从梁漱溟的“走孔家的路，过孔家的生活”，到牟宗三、徐复观、张君劢、唐君毅联合发表的《为中国文化敬告世界人士宣言》都是追求这样的目的。然而，“生活儒学”同样也陷入了现代新儒学的困惑。牟宗三所提出的“良知自我坎陷”以及由“内圣”开出“新外王”的路径曾备受学者质疑，“内圣”（形而上层面）与“外王”（形而下层面）是互盲互斥的层面，在此之上加入一个本源层级，同样这三个层级也是互盲互斥的层面。由本源怎样转化成本体，又怎样转化成人伦物理呢？在世俗层面看来，现代新儒学“内圣”开出“新外王”也好，“生活儒学”的本源、本体、人

① 黄玉顺主编:《现代新儒学的现代性哲学——现代新儒学的产生、发展与影响研究》，中央文献出版社 2008 年版，第 4—5 页。

伦物理的转换也好，这些可能是哲学家的思辨，而普通人则很难理解。这样一来，“生活儒学”也就只能存在于哲学家的精神世界，难以走向世俗层面。这或许是“生活儒学”提出后，许多学者提出质疑，而黄玉顺回应其理解“生活儒学”不到位的一个主要原因吧。在笔者看来，“生活儒学”能够复兴儒学，但它高高在上，离世俗层面有些远。

不管如何，当代新儒学作为一个群体，已经在21世纪悄然兴起。诚然，当代新儒学对现代新儒学的超越受到学者质疑，他们复兴儒学的思路也没有得到学界的广泛认可，他们自身的理论建构中有诸多的困惑需要消化和解决，但他们复兴儒学之心可昭，其精神可嘉，所做的努力更应该得到人们的支持。《新世纪大陆新儒家研究》指出：“新世纪大陆新儒家群体中的每一位学人都处在年富力强、学术思想活跃的年龄段，按照人文学科自身的发展规律来说，正是厚积薄发的时刻，本研究不过是对其过往思想的粗略总结而已。我们希望的是，看到传承，看到流变，看到可能性，看到越来越丰富多彩的儒学形态。”①“年富力强”“学术思想活跃”“厚积薄发”是这一群体的特征，他们建构的儒学本体理论能否引起学界的共鸣？他们的观点是否被学者接受并认可？人们拭目以待。

① 崔罡等：《新世纪大陆新儒家研究》，安徽人民出版社2012年版，第43页。

现代新儒家视野中的《易》学*

现代新儒家是产生于20世纪20年代初的一个旨在通过儒学的“返本开新”寻求中国现代化道路的学术思想群体。这个群体自诞生之日起，就成为一种重要的文化现象、思想现象、哲学现象而受到学人的极大关注。因此，对于现代新儒家群体的各种研究也非常之多。特别是21世纪儒学呈现出某种复兴势头之时，现代新儒家群体复兴儒学的思路更具有启发性意义。但是，对于现代新儒家群体的研究，学人们大多探讨的是这个群体的思想建构特色、学术致思取向以及在儒学面临断裂边缘而设计的延续儒学命脉的实践，而很少将研究的触角伸及现代新儒家群体理论依托和皈依之处。事实上，现代新儒家群体以接续儒家道统、复兴儒学为己任，在构建自身的思想体系时特别倚重《易》学。尤其是第一代现代新儒家人物，他们的思想皈依就是《易》学。熊十力明确表明自己的思想最后“归本大易”；马一浮要用六经“统”诸子，“统”四部，六艺“统摄”于《易》，并“统”自然科学；冯友兰“新理学”体系的建构沿用

---

* 本文为教育部人文社会科学重点研究基地重大项目《现代新儒家易学思想研究》一书导论的部分内容，原载于黄玉顺主编：《现代新儒家易学思想研究》“导论：易学是儒学通向哲学的直接途径——现代新儒家视野中的易学”，山东人民出版社2016年版。

了宋代理学解《易》的方式,以理(太极)、气(无极)、道体、大全为核心的新理学体系无论是建构方法还是最后的归属都是《易》学。然而,现代新儒家的这一特点长期以来并没有引起学人的足够重视,时至今日,对于现代新儒家《易》学思想研究的成果仍然不多。

毋庸置疑,现代新儒家群体对《易》学的偏爱和依重,一方面,提升了《易》学的本体地位,使《易》学上升至哲学层面,开辟了《易》学发展的形上学理路。另一方面,正因为现代新儒家群体建构思想体系时对《易》学的过分偏重,使他们的《易》学思想存在一定的偏颇,主要表现在:一是抬高《易》学地位,将《易》学作为他们建立哲学的根据和皈依,尤其是在第一代现代新儒家群体中,这一特点表现得极其鲜明;二是将《易》学作为其思想建构的方法;三是重视《易》传。或许是时代的需要,或许是现代新儒家群体的个人喜好,现代新儒家《易》学思想表现出鲜明特点,在他们的思想体系中的地位也相当重要,因此,对于现代新儒家《易》学思想的探讨是研究现代新儒家群体理论建构本身的最重要环节。笔者试图对现代新儒家的《易》学特色进行针对性探讨,揭示现代新儒家利用《易》学建构哲学所存在的问题,以及如何对现代新儒家《易》学思想进行超越。

一、现代新儒家的使命及学术致思取向

近代以来,中国传统文化受到了欧风美雨的浸润和涤荡。儒学作为传统文化的核心,也在西方文化的冲击下发生了非常

大的变化,其生存优势逐渐被消解。但是,围绕着儒学生存及其如何生存的问题,知识分子们展开激烈的争论。如果说,19世纪末到20世纪初晚清阶段,无论是上层官员还是官员周围的士都具有浓厚的儒家思想情结的话,那么,随着中西文化碰撞的不断深入,随着士们对中国文化的深刻反省,随着士向现代知识分子的转变,中国人已经意识到国家的落后,不在于器物层面的坚船利炮,也不在于君主立宪的政治制度,而在于传统中国的文化、心理层面对民族的塑造。于是,引进西学、嫁接西学、用西学改造中学,甚至以西学置换中学的呼声响彻了19世纪末20世纪初中国的政界和知识界。

从情感上说,中国人是不愿意抛弃自己的文化传统而接受另一种文化的。所以,近代初期介译西学、嫁接西学过程中,西学总是扮演着一种"异体参照"的角色,从魏源的"师夷之长技以制夷",到张之洞的"中体西用",再到国粹派的"用国粹激动种性,增进爱国热肠",均体现了这一特征。然而,时势的变动却与"官""士"的设计相去甚远,积贫积弱的晚清政府在西方列强各种形式的打压下,不得不推进传统社会的变革,从器物、政治到文化均效仿西方。这样的背景下,传统儒学一步步走向解体。

进入20世纪后,发生了两件事情使儒学彻底改变了其生存状态。一是1905年的废除科举考试。虽然这仅是一种选官制度的改变,但它打破的是传统社会中由士入仕的唯一途径,恰恰是这条途径维系着儒学的繁荣与昌盛。自有科举考试选官制度以来,科举考试的主要内容就是儒学。所以,科举选官制度已经成为士们学习儒学的动力,并由此使儒学不断得以延续和发展。从某种意义上说,传统社会中儒学的发展依靠政统,政统的支撑就是科举选官制度。科举考试制度的废除对儒学的影响可想而知。一是废止读经。1911 年,清政府被推翻。1912 年临时政府颁发的《普通教育印行办法》明确规定:"小学读经科一律废止","凡各种教科书,务合共和民国宗旨。清学部颁行之教科书,一律禁用"。这标志着传统社会中由经学构成的儒学体系被抽离,代之而起的是现代教育制度。现代教育制度中儒学的地位如何?蔡元培先生曾指出:"为大学国文系的学生讲一点《诗经》,为史学系的学生讲一点《书经》与《春秋》,为哲学系的学生讲一点《论语》《孟子》《易传》与《礼记》,是可以赞成的。为中学生选几篇经传的文章,编入文言文读本,也是可以赞成的。若要小学生也读一点经,我觉得不妥当,认为无益而有损。"[①]这段话几乎成为整个 20 世纪儒学生存状态的真实写照。儒学由传统社会意识形态的中心演变成为现代社会无所依附的游魂。

由传统社会转向现代社会,最苦闷的莫过于知识分子了。尤其是传统社会中以儒家思想作为自己安身立命的知识分子。儒学解体,他们安身立命的归宿没有了,他们将如何生存?而现代社会的知识分子,许多人也意识到西方文化与中华民族的隔阂,他们自觉地担负起拯救传统儒学的使命。于是,尽管传统儒学解体,仍然有相当一部分人以弘扬儒学为奋斗目标,为儒学在现代社会的发展设计各种可能的路径。事实上,中国由传统社会转向现代社会过程中,传统文化的何去何从始终是知识分子(或士)们关注的热点和焦点。1912 年,袁世凯就任中华民国临时大总统,利用儒学的有关思想,稳定其统治地位。

---

① 《蔡元培全集》第 2 卷,浙江教育出版社 1997 年版,第 16 页。

袁世凯政府首先把儒学与共和政治连在一起。1912 年 9 月 20 日,袁世凯颁布《整饬伦常令》强调:“中华立国,以孝弟忠信,礼义廉耻,为人道之大经。正体虽更,民彝无改。”在《临时大总统令》中说:“国势兴衰,视民德之纯漓为标准”,“诚以礼义廉耻国之四维,四维不张,国谁与立”。[①] 1913 年 6 月 22 日,袁世凯颁布《大总统复学校祀孔令》提出:“国家强弱存亡所系,惟此礼义廉耻之防”;“天生孔子,为万世师表”;孔子的学说“放之四海而皆准”,有如“日月之无伤,江河之不废”。要求各省“根据古义,将祀孔典礼折衷至当,详细规定,以表尊崇而垂久远”。1913 年 7 月,袁世凯政府内阁向国会发表的《大政方针宣言》说:“我国二千年之社会,以孔子教义为结合之中心,论者或疑国体改变为共和,即孔道亦无庸尊尚,是非唯不知孔子,抑不知共和也。故政府所主张,一面既尊重人民信教之自由,一面仍当以孔教为风化之本。”[②]1913 年 10 月,国会宪法起草委员会起草宪法时,将“国民教育以孔子之道为修身大本”写入宪法。与之相呼应的是各种孔教社团的纷纷成立,孔教运动风起云涌,“定孔教为国教”的呼声几次作为提案进入国会讨论。这一切又引起了文化激进主义者的强烈反对,终于演变成了新文化运动。

新文化运动是东西方文化的一次正面碰撞。文化激进主义知识分子一开始就将东西文化区别开来,认为中国固有文化是“旧”文化,西洋近代文化是“新”文化,二者性质极端相反,

① 袁世凯:《临时大总统令》,《政府公报》1912 年 7 月 13 日。

② 《民国经世文编(政治)》第二册,(台北)文海出版社 1970 年版,第 362 页。

彼此不能并存。[1] 陈独秀强调,西方国家“举一切伦理、道德、政治、法律、社会之所向往,国家之所祈求,拥护个人之自由权利与幸福而已。思想言论之自由,谋个性之发展也。法律之前,人人平等也。……此纯粹个人主义之大精神也”;而东方民族是“宗法社会,以家族为本位,而个人无权利,一家之人,听命家长。……宗法社会尊家长,重阶级,故教孝;宗法社会之政治,效庙典礼,国之大经,国家组织,一如家族,尊元首,重阶级,故教忠。忠孝者,宗法社会封建时代之道德,半开化东洋民族一贯之精神也”。[2] 李大钊也把东西方文明的不同特点概括为“动的文明”和“静的文明”,认为西方近代文化比中国传统文化优越,中国文化的出路,就在“以彻底之觉悟,将从来之静止的观念,怠惰的态度根本扫荡,期与彼西洋之动的世界观相接近,与物质的生活相适应”[3]。另一部分知识分子不满于激进主义对儒学传统的否定,他们同情、肯定传统,认为东西文化有各自的特点和长处,中国新文化的形成不能走全盘西化的道路,必须在固有的传统基础上调和东西文化的长处。杜亚泉反对西方文明优于东方文明的论点。杜亚泉认为,西方重人为,中国重自然。西方是外向的,中国是内向的。西方尚竞争,中国尚和平,等等。他将西方归为动的文明,东方归为静的文明。他认为动静应当互补,各取对方之长,以补自己之短;动静互为其根,所以东西文化也缺一不可。中国对西方的物质文明可以吸收,国体政体也可参考西方进行改革,但中国固有的道德、文

---

① 参见汪淑潜:《新旧问题》,《青年杂志》第1卷第1号,1915年。

② 《陈独秀著作选》第1卷,上海人民出版社1984年版,第166—167页。

③ 李大钊:《东西文明根本之异点》,《言治》季刊1918年第3期。

学、宗教以及社会风俗、家族制度则比西方的好，不宜也不应该改变。① “道德不道德之判决，在力不在理”，“战争之责任，不归咎于强国之凭陵，而诿罪于弱国之存在”。中国“当此世界潮流逆转之时，不可不有所自觉和自信”，“确信吾社会中固有之道德观念，为最纯粹最中正者”。② 1920年初，梁启超的《欧游心影录》在《晨报》连载。梁启超提出“中西互补”的主张，确认中国传统文化是拯救中国的良方，并号召中国青年以“孔老墨三位大圣”和“东方文明”来拯救西方文明。

新文化运动中东西文化论争，使文化问题集中凸显出来。知识分子们从各自的立场和视野出发，对中国文化的选择提出了各种意见。然而，新文化运动对于文化建设的重点在于“破”，即彻底突破传统文化的文化主体地位，而对于如何建立适应现代社会的新文化却殊无建树。即使有的学者提出了构思新文化的设想，基本上没有得到呼应。新文化运动本来是要建立一种新的文化，促使中国由文化的先进转变成国力的富强。然而，建立什么样的文化能够使中国强大，始终没有在官员与知识分子之间达成共识，而且，知识分子在关于文化问题的不断争论中，冲突不断，许多知识分子甚至在学术争论中诋毁、谩骂与自己观点不同的知识分子。此外，随着新文化运动的深入，西学的冲击越来越明显。“洎于今日，海禁大开，航辙交错，文字互通。西方科哲艺术，泛滥渐渍，其影响至巨，其震

---

① 参见杜亚泉:《静的文明与动的文明》,《东方杂志》第13卷第10号,1916年。

② 杜亚泉:《战后东西文明之调和》,《东方杂志》第14卷第4号,1917年。

撼至烈,几使国人自疑僻陋,下比苗蛮,思欲尽扫固有,饱饫新知。”①在西学学术传入中国之后,最受中国学人重视的一个是科学,一个是哲学。恰恰是科学与哲学,在中国分属两个不同的“器”“道”层面。于是,新文化运动后,中国的新文化建设必须在古今、中西、科学与哲学这些极不协调的氛围中寻找尽可能协调各方面的一条出路。对于当时的知识分子来说,必须绞尽脑汁、冥思苦想地做这样的工作。

1922 年,梁漱溟的《东西文化及其哲学》出版。在《东西文化及其哲学》中,梁漱溟主张要用东方精神文明去挽救西方资产阶级物质文化的破产,在他看来,民族危机问题到最后就是文化危机,因而他从哲学的高度,确定了中西文化的不同价值内涵,找出了中国文化的特别之点。梁漱溟提出了以“意欲”为根本,又赋予传统哲学中“生生”概念以宇宙本体论和近代生物进化论意义,断言“宇宙实成于生活之上”,“生活就是没尽的意欲”和“那不断的满足与不满足罢了”。② 他认为文化无非是“创造的活动,意志的趋往”,即人类的意欲。他认为,由于人类的意欲具有向前、向后、持中的不同倾向,依此可将人类文化划分为西洋、印度和中国三种类型,“中国文化是以意欲自为调和、持中为其根本精神”③,与“意欲向前”的西方文化有别。中国文化以孔子为代表,“似乎中间以孔子作了个枢纽,孔子以前的中国文化差不多都收在孔子手里;孔子以后的中国

① 王易:《〈国学概论〉导言》,马克锋编:《国学与现代学术》,广西师范大学出版社 2010 年版,第 76—77 页。

② 梁漱溟:《东西文化及其哲学》,商务印书馆 1999 年版,第 32 页。

③ 梁漱溟:《东西文化及其哲学》,商务印书馆 1999 年版,第 61—62 页。

文化差不多都由孔子里出来”①,中国文化是人类文化的理想归宿,比西洋文化的物质文明要高妙,所以要“打破他往西走的迷梦”,“导他们于至好至美的孔子路上来”②。新文化运动后,举国上下谈及中国旧文化,谈及孔子之道羞于开口之时,梁漱溟公开主张“走孔家的路,过孔家的生活”,并从东西方文化的内在理路来阐释儒学何以能实现中国的救亡图存,这在当时引起轩然大波,也成了激进主义知识分子炮轰的重镇。梁漱溟的这一致思取向被冠以“玄想家”“闭眼瞎说”“主观的文化哲学”等名称。然而,梁漱溟的思想也被一些知识分子确认为一种“新文化”建设的路子。他们认为《东西文化及其哲学》是“新文化里面第一部有价值的著作,是‘继绝学,开太平’的大发明”③,是“救济20世纪文化共通事业”的“开宗明义第一章”④。有了道路的开拓者,就会有人沿此道路继续前行。

1923年,张君劢作了题为《人生观》的演讲,从而引发了新文化运动后期的“科玄论战”。科玄论战涉及的问题十分广泛,但争论的焦点可以归结为科学问题究竟能否解决人生观问题,或者说科学的人生观是否可能?张君劢认为科学为客观的,人生观为主观的;科学为论理的方法所支配,而人生观则起于直觉;科学可以以分析方法下手,而人生观则为综合的;科学为因果律所支配,而人生观则为自由意志的;科学起于对象之相同现象,而人生观起于人格之单一性。所以“科学无论如何发达,而人生观问题之解决,决非科学所能为力,惟赖诸人类之

① 梁漱溟:《东西文化及其哲学》,商务印书馆1999年版,第150页。
② 梁漱溟:《东西文化及其哲学》,商务印书馆1999年版,第214页。
③ 恶石:《评》,《民国日报·觉悟》1922年3月28日。
④ 章士钊:《评新文化运动》,《甲寅》第1卷第9号,1925年。

自身而已”,“盖人生观,既无客观标准,故惟有返求之于己”。[①]丁文江把张君劢的人生观哲学斥为“玄学”,称张君劢“玄学鬼附身”。他指出:“张君劢的人生观,一部分是从玄学大家柏格森化出来的”;“西洋的玄学鬼到了中国,又联合了陆象山、王阳明、陈白沙高谈心性的一班朋友的魂灵,一齐钻进了张君劢的‘我’里面”。张君劢的“人生观”“决逃不出科学的范围”。[②]就张君劢与丁文江的科学与玄学争论本身而言,并没有什么特殊的意义,只不过是学术界一场关于科学与人生观的不同观点的论争。但科玄论战的意义在于继张君劢与丁文江科学与人生观的争论之后,各派学者纷纷加入争论,使科玄论战的范围进一步扩大,所争论的问题也进一步深化。

科玄论战并没有绝对的胜利方,但是,科玄论战所凸显的问题,即科学的人生观如何可能问题却成为知识分子争论的焦点,而由此引发的关于建立“正确的人生观”问题已经迫在眉睫了。怎样建立“正确的人生观”?玄学派在科玄论战中的观点给学者非常大的启示,即人生观是主观的、综合的,起于直觉的,受自由意志支配。换句话说,人生观是哲学的。于是,建立一种新的哲学的人生观就成为玄学家在“科玄论战”后的使命。

如果说,新文化运动中的东西文化论战将中国文化问题凸显出来,使旧的文化与新的文化形成针锋相对的局面的话,那么,新文化运动后期的科玄论战则将中国文化建设引向了一个

---

① 张君劢:《人生观》,《清华周刊》1923年第272期。

② 丁文江:《玄学与科学——评张君劢的“人生观”》,亚东图书馆编:《科学与人生观》,亚东图书馆1923年版,第49页。

新的问题，即如何建立新文化（人生观）问题。现代新儒家与玄学派一脉相承。张君劢就是现代新儒家早期的一位代表人物。通过科玄论战，玄学派对本位文化的自觉，对传统文化所包含的绝对价值的捍卫，极大地促成了现代新儒家的确立。

科玄论战深刻地影响了20世纪中国哲学的基本走向，而现代新儒家群体承袭了玄学派的使命，即建立一种“正确的人生观”。现代新儒家在建立思想体系中比玄学派更自觉、更具体、更翔实，目标也更明确，即以接续宋明理学为己任，将儒家思想观念化、哲学化，返本开新，建立一个全新的中国文化。这是现代新儒家所承载的时代使命，也是他们的学术致思取向。

二、《易》学：现代新儒家视野中儒学通向哲学之径

现代新儒家认定新文化必然是儒家思想的观念化、哲学化，于是，儒家思想怎样观念化、哲学化就成为现代新儒家努力的方向。但是，儒家思想并不能等同于哲学，只能从儒家思想经典中寻找哲学的痕迹。“《诗》以道志，《书》以道事，《礼》以道行，《乐》以道和，《易》以道阴阳，《春秋》以道名分。”（《庄子·天下》）在儒家经典中，与哲学最为接近的当属《易》了。也正因此，蔡元培先生认为大学的哲学学科要读点《易》学。既然儒家经典中《易》最接近于哲学，那么现代新儒家的体系建构中无疑《易》学就显得最为重要。现代新儒家学人甚至认为，现代哲学在某种意义上就是对《易》学的阐释。也正是在这个意义上，熊十力将自己的思想体系“归本大易”，马一浮要

用《易》“统摄”六经,“统摄”诸子,“统摄”宇宙哲学。

在现代新儒家阵营中,梁漱溟被公认为是奠定基础的人物。“梁漱溟之所以被看作是为现代新儒家开创山林的人物,显然是因为他在‘五四’后不久就出版了那本‘震古烁今之著作’《东西文化及其哲学》。”①然而,梁漱溟的《东西文化及其哲学》只是提出了中国文化所应该走的道路,并没有创设自己的理论体系。梁漱溟也自认是“问题中人”而非“学问中人”,所以,严格意义上说《东西文化及其哲学》并不能构成一种思想体系。张君劢尽管提倡玄学或“新宋学”,但也没有建立起自己的思想体系。被称为现代新儒家代表人物的熊十力、冯友兰、马一浮、钱穆、方东美、牟宗三、唐君毅、徐复观等人的思想体系的建构,或多或少都借助于《易》学。可以说,在现代新儒家视野中,《易》学成为儒学通向哲学的简易、实用的桥梁,甚至是归宿。

熊十力哲学的核心是本体论,而其本体论的建构和归宿都是《易》学。熊十力“泛滥于佛老者数十年,返求于六经,而后得之”②。他考证儒释,衡论中西,对古今中外体用观念做了一次全面而彻底的清理和批判。他提出中外哲学家的体用观有三大谬误:一是求绝对于相对之外;二是无体之论;三是以用为体。造成这些谬误的原因是将体用看作两事,“执用失体”或“离用求体”。在精研佛学之后,熊十力认为佛教在宇宙观、人生观上强调的“虚妄分别”实际上对本体未得到“真实的了

---

① 方克立:《现代新儒学与中国现代化》,长春出版社 2008 年版,第 57 页。

② 冯友兰:《中国现代哲学史》,广东人民出版社 1999 年版,第 218 页。

解”,体、用本没有分别,即用显体。他引用了《周易》大化流行的宇宙观补救佛教一往破尽、体归寂灭的缺失,提出“翕辟成变”理论:本体之变化即显现为翕辟两种势用,宇宙万物的生灭“只此翕辟之流”,离翕辟则无所谓本体,无所谓宇宙,所以本体即翕辟。熊十力将本体描绘成一个舍故取新、变动不居的过程,这个过程无始无终、无消歇、无滞留,既是万物存在的根据和样态,也是我们认识和把握现象界的唯一背景场所。进一步,熊十力用即用显体和摄体归用说明体、用的不可分离。因为本体流行即全显为万殊的大用,用外无体。用是完整的显现,离用无从识体。因此只有从相对中认识绝对,从现象中认识本体,对现象的把握和认识,即是辨用,也是明体。要达到本体与现象界完全合一,还要摄体归用,将本体含摄于万殊大用之中,销体以归用。熊十力将其哲学“归本大易”,认为中国人做人与立国的特殊精神实在六经,六经即内圣外王之学。内圣学的主干就是本体论,就是大《易》。孔子集夏易(连山)、殷易(归藏)之长,演文王之绪,而成《周易》之大典。中国古代本体之说的萌芽即在孔子以前的三易(夏易、殷易、周易)之中。三易首卦不同,表现了人们对宇宙本体认识的不同。夏易首艮,艮为山,宇宙本体以山为象工,故名连山;殷易首坤,坤为地,万物莫不归于地中,故名归藏;周易首乾,有两层含义,一是即用显体,二是注重觉性主宰。即用显体是融会夏易“以本体虚静而发现万象”,“以心物皆就用上名”,乾坤皆是用,即用识体,以用显体;注重觉性主宰即表现在乾居首,而又以坤与乾相联并称元,便是“融摄了殷易唯物之精神”。熊十力以乾坤为用,即用显体,构成了体用不二之义,“遂为中国哲学立定宏规”。因此,后人认为“熊先生以乾元为中心,建构起了本体—宇宙论”①。

与熊十力融通佛、易相似，马一浮思想体系的建构也带有浓厚的理学、佛学色彩。马一浮的《易》学是“以‘性理’为中心的本体—工夫论”，“带有很深的理学、佛学的印痕。他抓住的核心是‘穷理尽性至命’，‘顺性命之理’”。② 马一浮研易重在观象，而观象重在寻求义理。也就是说，他的《易》学思想的最终取向仍然是义理。“观象取义”是马一浮《易》学思想的一个重要特征。马一浮的一部代表性著作《观象卮言》中重点论述了观象。他可以从卦爻辞中的“大”字，如“大吉”“大亨”“利见大人”等，分析出十种义理，并将这些义理与佛学、道学熔为一炉，进而将天下学术、天下之道尽归于六艺。马一浮认为，“六艺者，即是《诗》《书》《礼》《乐》《易》《春秋》也。此是孔子之教，吾国二千余年来普遍承认一切学术之原，皆出于此，其余都是六艺之支流。故六艺可以赅摄诸学，诸学不能赅摄六艺。今楷定国学者，即是六艺之学，用此代表一切固有学术，广大精微，无所不备”③。六艺怎样统诸子？马一浮认为，《汉志》说“诸子十家，其可观者九家”，其实九家之中，举其要者，不过儒、墨、名、法、道五家。“墨家统于《礼》，名、法亦统于《礼》，道家统于《易》”，“观于五家之得失，可知其学皆统于六艺，而诸子学之名可不立也”。④ 六艺不仅统诸子，而且统四部。六艺

---

① 郭齐勇：《现代新儒家的易学思想论纲》，《周易研究》2004 年第 4 期。

② 郭齐勇：《现代新儒家的易学思想论纲》，《周易研究》2004 年第 4 期。

③ 马一浮：《泰和会语》，庞朴主编：《20 世纪儒学通志 · 学案卷》(上)，浙江大学出版社 2012 年版，第 195—196 页。

④ 马一浮：《泰和会语》，庞朴主编：《20 世纪儒学通志 · 学案卷》(上)，浙江大学出版社 2012 年版，第 198 页。

本身就是经,所以统经在情理之中。统子也已经论证。六艺如何统史?马一浮认为,司马迁作《史记》,自附于《春秋》《班志》因之。纪传虽由史公所创,实兼用编年之法,多录诏令、奏议,则亦《尚书》之遗意。诸志特详典制,则出于《礼》。纪事本末,则左氏之遗则也。知此则知诸史悉统于《书》《礼》《春秋》。至于集部,虽然历代繁多,然追根溯源,"咸统于诗书,如是则知一切文学皆《诗》教、《书》教之遗"①。进一步,马一浮指出:"六艺,不唯统摄中土一切学术,亦可统摄现在西来一切学术。举其大概言之,如自然科学可统于《易》,社会科学(或人文科学)可统于《春秋》。因《易》明天道,凡研究自然界一切现象者皆属之;《春秋》明人事,凡研究人类社会一切组织形态者皆属之。"这样,六艺就可以统摄一切学术了,换句话说,一切学术尽在六艺之中。六艺说的是什么?马一浮认为:"一切道术皆统摄于六艺,而六艺实统摄于一心,即是一心之全体大用也。《易》本隐以之显,即是从体起用;《春秋》推见至隐,即是摄用归体。故《易》是全体,《春秋》是大用。"②由此,我们可以看出马一浮的思想体系与熊十力如出一辙,均是以《易》学为体建立的本体论。

冯友兰以"贞元六书"立足于现代新儒家阵营。"贞元六书"的核心是"新理学",但学术界很少论及"新理学"与《易》学的关涉。谈到冯友兰的《易》学思想,普遍聚焦于他的《中国

---

①　马一浮:《泰和会语》,庞朴主编:《20世纪儒学通志·学案卷》(上),浙江大学出版社2012年版,第200页。

②　马一浮:《泰和会语》,庞朴主编:《20世纪儒学通志·学案卷》(上),浙江大学出版社2012年版,第202页。

哲学史》中易传部分。[①] 然而，冯友兰“新理学”思想的建构，与《易》学有着相当大的关联。“冯友兰的哲学体系可按程朱《易传》的观念体系来解读，根本上就是一个《易》学的诠释架构。”[②]

冯友兰“新理学”概念的核心是理，其建构图示是理、气、道体、大全。“新理学”的形上学的逻辑结构，就主要表现在以“理”“气”范畴为基础而展开的一系列概念、范畴的逻辑安置。所谓“理”就是各个事物之所以为各个事物的依据，即他所说“某种事物之所以为某种事物者”。总所有这些“理”就是“理世界”，也就是“太极”。所谓“气”就是指一切事物之所以存在的基础。“一切事物所有以能存在者，新理学谓之气。”“气”和“理”同事物的关系是：“理”是此物之所以成为此物的依据、规律，但此物能否存在却非“理”所能保证，而必须靠“气”的可能性的存在；而“气”也并不是某种具体的事物，它仍然只是一种逻辑上的可能存在，它对于事物是什么仍然没有决定意义，“气并不是什么，所以气是无名，亦称为‘无极’”。实际的存在便是“理”“气”不离，是“理”（太极）在“气”（无极）中的实现。既然“理”“气”不离，二者对于实际事物来说都是不可缺少的，那么，它们又是通过什么途径结合而成实际事物的呢？为了说明这个问题，冯友兰提出了“道体”的概念。“存在是一流行。凡存在都是事物的存在。事物的存在，都是其气实现某理或某

① 冯友兰《中国哲学史》第十五章为“《易传》及《淮南鸿烈》中之宇宙论”，专门论述《易传》思想，影响颇大。蔡尚思主编的《十家论易》，收录的就是这部分内容。

② 王堃：《新理学哲学体系与易道之关系——冯友兰〈易〉学思想解析》，《中州学刊》2013 年第 4 期。

某理的流行。总所有的流行，谓之道体。”①冯友兰把理与气相结合的运动过程（“流行”）称为“道体”，认为理和气是在运动的过程中相结合而派生出事物的。冯友兰认为，存在的概念应当蕴含“动”的概念。事物的存在过程就表现为一个连续不断的动的过程，本质上就是其气实现某理的过程，而这一过程就是“无极而太极”，即“无极”向“太极”的运动，此运动被看作气依照理取得自身规定性而成为具体事物的过程。“道体是总一切的流行”，因此，“道体就是无极而太极的程序”。“道体”从根本上讲，是指作为“形上”之动的所谓“无极实现太极的流行”，是一种脱离了物质的神秘的纯粹流变，是太极借助于无极衍生出事物的运动过程。冯友兰认为，光有三者还不能形成“宇宙”，为了使其新形上学更加圆融，他又提出了“大全”这个宇宙观念。何谓“大全”呢？按照新理学的逻辑，既然每个理为某种事物之“极”，那么，众理之全体便成了整个实际世界的“太极”。“所有理之全体，我们亦可以之为一全而思之，此全即是太极。”既然“太极”为众理之全，故又称为“大全”。“总一切的有，谓之大全，大全就是一切的有。借用中国旧日哲学家的话说：‘一即一切，一切即一’”，此所谓“一切的有”，既包括实际的有，也包括真际的有，这个“总一切的有”的“大全”，就是“哲学中所说的宇宙”。这个“宇宙”并不是物理学或天文学中所说的物质的宇宙，而是“太一”或“大一”。从范围上讲，它大于实际世界；从逻辑上讲，他先于实际世界。它是整个世界的本原。由此可以看出，冯友兰的新理学体系，完全是

① 冯友兰：《新原道》，《三松堂全集》第五卷，河南人民出版社 1986 年版，第 153 页。

在宋明理学对《周易》诠释的基础上建立起来的，是对周敦颐的《通书》《太极图说》《伊川易传》和朱熹《周易本义》的另一种解读和重构。而冯友兰自己也称是接着他们（宋明理学）讲的，也不避讳对《易》学的偏爱，从《易经》的爻辞中命名六部著作（“贞元六书”）。这一点，应该引起学术界足够的重视。

方东美与熊十力、冯友兰等不同，他试图超越宋学而回归原典，因而，他的《易》学呈现出一些新的特色。一是特别重视《易》学的“生生”，“方东美的《易》学是以‘生生’为中心的形上学”①。方东美研读《易》学从《易经》开始，他考察了《易》的逻辑及其符号系统的起源与结构，认为《周易》符号和卦爻辞系统是从远古到成周时代的历史产品，后经周公、孔子的诠释，有了道德理性的提升。“易卦之爻象初非哲学意符，实为中国人自远古以来观象设卦以描绘其社会生活与自然情态之历史踪迹，由图腾而氏族，由氏族而民族，再由民族之内心意想渗透浃化大自然之外境，次第组成之社会、政治及文化之体制。此类史实可由爻而之单卦，由单卦而重为八卦，更由八卦错综组合之步骤，于此形成浩浩长流，绵延无尽（易卦殿以未济，极具深意）之意象系统。”②方东美认为《周易》生生之理中的育种成性、开物成务、创进不息、变化通几、绵延不朽等，均值得深究。他认为，我们的宇宙是生生不已、新新相续的创造领域。任何生命的冲动，都无灭绝的危险；任何生命的希望，都有满足

① 郭齐勇：《现代新儒家的易学思想论纲》，《周易研究》2004 年第 4 期。

② 方东美：《中国哲学之精神及其发展摘要》，蒋国保、周亚洲主编：《生命理想与文化类型——方东美新儒学论著辑要》，中国广播电视出版社 1992 年版，第 332 页。

的可能；任何生命的理想，都有实现的必要。“保合太和，各正性命”，真是我们宇宙的全体气象。二是将《易》学推展为“价值中心的本体论”。方东美认为，儒家的所谓“一贯之道”，实可分为“天道”“地道”和“人道”。在“《周易》中，乾道自乾卦说起是乾元，坤道自坤卦说起是坤元，乾元坤元是所谓的‘宇宙符号’。乾元是大生之德，代表一种创造的生命精神贯注宇宙之一切；坤元是广生之德，代表地面上之生命冲动，孕育支持一切生命的活动；合而言之就是一种‘广大悉备的生命精神’，这就是儒家之所本。……人在宇宙间可以发扬同等重要的创造精神，与天地抗衡。如此，人乃是参赞天地之化育，与天地同为造物主宰”①。这种人道精神，又称之为“哲学的人类学”，是由“宇宙精神”之直接下贯而来的。“宇宙之客观秩序乃是由于在时间动态变化的历程中，为乾元充沛之创造精神所造成者，人类个人所面对者是一个创造的宇宙。故个人也得要同样地富于创造精神，才能德配天地。因此，儒家此种动态观的、与价值中心观的本体论，一旦完成之后，立刻启发一套‘哲学的人类学’。……建立起一套‘以人为中心（人本主义）的宇宙观’。再进而导致出一套‘价值中心观的人性论’。”②所以，《周易》要义有四个方面：主张“万有含生论”之新自然观；提倡“性善论”之人性观；形成一套“价值总论”；形成一套“价值中

---

① 方东美：《原始儒家道家哲学》，（台北）黎明文化事业公司 1983 年版，第 28 页。

② 方东美：《生生之德》，（台北）黎明文化事业公司 1982 年版，第 292—293 页。

心观”之本体论。[①] 三是对《周易》“旁通”“时间”等的深度解读。方东美认为，“整个宇宙大易之用，大化常道之行，只有在‘旁通’的原理下才能领悟，这旁通原理又统摄了下列各特征——(1)生生条理性。(2)普通相对性。(3)通变不穷性。(4)一贯相禅性”[②]。在这里，方东美把《周易》的宇宙本体论描绘成一个动态的系统，根据生生不息的原理，来说明在“时间之流”中的一切变迁和发展。那么何谓时间？“盖时间之为物，语其本质，则在于变易；语其法式，则后先递承、赓续不绝；语其效能，则绵绵不尽、垂诸久远而蕲向无穷。……时间创进不息，生生不已，挟万物而一体俱化，复又‘统之有宗、会之有元’，是为宇宙化育过程中之理性秩序。……《易经》哲学赋予宇宙天地以准衡，使吾人得以据之而领悟弥贯天地之道及其秩序。”[③]时间是不断变化的，它不是孤立的，过去现在和未来时延续相接，我们应“唯变所适”。方东美的《易》学眼界更加开阔，而他试图做到《易经》与《易传》同等重视，汉《易》与宋《易》同等重视，但是，他构建的本体论、人性论、价值论等，并没有平衡好各方面的关系，最后的落脚之处仍然是《易传》，而中国文化的哲学化的关键之处也在《易传》。

与其他现代新儒家人物不同，钱穆不愿意将自己列入现代

---

① 参见方东美：《生生之德》，(台北)黎明文化事业公司 1982 年版，第 289—290 页。

② 方东美：《中国人的宇宙论的精义》，蒋国保、周亚洲主编：《生命理想与文化类型——方东美新儒学论著辑要》，中国广播电视出版社 1992 年版，第 156—157 页。

③ 方东美：《生生之德》，(台北)黎明文化事业公司 1982 年版，第 290 页。

新儒家行列。① 他认为自己的治学理路与现代新儒家群体的思路有很大不同，因此，不能归结为一个群体。事实也正是如此。钱穆的思想是史学家的理路。如果说现代新儒家其他成员更多偏重于哲学体系尤其是形上学体系的建构的话，那么，钱穆则偏重于历史线索的获取和解读。历史领域研究方式重在解读和诠释《易》学史料，所以，钱穆在《易经》《易传》的辨疑和考释上颇用精力，也取得了相当有影响的成果。特别是对朱熹《易》学的梳理内容，钱穆将其与自己的思想体系关联，使《易》学在“中国文化真精神”中占据重要地位。然而，我们仔细阅读钱穆的《易经研究》《论太极图与先天图之传授》《〈易传〉与〈小戴礼记〉中之宇宙论》《〈易传〉与〈中庸〉》《王弼郭象注易老庄用理字条录》《朱子之易学》等论著，就会发现，钱穆一方面主张历史学方法的“求真”，另一方面又将研究《易》学皈依到《易传》“德性天人观”的建立上，也就是说，钱穆研究《易》学的旨归仍然是历史学的观念与方法建立起一种“天人合一”“崇德广业”的中国文化精神。这显然是现代新儒家的理路。

与第一代现代新儒家急欲建构哲学体系、延续儒学命脉明显不同，由于第二代现代新儒家所处的时代中，思想论争的程度已经稍有缓和，民族危机也随着政治的企稳而归于平缓，所以，第二代现代新儒家拥有了更多的时间和精力，建构自己的思想体系更显从容。与第一代现代新儒家一样，第二代现代新儒家仍然将建构儒学本体论、延续儒学命脉作为自身使命，只是他们

---

①　钱穆曾明确表示自己不属于现代新儒家，余英时坚决否认钱穆是现代新儒家，李泽厚也认为钱穆基本上是历史学家。

在建构思想体系时更从容、更深思熟虑，对《易》学的认识也更加平实。第二代现代新儒家学人中仍然将《易》学作为生命大本，作为其形上学的支撑，这与第一代现代新儒家一脉相承。

牟宗三的《易》学思想可分为早期和晚期。早期的代表成果当属《周易的自然哲学与道德函义》，是整理汉易并介述胡煦、焦循的《易》学著作。然而，牟宗三于整理汉易以及胡煦、焦循《易》学中发现的是“中国的自然”哲学的“许多道德函（涵）义”，焦循的《易》学是由卦爻象数的关系建立起了“旁通情也”的道德哲学。诚如他自己描述早期研易感受时所说，“我读着《易经》，是直想着伏羲画八卦是在宇宙洪荒原始混沌中灵光之爆破。那是一种生命之光辉，智极之风姿”①。可见，牟宗三虽然是对《易经》进行研究，但其旨归绝对不是《易经》，而是透过《易经》的卦爻象数延展出《易经》中的道德哲学。这与熊十力的《易》学思路有着非常重大的渊源。牟宗三晚年研易的代表性成果是《周易哲学讲演录》，但在《心体与性体》《道德理想主义》等著作中，也蕴含着他的《易》学思想。牟宗三将《易》学归之于内圣之学，认为儒家道统由孔子所定，“至孔子实起一创辟之突进，此即其立仁教以辟精神领域是”，孔子立仁教，而《孟子》《中庸》《易传》彰显仁教。内圣之学，“实有其独立之领域与本性，此即彰著道德之本性（自性）以及相应道德本性而为道德实践所达至之最高归宿为何所是者是”②。《易传》“由蓍卦之布算而悟到其无思无为知几如神之感应，由

① 牟宗三：《五十自述》，（台北）鹅湖出版社 1993 年版，第 45 页。

② 牟宗三：《心体与性体》（上），上海古籍出版社 2000 年版，第 164、165 页。

此为象征而悟到天道无思无为之生化，再由此而归于主体到‘圣人以此洗心，退藏于密，吉凶与民同患’，以及‘圣人以此斋戒以神明其德’”，“此皆由精诚之德性生命之升进之所彻悟者”。[①] 所以，郭齐勇认为牟宗三晚年的《易》学观是以“穷神知化”为中心。[②] 牟宗三又将《易》学与康德哲学相比照，运用《系辞》中的“乾知大始，坤作成物”“良知良能”“易道弥纶”等建立起道德本体论，并通过对“乾以易知，坤以简能”的阐释，类比康德的自由意志和道德自律，延展出“良知”的“自我坎陷”。可见，牟宗三利用《易》学建立的道德形上学，与熊十力的“归本大易”如出一辙。

唐君毅的《易》学思想与牟宗三的《易》学思想相似。唐君毅虽主张将《易经》与《易传》分治，但读经是要将“言吉凶利害”读出道义。这是唐君毅解读《易经》的根本所在，也是他的旨趣所归。怎样才能从卦爻辞的变化中读出道义？这就是孔子的“观其德义”，也就是《易传》的方法。所以，唐君毅尽管强调经、传分治，实质上他的《易》学思想主要还是对《易传》的解读。唐君毅认为，《易传》包含道—善—性的形上学理路，所以，研易的进路也应该遵循先道、继善、再性的进路。唐君毅认为，物之感应变化之道即是易道，人有超越时空的“神明之知”，能够通过易道以“观天之神道”。人在观照自然界相互感应时，一方面感受到自然物之德的凝聚，另一方面也要发挥“自有其德性”，与之相应；自然界启示人当有德行，自然不是

① 牟宗三：《心体与性体》（上），上海古籍出版社2000年版，第263页。

② 参见郭齐勇：《现代新儒家的易学思想论纲》，《周易研究》2004年第4期。

纯粹的自然,而是有德行意义的自然。“人在其尽性之事中,即见有一道德生活上之自命。此自命,若自一超越于现实之人生已有之一切事之源泉流出,故谓之源于天命。实则此天命,即见于人之道德生活之自命之中,亦即见于人之自尽其性而求自诚自成之中,故曰天命之谓性也。至《中庸》之连天命以论性之思想之特色,亦即在视此性为一人之自求其德行之纯一不已,而必自成其德之性,是即一必归于‘成’之性,亦必归于‘正’之性,而通于《易传》之旨。此性,亦即彻始彻终,以底于成与正,而藏自命于内之性命。故人之尽性,即能完成天之所命,以至于命也。是又见《易传》之言‘成之者性’,言‘各正性命’,‘尽性至命’,正为与《中庸》为相类之思想型态也。”①唐君毅的《易》学将天人有机融通,使其哲学更为神化。虽然与其“心通九境”强调的“心灵本体”有些出入,但能将《易》学诠释的如此圆融,也不失为一种本体创造。“唐君毅先生有关《易》学的探讨亦是哲学性的,与牟先生有很多相近之处。他们二人相互影响,唐的很多探讨较之以上所述牟晚年的探讨,在时间上要早一些。”②

在现代新儒家阵营中,不仅有熊十力、马一浮等对《易》学的创造性诠释,更有徐复观对《易》学的创设。与其他现代新儒家成员利用《易》学建立思想本体不同,徐复观重点发掘《易》学本身与儒学的关系,真正“返”《易》学之本以“开”儒学之新,建立起中华文化的大道。徐复观着重梳理了《易传》,指

① 唐君毅:《中国哲学原论 · 原性篇》,《唐君毅全集》卷十三,(台北)学生书局 1991 年版,第 88 页。

② 郭齐勇:《现代新儒家的易学思想论纲》,《周易研究》2004 年第 4 期。

出《易传》是宗教与人文精神的混合体。在这个混合体之中，实际上存在着阴阳-宇宙论的形上学系统和性命-道德形上学系统。《易传》的阴阳观念形成了宇宙论的形上学系统，“《周易》本来是在天人密切相关的基本观念之下，逐渐演变成立的，后来天从宗教性中脱化出来，便含有宇宙论的性质。《易传》的作者，导入阴阳的观念而加以发展，这对卦爻的解释，是一大进步，对宇宙的说明也是一大进步”①。《易传》的性命观念构成了道德形上学系统，“《易传》以《系辞》《说卦》为主，表现出来的性命思想，可以说是‘一阴一阳之谓道，继之者善，成之者性也’的思想结构，是《中庸》‘天命之谓性’的更具体的说法。……《易传》之言性命，《中庸》之言性命，虽然同出孔门，并且是同一思想结构，但《易传》却于性与命之中，介入了阴阳的观念，便在不知不觉之中，却划分了某一界限，发生了不同的影响”②。《易传》的两个系统哪一个更能代表儒家思想呢？徐复观通过梳理《易传》的两个系统，发现宇宙论形上学与道德形上学将儒家思想讲得悬远了，儒家思想应该讲离人类具体真实生活最近的“形而中学”，这样才能回归孔子。“形而中学”是什么？“《易传》中有几句容易发生误解的话：‘形而上者谓之道，形而下者谓之器。’这里所说的‘道’，指的是天道，‘形’在战国中期指的是人的身体，即指人而言，‘器’是指为人所用的器物，这两句话的意思是说在人之上者为天道，在人之下的是器物，这是以人为中心所分的上下。而人的心则在人体之

① 徐复观：《中国人性论史·先秦篇》，上海三联书店2001年版，第191页。

② 徐复观：《中国人性论史·先秦篇》，上海三联书店2001年版，第189—190页。

中,假如按照原来的意思把话说完全,便应添一句'形而中者谓之心'。所以,心的文化,心的哲学,只能称为'形而中学',而不应讲成形而上学。"[①]正是这一"心"学,构成了道德、艺术、认识论以及宗教的根源,也是儒学的本质所在,更是中国人文精神养成的心理基础。徐复观对《易传》苦心梳理以及对"心"学的追根溯源式的探究,与熊十力的"归本大易"、马一浮的易"统摄"一切学术极其相近。

在现代新儒家思想体系中,《易》学是其思想的支撑,也是其旨归,更是儒学通向哲学的直接路径。

三、现代新儒家《易》学得失

不论受到怎样的质疑,也不论受到如何激烈的批判,现代新儒家是20世纪"最具有影响力和生命活力的思想派别之一"[②],这已是不争的事实。这充分证明了现代新儒家思想体系的影响。现代新儒家的思想体系与《易》学有着深度的关涉,这也是被学界所公认的事实。现代新儒家与《易》学的深度关涉表现为他们对《易》学的提升、利用与创设。这种关联有其合理性的一面,也存在着相当程度的偏颇之处。

从积极的方面来看,现代新儒家的《易》学为《易》学的发展注入了新的活力。这主要体现在以下两个方面。

---

① 徐复观:《心的文化》,《中国思想史论集》,九州出版社2014年版,第294页。

② 方克立:《现代新儒学与中国现代化》,长春出版社2008年版,第28页。

第一，将《易》学提升至哲学本体论的高度，使《易》学转型为形上学。

现代新儒家“抓住《易传》的一些关键性、哲理性话语予以创造性解读，在现当代重建了《易》的形上学，特别是道德形上学，并从形上易体的存有与活动的两面及其统合上加以发展”①。《易》本来是儒家经典之一，但“《易》道广大，无所不包”，“推天道以明人事者也”（《四库提要·易类叙》）。所以，秦汉以降，学者对《易》的研究非常重视，并形成了象数、义理的学派分支。象数派侧重探讨宇宙生成和演化的问题，义理派则侧重探讨怎样把握宇宙本体的问题。现代新儒家进一步发挥《易》学的玄理，将《易》学提升到哲学本体论的高度。熊十力指称自己的思想“归本大易”，因为“孔子作《周易》，本是解决宇宙人生诸大问题”，而人生诸大问题，就是本体问题。马一浮也认为一切学术尽在六经（六艺），六经（六艺）实统于一心，一心之全体即是《易》，所以一切学问皆在《易》中。方东美不但推演出《易》学本体论，而且从“哲学人类学”高度推演出《易》学具有一套包括自然观、人性观、价值论的“价值中心观”的本体论。牟宗三认为《易传》与《孟子》《中庸》一样，讲的就是仁教，这种仁教就是儒家的本体概念。徐复观更是将《易》学看作中国的人文精神。现代新儒家“以现代哲学的观念与问题意识重点阐发了《周易》哲学的宇宙论、本体论、生命论、人性论、境界论、价值论及其间的联系，肯定了中国哲学之不同于西方哲学的特性是生机的自然观，整体的和谐观，自然宇宙和事实世界涵有价值的观念，至美至善的追求，生命的学问和

---

① 郭齐勇：《现代新儒家的易学思想论纲》，《周易研究》2004 年第 4 期。

内在性的体验”①。

第二,对《易》学进行了创造性发挥。

现代新儒家面临着儒学断裂的严峻局势,他们拯救儒学的最简捷的方式就是利用当时西学流行的哲学使儒学观念化、哲学化,他们在将儒学哲学化过程中,也使儒学的许多内容哲学化了。现代新儒家的《易》学就明显体现了哲学化特征。在将《易》学本体化、观念化集结中,现代新儒家成员发展、创造、诠释出许多《易》学的新内容,使《易》学更加丰满,更加时代化。现代新儒家“不再拘束于繁琐的形式系统,亦不拘泥于物化的世界,提扬《周易》所代表的儒家乃至中国哲学的精神方向、价值世界,激励中国人的真善美相融通的人生境界的追求,并形成信念信仰,以安身立命”②。在现代新儒家的视野中,《易》学不仅是天道、地道、人道的本体理论,更是能够支配一切自然科学的形上学系统,自然科学与形上学本身就是体与用的关系,“体用不二”。一句话,《易》学本身就是哲学(或者说哲学已经包含在《易》学之中)。熊十力不仅将思想体系“归本大易”,而且用《易传》的“翕”“辟”概念构造出舍故取新、变动不居的本体论;方东美发挥《周易》的“价值总论”,推演出中国的人文精神;牟宗三认为,“天命实体之下贯于个体”,就在于“《易传》穷神知化,正式言诚体、神体、寂感真几,此是妙运万物之实体”③;唐君毅用《易》学的元、亨、利、贞四德与人文精神的仁、义、礼、智相匹配,贯穿于自然宇宙原理;等等。这些均属于对

---

① 郭齐勇:《现代新儒家的易学思想论纲》,《周易研究》2004年第4期。

② 郭齐勇:《现代新儒家的易学思想论纲》,《周易研究》2004年第4期。

③ 牟宗三:《心体与性体》(上),上海古籍出版社2000年版,第7页。

《易》学的创造性发挥。甚至牟宗三影响深远的“本内圣开出新外王”“良知的自我坎陷”理论。虽未必皆出于《易》学,但其精神及其论证依据仍然带有鲜明的《易》学印痕。

毋庸置疑,现代新儒家的使命决定了这个群体对《易》学的偏爱。由于对《易》学的偏爱和依重,他们对于《易》学进行纵的方面提升和横的方面扩展。纵的方面提升赋予了《易》学以现代性哲学本体论的形上学,横的方面扩展使《易》学成为中国人文精神的载体。在现代新儒家的视野中,某种意义上《易》学就代表着整个儒学,也代表着整个中国文化。但是,正是因为现代新儒家对《易》学的偏爱,使他们对《易》学的认识出现了偏颇之处。

偏颇之一:将《易》学等同于哲学。

现代新儒家的使命就是在经学解体的境况下对儒学进行观念化、哲学化诠释,延续儒家思想在现代的命脉。现代新儒家群体将《易》学哲学化,用《易》学建构哲学本体论,成就一种新的形上学。这里一个重要的逻辑前提就是把《易》学等同于西方哲学。《易》学能否等同于西方哲学?或者说能否将《易》学与哲学进行深度关涉?这是一个非常重要的问题,直接关联到现代新儒家体系的建构。“以《易》而论,看起来像是讨论哲学的书,其实是古代社会学,只是《系辞》中谈些哲理罢。”①《易》学包括紧密相连的经与传(即《易经》与《易传》),《易经》本是卜筮之书,本身并没有哲学价值,这一点,现代新儒家成员也承认。“原夫易卦之爻象初非哲学意符,实为中国人自远古

① 章太炎:《国学之派别——哲学之派别》,马克锋编:《国学与现代学术》,广西师范大学出版社 2010 年版,第 24 页。

以来观象设卦以描绘其社会生活与自然情态之历史踪迹，由图腾而氏族，由氏族而民族，再由民族之内心意想渗透浃化大自然之外境，次第组成之社会、政治及文化之体制。此类史实可由爻而之单卦，由单卦而重为八卦，更由八卦错综组合之步骤，于此形成浩浩长流，绵延无尽（易卦殿以未济，极具深意）之意象系统。”①孔子及其后学通过对《易经》的诠释和发挥而成《易传》，《易传》就由原来的卜筮之书而成为具有义理意义之书。现代新儒家又在《易传》基础上进行提升，将《易》学进一步提升到形上学层面，视《易》学为宇宙本体（熊十力语）、“心之全体”（马一浮语）、“天道性命通而为一”的实体（牟宗三语）、“哲学人类学”（方东美语）。也就是说，《易》学就是哲学。那么，现代新儒家将《易》学视为哲学是否符合《易》学的本意呢？我们知道，《易经》本是卜筮之书，本无哲学价值，《易经》本身也不是哲学，尽管它具有形上学的性质，但它却与哲学完全不同。也就是说，《易经》的形上学性质与现代哲学完全是两回事，二者不能混为一谈。现代新儒家恰恰将二者进行深度关联，甚至等同起来，这就失去了它的合理性。《易》学不等于哲学。现代新儒家为了“返本开新”，将《易》学等同于哲学，难免有牵强附会、生搬硬套之嫌。

偏颇之二：用《易》学涵盖儒学。

诚然，在儒学的发展过程中，《易》学占据着非常重要的位置，尤其是儒家义理的诠释、延展，大都从《易》学开始。但是，

---

① 方东美：《中国哲学之精神及其发展摘要》，蒋国保、周亚洲主编：《生命理想与文化类型——方东美新儒学论著辑要》，中国广播电视出版社 1992 年版，第 332 页。

儒学不仅仅包括《易》学。孔子创立的儒学首先是仁学，是礼学，是君子之学。虽然《易》学里边也对仁、礼、君子等进行了详细的阐发（尤其是《易传》），但《易》学只是儒学的重要组成部分，并不是儒学的全部。从儒家经典文献上说，儒家有六部经典，《诗》《书》《礼》《乐》《易》《春秋》，还有作为明经的《论语》《孝经》等，《易》只是儒学内容的一部分，它代表不了整个儒学。现代新儒家将《易》学提升为本体论，提升到哲学层面，建构起新的哲学体系，用新的哲学体系凝聚儒家思想，某种程度就将《易》学等同于儒学。这一点，在第一代现代新儒家那里体现得非常明显。熊十力建构学说之时，先是求诸六经四子，求诸老庄，求诸佛家唯识、般若，众贯群圣，造诣不齐，皆各有得力处①，进而，熊十力将儒家的"六经四子"、道家的老庄、佛家的《般若》《唯识》《华严》《楞伽》《涅槃》等经进行会通。会通在什么地方？熊十力认为会通于六经。六经是内圣外王之学，最根本的是内圣学。内圣学的主干是本体论，就是《大易》。也就是说，熊十力的新儒学就是以《大易》为本，会通于"群圣"之学。马一浮认为，《易》近于西方的本体论，可以统摄自然科学，圣人之道在六艺（六经），而《易》为之"全体"。方东美更是视《易》学为"价值中心观"的本体论、"哲学人类学"，"《易经》哲学赋予宇宙天地以准衡，使吾人得以据之而领悟弥贯天地之道及其秩序"②。总之，在现代新儒家那里，《易》学完全能够代表儒学，所谓新儒学，其实是新《易》学。

---

① 参见熊十力：《摧惑显宗记》，《熊十力全集》第 5 卷，湖北教育出版社 2001 年版，第 486 页。

② 方东美：《生生之德》，（台北）黎明文化事业公司 1982 年版，第 290 页。

偏颇之三，《易》学既是新儒学建构的本体，又是新儒学体系建构的工具。

现代新儒家为了建构自身的思想体系，极大地运用了《易》学的许多概念，并加以诠释，使其作为理论体系的框架和支撑。熊十力将《易传·系辞》“夫坤，其静也翕，其动也辟，是以广生焉”发展成为“翕辟成变”理论，认为“《乾》卦，三爻皆奇数，吾借以表示辟。《坤》卦，三爻皆偶数，吾借以表示翕。翕以成物，物界是有待的，故用偶数。辟者神也，神无形而不可分割，故用奇数。翕和辟虽说是互相对立的，却又是互相融合的”①，并以此理论构成本体论的核心。冯友兰借助《易》学观念，将“新理学”概括为“理”“气”“道体”“大全”的逻辑安置，将“理”世界规定为“太极”，将“气”定义为“无极”，“理”“气”不离，是“理”（“太极”）在“气”中的实现，借鉴了周敦颐《太极图说》的《易》学理论。其新理学框架的人生论、知识论、宇宙论，以及建构新理学的“正”的方法与“负”的方法，都与《易》学有着密切的联系。甚至冯友兰以《新理学》为中心的“贞元六书”的“贞元”，也出自《易》学。方东美将大易精神描绘成普遍生命的流行，认为“宇宙乃是普遍生命流行的境界，天为大生，万物资始，地为广生，万物咸亨，合此天地生生之大德，遂成宇宙，其中生气盎然充满，旁通统贯，毫无窒碍，我们立足宇宙之中，与天地广大和谐，与人人同情感应，与物物均调浃合，所以无一处不能顺此普遍生命，而与之全体同流”②。牟宗三、唐

① 熊十力：《新唯识论》，中华书局1985年版，第325页。

② 方东美：《广大和谐的生命精神》，蒋国保、周亚洲主编：《生命理想与文化类型——方东美新儒学论著辑要》，中国广播电视出版社1992年版，第82—83页。

君毅均将《易传》与《中庸》结合起来,用“中和”“位序”“同异”“内外”“动静”“刚柔”等说明宇宙、人生、社会之理。《易传》的“穷则变,变则通,通则久”更被唐君毅、牟宗三、徐复观等人用来联系政治、经济、文化的历史与现实,阐发中国文化“慧命”的生机。在现代新儒家的体系建构中,《易》学绝对起到支撑的作用。这种既将《易》学视为本体,又视为工具的状况是否合理呢?《易》学的观念、义理尽管广大而精微,但它并不是无所不包的众理大全。将《易》学的观念、义理无限扩大,作为解决万事万理的理论支撑,恐怕难以令人信服。

偏颇之四,以“传”解“经”。

正是由于现代新儒家学人急欲建构起哲学体系,所以他们特别重视《易传》对《易经》的提升,由此造成了他们对待《易传》与《易经》的态度上有失均衡。总体上讲,现代新儒家学人普遍抬高《易传》,即使提到《易经》,也是以“传”解“经”的方式提升《易经》。熊十力谈到《周易古经》,认为“伏羲始画八卦,因而重之。乃举天道、物理、人事无穷无尽之理蕴,悉包络于其中。诚哉智慧宝藏也”①。“中国最古的哲学典册,莫如《大易》。《大易》最初的作者,只是画卦爻以明宇宙变化的理法。”②牟宗三认为“故《易经》之学即是由蓍卦之布算而见到生命之真几。故云‘夫易,圣人之所以极深而研几也。唯深也,故能通天下之志。唯几也,故能成天下之务。唯神也,故不疾而速,不行而至’。如此言《易》,正是《易》之本义。此非浅

① 熊十力:《原儒·原学统第二》,《熊十力集》,群言出版社1993年版,第356页。

② 熊十力:《新唯识论》,中华书局1985年版,第316页。

薄之头脑胶着于事象者所能知也”①。徐复观认为“《易》原是记载以蓍筮卜吉凶休咎之书”，“古人大概是以这六十四卦、三百八十四爻的相互衍变来象征，甚至是反映宇宙人生的变化；在这种变化中，找出一种规律，以成立吉凶悔吝的判断，因而渐渐找出人生行为的规律”。② 方东美指出：“我认为要通《易经》，我们不能象朱子把《易》当作卜筮之书。朱子这一种说法把《易经》看成很简单，流弊也非常之大！因为《易》最初的起源，也许是供卜筮之用的；但是那个只是历史发展的权宜段落，到了重卦一开始，就不完全是卜筮之书，而是哲理之书；等到象爻辞以及《十翼》各部分组织形成了之后，就完全超越了卜筮的阶段，变作纯哲学智慧的表现。”③唐君毅认为，“《易传》之特色，则盖在循卜筮中的‘感应之神’之义，更契于孔子之言天命之义，以见神之无方而遍运”④。《易传》确实将“经”的卜筮内容进行了提升与超越，但这种超越与现代意义上的哲学思想并不能等同，因而，不能用现代的哲学思维去理解《易经》与《易传》的关系。

---

① 牟宗三：《心体与性体》（上），上海古籍出版社 2000 年版，第 263 页。

② 徐复观：《中国人性论史·先秦篇》，上海三联书店 2001 年版，第 176 页。

③ 方东美：《原始儒家思想之因袭及创造》，蒋国保、周亚洲主编的《生命理想与文化类型——方东美新儒学论著辑要》，中国广播电视出版社 1992 年版，第 427 页。

④ 唐君毅：《中国哲学原论·原道篇·自序》，（台北）学生书局 1986 年版，第 14 页。

梁漱溟乡村建设理论的逻辑进路及其当代价值*

20 世纪 30 年代，梁漱溟主持的乡村建设运动引起了当时社会的关注，国民政府当局与学术界均到邹平考察，邹平乡村建设一度被当作样板而推向其他地区。梁漱溟的乡村建设理论之所以产生如此影响，乡村建设活动是一方面，更重要的是梁漱溟对乡村建设的认识以及他的乡村建设理论。梁漱溟乡村建设理论站位非常高远，用梁漱溟自己的话说，乡村建设理论是站在中国民族的前途这个高度进行的（梁漱溟的《乡村建设理论》的副标题就是“中国民族之前途”），他的乡村建设理论与实践是与整个国家建设、民族发展直接相关联的。梁漱溟乡村建设理论如何解决民族发展？乡村建设理论的内在理路是什么？对于今天的乡村振兴有什么意义？……既是我们研究梁漱溟思想的重要组成部分，更是我们今天探讨乡村振兴的价值因素。

---

* 本文原载于《孔子研究》2018 年第 4 期。

一、乡村建设理论的五个层次

梁漱溟从中国社会的社会组织构造和文化出发,站在国家建设和民族发展的高度思考乡村建设理论。他的乡村建设理论涉及问题相当多,但归纳起来,其实是由一个逻辑递进的层次构成。

第一个层次,政治问题的解决。梁漱溟认为,乡村建设或者说中国问题的解决,首先要解决政治问题。因此,梁漱溟在乡村建设理论的解决问题部分之中,用了大量篇幅谈政治问题和经济问题的解决。“中国问题是整个社会的崩溃,是极严重的文化失调,而其苦闷之焦点,则著见于政治问题之设法解决。假定于政治问题的如何解决没有成竹在胸,而谈其他的,都是白费。”①在梁漱溟看来,政治问题是解决中国社会问题的前提,中国社会问题必须借助于政治问题的解决,因为政治力量代表公家、有强制力、有钱。② 那么,20 世纪 30 年代中国社会的问题是什么呢? 梁漱溟的回答是政权分散不集中。“中国社会散,政府本身也散”③,“政权是分裂单弱而不固定”④,这样,就形成了由政治问题给中国社会带来的病象:“武力横行,法律无效”“政府的腐败”“下情隔膜措施不当”“内战及内战

① 梁漱溟:《乡村建设理论》,上海人民出版社 2011 年版,第 274 页。
② 梁漱溟:《乡村建设理论》,上海人民出版社 2011 年版,第 277 页。
③ 梁漱溟:《乡村建设理论》,上海人民出版社 2011 年版,第 282 页。
④ 梁漱溟:《乡村建设理论》,上海人民出版社 2011 年版,第 281 页。

前内战后的一切”①。怎样来解决这些问题？梁漱溟认为，“中国社会不见此疆彼界，并不是联系融合了，而是散漫成片断，反映在政权上，自然是分散的，现在就是要从社会方面做到下列三点：(1)要从散漫进于联系；(2)要见出一共同要求趋向来；(3)要比较以前有力量”②。具体的设计，“就是将我们分析认定的解决中国问题的动力，给他组织起来。照我们的分析是：中国问题之解决，其发动主动以至于完成，全在其社会中知识分子与乡村居民，打并一起所构成之一力量。解决中国问题的动力，要在知识分子和乡下人身上求；已是无疑，不必再说：要研究的是他们以如何方式构合成一力量。那自然就是我们乡村运动这一条道了”③。

第二个层次，经济建设。政治问题解决了，往上一层就是经济建设了。按照梁漱溟的分析，“在中国好像顶急的是经济建设，然而非政治问题有相当解决是谈不到的”④。所以，经济建设是在政治问题解决之后。中国经济在传统社会中有其独特的发展规律，那就是农业经济始终占主导地位。这种农业经济“生产始终靠人工而不会靠物理的动力；因为他走艺术的路而不走科学的路。无论为农为工，你说他拙，他也很巧；但是艺匠的巧，而非科学家的巧。从而只能为零星小规模的生产。生产手段是分散开的，各人各家各自营生。这是中国社会趋于散

---

① 梁漱溟：《乡村建设理论》，上海人民出版社 2011 年版，第 283、284 页。

② 梁漱溟：《乡村建设理论》，上海人民出版社 2011 年版，第 302 页。

③ 梁漱溟：《乡村建设理论》，上海人民出版社 2011 年版，第 304 页。

④ 梁漱溟：《乡村建设理论》，上海人民出版社 2011 年版，第 324 页。

漫的根本"①。由于西洋经济的冲击,完全的农业经济失去了依靠地位,工业化成为世界经济发展的趋势。由农业化转向工业化,正是20世纪30年代中国经济发展的首要任务。所以,梁漱溟提出了"散漫的农民,经知识分子领导,逐渐联合起来为经济上的自卫与自立;同时从农业引发工业,完成大社会的自给自足,建立社会化的新经济构造"②的路线。梁漱溟断定,从农业引发工业是中国翻身之路,也是中国工业兴起的唯一出路。这条路,不能重复西方国家近代所走的路。"西洋近代是从商业到工业,我们是从农业到工业;西洋是自由竞争,我们是合作图存。"③从农业引发工业,关键在于促兴农业;促兴农业,必须扫除农业发展道路上的障碍。梁漱溟列举了妨碍农业发展的四大障碍,即"治安问题——秩序不安是妨碍农民生产的第一个问题;反之,安定秩序也就是有助于农民生产的最有效方法","运输问题——运销不便是农业产品流通的大障碍,间接影响于农业者很大","农民负担问题——这个包括苛捐杂税、田租、高利贷等一切而言","灾害问题——农业诚然是靠天吃饭"。"这四个问题若得相当解决,则伟大的农业生产力,就可发挥出来。"④扫清农业发展障碍之后,还要做到"流通金融""引入科学技术""促进合作组织"⑤,这样才能保证农业的促兴。不仅如此,梁漱溟还提出要有一个总脑筋,协调解决中

① 梁漱溟:《乡村建设理论》,上海人民出版社2011年版,第325页。

② 梁漱溟:《乡村建设理论》,上海人民出版社2011年版,第330页。

③ 梁漱溟:《乡村建设理论》,上海人民出版社2011年版,第346页。

④ 梁漱溟:《乡村建设理论》,上海人民出版社2011年版,第349、350页。

⑤ 梁漱溟:《乡村建设理论》,上海人民出版社2011年版,第353页。

国发展的政治问题和经济问题,这个总脑筋就是"以全国乡村运动大联合的中枢组织",间接操持政权。具体说来,就是设置乡村建设研究院、乡村教育机关、县政研究会、农业金融机关、农业改良试验推广机关、乡村建设委员会等,进行乡村建设。

第三个层次,中国社会组织结构。这是乡村建设的载体和外显形式,也是乡村建设成功与失败的关键所在。梁漱溟认为,传统中国社会是以乡村为基础,并以乡村为主体,所有文化及社会组织均建立在乡村基础之上。这种社会组织结构的特点是伦理本位和职业分立。伦理本位始于家庭,这种伦理关系表现在社会方面,"于人生各种关系中,家乃其天然基本关系,故又为根本所重;谓人必亲其所亲也";表现在经济方面,"夫妇、父子共财,乃至祖孙兄弟等也共财";表现在政治方面,"但有君臣间、官民间相互之伦理义务,而不认识国家团体关系"。[①] 所以,传统的中国社会"缺乏集团生活,团体与个人关系轻松若无物"[②]。传统中国社会的长处是根于人类理性发育的优越文化,使中国人过着几千年散漫、放任、和平、幸福的生活,避免了许多教派之争、阶级之争、国族之争的惨祸,同化、融合许多外邦异族,扩大其民族生命,但这种社会构造也有其短处,"一是短于集团生活而散漫无力;一是短于对自然界的分析认识,不能控制自然,转而有时受制于自然"[③]。这种短处在西洋文明冲击传统中国社会时,中国社会组织结构便迅速崩溃

---

① 梁漱溟:《乡村建设理论》,上海人民出版社 2011 年版,第 27、28 页。

② 梁漱溟:《乡村建设理论》,上海人民出版社 2011 年版,第 26 页。

③ 梁漱溟:《乡村建设理论》,上海人民出版社 2011 年版,第 53 页。

了。中国社会要在崩溃的社会组织结构中迅速崛起,必须建构一种新的社会组织结构,即建立一种新的乡村组织。这种乡村组织的建立由两个方面构成:一是乡约之补充改造,二是乡农学校。“新的组织,具体的说是个什么样子?一句话就是:这个新组织即中国古人所谓‘乡约’的补充改造。”①梁漱溟认为,古代的乡约是一个很好的地方自治团体,乡约中的四大纲领“德业相劝”“过失相规”“礼俗相交”“患难相恤”充满了人生向上的情怀,把生活上一切事情包含在里边,塑造了中国人的精神。古代的乡约虽好,但随着社会的发展,尤其是西方团体意识的不断渗入,必须在乡约的基础上进行充实。“古人的乡约,只是一种精神,是空虚的,故必以事实来充实他。他只能算是纲,尚须有目;所谓目,即所谓三约:社学、保甲、社仓。乡约为纲,三约为目;精神为虚,三约为实。”②改造、补充古人的乡约,就是改消极为积极,“将消极的彼此顾恤,变成积极的有所进行”,使乡约发挥“人生向上”“志气的提振”作用。同时,乡约组织是私人的提倡或社会团体的提倡,以社会运动的方式而不是借助政治力量来推行。新的社会组织中要对古代乡约改造补充到什么程度?梁漱溟提出了要建立乡农学校。“所谓乡农学校这个东西,是补充改造后的乡约中自然要有的机关,这个机关主要的是讲求进步;而同时我们即以乡农学校来表示乡约,表现我们的组织”③,乡农学校是乡约实施教育的组织,也是乡约精神体现,其组织结构为校董会、校长、教员、乡民

① 梁漱溟:《乡村建设理论》,上海人民出版社 2011 年版,第 171 页。
② 梁漱溟:《乡村建设理论》,上海人民出版社 2011 年版,第 180 页。
③ 梁漱溟:《乡村建设理论》,上海人民出版社 2011 年版,第 195 页。

(学生)四个成分。“我们的乡农学校所划的范围,是由一百五六十户至三四百户,在此范围内,先成立校董会。校董会中都是些领袖人物,再从校董中推出一个校长,来主持教育的事情;教员可以从外边去聘请,聘请一个有知识,更明白的人来做教员,学生即本地农民(尤以成年农民为我们的主要学生,也可以说是从成年农民入手,而不止于成年农民,男女老幼皆在学生之列)。只有教员是外来的,其他三项都是本地人。范围如此划定,内容如此配置,则构成一种组织。”①有了这样的乡村组织,既可以解决中国眼前面临的问题,又可以实现理想社会。

第四个层次,社会理性。梁漱溟认为,乡村建设理论是理性的呈现,即人类理性决定着乡村建设理论。教化、礼俗、自力是社会秩序所赖以维持的要点,“从来中国社会秩序赖以维持者,不在武力统治而宁在教化;不在国家法律而宁在社会礼俗。质言之,不在他力而宁在自力。贯乎其中者,盖有一种自反的精神,或曰向里用力的人生”②。理性指“吾人所有平静通达的心理”,这“实在是宇宙间最宝贵的东西”,中国文化的长处“就在这里”。理性决定着人的思维方式,决定着人的行为习惯。人类理性随着经济的进步及其他文化条件渐次展开,理性的开发程度,决定着社会的模式。所以,社会的组织结构其实也是由人的理性决定的。“以远古独创的文化,维持着三四千年不断的历史,此其民族生命延续力之强韧,更属绝无仅有……此根于人类理性而发育的文化,任何人类遇着都像是寻到了自己

① 梁漱溟:《乡村建设理论》,上海人民出版社 2011 年版,第 196 页。
② 梁漱溟:《乡村建设理论》,上海人民出版社 2011 年版,第 37 页。

的家,如水归壑,不求自至,尤其从理性来的'天下一家'的精神,不存狭隘的种族意识,自一面说,也许是中国人失败的缘由,然而毕竟从这里不费力地融合进来许多外邦异族。因理性伟大,而中国民族伟大。"①乡村建设就是从理性求组织,就是"充分发挥了人类的精神(理性),充分容纳了西洋人的长处","这个组织是以中国固有精神为主而吸收了西洋人的长处","我相信这样的组织都是人类正常的文化、世界未来的文明"。②

第五个层次,向上的精神。乡村建设的终极指向是人们向上的精神。梁漱溟认为,乡村建设组织"比较深细"的最末一层是"神情态度",是精神。"一社会的组织构造是很实在而有力量的,可是你若仔细看的时候,在一社会的组织构造之中还有一个顶根本要紧的地方,就是这个社会里头的人的一种神情态度。这个神情态度也可以说是受其社会组织构造的影响训练而成,但也可以说是社会组织构造的构成是从人的神情态度而来的,二者互为影响,无从分别孰先孰后。所谓神情态度是说:人的一动念是如何动起?用心思往哪里用?我们也可用这样简单的两个字——精神。"③中国政治之所以出现问题,国家权力之所以不能建立,中国社会从民国建立到30年代之所以乱而无序,就在于"精神的不合",也就是"现在中国的旧精神很受新风气压迫"。乡村建设理论的最本质之处,就是在中国精神和西方精神之中"找着一个相通之点,而理其头绪"。为

① 梁漱溟:《乡村建设理论》,上海人民出版社2011年版,第42页。
② 梁漱溟:《乡村建设理论》,上海人民出版社2011年版,第161页。
③ 梁漱溟:《乡村建设理论》,上海人民出版社2011年版,第95页。

此,梁漱溟分析了中西精神不合之处:其一是中国人与西洋人在人生上是迥然不同的两样态度、两副神情;其二,西洋人是动的,东方人是静的;其三,西洋人对人不放心,力量向外用,让彼此牵掣,中国人不存什么心,完全相信人、恭敬人;其四,西洋人把欲望看作正当,用宗教禁欲,产生了政教分离的社会,中国人反对欲望,不信从宗教。其中第四点不合之处是中国精神与西洋精神区别得最深刻、最根本的原因。在中国精神与西洋精神之中找到一个彼此沟通之点,沟通两种不同文化精神,构筑新的组织结构的根基,建立新社会组织,这既是梁漱溟乡村建设的主旨,也是他乡村建设的实质,更是他乡村建设的最高追求和终极目标。"这一个团体组织是一个伦理情谊的组织,而以人生向上为前进的目标(这两项很要紧。西洋人也将转变到这里来)。整个组织即是一个中国精神的团体组织。"①

从政治问题的解决,到建设由农业转化到工业的社会,再构建伦理型的新社会组织结构,使社会的发展趋于理性(教化、礼俗、自力),人们追求一种积极向上的精神。这是梁漱溟的乡村建设的理想,也是乡村建设的逻辑层次。

二、乡村建设的内在理路

从乡村建设的逻辑层次可以清楚看出,梁漱溟的乡村建设

---

① 梁漱溟:《乡村建设理论》,上海人民出版社2011年版,第160—161页。

理论是按照儒家的思维模式建立起来的。乡村建设理论的内在理路其实就是内圣开出外王的路数,乡村建设最高的追求是向上的精神,也就是儒家自强不息、刚健有为的精神。

人性本善是儒家思想的基础。依照人性本善开显出来的社会就是一种伦理型的社会,有亲有爱,和和美美,其乐融融。这一点,梁漱溟非常赞同,他将中国传统社会归结为伦理本位就是很好的证明。梁漱溟认为,“人一生下来就有与他相关系的人(父母兄弟等),人生将始终在与人相关系中而生活(不能离社会)。既在相关系中而生活,彼此就发生情谊。亲切相关之情发乎天伦骨肉,乃至一切相关之人,莫不自然有其情。因情而有义。父义当慈,子义当孝,兄之义友,弟之义恭,夫妇、朋友乃至一切相关之人,随其亲疏、厚薄,莫不自然互有应尽之义”①。这种社会可称伦理本位社会,这种伦理本位社会最重要的关系就是家庭关系。“于人生各种关系中,家乃其天然基本关系,故又为根本所重;谓人必亲其所亲也。”②所以,家庭关系是伦理型社会的基础。尽管梁漱溟认为中国传统的伦理本位社会在近代已经遭到极大程度的破坏,也出现“极严重的文化失调”。从文化上讲,一方面中国文化“生趣渐薄”,历史太久,出现老衰;另一方面,中国文化自身的幼稚,“其所走之路不十分反科学,转而长保其不科学的形迹,其所走之路不十分反德谟克拉西(民主),转而长保其不德谟克拉西(民主)的形迹”③。但这种文化并不能被替代,仍然要在原来文化的基础

① 梁漱溟:《乡村建设理论》,上海人民出版社2011年版,第26页。
② 梁漱溟:《乡村建设理论》,上海人民出版社2011年版,第27页。
③ 梁漱溟:《乡村建设理论》,上海人民出版社2011年版,第59页。

上进行重建。这个重建的理路仍然是《大学》所说的修身、齐家、治国、平天下的道路。

梁漱溟在建设新社会组织构造的乡村组织中，设计了两个具体的组织：乡约之补充改造和乡农学校。乡约是在宋代吕和叔的《吕氏乡约》的基础上加以现代社会的改造。《吕氏乡约》实际上就是把家庭的人伦关系推广到家庭、乡村，乡村组织中的人有了困难要互相体恤与帮助（患难相恤），平时交往要遵守礼仪（礼俗相交），组织之中的人有了过失要互相规劝（过失相规），组织中成员要共同促进道德的提升（德业相劝）。乡约的实质是“德业相劝”，即建立一种积极向上的人生。“乡约这个东西，它充满了中国人精神——人生向上之意，所以开头就说‘德业相劝’‘过失相规’。它着眼的是人生向上，先提出人生向上之意；主要的是人生向上，把生活上一切事情包含在里边。”①基于这样的认识，乡农学校作为补充改造后的乡约中的机关，所建构的组织框架恰恰不是现代管理型的组织架构，而是传统中国的伦理型组织架构，即建立起一种教员与学生之间的师生型组织，像学生和老师一样相处。② 乡民就是学生，管理者就像是教员，乡村组织的管理者与乡民的关系就像是古代老师与学生之间的关系一样。老师教学生首先教的是道德，然后才是知识。乡民对教员，对乡长（更高一层的管理者）要尊

---

① 梁漱溟：《乡村建设理论》，上海人民出版社 2011 年版，第 173 页。

② 传统中国社会中，师生关系仍然属于伦理型关系。师徒关系作为中国传统伦常最重要的非血缘关系之一，其实是伦理关系在社会的延伸，“师徒如父子”“一日为师，终身为父”等很好地诠释了这种关系。梁漱溟乡村建设理论中所建立的乡村组织，毕竟不可能把乡村组织中所有的人都变成家庭伦理关系，但可以用师徒关系代替伦理关系。

敬、要爱护，乡长要代表乡民说话、做事，“众人对乡长的尊敬与信托越到家，则乡长越能体察众人的意思，代表众人说话”，乡村组织中发生什么事情，“总要以情动，以理喻，而不可以势相胁”。[①] 由此我们可以看出，梁漱溟的乡村建设组织是传统社会乡村的一个活脱脱的翻版。

乡村建设组织中，维持好乡村运转，建立起有秩序的乡村，使乡民和平相处、团结互助是其基本的要求。更进一步的要求就是建立一种理性的组织，这种理性的组织的建立，就是教化、礼俗和自力。教化即孔子所说的富而后教。“子适卫，冉有仆。子曰：‘庶矣哉。’冉有曰：‘既庶矣，又何加焉？’曰：‘富之。’曰：‘既富矣，又何加焉？’曰：‘教之。’”（《论语·子路》）百姓富裕起来，就要对其进行教化，教其懂礼。这是儒家治理的理路。礼俗即要人与人之间交往懂得礼数。“不学礼，无以立”（《论语·季氏》），“君子敬而无失，与人恭而有礼”（《论语·颜渊》），“上好礼，则民易使也”（《论语·宪问》）均证明了礼俗在人的立身与社会治理中的重要性。礼标识着一种道德秩序，人的道德层次达到一定程度，就必然是一个知礼之人，社会上的所有人都知礼俗，都达到一定的道德境界，社会就自然有序和安稳。自力是人积极向上的精神，是更高层次的做人境界，这种精神支撑着人为人处事的方式和原则，对人显得尤其重要。这种向上的精神就是儒家思想中所讲之仁。“仁者爱人”“克己复礼为仁”“自强不息”等都是对这种自力的不同方式的描述。梁漱溟乡村组织建设的终极目标就是自力建设，这

---

① 梁漱溟：《乡村建设理论》，上海人民出版社 2011 年版，第 232、233 页。

种自力不是外来的，而是人本身固有的，“贯乎其中者，盖有一种自反的精神”，所以“从伦理本位的社会构造，让人人向里用力”①，也就是孟子所说的“万物皆备于我矣。反身而诚，乐莫大焉”（《孟子·尽心上》）。这种自力对于社会的作用非常巨大，“从来中国社会秩序所赖以维持者，不在武力统治而宁在教化，不在国家法律而宁在社会礼俗。质言之，不在他力而宁在自力”②。自力是做人的最高境界，也是人生的最高追求，即儒家思想视野中的成圣成贤。

梁漱溟乡村建设理论的五个层次中，政治问题的解决是求得一个政权一致、社会稳定的发展局面；经济建设是提升民众的生活质量，求得社会的经济实力和发展基础。政治问题的解决和经济建设是为乡村建设理论的实施创造条件，乡村组织建造、理性追求和向上精神是乡村建设理论的基本步骤和核心。这三个层次正是按照儒家的修身、齐家、治国、平天下的治理理路进行设计的，是儒家内圣外王思想在乡村治理的一个实践操作模式。

三、乡村建设理论与当代乡村振兴战略

梁漱溟的乡村建设实践已经过去七八十年了，但乡村建设理论并没有淡出人们的视野。中国乡村建设的每一次改革、创新，都会有学者从梁漱溟的乡村建设理论中吸取经验。梁漱溟

① 梁漱溟：《乡村建设理论》，上海人民出版社2011年版，第37页。
② 梁漱溟：《乡村建设理论》，上海人民出版社2011年版，第37页。

的乡村建设理论与实验，尤为当代乡村建设的价值资源，成为当代乡村建设的标杆。

客观地说，梁漱溟的乡村建设理论仍然没有脱离传统儒家思想的道德理想主义色彩，这样的乡村建设显得“迂远”，显得“不切事情”，其操作性究竟有多大尚未可知，尽管梁漱溟极大地加入西方团队特色、组织原理，试图用现代的西方工业社会的因素诠释、延续儒家思想的特色，探索出一条中西结合、以西释中的乡村建设道路，凸显出儒家的现代特色。但这条路的有效程度有多大？特别是在工业经济、商品经济、市场经济发展到一定程度后，追求物质利益成为社会发展的大趋势时，儒家文化的成圣成贤对现代人还有多大吸引力？这值得人们深思。然而，这一切都不能掩盖梁漱溟乡村建设理论和实践价值。乡村建设理论被推广，被当作经验进行总结，被当作乡村建设的模本成为学者研究的主题，本身即说明其价值和意义。即使是今天的振兴乡村，梁漱溟的乡村建设理论与实践仍然作为重要的价值资源，可以继承和发扬。

其一，梁漱溟从文化、精神层面为乡村建设立意，提升了乡村建设理论的品位，明确了乡村建设的高远定位，为当代乡村振兴战略提供了建设目标。梁漱溟的乡村建设的实质并不囿限于物质建设、体制建设，而是乡村的文化建设，乡家的个体精神的提振。乡村组织要用一种理性的、文化的内涵来重构，这种乡村建设立意高远，目标宏大。这从某种意义上为今天的乡村振兴战略提供借鉴。今天建设社会主义新农村，实施乡村振兴战略中，中共中央也把乡村振兴战略放在一个高远的目标上建设，指出要“举全党全国全社会之力，以更大的决心、更明确的目标、更有力的举措，推动农业全面升级、农村全面进步、农民全面发展，谱写新时代乡村全面振兴新篇章”，要“立足乡村文明，吸取城市文明及外来文化优秀成果，在保护传承的基础上，创造性转化、创新性发展，不断赋予时代内涵、丰富表现形式。切实保护好优秀农耕文化遗产，推动优秀农耕文化遗产合理适度利用。深入挖掘农耕文化蕴含的优秀思想观念、人文精神、道德规范，充分发挥其在凝聚人心、教化群众、淳化民风中的重要作用”。[①] 中央明确提出，农村的振兴不仅是物质条件的改善和发展，更重要的是文明程度的提高和文化的转化与创新。这与乡村建设理论基本一致。

其二，伦理关系是乡村人与人之间和睦相处、共同进步和发展的基础。乡村建设就是要提升道德境界，培育文明乡风、良好家风、淳朴民风，为新时代乡村振兴确立了原则。梁漱溟认为，社会秩序所赖以维持的要点是教化、礼俗和自力。教化、礼俗实质是乡村的道德建设，乡村建设的具体组织——乡约的改造及乡农学校的运转，实际上是靠教化、礼俗及道德力量在维系着，因而，乡村振兴中传统道德起到黏合剂的作用，道德建设也就成为乡村振兴不可或缺的因素。正因为如此，当代中国大力推进优秀传统文化的传承与发展，大力提倡乡村建设中的道德建设。新时期乡村振兴战略同样提出了乡村建设理论的目标。“提升乡村德治水平。深入挖掘乡村熟人社会蕴含的道德规范，结合时代要求进行创新，强化道德教化作用，引导农民向上向善、孝老爱亲、重义守信、勤俭持家。建立道德激励约束机制，引导农民自我管理、自我教育、自我服务、自我提高，实

---

① 《中共中央国务院关于实施乡村振兴战略的意见》，《人民日报》2018 年 2 月 5 日。

现家庭和睦、邻里和谐、干群融洽。广泛开展好媳妇、好儿女、好公婆等评选表彰活动，开展寻找最美乡村教师、医生、村官、家庭等活动。深入宣传道德模范、身边好人的典型事迹，弘扬真善美，传播正能量。”①

其三，乡村建设最终目标是个体的自我觉醒，培养个体的自信、自强精神，为新时期乡村建设中农民主体地位的确立奠定理论基础。梁漱溟强调的乡村建设理论与实践尽管有乡约引导，有乡农学校的规范，但其根本在于人的理性，人的自力。所谓自力，就是人通过自我觉醒充分释放自身自强不息的精神，所以，乡村建设本质上是塑造（或者挖掘）人的精神。当人的精神充分实现，乡村、社会等都会秩序井然、积极向上、欣欣繁荣了。这是典型的自我管理、自我建设的理路。这一理路虽然带有传统儒家理想的色彩，但这确是未来农村治理的方向。时代越发展，这条理路越清晰和显著。新时期乡村振兴战略明显加重了乡村自治的内容和比重，目的就是培养农民的自主性，唤醒农民的自我意识。所以，中共中央、国务院提出了乡村建设要培育农民的主体意识，促进农民的自我觉醒。“坚持农民主体地位。充分尊重农民意愿，切实发挥农民在乡村振兴中的主体作用，调动亿万农民的积极性、主动性、创造性，把维护农民群众根本利益、促进农民共同富裕作为出发点和落脚点，促进农民持续增收，不断提升农民的获得感、幸福感、安全感。”②怎样促进农民的自我觉醒？国家层面制订了明确的措

① 《中共中央国务院关于实施乡村振兴战略的意见》，《人民日报》2018年2月5日。

② 《中共中央国务院关于实施乡村振兴战略的意见》，《人民日报》2018年2月5日。

施，就是“深化村民自治实践”，即“坚持自治为基，加强农村群众性自治组织建设，健全和创新村党组织领导的充满活力的村民自治机制。推动村党组织书记通过选举担任村委会主任。发挥自治章程、村规民约的积极作用。全面建立健全村务监督委员会，推行村级事务阳光工程。依托村民会议、村民代表会议、村民议事会、村民理事会、村民监事会等，形成民事民议、民事民办、民事民管的多层次基层协商格局。积极发挥新乡贤作用。推动乡村治理重心下移，尽可能把资源、服务、管理下放到基层。继续开展以村民小组或自然村为基本单元的村民自治试点工作。加强农村社区治理创新。创新基层管理体制机制，整合优化公共服务和行政审批职责，打造‘一门式办理’、‘一站式服务’的综合服务平台。在村庄普遍建立网上服务站点，逐步形成完善的乡村便民服务体系。大力培育服务性、公益性、互助性农村社会组织，积极发展农村社会工作和志愿服务。集中清理上级对村级组织考核评比多、创建达标多、检查督查多等突出问题。维护村民委员会、农村集体经济组织、农村合作经济组织的特别法人地位和权利”①。这实质上与梁漱溟的乡村建设实践操作基本契合。

梁漱溟乡村建设理论与实践是在中国传统社会“崩溃”下的一种文化自救，当代的乡村振兴则是在中国大力弘扬优秀传统文化的背景下的文化传承与创新。两种实践虽然在背景、模式、内容等方面不同，时间跨度也达八十年，但两者对于传统文化的认可、乡村建设（振兴）的实质以及乡村振兴的方式方法

---

① 《中共中央国务院关于实施乡村振兴战略的意见》，《人民日报》2018年2月5日。

都有很多相似之处。从某种意义上可以说,今天的乡村振兴战略是梁漱溟乡村建设理论的延续,今天的乡村振兴是梁漱溟乡村建设实践的时代拓展。这正是实施乡村振兴战略要进一步研究发扬梁漱溟乡村建设理论的意义所在。

傲与卑：从新中国梁、冯的际遇看儒者的社会角色*

孔子曰："士志于道。""士"怎样来传道？这就涉及儒家知识分子的社会角色问题了。自古以来，儒家知识分子在社会中扮演着"知识分子—官僚"的双重角色。① 但是，无论是扮演双重角色中的何种角色，儒家知识分子似乎对于"道统"的延续总无法达到预期效果。因此，儒家学者的社会角色确认至今仍在不断争论。新中国成立后，梁漱溟、冯友兰两位儒家学者对知识分子的双重角色各执一端，在现实社会中表现出了傲慢、孤独、屈从、无奈等人格特征，演绎了儒家学者的悲喜剧。梁漱溟、冯友兰两位学者在新中国的学术历程，鲜明地反映出儒家学者的社会角色认定中的困惑。

一

梁漱溟、冯友兰都是20世纪初就已经成名的大学者。

---

* 本文原载于庞朴主编：《儒林》第2辑，山东大学出版社2007年版。

① 参见阎步克：《关于士大夫的"二重角色"》，许纪霖编：《20世纪中国知识分子史论》，新星出版社2005年版。

1922年,梁漱溟的《东西文化及其哲学》由商务印书馆出版。五四运动后,举国上下谈及中国旧文化,谈及孔子之道羞于开口之时,梁漱溟在该书中公开主张“走孔家的路,过孔家的生活”,在当时引起轩然大波,也开启了现代新儒学的先河,奠定了现代新儒家的致思取向。1927—1937年,梁漱溟进行了复兴民族、救亡图存、寻求救国道路的一种探索和尝试——到乡村进行儒学理论建设和实践,在当时又引起不小的轰动。冯友兰于20世纪30年代初出版了《中国哲学史》两卷本,这部著作“是冯友兰的成名之作,是中国第一部用近代眼光所写的完整的中国哲学史,是开创性的”[①]。1938—1946年,冯友兰又完成了“贞元六书”,建立了早期哲学体系。新中国成立前,梁漱溟、冯友兰作为儒家学者,对于儒家的操守是毋庸置疑的。梁漱溟的乡村建设实践其实就是将“过孔家的生活”的信仰延续到现实层面;冯友兰在《新理学》中开明宗义地提出要“承接宋明道学中之理学一派”。

1949年新中国成立后,梁漱溟、冯友兰等儒家学者面临新的境遇。

中国共产党领导人民取得了新民主主义革命的决定性胜利,实现了拯救中国的历史使命,也宣告了知识分子们长期苦苦探索的民族解放道路的结束。这一结果使知识分子们扬眉吐气,他们对中国共产党发出由衷的佩服和惊叹。经历了近代中国苦难历程的知识分子们寻找到了一个施展才能的机会:为新中国出谋划策,参与新中国建设。新中国成立初期,毛泽东、

① 牟钟鉴:《评冯友兰〈中国哲学史新编〉》,单纯、旷昕主编:《解读冯友兰·学者研究卷》,海天出版社1998年版,第74页。

周恩来、董必武等中共领导人也不时表示出对知识分子的关心和对知识分子言论的重视,这更坚定了知识分子参与政治的信心。于是,从旧中国走过来的儒家学者参与建设新中国热情空前高涨。熊十力几次写信给毛泽东和中央政府,建议成立中国哲学研究所、恢复部分书院;1950 年 9 月下旬,梁漱溟向毛泽东提出研究中国文化和设置文化研究所的建议。但是,这些知识分子很快发现,新中国建设的实际与他们所想象的情况是有着相当大的距离的。中央政府对他们的治国策略是要经过仔细考虑、认真筛选的。他们的许多想法过于理想化,与政府想要解决的当下问题有一些出入。他们再一次感到运用传统儒学治理新中国的艰难。

然而,问题远不止于此。新中国成立后,整个意识形态领域倾向了马克思主义的一元化领导。五四运动后围绕着"中国向处去"而形成的西化派自由主义、中国马克思主义和现代新儒家的三大思潮也被中国马克思主义所取代。针对从旧中国走过来的知识分子,中央政府组织了知识分子思想改造运动,意图要他们改造"旧思想",接受马克思主义,用马克思主义思想方法来进行学术研究。于是,像梁漱溟、冯友兰、熊十力、马一浮等儒家思想造诣很深的学者也必须重新学习马克思主义思想。为此,他们迷惘着、痛苦着、焦虑着、彷徨着。

新中国成立之初,在是否接受马克思主义思想改造问题上,梁漱溟、冯友兰做出了不同的选择。梁漱溟继续坚持自己"走孔家的路"的主张。在中国文化研究所未被批准设立后,梁漱溟采取沉默的方式拒绝接受马克思主义思想。1953 年 9 月 11 日,梁漱溟在政协全国委员会常委会发言中,根据自己对农村问题的了解,指出当下"工人九天,农民九地",过去农民

"与共产党亲如一家人,今日已不存在此形势"①。为此,梁漱溟与毛泽东发生争执,并受到毛泽东的严厉批评。1955年,在批判和肃清资产阶级唯心主义思想中,梁漱溟又一次成为重点受批判的对象。当时最高学术机构——中国科学院由郭沫若、潘梓年主持召开专门批判梁漱溟的大会,学术界、理论界出席会议的代表多达80人②,梁漱溟的世界观被批判为"彻头彻尾唯心主义的",文化观和历史观被批判为"反科学的""反动的"。③

与梁漱溟对儒家坚决持守的态度不同,冯友兰在新中国成立后主动接受了马克思主义,自觉地参加社会主义思想改造运动。他向毛泽东表示:"现在我决心改造思想,学习马克思主义,准备于五年之内用马克思主义的立场、观点、方法,重新写一部中国哲学史。"④1950年10月8日,冯友兰在《光明日报》发表了《〈新理学〉的自我检讨》,试图用辩证唯物主义观点进行历史回顾与批判。1950年《新建设》第3期上冯友兰撰文《从〈新理学〉的自我检讨说到新旧哲学的区别》,与自己以前的哲学分手。1951年3月,冯友兰发表了《〈实践论〉——马列主义的发展与中国传统哲学问题的解决》一文,表明他已接受了《实践论》的基本思想。1955年5月11日,冯友兰在《人民

① 梁漱溟:《一九五三年九月十一日政协扩大会议上的发言草稿》,《梁漱溟全集》第7卷,山东人民出版社1989年版,第6页。

② 参见《梁漱溟全集》第7卷,山东人民出版社1989年版,第34页。

③ 参见晓亮:《梁漱溟和他的反动思想》,《工人日报》1955年9月7日。

④ 冯友兰:《三松堂自序》,生活·读书·新知三联书店1984年版,第156页。

日报》发表《批判梁漱溟先生的文化观和“村治”理论》,劝梁漱溟接受马克思主义。

但是,在新中国成立到“文化大革命”开始之前,冯友兰的表现颇耐人寻味。一方面,他积极表示改造自己的思想,向马克思主义靠拢;另一方面,他又试图为儒家的传承做着努力。1954年,在学者们忙于思想改造无暇研究孔子思想时,他指出:“孔子底思想,开辟了地主阶级由开始到取得全国政权的斗争底初步门径”,“在漫长的中国历史中,封建社会文化是中国文化史中一个主要的环节。这段文化的创造与发扬,孔子是一个起主要作用的人物”。① 文章对孔子思想有许多的肯定,“这些观点在五六十年代可以说没有根本改变”②。1957年1月8日,冯友兰在《光明日报》上发表《中国哲学遗产底继承问题》一文,谈了自己对有关中国传统哲学继承问题的看法,“在中国哲学史中有些哲学命题,如果作全面了解,应当注意到这些命题底两方面的意义:一是抽象的意义,一是具体的意义。……什么是命题的抽象意义与具体意义呢?比如《论语》中所说的‘学而时习之,不亦说乎’。从这句话的具体意义看,孔子叫人学的是《诗》《书》《礼》《乐》等传统的东西。从这方面去了解,这句话对于现在就没有多大用处,不需要继承它,因为我们现在所学的不是这些东西。但是如果从这句话底抽象意义看,这句话就是说:无论学什么东西,学了以后,都要及时经常地温习与实习,这都是很快乐的事。这样的了解,这句话

① 冯友兰、黄子通、马采:《孔子思想研究》,《新建设》1954年第6期。

② 郑家栋:《断裂中的传统——信念与理性之间》,中国社会科学出版社2001年版,第355页。

到现在还是正确的,对我们现在还是有用的"。吴传启在1958年第2期《哲学研究》上发表《从冯友兰先生的抽象继承法看他的哲学观点》一文,将冯友兰对待哲学遗产的观点总结为"抽象继承法"。冯友兰的这一方法在当时引起很大争议,许多学者写文章评论冯友兰的"抽象继承法",认为这一方法是和毛泽东的"批判继承"相对立的,"抹煞唯物主义与唯心主义之间的界限"。此后《光明日报》《哲学研究》等报刊陆续发表了大量的文章,批判冯友兰的抽象继承法。1960年7月22日冯友兰在《光明日报》上发表《论孔子》一文,文章虽然贯彻了阶级分析方法,但是仍然重复了《孔子思想研究》的观点,又招致学者们的批判。从对孔子思想的研究方法到孔子思想的内容,从孔子的阶级属性到孔子的历史地位等,冯友兰的观点都成了被批判的对象。冯友兰不服,发表文章据理力争,并走上学术报告会的讲台与关锋论战,对自己的观点进行陈述、解释,其结果是招来更加严厉的批判。1962年冯友兰在《中国哲学史新编》中提出了"普遍性形式的思想",认为"孔子所讲的'仁'的阶级性是很明显的,可是孔子讲'仁'是用一种超阶级的提法提出来的。……这就是赋予他所说的'仁'以一种普遍性的形式"①。"冯友兰所谓'普遍性形式的思想'所引发的波澜,不亚于当年对于'抽象继承法'的批判","这些论述在今天看来,自属一般平常,且不免失之于模棱、含混和不系统,但在当时的学术界却是空谷足音,也因此遭遇到肤浅、好斗、逞强的

---

①　冯友兰:《中国哲学史新编》(上),人民出版社1998年版,第120页。

批判者们的穷追猛打"。[1] 1962年的孔子学术研讨会上，关锋的《关于孔子思想讨论中的阶级分析的几个问题》，以中共代言人的身份点名批判冯友兰的观点。无奈之下，1963年，冯友兰发表了《关于孔子讨论的批评和自我批评》。

傲者愈傲，卑者从屈。1973年的"批孔"运动，梁漱溟、冯友兰二人的态度形成鲜明的对比。

梁漱溟在1953之后，对一次次的运动都选择了沉默的态度。但是，他的沉默，更多是一种不屈服的对抗。几次受到批判后，梁漱溟虽然也表示承认阶级学说，承认阶级斗争的存在，并认为自己也有点唯物论。他也不无虔诚地说："毛主席的领导真使我五体投地佩服，他确是高明英明，实在了不起，简直无话可形容，反观自己，简直太愚蠢了。"[2]但是，他仍然不接受学界对他的全部批判。他明确表示接受对他的政治批判，而不接受对他的哲学批判，因为批判者根本没有弄懂他的哲学。"文化大革命"开始后，梁漱溟被红卫兵拉出来游街、批斗、罚跪。1973年"批林批孔"运动中，冯友兰等写文章批判孔子，参加到运动中来。梁漱溟在政协学习，不少人要求梁漱溟学冯友兰，写文章批判孔子，梁漱溟对此置之不理。江青等人几次点名让他说话，他作了《今天我们应该如何评价孔子》的长篇发言。发言虽然大段引用恩格斯《反杜林论》的观点，并从物理、情理的不同谈西洋人与中国人的不同，引出革命从心出发是中国革命的本色，进而将孔子与中国文化联系。他认为"孔子的功罪

---

① 郑家栋：《断裂中的传统——信念与理性之间》，中国社会科学出版社2001年版，第361页。

② 《梁漱溟全集》第4卷，山东人民出版社1989年版，第178页。

如何,即视中国文化在世界史上表现出的成功失败而定之";研究孔子思想不可泥执马克思主义的社会发展史五阶段说,应该用马克思"所谓亚洲社会生产方式"来说明之。梁漱溟发言后,立即开始了对他长达半年之久的批判。批判半年后,在政协委员学习会议上,当主持人征询梁漱溟对批判的感想时,他竟脱口而出:"三军可夺帅,匹夫不可夺志。"

"文化大革命"开始后,冯友兰的观点发生了很大的变化。与"文化大革命"前相比,冯友兰在孔子研究问题上的转变主要是由原来的尊孔改变为批孔,具体包括以下几点:一是改变承认孔子思想中存在着一些抽象的、普遍性思想因素的观点,认为20世纪50年代自己的"抽象继承法""作为一个方法提出来,这完全是同马克思主义的阶级分析相对立的"①。20世纪60年代,冯友兰反复提出孔子"仁者爱人"所包含的普遍性;此时,他强调"孔子他所爱的实际上只是一小撮奴隶主贵族","阶级斗争的历史充分证明,剥削阶级宣传的所谓'爱人'全是欺人的鬼话"。② 二是由原来认为孔子是地主阶级的思想家而改为孔子是"没落奴隶主的哲学家","总的情况是,当时的社会已经有了很大的变革。在孔丘看起来,已经到了'天下无道'的地步。'无可奈何花落去'。在当时的情况下,他为当时日趋没落的奴隶主阶级作最大努力,妄图挽救他们的命运,恢复他们的统治地位……孔丘大肆宣传奴隶主阶级的意识形态,赞扬奴隶主阶级的上层建筑。企图以此挖新出现的封建社

---

① 冯友兰:《论孔丘》,人民出版社1975年版,第64页。

② 冯友兰:《三松堂自序》,生活·读书·新知三联书店1984年版,第262页。

会的经济基础的墙脚，阻碍封建社会的发展，由此复辟奴隶社会”①。三是把孔丘的“天”说成是维护传统宗教。20世纪60年代，冯友兰强调“天”与传统宗教相区别的方面，他诠释“天何言哉？四时兴焉，百物生焉”为“就是说，四时的运行和万物的生长，都不是‘天’以发号施令的形式直接支配的。它们是自然如此”②。“文化大革命”时期，冯友兰在《论孔丘》中指出，“孔丘所说的天，仍然是当时的传统的宗教所说的天、帝或上帝，是宇宙的最高主宰者”③。正因为冯友兰的这种对孔子观点的转变，使他在批孔运动中的行为为后人所诟病，被刻薄地称为“变形虫”“无聊文人”“罪恶的帮凶”。④

二

同样是儒家学者，同样面临新中国成立后思想改造的际遇，为何梁漱溟与冯友兰二人在新中国成立后走上了不同的路途？

许多学者将二人所走的不同路途完全归结为个人的人格，这恐怕失之偏颇。像梁漱溟、冯友兰这样的大学者，学者的本色是应该清楚的，“冯友兰不是小孩子，是非黑白是清楚的，按

---

① 冯友兰：《论孔丘》，人民出版社1975年版，第16—17页。

② 冯友兰：《中国哲学史新编》（上），人民出版社1998年版，第106页。

③ 冯友兰：《论孔丘》，人民出版社1975年版，第66页。

④ 参见刘述先：《平心论冯友兰》，《当代》1995年第35期。

理,他是不得已而为之而已”[1]。也有的学者将梁漱溟、冯友兰的选择归结于他们的学术取向,认为梁漱溟始终将儒家思想作为自己的人生信仰,而冯友兰虽然自谓“承接宋明道学”,实则是“试图以新实在论和逻辑实证主义改造中国哲学”[2]。相对于梁漱溟的儒家信仰来讲,冯友兰用新实在论诠释儒家思想与马克思主义批判继承儒学更为接近。这或许是梁漱溟、冯友兰角色选择的另一个原因,但不是主要原因。梁漱溟、冯友兰不同选择的主要原因在于儒家学者的社会角色确认中的偏差。

我们再回到新中国成立后儒家学者的际遇中来。新中国成立之前,现代新儒家与中国的马克思主义者进行了多次论战,造成了二者对峙的局面。新中国成立,马克思主义取得了意识形态的主导地位。于是,中国大陆学术界将儒家思想视为封建思想进行“清算”。当时所谓的“清算”,在很大程度上就是排挤,就是将儒家思想与马克思主义对立起来,排挤出马克思主义思想之外。这种情况下,对于梁漱溟、冯友兰这样从旧中国走过来的知识分子来说,是传承儒家思想还是保持儒家知识分子的个人品格,他们只能选择一个。梁漱溟持守着“走孔家的路,过孔家的生活”;冯友兰接受马克思主义,用马克思主义思想、方法和观点总结儒家思想。就二人的角色选择来讲,梁漱溟的主旨在守道,冯友兰的主旨在传道。

梁漱溟、冯友兰二人在新中国成立后的角色选择映衬出了

---

① 《访问牟宗三教授谈话记》,《星岛晚报·星期专刊》1973年12月9日。

② 吴疆:《如何接着新理学讲——冯友兰与中国哲学的语言学转折》,单纯、旷昕主编:《解读冯友兰·学者研究卷》,海天出版社1998年版,第191页。

儒家学者社会角色中的无奈。在中国历史中,作为儒家知识分子的"士",其本身的定位就是要出仕,"士而优则仕"。他们追求的"道"是与"势"一体不分的。"士"要想生存,实现自己的理想,必须要借助于"势"。余英时认为,中国的知识阶层与贵族阶层分离之后,其最初的社会身份是一种"游士",他们犹如一叶自由自在的浮萍,纵然有了其精神依托——"道",却没有任何社会的依托,因而常常贫困潦倒,无以为衣食业。[①] 但他们又肩负着"弘道"的社会使命,于是只好游说四方,靠君主的赏识以实现自己的理想。在这种情况下,"为王者师""作宰辅"成了他们理想的也是唯一的选择。由士而仕,中国知识分子由先秦的"游士"蜕变成了秦汉以后的"士大夫",最后通过科举等制度得以固定,成为中国知识分子的范型。"这就意味着,中国的'道'欲实现其自身,必须对象化,必须投射于'势',体现为'势',转化为'势'。知识分子的最高使命纵然在于'弘道',但'弘道'的现实途径唯有'择势'。"[②]这就是两千年中国古代知识分子的历史命运。然而耐人寻味的是,先秦后,两千年来"士"的主业并非弘"道",而是取"势",相对于"道"而言,"士而优则仕"对于知识分子更具有吸引力。但事实证明,在"势""道"分立的情况下,靠取"势"弘"道"只是知识分子们的一个幻想而已,其结果必然是以"道"适"势",进而导致知识分子的心灵扭曲。历史进入 20 世纪 50 年代后,中国古代知识分子的悲剧又一次在中国重演。

---

① 参见余英时:《士与中国文化》,上海人民出版社 1988 年版,第 69 页。

② 《许纪霖自选集》,广西师范大学出版社 1999 年版,第 195 页。

从“道”还是择“势”，成了新中国成立后知识分子的两难选择。梁漱溟选择了从“道”，冯友兰选择了取“势”弘“道”。

我们再来看一下梁漱溟、冯友兰的角色选择的结果。

诚然，梁漱溟对“走孔家的路，过孔家的生活”的持守，成就了他儒家知识分子的人格。至今，学人们对梁漱溟的人格赞叹不已。在新中国的际遇中，梁漱溟做到了“富贵不能淫，贫贱不能移，威武不能屈”（《孟子·滕文公下》）。然而，“士志于道”，梁漱溟对于儒家思想的传承起到多大作用呢？1949 年 11 月，他的《中国文化要义》由成都路明书店出版。在这部著作中，梁漱溟清楚地梳理了中国政治文化的脉络，就中国民主何以难产等重大问题提出了独特的见解。然而，这部著作却没有像《东西文化及其哲学》那样引起轰动。甚至在知识分子忙于思想改造的当时，对于这部著作关注的学者并不多。1953 年后，梁漱溟选择了沉默。与梁漱溟有着相同际遇并做出同样选择的熊十力，1956 年出版了《原儒》，1958 年出版了《体用论》，1959 年出版了《明心篇》，1966 年出版了《乾坤衍》等重要著作。熊十力在五六十年代的著作“不惟印数很少，且在大陆当时的环境和氛围中亦不可能产生任何影响”①。学者的最大悲哀莫过于其学术成果无人问津。梁漱溟、熊十力的学术成果在当时得不到人们的认可，他们“设立生命大本，重建儒家哲学”的理想得不到任何回应。他们人格虽然可贵，但对于逆境中保存和传承儒学这一被他们视为生命命脉的学问却起不到丝毫作用。

---

① 郑家栋：《断裂中的传统——信念与理性之间》，中国社会科学出版社 2001 年版，第 304 页。

与梁漱溟相比,取“势”弘“道”的冯友兰的际遇更差。冯友兰一方面积极向马克思主义靠拢,另一方面又试图传承儒家思想。这在马克思主义与儒家思想对立的局面下又如何可能?新中国成立后,冯友兰在孔子研究领域中表现得最为活跃。他与关锋等“马克思主义”的关键代表人物进行辩论;他提出“抽象继承法”“普遍性形式”等试图曲折地表达自己的观点。一步步,冯友兰成了孔子研究的关键人物。在当时,人们提到孔子研究,必然想到冯友兰。于是,冯友兰被推到了风口浪尖上。从新中国成立到“文化大革命”开始之前,甚至到 1973 年的批孔前,冯友兰仍然能表述一些自己的真实想法,还能为孔子的思想进行辩护(当然是在“马克思主义”的旗帜下的辩护)。1973 年的批孔运动,冯友兰走上了屈从政治运动的命运,其人格也受到了后人的质疑。在后来的回忆中,冯友兰谈到了当时自己的一些生存状态。“一九七三年,批林运动转向批孔运动。批孔还要批尊孔。当时我的心理又紧张起来,觉得自己又要成为‘众矢之的’了。后来又想,我何必一定要站在群众的对立面呢。要相信党,相信群众嘛。我和群众一同批孔批尊孔,这不就没有问题了吗。在这种思想的指导下,我写了两篇文章。”①这两篇文章就是《对于孔子的批判和对于我过去尊孔思想的自我批判》《复古与反复古是两条路线的斗争》。冯友兰的这两篇文章很快在《光明日报》上发表,并被全国各大报刊转载。此后,在“学校领导”和“革命群众”的鼓励下(冯友兰在《三松堂》自序中,谈到当时的情况,“两篇文章发表以后,各

① 冯友兰:《三松堂自序》,生活·读书·新知三联书店 1984 年版,第 187 页。

地方的群众向我鼓励的信，蜂拥而来，每天总要收到好几封……有真挚的感情，有诚恳的希望”），在毛泽东的关怀下（毛泽东曾说过，先生的文章一出，他就用放大镜仔细看），在江青的直接提携下（江青曾指名让冯友兰担当“梁效”大批判组的顾问，并多次亲自召见部署任务），冯友兰的批孔文章一发不可收，《从个人的体会谈批林批孔同团结教育知识分子的关系》《“克己复礼”是复古主义路线的核心》《从孔子的文艺观批判儒家思想的保守主义、复古主义和中庸之道》《柳宗元与唐代的儒法斗争》《谈谈批林批孔运动对我的教育》，1975 年 9 月出版了系统批孔论著《论孔丘》。至此，冯友兰从尊孔蜕变成了批孔。

对于这样一段历史，冯友兰后来在《三松堂》自序中进行了反省和忏悔：“我在当时的思想，真是毫无实事求是之意，而有哗众取宠之心，不是立其诚而是立其伪。”①这里冯友兰只是对这段历史进行检讨和忏悔，至于他为何走上这条道路的原因却没有涉及。倒是一位学生回国访问时，问他哲学思想改造的经过。他对自己在五六十年代里经历进行概括“……若惊道术多迁变，请向兴亡事里寻”②，道出了他思想转变的原因。随着时间流逝，人们对冯友兰的这段历史也给予更多的理解。然而理解归理解，毕竟冯友兰在 1973 年批孔运动中的表现还是有缺陷的。“冯友兰非常清醒地认识到当时的批孔纯粹是一场政治运动，‘尊孔与批孔不是一个学术问题，而是一个现实

---

① 冯友兰：《三松堂自序》，生活 · 读书 · 新知三联书店 1984 年版，第 189 页。

② 冯友兰：《三松堂自序》，生活 · 读书 · 新知三联书店 1984 年版，第 311 页。

的政治斗争的问题’。但是他却放弃一切属于个人的思考和判断，以前所未有的主动与热情参与其中。”①其实，当冯友兰选择了取“势”弘“道”的道路时，就已经注定了以“道”适“势”的命运。这似乎是儒家知识分子的一个“劫”，一道难以逾越的“门槛”。

无论是保持独立人格的梁漱溟，还是取“势”弘“道”的冯友兰，都没能很好地延续儒家的命脉。儒家学者以“傲”与“卑”的社会角色担负起传道的使命，却难以很好地将“道”传下去。傲者合寡，卑者不能从一。儒家的社会角色到底应该怎样选择？

三

世过时移。在今天，市场经济、文化多元、社会转型等等预示着政治高度干预学术的时代已经结束。儒家思想在全球一体化进程中，经过沉寂与反思，又逢春沾雨，萌芽抽枝，出现了新意。20世纪90年代后，从事儒学研究的机构不断增多，研究经费也从海外和企业、政府等各方不断涌来，各高校、科研机构的高层次人员不断充实孔子及儒学研究领域，有关儒学的研究成果也“批量生产”，孔子研究的会议时时召开。2005年，孔子诞辰2556周年纪念出现了全球祭孔。中国发展战略中的“以德治国”“建立和谐社会”等又与儒家思想的主旨相契合。

① 郑家栋：《断裂中的传统——信念与理性之间》，中国社会科学出版社2001年版，第388页。

这一切,为儒家思想的传承营造了良好的氛围。

然而,我们透过表面热热闹闹的儒家思想繁荣的背后,仍然会发现儒家学者在传承儒家思想时社会角色选择的困惑。他们虽然从政治旋涡中解脱出来,却又被无情地抛向了市场经济的边缘。梁漱溟、冯友兰的悲剧又困扰着新一代学人。

新中国成立到"文化大革命"结束近30年时间里,儒家学者是各种运动的最大配角,他们作为社会发展的反面角色,被批斗、被改造、被流放。"人文科学的特殊'重要性'以及它与政治权力的特殊密切的联系,表明了'中央'对它的重视,也表明了人文知识分子仍然处于知识体系的中心,人文知识实际上是作为意识形态话语直接参与了权力的运作。"[①]20世纪80年代末,伴随改革开放的是思想的启蒙与解放运动,国家也及时调整战略,"以经济建设为中心"取代了"阶级斗争为中心论"。在社会的这种转型中,人文知识分子扮演着重要角色。他们引入西方思潮,论证中国现代化的合理性与合法性。他们发起"文化热",倡言传统文化的积极意义,展望其未来前景。然而,随着"以经济建设为中心"战略方针的确立,人文知识分子的地位受到了明显的冲击。他们不再是社会的中心,"科技知识与政治权力的关系就取代了人文知识与之的关系,相应地,科技精英也一跃而成为知识分子精英结构的中心,并大规模地入主从中央到地方的各级领导岗位,成为政治精英"[②]。这就形成了所谓的人文知识分子的边缘化。20世纪90年代后,孔

① 陶东风:《社会转型与当代知识分子》,上海三联书店1999年版,第301页。

② 陶东风:《社会转型与当代知识分子》,上海三联书店1999年版,第306页。

子研究只是学术研究领域的重心,而不再引起社会关注。儒家学者的使命感和自豪感也多多少少受到商品经济的冲击。在市民的大众文化阶层,他们对孔子及儒学的形而上问题更不愿去费精力思考,“人们乐此不疲地从各种生活常识、生活小窍门类的通俗普及读物中,或通过专家(当然是技术专家)咨询热线,向技术知识分子请教生活之道、治家之术、理财之法,而不再热衷到哲学大师、文学巨匠的经典名著中寻找生活的意义、人生的真谛”①。儒家学者从政治中心解脱出来,却又被抛向了市场经济的边缘,成了一些对社会发展无关紧要的“边缘人物”。

进入21世纪,儒家思想越来越受到社会的重视,儒家学者也抓住机遇开始了自救活动。他们致力于弘扬儒学,在国家物资有限的情况下,争取海外资金,召开国际学术研讨会,创办刊物,举办讲座,办班读经,出版科研成果。近几年全国各地儒学研究机构不断创办,儒学研究热潮不断涌现,诵读经典活动日益兴盛……都是儒家学者努力的结果。然而,儒家学者在传道中仍然不能确证自身的角色。儒家学者躲进书斋研究儒家经典、传承儒家思想,却发现社会对于儒家思想的理解很浮浅,儒家倡导的人生更是曲高和寡,在某种程度上,儒家思想只能是在学术圈子中的“自说自话”,作为儒家的传道者,他们成了一个孤傲的群体;儒家学者从书斋走向社会,又必须向有着权力或财富的社会机构屈从,成为这些社会机构达到一定目的的工具,否则就不被社会接受。

---

① 陶东风:《社会转型与当代知识分子》,上海三联书店1999年版,第308页。

2005年，儒学界有两件事情颇引人注目。一件是“重建中国儒教”，一件是“郑家栋事件”。重建中国儒教的提出，体现了儒家学者的“傲”，而且“傲”到要把儒教定位于国教。这未免太理想化了，注定了少有人认同的命运。郑家栋事件则体现了学者在金钱面前的“卑”，注定了其悲剧命运。这两件事情的出现，又凸显了儒家学者的社会角色确认问题，也说明时至今日，儒家学者的社会角色仍然没有确证。因此，“士志于道”必须要解决好“士”的社会角色。

方克立与现代新儒家*

提到方克立先生,必然就会涉及现代新儒家。2020 年 4 月 21 日,方克立先生逝世。学术界学人以及有关儒学团体纷纷悼念与缅怀方克立先生,缅怀的内容也都提到方克立先生对现代新儒家的贡献。方克立与现代新儒家究竟有什么样的关联?方克立对现代新儒家以及中国 20 世纪思想的影响有哪些?在这些缅怀的文字中似乎没有说详细,有必要进一步仔细地梳理。

一、主持现代新儒学思潮的研究课题,让对立的“绝学”成为“显学”

1986 年,由方克立、李锦全主持的现代新儒学思潮的研究课题被列入国家哲学社会科学“七五”规划重点项目。方克立在谈到此课题的态度和方法时,强调了要老老实实地做搜集、整理资料的基础工作;以马克思主义的立场、观点、方法为指导;重视现代新儒家为解决传统和现代化关系的探索和贡献;

* 本文原载于《孔子研究》2020 年第 6 期。

客观、科学地分析和评价。[①] 本来，一个国家课题的立项并不能说明什么问题，毕竟每年立项的国家课题方方面面，数量庞大。然而，“儒家文化与现代文明——现代新儒学思潮研究”项目在主持人的策划、运作下，几乎是重写了20世纪的儒学发展史，确定了20世纪儒学发展的主要脉络。从某种意义上说，这一课题的立项，无论是在时间点上，还是在中国马克思主义发展史上，抑或是儒学的传承上，都有着特殊的意义。

第一，“现代新儒学思潮研究”课题的重要突破，是抛开“先见”[②]，“同情地理解”作为马克思主义对立面的现代新儒家。

众所周知，中国马克思主义从诞生之日起，就以激进之姿态呈现出与中国传统文化的异质取向。中国马克思主义者接受马克思主义后，认为马克思主义是自足的思想体系，可以“根本解决”（李大钊语）社会发展中的一切问题，非马克思主义的思想是错误的，要用马克思主义的观点加以纠正。这就无意中形成了一种“先见”。作为传统文化主流的儒家思想，显然与外来的马克思主义存在巨大差异，也必然成为马克思主义者“纠正”的重点目标。“马克思主义从传入中国的那天起，它的主要论敌就是儒学余绪。”[③]在中国马克思主义的唯物史观

① 参见方克立：《关于现代新儒家研究的几个问题》，《天津社会科学》1988年第4期。

② “先见”一语，方克立曾用来表述港台学者对内地（大陆）兴起现代新儒学研究的担忧。其实，20世纪以来，中国马克思主义者对传统文化尤其是现代新儒家的态度，是典型的“先见”。

③ 张允熠：《中国文化与马克思主义》，山西教育出版社1999年版，第234页。

视野里，儒学就是已经过时的，是封建的，是倒退的，是阻碍现代社会发展的。儒家思想是中国封建社会意识形态的代表，已经不适合中国现代社会。陈独秀的《孔子之道与现代生活》奠定了这一基调。由于中国马克思主义者的这一“先见”，使20世纪的大部分时间中，中国马克思主义者与文化保守主义者处于一种互盲互斥的状态。现代新儒家思潮作为20世纪文化保守主义最有活力的典型代表，成为中国马克思主义者拒斥的重点。科玄论战中，陈独秀就指出张君劢的人生观“未曾敲过社会科学的门”[①]，李大钊、瞿秋白批判张君劢的人生观“玄虚”无定，不可测度。梁漱溟《东西文化及其哲学》出版，瞿秋白指出梁漱溟所说“欲望、肉欲为社会现象的根本”“其实是唯心论”[②]；熊十力《新唯识论》出版，杜国庠、周谷城等认为，熊十力否认物质宇宙的存在，认为宇宙间的一切事物都是“空无”，都是“诈现”，都是人们的“妄执”，这从根本上否定了科学、知识的价值；冯友兰《新理学》出版后，陈家康指出其“蔽于离而不知合，蔽于理而不知物”[③]，杜国庠指出其“属于玄学一类”而“僭称中国哲学之精神”[④]。事实上，这些中国马克思主义者们对现代新儒家的批判，明显带着唯物史观的“先见”，并没有深入到现代新儒家的思想内部，甚至没有完全理解其思想，只要不符合唯物史观，就用唯物史观进行批判。中国马克思主义与

---

① 陈独秀：《答适之》，转引自张君劢等：《科学与人生观》，黄山书社2008年版，第26页。

② 《瞿秋白文集：政治理论篇》第2卷，人民出版社1988年版，第594页。

③ 陈家康：《物与理》，《群众》1943年第8卷。

④ 《杜国庠文集》，人民出版社1962年版，第414页。

现代新儒家处于一种全面对立的拒斥状态。80年代后，中国马克思主义者虽然尝试着改变对儒家思想的拒斥态度，但习惯性的批判思维仍然决定着中国马克思主义对儒学的范式。1985年，匡亚明著《孔子评传》，提出对孔子思想实行“三分法”，不难品味出马克思主义者的“先见”。

作为马克思主义者，方克立始终坚持马克思主义的理想信念，而且在其学术文章以及与学人的论辩中维护自己的原则和立场。20世纪60年代，方克立与冯友兰关于“普遍性形式”问题进行辩论，方克立站在马克思主义立场批判冯友兰的普遍性形式原则，指出冯友兰虽然借用马克思主义的普遍性形式原则，在思想深处仍然是“新理学”的方法，并指出全面、客观评价冯友兰很有必要。① 方克立一直坚持着马克思主义立场的操守，但又不囿于教条化的马克思主义。他要突破大陆新儒家指责的“先见原则”和“门户之见”②，“我们研究现代新儒学的目的，决不只是简单地把它作为‘反面教材’，作为批判对象。马克思主义不是狭隘的宗派，它不怕申明自己的理论立场，也不拒斥一切积极的、进步的、合理的思想和观念”③。可以说，方克立的这种态度，为马克思主义与儒学从对立到对话、互动迈出了关键性的一步。

怎样抛开“先见”？方克立提出研究现代新儒家要“入乎其内”。“正确的了解是科学研究的起点，要能‘入乎其内’，才

---

① 参见方克立：《全面评价冯友兰》，《哲学研究》1997年第12期。

② 方克立：《现代新儒学与中国现代化·序》，长春出版社2008年版。

③ 关东：《现代新儒学研究的回顾与展望——访方克立教授》，《哲学研究》1990年第3期。

能窥其堂奥。"[①]尽管方克立也强调课题要以马克思主义作为指导，但这个指导更多是"实事求是"的原则。"要详细占有资料，准确理解原意，这是实事求是地进行科学研究的基础和前提"[②]，"我们的工作必须从最基础的资料收集整理做起"[③]。课题组集中国内各大学和研究所，整理出版了《现代新儒家学案》《现代新儒学辑要》等，《现代新儒家学案》《现代新儒学辑要》虽然有编者的主观判断和选取视角，但总体上是以现代新儒家人物的第一手资料呈现的，没有加任何评判。学人了解现代新儒学思想，大都是从这些原始资料当中获取的。从某种意义上说，正是这种收集原始资料的研究成果掀起了现代新儒学研究的热潮。

与"入乎其内"的方法相对应，方克立谈到对待现代新儒学的心态时提出"同情地理解"，并为"同情地理解"做了解释，认为要对现代新儒学思潮在西化泛滥、民族文化生存困顿时，"为护持和承续中华文化之慧命"产生"共鸣"和"敬佩之情"，并从情感共鸣中找到共识。[④]"同情地理解"，就是要理解现代新儒学对中国现代化道路的探索，理解他们"畅通民族文化生

---

① 方克立：《现代新儒学研究的自我回省——敬答诸位批评者》，《南开学报》(哲学社会科学版)1993年第2期。

② 方克立：《现代新儒学与中国现代化·序》，长春出版社2008年版。

③ 方克立：《关于现代新儒家研究的几个问题》，《天津社会科学》1988年第4期。

④ 参见方克立：《现代新儒学研究的自我回省——敬答诸位批评者》，《南开学报》(哲学社会科学版)1993年第2期。

命”的努力，理解“援西学入儒”“返本开新”的哲学理路。[①] 这些“同情地理解”中，少了批判的印迹，少了将现代新儒学看成“反面教材”角色的因素，多了对儒家思想智慧的肯定、包容和借鉴，为马克思主义与儒学的对话互动打下了基础。

第二，“现代新儒家思潮研究”课题的立项，标志着儒学研究由批判继承转向儒学传承本身。

自近代以来，儒学如何传承和发展始终是中国知识分子所关注的问题。进入 20 世纪，儒学变成了无所依附的“游魂”，其发展可谓是举步维艰。五四运动后，反孔、批孔成为一种常态。特别是中国马克思主义，反孔、批孔成为宣传和播撒马克思主义同步进行的重要工作，而且大有借助批孔之势提升马克思主义影响力之意。尽管在马克思主义中国化时期也提出“剔除其封建性的糟粕，吸收其民主性的精华”[②]的原则，但落实到执行层面就是完全“剔除”而没有“吸收”。儒学成为与马克思主义相对立的“反面教材”，供批判、反对、鞭挞。从五四运动的“打倒孔家店”，到“文化大革命”的“批林批孔”运动，都呈现这一特点。但是，儒学本身的传承和发展问题，始终没有走入中国马克思主义者的视野。即使是改革开放后，中国马克思主义者改变了与文化保守主义的互盲互斥的态度，但只是将儒学从批判、反对的对象，转换成客观评价的对象。改革开放后，中国马克思主义者开始反省苏联式的马克思主义的教条，突破马克思主义是自满自足的思想体系，汲取各种思想的精华。儒家

---

① 参见方克立：《现代新儒学与中国现代化》，长春出版社 2008 年版，第 28—29 页。

② 《毛泽东选集》第 2 卷，人民出版社 1991 年版，第 707 页。

思想作为中华民族文化的主体,走入了中国马克思主义者的视野。对孔子及其思想的再认识、再评价成为学界的热点。1979年张岱年提出“对于孔子进行科学的实事求是的讨论”“全面地客观地评论孔子”①,这成为当时孔子研究的标准和方法。然而,这种准则和方法仍然没有关注儒学本身的传承和发展,只是通过评价孔子及其思想供马克思主义吸收其精华。

“现代新儒学思潮研究”课题的立项,从某种意义上说是中国马克思主义从关注儒家思想如何继承转变为儒学的传承与发展。现代新儒学的使命就是在儒学发展非常有限的空间中“重建儒家的价值系统”,以儒家的价值系统重构中国文化。现代新儒学成员以儒家的第三期自许,标榜他们是继宋明儒学之后儒学的正宗传人。将研究的触角伸向这样一个领域,本身就是对儒家思想传承和发展的关心。这是中国马克思主义自产生以来首次对儒学的传承给予积极的回应,而不是将其作为历史来“剔除”或“吸取”。尽管方克立也强调以马克思主义为指导,但研究者的精力还是转向了现代新儒学怎样传承儒家思想方面,并在很大程度上认同现代新儒学对儒家思想传承的理路。事实上,课题立项后,在80年代末到90年代,“现代新儒学从断顿30多年的‘绝学’变成名噪一时的‘显学’”②,其如何传承儒家思想绝对是学者研究中最聚焦的成果,这与课题组开始关注现代新儒学对儒家思想的传承有着直接关系。或者可以说,正因为课题组关注现代新儒学对儒家思想的传承,才

---

① 张岱年:《孔子哲学解析》,中国孔子基金会学术委员会编:《近四十年来孔子研究论文选编》,齐鲁书社1988年版,第422页。

② 方克立:《现代新儒学与中国现代化》,长春出版社2008年版,第149页。

造就了现代新儒学研究的繁荣。我们不难发现,90 年代的现代新儒学研究中,马克思主义的立场、观点、方法逐渐式微,“同情地理解”成分逐渐增加,对现代新儒学观点的认同系数增大。这与课题立项、儒学研究转向关注儒家思想本身不无关系。

二、圈定现代新儒学学派成员,挖掘出一批传承儒家思想的学人

“现代新儒学思潮研究”课题立项后,哪些学人属于这一思潮,课题组成员相当纠结。当时对于现代新儒家思潮的理解是非常有争议的。现代新儒学是一种思潮,思潮只是意味着一定时期、一定地域的思想趋势或倾向,而不是学术观点的一致。具体到现代新儒学思潮,思潮内部学人只是具有相同的研究理路和致思取向,但他们的学术关注点和理论建构方式以及呈现的成果显然不同。这就为如何把握这样一种思潮增添了难度。

方克立显然十分在意现代新儒家思潮的分歧,这直接关系到“现代新儒学思潮研究”课题研究的内容、方法以及成果的权威性。方克立总结了当时现代新儒家研究的代表观点,如李泽厚将熊十力、梁漱溟、冯友兰、牟宗三看作现代新儒家最典型的代表,刘述先将熊十力、方东美、唐君毅、牟宗三作为主要论述对象,张岱年认为将梁漱溟、熊十力、冯友兰、贺麟作为现代新儒家是不妥当的,甚至有的学者上溯到康有为。① 不对这些

① 参见方克立:《关于现代新儒家研究的几个问题》,《天津社会科学》1988 年第 4 期。

大相径庭的观点进行厘定，课题组就无法开展工作。课题组经过讨论，给现代新儒家下了一个精准而且权威的定义："现代新儒家是产生于本世纪20年代，至今仍有一定生命力的，以接续儒家'道统'、复兴儒学为己任，以服膺宋明理学（特别是儒家心性之学）为主要特征，力图以儒家学说为主体为本位，来吸纳、融合、会通西学，以寻求中国现代化道路的一个学术思想流派，也可以说是一种文化思潮。"[①]根据此定义，课题组确定梁漱溟、张君劢、熊十力、冯友兰、贺麟、钱穆、方东美、唐君毅、牟宗三、徐复观十人为现代新儒家"重点研究对象"，其后，又吸纳蔡仁厚的建议，将马一浮列入"重点研究对象"。[②]"后来在编《现代新儒学论著辑要丛书》时，又加上了杜维明、成中英、刘述先、余英时四位。"[③]方克立主持的课题中，共有15位现代新儒家人物。

对于"现代新儒学思潮研究"课题选定的15位现代新儒家人物，学术界也不是完全认可。余英时就公开称自己不是新儒家，他的老师钱穆也与现代新儒家的"学术取向以及对儒学传统的认识都格格不入，'离则双美，合则两伤'，这句话用在钱先生和新儒家的关系上面真是再恰当不过了"[④]。马一浮被公认为儒家，但归类于现代新儒家中有牵强之嫌，也因此，课题组开始时并没有将其纳入。"贺麟的儒学贡献不足以成

---

① 方克立：《关于现代新儒家研究的几个问题》，《天津社会科学》1988年第4期。

② 参见方克立：《现代新儒学研究的自我回省——敬答诸位批评者》，《南开学报》（哲学社会科学版）1993年第2期。

③ 颜炳罡：《生命的底色》，山东友谊出版社2005年版，第164页。

④ 余英时：《钱穆与新儒家》，《中国文化》1992年第1期。

‘家’”,“冯友兰主观上欲成就新儒家,然而其理论基点不在儒家”。[①] 最有争议的是第三代现代新儒家代表人物,方克立曾经提供一份大名单:杜维明、刘述先、余英时、成中英、霍韬晦、唐端正、李杜、黄振华、蔡仁厚、王邦雄、曾昭旭、杨祖汉、高柏园、岑溢成、袁保新、郑志明、李明辉、林安梧、刘国强、冯耀明等,但对于哪些人能代表第三代现代新儒家,可以说是见仁见智,“认识的差异就相当大”[②]。但是,我们不能因为课题组圈定的现代新儒家代表人物得不到学术界的广泛认同就否定它的权威性。事实上,“现代新儒学思潮研究”课题是国家规划项目,课题负责人又是此方面研究的代表性人物,课题组“集中了一批热爱祖国的历史文化、学有根柢、富有探索精神的中青年学者,他们分布在南北各地的十几所大学和科研机构”[③]。可以说,“现代新儒学思潮研究”课题是权威学者主持、权威专业队伍谋划及写作的权威项目。这样一个举全国专业研究力量来做的项目,对于现代新儒家思潮研究来说,那就是方向、标志、典范。所以,课题立项后,“一年来,关于现代新儒家的研究已经引起学术界的普遍关注和重视,见诸报刊的论文不下十数篇”[④],并很快成为文化讨论的一个热点,不仅在内地(大陆),也在港台、海外“产生强烈反响和引起极大关注”。20世纪90年代直到今天的现代新儒家研究,都没有脱离开课题组

---

① 颜炳罡:《生命的底色》,山东友谊出版社2005年版,第164页。

② 方克立:《第三代新儒家掠影》,《文史哲》1989年第3期。

③ 关东:《现代新儒学研究的回顾与展望——访方克立教授》,《哲学研究》1990年第3期。

④ 方克立:《关于现代新儒家研究的几个问题》,《天津社会科学》1988年第4期。

圈定的代表人物,这与课题的权威性直接相关。

既然课题具有如此强大的权威,那么课题组圈定的人物也理所当然地就成为代表或标志。课题组最早圈定的11位代表人物中,梁漱溟、冯友兰、熊十力曾经是中国马克思主义所批判的资产阶级哲学家,是供批判的对象,学术界虽然对他们比较熟悉,但对他们的著作、观点等关注、理解的并不多,只把他们的观点作为"唯心主义哲学"加以批判;张君劢、贺麟、马一浮、钱穆、方东美、唐君毅、牟宗三、徐复观等"国内人士更鲜有所知"。如果不是现代新儒家成为学术界的热点,这一思潮的代表人物恐怕不会有多少人知道,甚至关注。从这一点上说,"现代新儒学思潮研究"课题将其代表人物带到了大众面前。课题组将谁列入代表人物行列,谁就会成为学术界研究的热点。应该承认,课题组圈定代表人物是谨慎和深思熟虑的,所圈定人物也当得起代表,这些人物因其本身的学术成就,即使不列入现代新儒家代表人物,也会随着改革开放的深入,被学术界挖掘出来,只是时间早晚和关注度高低的问题。像梁漱溟、熊十力、冯友兰、钱穆、方东美、唐君毅、牟宗三、徐复观等,他们思想的影响迟早会被学术界关注。但张君劢、贺麟、马一浮等,如果不被列入现代新儒家代表人物之中,是否能成为学术界研究的热点,就不确定了。张君劢尽管挑起科玄论战,但他的主要思想是20世纪后半期,影响力度要小于牟宗三、唐君毅等;贺麟只有一篇《儒家思想的新开展》,提出"新心学",他的研究范围不在儒家;马一浮尽管学问广博、学养深厚,但儒学创新的程度并不高,如果不被列入现代新儒家代表人物,学术界对他的关注可能要大打折扣。

三、精确定位，确定了20世纪思想史的发展脉络

20世纪90年代,方克立提出了中国现代思想史上西化派自由主义、文化保守主义和中国马克思主义三大思潮对立互动的思想格局,得到学术界的公认。

五四运动后,中国思想界形成了三大思潮:西化派自由主义、文化保守主义和中国马克思主义。方克立参照西方学者用激进主义、自由主义、保守主义三分法划分思想派别的做法,认为中国现代思想史中也存在三大思潮。中国马克思主义被视为激进主义,自由主义是指以胡适、吴稚晖等人为代表的西化派,保守主义指以维护传统为特征的思想倾向的思潮。三大思潮均为中国文化的发展设计出各自的愿景,但相互之间的主张又不相同,甚至迥异,三大思潮互相攻讦,鼎足而三,主导着20世纪上半期的主要思想论战。“所谓三派互动,就是指的这种既相互对立又相互联结的复杂的思想变动格局和动态平衡结构。”①三大思潮“反映着当今世界发展潮流和国内阶级力量的对比,70年来虽互有消长但都有不衰的生命力,相互之间展开了错综复杂的思想斗争”②。

对于三大思潮中的文化保守主义,方克立认为“最有势力

---

① 张允熠:《中国文化与马克思主义》,山西教育出版社1999年版,第234页。

② 方克立:《现代新儒学与中国现代化》,《南开学报》(哲学社会科学版)1989年第4期。

和影响的，传承时间最长的，也最有创造性活力和生命力的，就是我们所说的现代新儒家学派，它可以说是中国现代文化保守主义的主流派"①。后来，又直接用现代新儒家来取代文化保守主义，使三大思潮变成中国马克思主义、自由主义西化派和现代新儒家。这一变化是非常精确的。方克立列举了文化保守主义的派别，认为20世纪的文化保守主义有"以康有为为代表的孔教派，以章太炎、刘师培为代表的国粹派，20年代以吴宓、梅光迪为代表的学衡派，30年代的'中国本位文化'派"②。但是，这些派别在20世纪的思想论战中影响并不大。孔教派活跃于20世纪早期，特别是1912年、1913年在全国兴起了孔教运动，开创了"儒学最走红的时期"（庞朴语），但迅速被新文化运动给打压下去，其后就变成了"老朽""封建遗老"了，虽然不断发声，但再也没有兴起风浪，五四运动后更是销声匿迹了。国粹派的主要影响在新文化运动之前，辛亥革命头几年，国粹派"以国粹激动种性"为号召，以"昌明国学、保存国粹"为宗旨，在抵制盲目西化倾向、改变学术风气等方面，起了积极作用。但是，在新文化运动中，国粹派的观点成了旧文化的代表，其代表人物分崩离析，在新文化建设的浪潮中声音微弱，与主流渐行渐远。学衡派与新文化运动时空疏离，标榜"昌明国粹、融化新知""无偏无党、不激不随"的宗旨，却被新文化运动的主干称为"复古"，受到他们质疑。"虽然自称为'衡'，而本

① 方克立：《现代新儒学与中国现代化》，长春出版社2008年版，第146页。

② 方克立：《现代新儒学与中国现代化》，长春出版社2008年版，第146页。

身的秤星尚且未曾钉好，更何论于他所衡的轻重是非。”[①]“《学衡》的议论，大概是反对文学革命的尾声了。我可以大胆说，文学革命已过了讨论的时期，反对党已经破产了。”[②]在这些主流干将的不屑与鄙视中，学衡派没有得到主流学界的正视。“中国本位文化”派只是为呼应国民政府的“新生活运动”而昙花一现。只有现代新儒家，他们自诞生之日起，几乎参与了20世纪前半期的每一次思想论战，支撑着文化保守主义的门面。科玄论战，是由现代新儒家引发并深度参与的，“玄学派的立场实际上就是现代新儒家的立场”[③]；科学派是自由主义西化派的观点，丁文江、胡适、吴稚晖等是科学派的主力；马克思主义者陈独秀、瞿秋白、邓中夏在论战开始后对双方进行了批评，“科玄两派分别为马克思主义哲学的中国化和现代新儒家的兴起提供了思想史背景”[④]。20世纪20—30年代的东西文化论战，是由自由主义西化派引发和主导的，东方文化派的主将即是梁漱溟，《东西文化及其哲学》奠定了现代新儒家的致思取向；胡适、陈序经等人则明确提出“全盘西化”的文化主张；李大钊、瞿秋白等提出理想的文明是“灵（指东方精神文明）肉（西方物质文明）一致之文明”[⑤]。20世纪30年代，现代新儒家

---

① 鲁迅：《估〈学衡〉》，《鲁迅全集》第1卷，人民文学出版社1982年版，第377页。

② 胡适：《五十年来中国之文学》，《胡适文集》第2卷，花城出版社2013年版，第86页。

③ 方克立：《现代新儒学与中国现代化》，《南开学报》（哲学社会科学版）1989年第4期。

④ 何中华：《“科玄论战”与20世纪中国哲学走向》，《文史哲》1998年第2期。

⑤ 《李大钊文集》（上），人民出版社1984年版，第184页。

与中国马克思主义进行了一场唯物辩证法论战,现代新儒家以牟宗三、张君劢为代表,指责马克思主义不懂逻辑,以辩证逻辑代替形式逻辑;中国马克思主义以胡绳、李达、艾思奇为代表,强调世界观与方法论的统一、自然观与社会历史观的统一。40年代,现代新儒家创造了“新理学”“新心学”体系,胡绳、杜国庠等批评他们是唯心主义哲学。新中国成立后,中国马克思主义者清算胡适的资产阶级思想和梁漱溟等的封建思想,并要求冯友兰、贺麟、梁漱溟等人对自己过去所坚持的思想进行分析、批判,向马克思主义靠拢;牟宗三、张君劢则在港台对《矛盾论》《实践论》和辩证唯物主义进行驳难。“三大思潮互相冲撞激荡,既有斗争又有联合,形成内外交织、色彩斑斓的思想斗争画面。”①

如果说,方克立勾勒出三大思潮论战为思想史的主脉络,使中国现代思想史更加明晰的话,那么以现代新儒家取代文化保守主义作为三大思潮之一,则是使三大思潮的论战更加聚焦,有助于更加精准地把握思想史,同时也凸显了中国本土文化的地位,为儒学的现代转化提供了路径。这一点,关注的学者虽少,却不容忽略。

四、余论:以怎样的态度与现代新儒家实现对话与互动

本来,方克立主持“现代新儒学思潮研究”课题,将现代新

① 方克立:《现代新儒学与中国现代化》,《南开学报》(哲学社会科学版)1989年第4期。

儒家由不为人知的“绝学”变成“显学”，并以现代新儒家为文化保守主义的代表，重构20世纪中国思想史，实现马克思主义与现代新儒家的对话与互动，应该得到学界的认同尊重，特别是现代新儒家学人的尊崇。但是，方克立所主张的马克思主义与现代新儒家对话和互动，在学者中间也有一些不同的声音，主要是方克立一再强调的现代新儒家的意识形态特征。这反映出一个问题，马克思主义者应该以怎样的态度与现代新儒家实现对话与互动？

所谓的“对话互动”，一般是指两种或几种势力大体相当的不同思想，为了取得一致性成果所进行的交流、融合的活动。对话互动的前提是平等对待各方，求同存异。方克立曾经在多次会议和文章中强调，研究现代新儒家要以马克思主义的立场、观点、方法为指导，既要重视他们为解决传统和现代化关系问题所做的探索和贡献，也不能过高地估计它在现当代思想史上的地位和作用；既不把它神圣化，也不抹杀它的历史地位。这本身并没有问题。他对“认同新儒学的倾向”“抱着宗教徒般的热忱，以捍卫儒学和新儒学为自觉的历程承担和终生职志”的课题组成员罗义俊多次笔伐，学者也能理解，毕竟作为课题组成员的罗义俊思想偏离课题组宗旨，方克立作为课题负责人是必须纠偏的，否则，课题将无法进行。他对蒋庆的“大陆新儒家”等复兴儒学的政治宣言和思想纲领进行无情的批驳，也得到同行的认可。对于蒋庆等的“大陆新儒学”“以儒代马”的思想和行为，不仅是方克立，许多学者都口诛笔伐。但方克立强调“现代新儒学的意识形态特征”，强调现代新儒家“存在着尖锐的现实意识形态”[①],这引起了学者的质疑。有的学者认为方克立“搞意识形态斗争”;有的学者指出大陆学者的现代新儒家研究是搞“统战”把戏,是“打着儒家反儒家”的“红儒家”;有的学者认为方克立“对现代新儒家的腐蚀性警惕不够”。[②] 似乎,方克立的现代新儒家思想研究有一种两面不讨好的感觉。一方面强调要以马克思主义的立场、观点、方法为指导研究现代新儒家思想,另一方面又要与现代新儒家进行对话与互动。这多多少少让人感觉出是一种矛盾,至少会让对方感觉到对他们不够尊重。所以,许多学者感受到方克立对现代新儒家(甚至是整个儒学)的“冷”,他的与现代新儒家对话互动不是在“求同”,而是在“求异”。

其实,方克立作为一名知识分子,有其时代的特点。许纪霖对20世纪的中国知识分子有很深入的研究,他认为方克立这一代知识分子“生于1930—1945年之间,其知识底色受到《联共(布)党史》影响极大,带有浓郁的意识形态色彩”,“这代人在马克思主义的框架中致力于学术研究,一直试图建立马克思主义的学术规范”。[③] 这也说明了方克立为何一再强调坚持马克思主义的立场、观点、方法的原因。

但无论如何,既然要实现马克思主义与现代新儒家的对话互动,双方就应该求同存异,尊重对方,理解对方。我们无意也无资格指责方克立对现代新儒家的态度,只是想从三大思潮的

---

① 方克立曾多次指责牟宗三动辄骂马列主义是“魔道”,摆出不共戴天的姿势,认为这样是不可能进行“健康互动”的。

② 方克立:《现代新儒学研究的自我回省——敬答诸位批评者》,《南开学报》(哲学社会科学版)1993年第2期。

③ 《许纪霖自选集》,广西师范大学出版社1999年版,第4页。

错综关系中汲取实现对话与互动的经验。事实上,后来的许多学者包括课题组成员,还是反省了方克立对现代新儒家的"冷"的态度,并引以为戒。他们"有意回避和新儒家有明显冲突的一些敏感的政治意识形态问题","尽量减少政治色彩",对现代新儒家研究表现出"客观、平实、公正、宽容、理智"的态度;而现代新儒家传人虽然不赞成马克思主义,但也认为中国的未来希望乃在于马列、西化和传统儒家人文思想三者的健康互动。这些无论是对于中国马克思主义的发展,还是现代新儒家的发展,都不无裨益。

山东大学儒学高等研究院教授自选集

◎王绍曾　《文献学与学术史》
◎吉常宏　《古汉语研究丛稿》
◎龚克昌　《中国辞赋学论集》
◎董治安　《先秦两汉文献与文学论集》
◎孟祥才　《学史集》
◎张忠纲　《耘斋古典文学论丛》
◎徐传武　《古代文学、文化与文献》
◎马来平　《追问科学究竟是什么》
◎郑杰文　《墨家与纵横家论丛》
◎冯春田　《〈文心雕龙〉研究》
◎孙剑艺　《里仁居语言论丛》
◎王学典　《史料、史观与史学》
◎黄玉顺　《生活儒学与现象学》
◎张其成　《国学之心与国医之魂》
◎杨朝明　《洙泗文献征信》
◎戚良德　《〈文心雕龙〉与中国文论话语》
◎李平生　《中国近现代史研习录》
◎赵睿才　《唐诗纵横》
◎杜泽逊　《文献探微》
◎叶　涛　《民俗文化与民间信仰》
◎张士闪　《民俗之学：有温度的田野》
◎宋开玉　《语文丛考》

◎徐庆文 《儒学的现代化路径》

◎王承略 《古典文献与学术史论丛》

◎刘　培 《历史、思想与文学》

◎聂济冬 《汉唐文史论集》

◎周纪文 《和谐美散论》

◎赵卫东 《道教历史与文献研究》

◎何朝晖 《书与史》

◎孙　微 《杜诗的阐释与接受》

◎陈　峰 《重访中国现代史学》

◎王加华 《农耕文明与中国乡村社会》

◎龙　圣 《山河之间：明清社会史论集》